KB241179

오프라 현상으로
윈프리를 읽다

오프라 윈프리의 십계명

1. 남들의 호감을 얻으려 애쓰지 말라.

2. 앞으로 나아가기 위해 외적인 것에 의존하지 말라.

3. 일과 삶이 최대한 조화를 이루도록 노력하라.

4. 주변에 험담하는 사람들을 멀리하라.

5. 다른 사람들에게 친절하라.

6. 중독된 것들을 끊어라.

7. 당신에 버금가는 혹은 당신보다 나은 사람들로 주위를 채워라.

8. 돈 때문에 하는 일이 아니라면 돈 생각은 아예 잊어라.

9. 당신의 권한을 다른 사람에게 넘겨주지 말라.

10. 포기하지 말라.

Oprah Winfrey and the Glamour of Misery
by Eva Illouz

Copyright ⓒ 2003 Columbia University Press.
All rights reserved.

Korean Translation Copyright ⓒ 2013 by Smart Business Publishers Co.
Korean Edition Published by arrangement with
Columbia University Press, USA through Yu Ri Jang Agency, Korea.

이 책의 한국어판 저작권은 유·리·장 에이전시를 통한
저작권자와의 독점 계약으로 스마트비즈니스에 있습니다.
저작권법에 의해 한국 내에서 보호를 받는 저작물이므로
무단 전재와 무단 복제를 금합니다.

가장 낮은 곳에서 가장 높은 곳까지 오른 여자!

오프라 현상으로 윈프리를 읽다

에바 일루즈 지음   강주헌 옮김

에바 일루즈 지음 | 강주헌 옮김

smart business

오프라 윈프리,
자신의 고통으로 세상을 치유하다!

오프라 윈프리는 신화였다. 그러나 이제 그녀는 문화, 한 시대의
트렌드가 되었다.

수많은 토크쇼의 사회자 중에서 오프라가 유독 주목받는 이유는
무엇일까?

갑자기 거부가 되었기 때문일까?

미국 사회에서 거부가 되었다는 것은 대중의 아이콘이 되었다는
뜻이고, 오프라가 '어떻게 대중의 아이콘이 되었느냐'는 의문은 처
음 질문으로 되돌아가는 셈이다. 또한 많은 토크쇼 사회자가 오프라
를 모방하며 제2의 오프라를 꿈꾸지만 그녀에 미치지 못하는 이유
는 오프라가 지닌 매력과, 그녀가 진행하는 토크쇼의 포맷을 정확히
파악하지 못한 때문이라 풀이된다.

오프라는 학문적 연구대상이다. 오프라의 손짓에서 그녀의 매력
을 찾는 책도 있었지만 오프라를 사회 · 문화적으로 집중해서 다룬

책도 여럿 있다. 이 책은 그중에서 가장 주목받는 책이다. 출발부터 야심차기 때문이다.

이 책은 문화분석의 전통적인 모델로서 오프라라는 인물을 완전히 설명하는 데 번번이 실패한 이유부터 접근한다. 오프라가 독특하면서도 복잡한, 한 마디로 기존의 모든 경계를 허물어뜨린 인물이란 관점에서 접근해간다. 따라서 저자가 오프라를 분석하기 위해서 동원하는 자료도 어마어마하다. 오프라의 토크쇼는 물론이고 북클럽에서 선정된 소설들, 그녀의 이름으로 발간되는 잡지 및 웹사이트의 댓글까지 꼼꼼하게 분석했다.

오프라는 빼어난 미인이 아니다. 몸매가 기막히게 잘빠진 것도 아니다. 오히려 처음 전국 텔레비전에 등장했을 때는 비만에 가까웠다. 게다가 언제나 '몸무게로 고민한다'고 고백하는 여인이다. 더욱이 백인이 아니라 흑인이다.

그런데도 오프라는 이제 대중문화의 키워드가 되었다. 그 이유가 무엇일까? 저자는 오프라를 '이해'하는 동시에 '비판'적인 눈으로 접근했다.

책은 어떤 시각에서 읽느냐에 따라 그 가치가 달라질 수 있다. 이 책은 사회학이나 문화연구를 전공하는 학자에게도 오프라라는 문화

대상에 접근하는 다양한 방법을 보여준다는 점에서 가치를 갖는다. 하지만 이 책을 '스마트비즈니스'가 번역하기로 결정한 이유는, 오프라가 많은 비난에도 불구하고 성공한 여인, 심지어 신화가 된 여인으로 손꼽히는 이유를 일반 독자에게 알리는 데 목적이 있었다.

따라서 이 책이 그녀의 위대한 인생론으로 읽히도록, 달리 말해 오프라가 성공한 이유를 사회·문화적으로 분석한 책으로 읽힐 수 있도록, 나는 전문 용어를 최대한 살리면서도 일반 독자가 이해하기 쉽도록 풀어 번역하려고 애썼다.

가장 낮은 곳에서 출발했지만 가장 높은 곳까지 오른 여자, 자신의 고통으로 세상을 치유하는 여자.

이제 오프라 윈프리는 유명한 사람을 뛰어넘어 하나의 문화적 현상이 되었다. 그녀는 단순히 인기를 먹고 사는 연예인이 아니다. 수많은 사람들이 존중하는 가치를 구체적으로 보여주고 실천하고 있으며, 기존의 문화를 넘어서 전혀 새로운 문화를 다시 창조해냈다.

높은 지적 수준, 세상을 향한 따뜻한 시선, 그녀의 일생이 녹아 있는 진솔한 고백, 1억 5,000만 명의 시청자를 사로잡은 위대한 여성!

앞에서도 언급했듯이 많은 연예인이 오프라를 흉내 내지만 별다른 성과를 거두지 못하고 있다. 우리나라에서도 몇몇 연예인이 한국의 오프라를 목표로 삼고 있다고 말한다. 그들이 말하는 오프라가 단순히 그녀의 인기만을 이야기하는 것일 수도 있지만, 어찌됐건 오프라처럼 하나의 문화 형태가 된 인물을 목표로 삼는다면 이 책은 그들에게 '위대한 인생 교과서' 라 할 수 있다.

이제 이 책에서 수많은 사람들을 울리고 웃기고 변화시키는, 오프라 윈프리가 가진 힘의 원천과 오프라 현상이라는 문화에 대한 이야기가 펼쳐진다!

충주에서
강주헌

| 감사의 글 |

한 아이를 키우는 데 한 마을이 필요하다면, 한 권의 책을 쓰기 위해서는 훨씬 더 큰 마을이 필요한 때가 간혹 있다.

에이미 조던(Amy Jordan), 수전 니먼(Susan Neiman), 베아트리스 스메들리(Beatrice Smedley)는 이 책이 탄생하는 데 소중한 조언을 아끼지 않았다. 또한 캐롤 키드론(Carol Kidron)의 끝없는 열정 덕분에 나는 훨씬 수월하고 즐거운 마음으로 이 책을 완성할 수 있었다.

엘리자베스 롱(Elizabeth Long)은 예리한 비판과 너그러움으로 중대한 결함을 지적하고 장점을 지적함으로써, 이 책의 탄생에 크나큰 역할을 해냈다. 래리 그로스(Larry Gross)는 이 책의 구상 단계부터 그 가능성을 전폭적으로 믿어주었다. 그에게 감사의 뜻을 전하고 싶다.

요람 빌루(Yoram Bilu), 캐롤라 힐프리치(Carola Hilfrich), 에피 크라이트너(Eppie Kreitner), 미첼 라먼트(Michele Lamont), 보아스 샤

미르(Boaz Shamir), 에이탄 윌프(Eitan Wilf), 루이즈 우드스톡(Louise Woodstock)은 기꺼이 소중한 시간을 내게 할애해주며 용기를 북돋 워주었고 비판을 아끼지 않았다. 나를 끝없이 신뢰해준 미첼 라먼트 에게 특별히 감사하고 싶다. 컬럼비아대학교 출판부의 재니스 피셔 (Janice Fisher)와 레슬리 크리셀(Leslie Kriesel)은 전문가답게 뒤죽박 죽인 원고를 깔끔하게 정리해서 산뜻한 아이로 탄생시켰다.

예루살렘 히브리대학교의 연구개발부와 셰인 센터는 넉넉한 연구 비를 지원해수었다. 랜 카멜리(Ran Carmeli)에게 도움을 받는 것도 내게 큰 행운이었다.

내게 일상생활의 고통과 행복이 무엇인지 깨닫게 해준 나타넬 (Nathanel)과 임마누엘(Immanuel)에게, 그리고 나와 함께 생각을 나 누고 집안청소를 함께 하는 영원한 반려자 엘샤난(Elchanan)에게 이 책을 바친다.

그들이 없었다면 이 책은 결코 빛을 보지 못했을 테니까.

| 차 례 |

오프라 현상으로
윈프리를 읽다

학문이 문화에 관심을 갖지 않는다면 아무 쓸모도 없다.
학문이 문화로 발전되지 않는다면 학문이 존재할 이유가 어디에 있겠는가?
— 프리드리히 니체

　이 책의 주인공은 오프라 윈프리이다. 그러나 이 책은 그녀에게만 초
점을 맞추지 않았다. 몇 걸음 더 나아가, 대중문화의 의미를 찾아보고
그 의미를 해석하는 데 필요한 새로운 접근법을 제시하려고 한다. 그러
므로 이 책은 두 가지 목적에서 '문화연구(cultural studies)'의 현주소를
상세히 검토한 책이라고 할 수 있다.

　첫째는 지금까지 대중문화의 연구를 주도해온 '권력—즐거움—저
항'이라는 삼분법적 틀에서 벗어나, 문화가 우리 삶에 의미를 주고 우
리를 일정한 가치체계에 묶어두는 데 기여한 역할을 전통적으로 탐구
해온 '도덕사회학(moral sociology)'의 일부로 대중문화를 편입시키는
데 목적이 있다.

둘째는 오프라 윈프리의 문화행위처럼 복합적인 문화행위가 갖는 의미를 이해하는 데 필연적으로 뒤따르는 방법론적 어려움을 분석하는 데 있다.

이런 점에서 이 책은 문화해석, 더 정확히 말하면 대중문화의 해석을 위한 시도로 읽혀질 수도 있을 것이다.

오프라 윈프리는 이런 복합적 과제를 연구하는 데 안성맞춤인 사람이다. 이른바 '오프라 윈프리 페르소나'라 할 수 있는 문화의 한 형태가 미국 문화계에서 어떻게 거의 전례가 없는 역할을 해내고 있는가를 보여주는 가장 적당한 예가 되기 때문이다. 오프라 윈프리는 기본적으로 미국적 가치를 구현하고 있을 뿐 아니라 문화를 이용하고 만들어가는 미국식 방법까지 구체적으로 보여주고 있다.

그녀는 데뷔 10년 만에 언론계에서 가장 부자인 여자로 떠올랐다. 그동안 모은 재산이 조그만 나라의 국민총생산에 버금간다(2013년 현재 오프라 윈프리의 재산은 28억 달러, 한국 돈 3조 원 가량으로 추정된다). 게다가 그녀의 명성과 문화적 역할은 텔레비전의 역사를 다시 쓰고 있다. 그녀의 웹사이트에 소개된 전기에서도 이런 사실은 명백히 확인된다.

또한 오프라 윈프리는 텔레비전 화면에 지워지지 않을 흔적을 남겼다. 미시시피의 한적한 시골 마을에서 초라하게 시작했지만, 오프라는 이제 대중문화에서 가장 중요한 인물 중 한 사람이 되었다. 그녀의 영향은 텔레비전의 세계를 벗어나 출판, 음악, 영화, 자선사업, 교육, 건강 및 사회의식 등 전 영역에 힘을 미친다. '오프라 윈프리 쇼'의 제작자이자 진행자로서 오프라는 전 세계 수백만의 시청자들에게 즐거움과 깨달음을 주고 용기를 북돋워주고 있다.

1996년에 오프라는 미국 방송계에서 가장 권위 있는 조지 포스터 피바디 개인 성취상과 IRTS 황금메달상을 수상했다. 1997년에는 『뉴스위크』가 '출판 및 언론계에서 가장 영향력 있는 인물'로 선정했고, 『TV가이드』는 '올해의 텔레비전 진행자'로 선정했다. 1998년에도 오프라는 국립텔레비전협회에서 평생공로상을 받았으며, 역시 같은 해 『타임』에서 선정한 20세기의 가장 영향력 있는 인물 100인 중 한 명에 들기도 했다.

1999년 11월에는 국민에게 독서열을 고취시키고 서적 판매에 공헌한 공로로 출판계에서 가장 권위 있는 전국서적연합회 50주년 황금메달상을 수상했다.

그 밖에도 오프라는 탁월한 토크쇼 진행자로서 에미상을 일곱 차례, 토크쇼 제작자로서 에미상을 아홉 차례나 수상했다. 2002년 9월, 오프라는 제54회 프라임타임 에미상 시상식에서 밥 호프 인도주의상을 처음으로 수상했다. 또한 2004년에는 UN이 선정하는 올해의 세계 지도자상 수상자로 뽑혔다.

오프라 윈프리는 유명인사이기도 하지만 하나의 문화적 현상이기도 하다. 『에보니』지에 실린 기사는 그녀의 힘에 대해 이렇게 적고 있다.

"처음부터 그녀의 쇼는 미국 텔레비전 시청자들을 사로잡았다. 텔레비전 역사에서 전무후무한 현상이었다. 1986년 전국에 방송되기 시작한 이후로 그녀의 쇼는 다른 모든 프로그램을 압도했다."

오프라 윈프리 쇼는 데이터임 에미상을 30회나 수상했다. 당시 44세라는 젊은 나이에 그녀는 평생공로상을 받았다. 1994년 『포브스』는 빌 코스비와 스티븐 스필버그를 비롯한 남성 연예인을 제치고 그녀가 최고 연봉의 연예인이 되었음을 발표했다.

오프라 윈프리는 단순히 인기를 먹고 사는 연예인이 아니다. 그녀는 많은 미국인이 존중하는 가치를 구체적으로 보여주고 있을 뿐 아니라, 텔레비전 문화와 미국 문화를 바꿔버린 새로운 문화의 창조자다.

2000년 온라인 서점 아마존닷컴에 로그인해본 사람이라면 누구나 '픽션'과 '논픽션'이란 분류 항목 아래에 '오프라 윈프리 북스'라는 새로운 항목을 볼 수 있었을 것이다. 오프라 윈프리가 선정해서 한 달에 한 번씩 북클럽에 소개한 책들이 올라 있었다.

오프라의 선택은 수많은 저자와 출판사의 성공 여부에 결정적 영향을 미쳤다. 왜 그랬을까? 오프라 윈프리는 미국 출판계에서 상업적으로 가장 큰 파괴력을 지닌 인물이기 때문이다. 2000년 4월 오프라는 『오 매거진(O Magazine)』을 창간했고, 『뉴스위크』는 그 잡지를 "역사상 가장 '성공리에 출발한 집지'"라고 평가했다.

자넷 로우는 『배너티 페어(Vanity Fair)』에 기고한 글에서, "오프라 윈프리는 대학 총장이나 정치인은 말할 것도 없고, 교황을 제외한 어떤 종교 지도자보다 막강한 영향력을 우리 문화에 끼치고 있다"고 말했다.

한편 작가 프랜 레보비치는 "오프라는 어쩌면 성인에게 가장 큰 영향력을 가진 언론계 인물일 것이다. 그녀는 거의 종교라 할 수 있다"고 평가했다. 나는 여기에서 한걸음 더 나아가 노출 빈도, 그녀가 축적한 재산의 규모, 시청자의 수(전 세계 64개국에서 하루에 4,800만 명의 시청자가 오프라 윈프리 쇼를 시청하는 것으로 추정된다. 1986년 첫 방송 후 2011년 5월 25일 종영될 때까지 25년간 방송되어 전 세계 140여 개국에 배급되었다), 그녀를 모방하려는 사람의 수, 쇼의 혁신성, 그녀가 미국 문화에 미친 영향, 즉 일부 평론가가 빈정대듯이 붙여진 '문화의 오프라화(Oprahization of culture)' 등을 기준으로 판단할 때 오프라 윈프리는 20세기 후반기에서 가장 중요한 미국 문화 현상 중 하나라고 말하고 싶다.

유어딕셔너리닷컴(yourdicitonary.com)은 '오프라화'를 2001년의 10단어로 선정하고는, 그 뜻을 "정치적 발언의 리트머스 시험지로 오프라를 흉내 내지 않으면 아무런 효과도 갖지 못한다"는 뜻으로 재미있게 풀이했다.

오프라 현상이 갖는 문화적 가시성과 경제적 파급효과도 그 의미를 연구해야 할 이유가 된다. 실제로 오프라는 막강한 영향력을 갖고 있어서, 문화·사회학자들이 즐겨 분석하는 집단문화 현상의 이상적인 예이기도 하다. 집단문화 현상이 한 사회의 사고방식을 드러내는 척도라는 사실은 누구나 알고 있는 것이 아닌가.

그러나 오프라 윈프리가 매력적인 연구대상인 또 다른 이유가 있다. 높은 인기도 불구하고, 어쩌면 그런 인기 때문에 오프라는 '수구적' 지식인과 문화 엘리트에게 경멸의 대상이었다. 1993년 『시카고 매거진』은 수필가이며 소설가로서 1989년에 오프라를 심도 있게 연구한 해리슨의 말을 인용하기도 했다.

"그녀의 쇼, 나는 그 쇼를 가만히 지켜보고만 있을 수가 없다. 용서해주기 바란다. 하지만 그녀의 쇼는 한마디로 쓰레기이다. 언어의 품격을 떨어뜨리고 감정을 모욕하는 프로그램이다. 그럴싸한 심리적 미사여구로 모두를 현혹시킨다. 출연자들은 포춘 쿠키(fortune cookie, 과자 속에 점괘가 들어 있음)를 보듯이 말한다. 이 모든 책임은 오프라 윈프리에게 있다."

이 기사는 오프라 윈프리를 본격적으로 비난하는 기폭제가 되었다. 시라큐스대학교 대중 텔레비전 프로그램 연구소 로버트 톰슨 소장이 대표주자로 나서, 토크쇼들은 "텔레비전이 어리석기 짝이 없는 것을 지나치게 강조한다는 사실을 보여주는 반증"이라고 주장했다. 대중문화를 장식하는 수많은 다른 요소들과 마찬가지로, 오프라 윈프리와 그녀의 토크쇼도 공공 지식인, 정치 행동주의자, 페미니스트, 보수적인 도덕주의자로부터 비난을 받았다.

하지만 얄궂게도 바로 이런 이유 때문에 오프라는 문화를 연구하는 학자에게 중요한 의미를 갖는다. 기존의 취향과 습관을 자극해서 분노하게 만드는 문화적 인물은, 그 취향을 지키려는 사람들의 속내에 감춰진 의중을 철저하게 고발하는 사람이기도 하다. 달리 말하면 이런 문화적 인물은 '쓰레기통에 던져버릴 문화'와 '보물상자에 소중히 지켜야 할 문화'를 분류하는 암묵적인 기준과 경계를 고발하듯 드러낸다.

실제로 오프라 윈프리에 대한 비난은 대중문화를 공격한 비판들의 요약판이라 할 수 있다. 토크쇼가 정말로 중산층 취향의 경계를 조직적으로 허물고 있다면, 오프라 윈프리는 이런 경계를 주도적으로 조작하고 있다는 섬에서 그 경계가 무엇인지 연구할 때 빼놓을 수 없는 손재이다.

문화사회학의 전통적인 연구 방향에 비춰볼 때도 오프라 윈프리는 충분히 매력적인 연구대상이 될 수 있다. 그러나 오프라 윈프리가 문화를 연구하는 학자들에게 뜨거운 관심사일 수밖에 없는 가장 큰 이유는 그녀로 인해 대중문화를 완전히 재정의해야 하기 때문이다. 1980년대와 1990년대의 문화연구에서 주된 개념이었던 '즐거움'과 '권력', '저항'은 오프라 윈프리 현상을 심도 있게 이해하는 데 별다른 도움을 줄 수 없다.

'오프라 윈프리 쇼'를 지켜본 후 나는 적잖은 충격을 받았다. 20세기 초부터 사회학이 줄기차게 고민했던 문제, 즉 '문화가 갖는 윤리적 힘'이란 문제를 우리에게 제기하고 있기 때문이다.

오프라의 쇼에서 문화는 막스 베버(Max Weber)의 관점, 즉 "문화는 세계를 설명하는 합리적 시스템을 제시함으로써 무질서와 무의미에 대응하는 방법"이라는 관점으로 되돌아가자고 우리에게 촉구한다. 베버의 관점은 주로 종교에 적용되었지만, 이제는 대중문화까지 확대 적용되어야 한다.

대중문화는 단순한 오락거리가 아니다. 문화연구에서 인정하고 있듯이, 대중문화는 '도덕적 딜레마에 대한 반응'이기도 하다. 다시 말해 시종일관 우리를 낙담시키는 세상에 어떻게 대처하고, 일상적인 삶을 방해하며 우리에게 고통을 안겨주는 크고 작은 문제들을 어떻게 이해해야 하는가에 대한 대응이라 할 수 있다.

이 책에서 나는 오프라 윈프리가 "세계적으로 영향을 미치는 상징적 존재가 되었다"고 전제할 것이다. 그녀가 현대의 문화적 특징이라고 할 수 있는 '혼돈'에 빠진 사회적 관계에서 비롯되는 고통을 제시하고 처리하는 문화적 형태를 보여주고 있기 때문이다.

오프라 윈프리는 우리에게 자아를 합리적으로 되돌아보게 함으로써 혼돈을 이겨내고, 자아를 잘 관리해서 변화시키는 방법을 가르쳐준다. 심리적 고통이 국민 대다수를 짓누르는 일종의 질환이 되고, 행복은 성공적인 자기관리에 있다는 문화가 팽배해진 이 시점에서 '오프라 윈프리 쇼'는 고통을 이해하고 있는 대중문화의 새로운 모습이다.

그러나 대중문화에 접근하는 이런 '낡은' 방식—대중문화를 자아에 대한 윤리적 판단이 다뤄지는 장이라 전제하는 접근법—은 완전히 새로운 시각에서 재구조화되어야 한다. 오프라 윈프리가 문화의 이러한 '전통적' 사명을 완전히 새로운 형태로 재해석하고 있기 때문이다. 그녀는 문화적 대상이 더 이상 공간이나 영토, 국가 혹은 테크놀로지로 한정되지 않는다는 사실을 극명하게 보여준다.

우리는 그녀를 전문가적 지식, 복합적인 미디어 테크놀로지, 다양한 형태의 지식과 뒤얽힌 말솜씨가 결합된 존재로 이해해야 한다. 달리 말하면 오프라는 미디어산업, 사이버스페이스, 지지단체, 전통적인 카리스마가 결합되어 만들어진 존재이다.

'오프라 윈프리 쇼'는 기본적인 경계와 한계를 무시하는 촉수구조를 갖는다. 즉, 그 형식과 다루는 주제에서 일정한 틀에 얽매이지 않는다. 비록 육체관계, 양육, 이혼, 형제 등과 같은 가족의 문제를 주제로 다루기도 하지만 출판산업과 전문가적 영역(심리학자, 의사, 변호사, 재테크 컨설턴트 등), 법률과 정치 시스템을 주제로 다루기도 한다. 물론 가장 중요한 부분은 '보통 사람들의 특이하면서도 평범한 이야기'이다.

이러한 촉수구조가 개인적인 신상 이야기에서 경제제국에 이르기까지 뻗치고 있기 때문에 전통적인 문화분석의 모델로는 오프라 윈프리를 설명하기 어렵다. 전통적인 모델은 문화의 경계를 영토나 국가로 규정하거나, 하나의 사회 영역(예건대 '가족', '매스미디어', '국가')에 국한시키기 때문이다.

물론 전통적 모델이 아직도 많은 문화현상을 설명하고 있지만 오프라 윈프리처럼 종잡을 수 없는 문화현상까지는 설명할 수 없다.

나는《낭만적 유토피아의 소비(Consuming the Romantic Utopia)》에서 개인적 습관이 어떻게 소비의 공공영역으로 발전하고 소비의 우상을 통해 어떻게 상품화되는지를 살펴보았지만, 이 책에서는 공공영역이 어떻게 다양한 개인 세계를 드러내며 개인의 삶과 고도로 상품화된 매개체인 텔레비전 사이에 전례 없는 새로운 관계를 어떤 식으로 구축하는지 살펴보려 한다.

문화적 코드로 읽는 '오프라 윈프리 쇼'

지난 10년 동안 토크쇼는 미국 텔레비전에서 중요한 위치를 차지하게 되었다. '문화가 대중화되는 과정에서 대중의 목소리를 끌어냈다'

는 토크쇼의 의미와 영향에 대한 연구도 쏟아져 나왔다. 그러나 그 주제가 너무나 다양했기 때문에, '토크쇼가 문화수준과 정치의식을 떨어뜨리는 것은 아닌가'라는 점에 대부분의 연구가 초점을 맞추었다.

예컨대 히튼(Heaton)과 윌슨(Wilson)의 주장에 따르면, "토크쇼는 게스트를 노골적으로 조작하고, 진실이라는 기본적인 도덕률마저 무시하며, 관음증을 유발해서 인기를 끌려는 얄팍한 프로그램으로서", 판에 박힌 감상적 이야기를 퍼뜨리며 공공토론의 수준을 떨어뜨린다.

'개인의 삶을 지나치게 공개하는 토크쇼의 특징이 진정한 공공영역을 위협하고 여성을 정형화시키며, 희생자의 문화를 조장하고 개인의 삶을 상품화시킨다는 것'이 비판적 학자들의 일반적 지적이었다.

하지만 토크쇼를 '공공영역'에 대한 관습적 정의에 의문을 제기하는 현상으로 이해해달라고 촉구하는 분석가들도 있었다. 토크쇼에 대한 청중의 반응을 면밀히 분석한 리빙스턴과 런트는 토크쇼가 공공영역의 범위를 실제로 확대하고 있다고 주장했다.

공공의 영역은 동질적 구성원으로 이뤄져야 하고 그 구성원들은 정통한 의견을 갖고 토론할 수 있어야 한다는 것이 고전적 자유주의의 입장이라면, 토크쇼의 시청자는 이질적인 복수(複數)의 대중이며 불분명한 의견과 신상 이야기로, 심지어 감상적으로 공공의 영역에 뛰어든다. 따라서 자유주의 이론가들이 꿈에도 생각지 못했던 주제들까지 공공의 토론장에 끼어들 수밖에 없었다.

한편 샤터크(Shattuc)는 토크쇼가 여성을 억누르기는커녕, 복잡하지만 언제라도 깨질 수 있는 역학관계에 참여시켜 '여성의 문제'를 공개적으로 토론할 장을 제공하며, 목소리 없는 사람들에게 목소리를 낼 수 있는 기회를 주었다고 주장했다. 이런 식의 결론에 따르면, 젠더(gender)를 고려하지 않은 '공공영역'의 개념은 수정되어야 마땅하다.

끝으로 조슈아 갬슨(Joshua Gamson)의 주장에 따르면, 토크쇼는 젠더와 섹슈얼리티라는 개념을 해체해서 성적 소수자에 대한 우리 생각을 바꿔놓았고, 그 결과 소수를 좀 더 평등한 관점에 접근할 수 있는 가능성을 제시했다.

토크쇼에 대한 연구가 이처럼 뚜렷한 차이를 보이기 때문에, 나는 오프라 윈프리의 토크쇼를 '한 문화행위자가 어떤 의도를 갖고 만들어낸 결과물'로 접근하려 한다(1장 참조). 그래서 나는 그녀의 쇼에서 드러나는 정략적인 면보다 그녀가 문화적 코드를 의도적으로 조절해서 명백히 드러내는 윤리적 입장에 초점을 맞춰 '오프라 윈프리 쇼'를 분석하겠다(3장과 4장 참조).

다른 많은 텔레비전 프로그램과 달리, 하나의 텍스트로서 '오프라 윈프리 쇼'는 오프라 윈프리라는 인물이 시청자들에게 전달하려는 의도와 분리해서 생각할 수 없다는 것이 내 생각이다.

세 가지 눈으로 오프라 현상을 바라보다

문화분석은 크게 세 가지 방향에서 접근할 수 있다.

첫째, '윤리'라는 영역과 밀접한 관련을 갖는다. 달리 말해 문화가 가치관을 통해서 혹은 우리에게 동기를 줘서 우리 행위를 일정한 방향으로 끌어가는 강력한 상징적 존재를 통해 '목적의식'과 '의미'를 부여하는 방법과 관계가 있다는 의미다.

이런 접근법은 가치관과 관습 혹은 교훈극을 통해서 우리를 사회에 묶어두는 힘으로 문화를 파악하는 경향을 띤다. 여기에서 '의미'는 이런 가치관과 중요한 상징적 존재 및 교훈극을 옹호하고 모방함으로써 사회·문화적 공동체에 자아가 적극적으로 참여할 때 가능하다.

둘째, 접근법은 문화와 윤리의 관계에 개의치 않는다. '무엇이 가치 있고 합리적인가를 규정짓기 위해서 다양한 집단이 투쟁하는 장이 바로 문화'라고 생각하는 접근법이다. 따라서 그런 규정을 제도화하기 위한 배척과 포용의 메커니즘에 대한 연구가 있게 마련이다. 대중문화는 저항, 권력 분산, 상징적 폭력 등의 전략들이 발휘되는 장으로 해석된다. 이런 접근법에서 '의미'는 자신의 행위에 정통성을 부여하면서 타인의 문화를 거부하는 행위자들이 동원하는 수단이다.

셋째, '의미'를 텍스트에 고스란히 반영하거나 왜곡해서 나타나는 사회력(social force, 사회를 움직이는 힘)으로 해석한다. 사회력은 제도, 경제, 법, 사회, 조직일 수 있다. 텍스트가 생산되는 전후 맥락을 통해 텍스트가 분석된다는 점에서 사회력은 의미를 설명해줄 수 있다.

텍스트가 '누구에 의해서, 누구를 위해서, 어떻게 생산되느냐'에 따라 텍스트 생산의 주요 변수가 달라지므로, 텍스트의 '의미'를 설명할 때도 이런 점들이 고려되어야 한다.

이 책에서는 대중문화를 포괄적 관점에서 접근하려 한다. 달리 말하면 윤리적 차원(특정한 문화적 의미가 우리 삶의 의미를 구체화시키고 강화시키는 방법)과 비판적 차원(문화가 역학관계 내에서 존재하는 방법) 그리고 제도적 차원(조직과 제도라는 변수가 텍스트를 어떻게 만들고 받아들이는가)을 모두 아우르는 방식으로 접근하겠다.

정확히 말하면 조지 마커스가 '실용적 전체론(pragmatic holism)'이라고 칭한 방법에 따라 문화를 분석해볼 생각이다. 실용적 전체론은 분석의 여러 층위를 오가며, 각 층위의 한계와 고유한 '정체성'을 인정하는 데 있다.

마커스의 표현을 빌리면 실용적 전체론은 동일한 주제나 현상에 대한 여러 관점의 설명들을 늘어놓는다. 이 방법론은 우리가 그 주제나 현상에 대한 모든 것을 말할 수 없다는 사실을 인정한다는 점에서 실용적이다.

어떤 분석이라도 말로는 총체적이라 하지만 실제로는 부분적일 뿐이다. 말하자면 분석의 층위, 즉 인식론적 관점을 포괄적으로 보여주려 시도할 수 있는 정도다.

문화에 접근하는 세 가지 방법, 즉 '윤리적 접근법', '비판적 접근법', '제도적 접근법'은 결코 대립적 관계가 아니다. 동일선상에 누고 서로 관련지어 생각해야 한다. 예컨대 대중문화의 어떤 텍스트가 지향하는 바를 찾아낼 전략을 수립하지 못하면 우리는 대중문화를 적절히 비판할 수 없다.

게다가 오프라 윈프리를 옹호하고 반대하는 비판들도 오프라의 전략에 흡수되어, 텍스트의 윤리적 비판과 텍스트 자체를 구분하기 힘들 지경이다.

따라서 분석적으로 나는 크게 세 가지 의도를 갖는다. 하나는 오프라 윈프리의 페르소나와 토크쇼가 구체적으로 보여주려는 역사적이고 문화적인 의미를 명백하게 밝히는 것이다. 다른 하나는 사회적 환경을 이해하려는 자아의 역량을 사회질서라는 이름으로 심하게 간섭하는 세계에서 오프라 윈프리의 윤리적 정신을 파악하는 데 있다.

이런 점에서 나는 오프라의 치유적 사명을 아주 심도 있게 다룰 것이다. 끝으로 세 번째 의도는 오프라 윈프리의 윤리적이고 치유적인 역할을 비판적으로 분석하는 데 있다.

텍스트를 뛰어넘는 오프라 윈프리 읽기

오프라 윈프리의 인기와 성공은 눈부실 정도다. 따라서 인류학자 댄 스퍼버(Dan Sperber)가 그랬던 것처럼 "어떤 대상이 유난히 매력적으로 보이는 이유는 무엇일까?"라는 의문을 갖지 않을 수 없다. 이런 의문의 답을 찾으려면 텍스트를 해석하는 확실한 방법부터 가져야 한다.

그러나 동시대의 텍스트가 갖는 의미를 찾으려고 할 때 사회학자는 먼 과거를 연구하는 역사학자만큼이나 당혹스러울 수 있다. 이런 사회학자와 역사학자에게는 어떤 문화적 대상이 사회적 상상력을 사로잡는 데 다른 대상에 비해 월등하고 효과적인 이유를 설명해야 하는 어려운 일이 맡겨진다.

이때 그들은 연구 결과가 어림짐작과 비슷하게 나타나도록 하기 위한 도구를 사용한다. 그러나 의미 연구는 경험에 근거한 짐작 이상의 결과를 보여줘야 한다. 물론 우리 연구가 아무리 치밀하더라도 우리 해석을 다른 학자의 해석과 비교·검토하고, 우리가 그렇게 해석한 근거를 객관적으로 제시해야 할 방법론적 의무까지 면제받는 것은 아니다.

발리가 닭싸움에 대한 해석을 통해 어떻게 해서 '아주 작은 사건이 복잡하기 이를 데 없는 사회적 경험까지 확대되는지'를 보여줬다면, 오프라의 경우에는 정반대이다. 오프라는 방대한 경험과 이야기 및 제도를 다루기 때문에, 미로처럼 복잡한 문화형태인 오프라 윈프리라는 인물을 어떤 형태로든 훼손시키지 않고는 단순화시키기가 어렵다.

실제로 오프라 윈프리와 그녀의 토크쇼는 '다른 텍스트에 비해 훨씬 치밀한 텍스트'에 속한다. 상대적으로 다양한 도구와 분야를 연구해야 하는 복합적 문화형태가 여기에 속한다. 그래서 오프라의 전기, 초대 손님들의 자전적 이야기, 순간적이지만 강력한 현실감을 자아내기 위

24

해 토크쇼가 이용하는 화법, 토크쇼에 초대된 전문가의 조언과 처방, 오프라가 매달 독자를 위해 선정한 책들의 방향, 오프라에 관련해서 대중매체에 쓰인 비평기사들, 오프라의 웹사이트 혹은 잡지 『오 매거진』이 오프라 윈프리의 연구를 위해서는 필요하다.

이런 자료들은 복잡하고 중첩적인 구조를 가짐으로써 분석을 더욱 어렵게 만든다. 따라서 가장 먼저 제기되는 방법론적 어려움은 우리가 연구해야 할 텍스트의 경계를 구분짓는 것이다. 토크쇼는 어디에서 시작해서 어디에서 끝나는가?

『오 매거진』이 또 하나의 '오프라 윈프리 쇼'라면, 적어도 오프라 윈프리 쇼의 텔레비전판과 잡지판 사이에 연속성까지는 아니더라도 인접성은 있다고 말할 수 있다. 따라서 나의 분석은 이 둘의 기술적 차이에 크게 개의치 않을 것이다.

두 번째 어려움은 '오프라 윈프리 쇼'라는 거대한 텍스트를 분석하기 위한 최적의 전략을 찾아내는 것이다. 텔레비전의 연구가 곧 '효과의 연구'라면, 그런데도 우리가 효과를 예측하는 것을 궁극적 목표로 삼지 않는다면, '텍스트'에 초점을 맞추는 것은 현명하지 못할 뿐더러 무책임한 짓일 수도 있다. 텍스트를 분석하는 일은 악명 높을 정도로 까다롭다. 학자들이 찾아낸 의미를 텍스트에서 다시 찾아낼 때 해석학적 오류를 범하기 십상이기 때문이다.

게다가 수용부문의 연구는 미디어가 미친 영향에 대한 이해에서 획기적인 돌파구를 마련한 듯하지만 텍스트 연구는 그렇지 못하다. 특히 청중의 민족 분포에 관련해서 얻은 분석, 의미가 일상의 삶에 어떻게 스며들어 있는가를 파악하기에는 불완전한 방법이다. 청중분석은 미디어의 의미를 연구하는 최상의 방법이 되어버린 것 같기 때문에 이 부분에 대해서도 설명이 있어야 할 것이다.

그런데 리브스(Liebes)와 카츠(Katz)는 "내용분석은 텔레비전에서 상영되는 것을 규정하기 위한 필수조건이다"라고 말하면서 텍스트 연구의 필요성을 기본적으로 정당화시켰다. 수용부문을 연구하기 위해서는 판단기준이 필요한데, 그런 판단기준이 텔레비전 내용의 엄격한 분석에 의해서 제공된다는 뜻이다. 하지만 이런 정당화는 텍스트의 분석을 수용부문의 분석에 종속시키기 때문에 실질적인 정당화라고 할 수 없다.

텍스트를 텍스트로서 연구해야 할 필요성은 오프라의 사례에서 확실히 타당성이 있다. 텍스트와 사용자 사이의 뚜렷한 구분이 너무 모호해지면서 전통적인 커뮤니케이션 이론의 핵심이라 할 수 있는 '작가'와 '독자' 사이의 구분까지 의혹에 빠뜨리기 때문이다.

얄궂고 역설적이지만 우리는 다양한 문화적 제도(광고, 마케팅, 미술, 텔레비전, 라디오, 신문, 대중심리학, 베스트셀러, 길거리의 포스터, 패션 디자이너, 체형 관리 등)에서 중단 없는 '청중'이므로, 텍스트와 그 해석 사이의 구분도 약간은 인위적이고 불확실한 것이 되었다.

서적 역사학자인 로저 샤르티에(Roger Chartier)가 주장하듯이, 텍스트를 구조화하는 정신적이거나 문화적인 예비지식과, 시청자가 하나의 텍스트를 파악하는 기준인 정신적이거나 문화적인 범주 사이에는 실질적으로 연속성이 있다.

16세기 책의 역사에 이런 연속성이 있었다면 텍스트의 창조자가 다른 텍스트의 청중이며, 미디어 테크놀로지와 텍스트가 긴밀하게 얽혀 있는 시대에는 이런 연속성이 더더욱 강할 수밖에 없다.

예컨대 토크쇼에서 주로 다루는 '가족 사이의 커뮤니케이션' 방법은, 20세기 내내 가족관계의 규범적 모델을 다듬는 데 심혈을 기울인 심리학과 출판계의 자기계발 서적이 만들어낸 산물이다. 가족 사이의 커뮤니케이션 방법은 토크쇼의 게스트, 프로듀서, 시청자로 이뤄진 문화적 공간을 구조화시키기도 한다. 또한 황금시간대에 방영되는 가족 중심의 시트콤이나 드라마의 대사에도 영향을 미친다.

그렇다고 이 두 종류의 예비지식, 즉 텍스트와 그 독자의 예비지식이 서로 유사해서 치환이 가능하다는 뜻은 아니다. 텍스트는 보통 시공간적으로 자족적이고 미학적 구조를 갖는 반면, 독자의 경험은 특정한 구조를 갖지 않는다.

그러나 적절한 수단이 주어지면 우리는 텍스트를 통해 독자의 정신적이고 문화적인 세계에 대해 더 많은 것을 배울 수 있다는 뜻으로, 또한 텍스트와 청중 사이의 관계는 산섭석으로 순환석이란 뜻으로 해석할 수 있다.

토크쇼가 '텍스트'와 '청중'이란 전통적인 분할에 적합하지 않은 마지막 이유는 무엇일까? 그것은 바로 토크쇼가 사회자의 의도를 담아 다양한 게스트들의 이야기를 당혹스러울 정도로 복잡하게 뒤섞어가며 진행된다는 점이다.

이런 점에서 토크쇼는 텍스트와 텍스트의 수용 조각으로 나눠진다고 말할 수 있다. 토크쇼 텍스트의 원재료는 '실질적인' 배우들의 생생하고 자연스런 대화로 이뤄지기 때문이다.

실제로 '오프라 윈프리 쇼'는 텍스트의 생산과 그에 대한 반응을 압축시킨다는 점에서 주된 특징을 갖는다. 쇼의 전후나 쇼가 진행되는 동안에 청중과 게스트가 보여주는 반응은 '오프라 윈프리 쇼'라는 문화 장르에서 본질적인 부분이다. 또한 그 문화 장르는 쇼에 대한 반응을 그대로 포용하면서 '생산과 수용'이란 전통적 이분법을 거부한다.

수용에 대한 연구가 텍스트의 의미를 파악하기 위한 정교하고 완전한 방법일 수는 없다. 오히려 수요에 대한 연구는 완전히 다른 프로젝트에 속한다. 즉, 텍스트가 사람들의 삶에서 어떻게 드러나는지 이해하는 데 목적이 있다. 달리 말하면 텍스트가 욕구의 표현과 사회적 관계에서 어떻게 반영되는지를 연구하는 데 초점을 맞춘다.

반면 폴 리쾨르(Paul Ricoeur)의 표현을 빌리면, 텍스트 연구는 "거리를 둔 커뮤니케이션" 연구이다. 시공간의 거리는 커뮤니케이션에 일정한 형식을 주고, 커뮤니케이션은 '장르'라는 개념을 통해 가장 잘 파악되며, 장르는 담론과 표현의 관례에 대한 정보를 담고 있다(2장 참조). 따라서 나는 우리가 인터뷰를 통해서보다 '텍스트'를 통해 문화 어휘의 형태와 규모 그리고 구조를 파악할 수 있다고 주장한다.

이 책은 오프라 윈프리에 대한 시청자들의 반응을 체계적으로 분석하지는 않았지만, 그래도 두 가지 유형의 주된 자료군을 근거로 그 쇼에 대한 문화적 반응은 분석했다. 자료군의 하나는 웹사이트이다. 웹사이트에는 2,000여 개의 메시지가 있어, 오프라 윈프리의 페르소나와 쇼가 해석되는 문화적 틀에 대한 광범위한 정보를 제공한다.

다른 하나는 평론가와 언론인이 대중잡지에 기고한 오프라 윈프리 쇼에 대한 반응을 완전하지는 않지만 광범위하게 조사한 것이다. 웹사이트가 노동자계급에서 중산층 가정까지 여성이 갖는 문화적 구조와 도식에 대한 정보를 제공한다면, 대중잡지와 교양잡지는 언론인, 평론자, 학자 등과 같은 '문화 전문가'들이 오프라 윈프리를 어떻게 받아들이고 있는가에 대한 정보를 제공해준다.

두 반응은 많은 점에서 무척 다르다. 언론인, 평론가, 학자는 형식적 분류의 원칙(미학 혹은 윤리)을 의식적으로 사용해서 문화적 대상을 분석하는 반면, 오프라 윈프리 웹사이트를 방문하는 보통 시청자들은 쇼 자체의 의미에 심취되어 그들의 이야기와 반응에 생동감을 주는 원칙이 무엇인가에 대해서는 분석하려 들지 않는 경향이 있다.

달리 말하면 문화 평론가들은 설득력 있는 주장을 펼치기 위해서 텍스트의 형식, 즉 텍스트가 전달하는 가치나 텍스트가 파괴하는 규범 등에 초점을 맞추지만, 시청자나 웹사이트 방문자는 텍스트에서 나타난 개인적 의미와 자신의 관련성에 초점을 맞춘다.

따라서 나의 해석방법은 오프라 윈프리의 수용형태에 깊은 관심을 기울이지만 전통적으로 '수용분석'이라 불리는 방법과는 사뭇 다르다. 요컨대 '오프라 윈프리 쇼'를 독자가 어떤 식으로 이해하느냐보다는, 독자와 시청자가 문화적 계층에서 서로 다르고 따라서 토크쇼에 접근하는 방법도 다를 것이기 때문에 토크쇼에 어떤 규범과 가치 그리고 미학적 기준을 갖고 접근하는가에 대해 살펴보려는 것이 내 복적이다.

웹사이트에 나타난 독자와 시청자의 반응을 조사할 때도 나는 어떤 특정한 쇼에 대한 평론적 해석보다는 그 쇼가 하나의 장르로서 토론과 자기반성, 자기관리를 어떤 식으로 유도하는가에 관심을 두었다. 반면에 문화 전문가들이 오프라 윈프리를 수용하는 방법에 대한 연구에서는 그들의 비평에 내재된 규범적이고 미학적 기준에 중점을 두었고, 그들이 문화의 한 분야를 지키기 위해서 어떤 식으로 비평이란 무기를 사용하고 있는가에 대해서도 살펴보았다.

따라서 이 책의 연구를 위해 사용한 자료는 실로 광범위하다. 한 기업을 통해 구한 100편의 대본, 1년 반 동안의 꾸준한 시청, 오프라 윈프리 북클럽에서 선정한 20여 권의 책, 쇼에서 언급된 10여 권의 자기계발 가이드북, 대중매체에 기고된 오프라 윈프리에 대한 비판적 기사들, 오프라 윈프리의 전기들, 15권의 『오 매거진』과 그 밖에 오프라 윈프리 웹사이트에 실린 수백여 편의 메시지들을 자료로 삼았다.

이 많은 텍스트들을 분석하기 위해서, 나는 세 가지 기준을 따랐다.

첫째, 해석의 순환성이라는 골치 아픈 문제를 피하기 위해서 가능할 때마다 오프라 윈프리의 의도를 언급했다. 이 부분에 대해서는 1장과 2장에서 좀 더 자세히 언급할 것이다.

둘째, 나는 해석을 설명의 차원까지 끌어올리려 애썼다. 다시 말해 해석을 통해서 텍스트를 최대한 다양한 관점에서 설명하려고 했다.

셋째, 자의적 해석을 최대한 절제하려 애썼다. 요컨대 텍스트의 해석, 텍스트가 설명되는 사회적 조건 그리고 텍스트 자체의 거리를 가능한 한 줄이려고 노력했다. 텍스트와 사회적 조건을 직접적으로 연계시키는 해석이 훨씬 낫기 때문이다(5장과 6장 참조).

오프라 윈프리가 갖는 상징의 힘

인기가 높지만 지식인의 취향에는 거슬리는 오프라와 같은 문화적 인물은 사회학적 분석에서 여간 까다롭지 않다. 사회학자들은 그들만의 취향을 재확인하고 대체로 진보적인 정치적 성향을 역설하는 데 그치지 않고, 텍스트를 '내재적 관점'에서 접근해볼 수도 있을 것이다.

물론 보통 사람들이 그 텍스트에서 얻는 즐거움을 너그럽게 인정하는 듯한 오만한 자세를 가지라는 뜻은 아니다. 그러나 이런 민주적 입장을 취할 때 사회학자는 비판력의 약화를 초래할 수 있다.

실제로 어떤 텍스트가 갖는 '즐거움'을 인정하면 그 즐거움의 성격을 진지하게 탐구해서 의문을 제기하는 데 적잖은 어려움이 있다. 사회학자가 문화산업을 비판하는 데만 초점을 맞춘다면, 문화와 상품은 결코 양립할 수 없는 것이어야 한다는 불변의 가정에 바탕을 둔 일종의 지적 마비에 빠질 수도 있다.

정확히 말해 나는 오프라 윈프리에 의해 상품화되어버린 감정의 '정치경제'라는 맥락에서 이해와 비판의 이율배반을 다뤘다(7장 참조). 문화비평의 목적은 '실제'와 '이상'을 뚜렷이 구분함으로써 인간의 습관을 고양시키는 데 있다.

대중문화의 비판적 평가를 '엘리트주의'라 비난하는 행위는 대중문화의 퇴보적 속성과 해방적 속성을 토론하고 구분하는 자체를 차단할 수 있기 때문에 이론적으로나 정치적으로 결코 바람직한 태도가 아니다. 다만 우리가 대중문화의 의미를 명료하게 밝힌 후에야 대중문화를 비판적 관점에서 올바로 평가할 수 있는 것은 사실이다.

오프라 윈프리라는 인물이 무척 복잡한 모순덩어리이기 때문에 오프라 윈프리 현상은 이해와 비판이란 긴장관계 내에서 분석되어야 마땅하다. 오프라가 뛰어난 재능으로 개인의 슬픔을 이용해서 텔레비전 방송사에 이득을 안겨주고, 감정이라는 개인의 세계를 시장에 이용해서는 안 된다는 금기를 노골적으로 무시하는 것은 부인할 수 없는 사실이다. 그러나 오프라가 현재까지 텔레비전이란 매체에서 가장 민주적인 문화적 인물 중 하나인 것도 무시할 수 없다.

이해와 비판이 반드시 모순관계에 있어야 할 필요는 없다. 어떤 대상에 대한 강력한 비판은 그 대상에 대한 깊은 이해에서 비롯되고 그 도덕성에 호소하기 때문이다. 이 책은 이런 단순한 관점에서 출발하고 있다.

나는 올림피아 신들에 대한 프랑크푸르트학파의 비판에 회의적인 만큼, 해체주의자들의 소비문화에 대한 번지르르한 비판에도 회의적이다. 올림피아 신들의 지배권력에 대한 비판은 비판 대상에 대한 깊은 이해에서 비롯된 것이 아니기 때문에 타당하다고 볼 수 없다.

이와 같은 입상에서 나는 대중문화를 무의미한 소음이나 계급구조의 조롱으로 해석하는 포스트모던 사회학을 경계한다. 두 경우 모두에서 매스미디어, 특히 텔레비전은 인지적 내용을 전혀 혹은 거의 갖지 못한 '감각 기계' 쯤으로 여겨진다.

그러나 보통 사람들의 말이 우리 삶의 조건을 언급하며 의미를 만들어갈 때 일상언어가 갖는 강력한 힘을 보여주는 대표적인 예가 바로 오프라 윈프리이다. 요컨대 오프라 윈프리는 대중문화를 온화한 듯하지만 무의미한 불협화음에 불과하다고 해석하는 포스트모던적인 시각과 대립각을 세우는 반증이다.

따라서 나는 해체주의자처럼 대중문화를 진지하게 다루겠지만 그들과 같은 이유나 같은 시각으로 접근하지는 않겠다. 대중문화의 가치는 대중문화가 가진 저항적인 유쾌함보다는 '일상언어'와 갖는 관계, 즉 일상언어로 타인에 대한 의무와 딜레마, 일반적인 윤리 등을 다루는 방법에 있는 것이다.

대중문화에 대해 이런 식으로 접근하는 방법은 비트겐슈타인(Wittgenstein), 스탠리 캐벨(Stanley Cavell), 마사 너스봄(Martha Nussbaum), 알렉산더 네헤머스(Alexander Nehemas), 로버트 피핀(Robert Pippin), 리처드 로티(Richard Rorty) 등의 이론에 근거한 것이다. 이 철학자들은 나름대로의 방식으로, 일상언어와 평범한 이야기, 도덕극, 문학이나 비유가 현실에 의문을 제기하는 강력한 방법이라 주장했다. 또한 그들은 문학과 예술로도 중요한 철학적 문제를 명료하게 제기할 수 있다고 주장했다.

나는 이런 관점을 확대해서 대중문화에 적용해보고 싶었다. 곤경에 처한 자아를 나름대로 숙고해서 말로 표현하는 탁월한 능력 덕분에 오프라 윈프리 자체가 비극적인 연극이나 소설 혹은 영화로 비춰지며, 우리에게 "독립적 삶에 어떻게 도달할 수 있을까?", "개인과 제도 사이의 실질적 관계는 무엇이고, 이상적 관계는 무엇인가?", "오늘날 남자와 여자에게 결혼과 섹스는 어떤 의미를 갖는가?"라는 근본적인 의문을 품게 만든다. 이런 의문들이 오프라 윈프리의 텍스트에서 상징적 세계를 이룬다.

이 책에서 밝히고 있듯이 오프라 윈프리의 페르소나와 쇼는 예술품에 버금가는 상징적 힘으로서의 진정한 자아를 갖는 것이 무척 어려운 과제가 되어버린 시대에서 '자아를 갖는 것이 무슨 뜻인지' 제기하게 만든다. 이런 접근법은 우리에게 대중문화를 폭넓게 이해할 기회를 주기도 하지만, 대중문화를 이해하는 동시에 비판하는 힘까지 갖추게 해준다.

웨인 부스(Wayne Booth)와 마사 너스봄이 그랬듯이 나도 이런 식의 비평방법을 '윤리비평(ethical criticism)'이라고 부르겠다. 윤리비평은 텍스트가 인간의 '행복하게 살려는 일반적 목표'를 어떻게 강화시키고, 우리 삶의 도덕관과 가치관를 기준으로 텍스트를 어떻게 바라보는가를 이해하는 데 목표를 둔다.

또한 어떤 종류의 고민이 텍스트 안에 있고, 문제를 규정짓기 위해서 텍스트가 어떤 말투를 사용하며, 텍스트가 실질적인 딜레마와 상황판단에 어떤 역할을 하는지를 이해하는 것도 윤리비평의 목표이다.

윤리비평을 시도하려면 철학이라는 이름으로 포장된 '지식인적 사고방식'과 대중문학으로 구현된 '오락 세계'의 구분을 다른 관점에서 생각할 수 있어야 한다. 오프라 윈프리는 우리 삶에서 가장 간절한 도덕적 문제를 건드려왔다. 실제로 오프라 윈프리와 그녀의 토크쇼는 개인의 삶에서 '가혹한 조건'이 되어버린 문제를 건드리며, 그런 '가혹한 조건'에서도 올바른 방향을 잡기 위한 '도덕적 지도'를 제공한다.

따라서 토크쇼에서 북클럽, 잡지에 이르기까지 그녀의 문화적 행위는 후기 근대사회에서 개개인이 인간관계에서 부딪히는 '새롭지만 정상적인 무질서'에 대처하기 위한 고민인 동시에 도구이다.

　이런 점에서도 우리는 '문화가 우리 세계의 거울 혹은 우리 세계에 대한 비판적 기록'이란 단순한 생각에서 벗어나야 한다. 토크쇼는 우리가 자아를 관리하면서 '전략적 행위'를 개발해가는 문화적 수단이다. 따라서 텔레비전이란 장르에서 사용되는 언어는 바로 현재 세계에서 일어나며 세계에 영향을 미치는 행위로 해석되어야 마땅하다.

• 제1장 •

특별함과 평범함의 경계를 허물다

어떤 세대에나 구멍이 막혀버린 열쇠구멍이 있다.
— 메리 맥커시

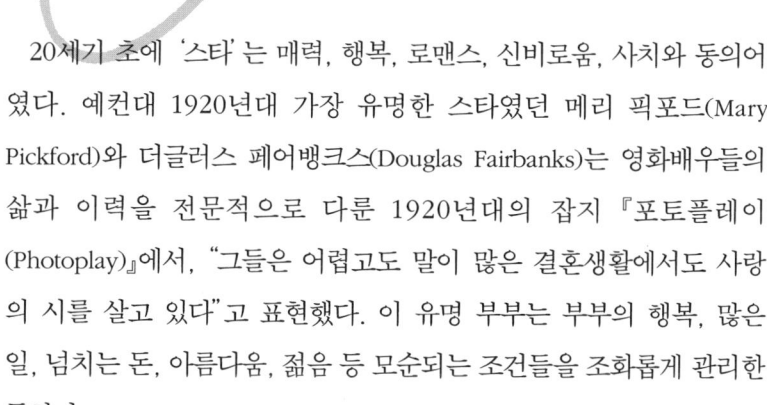

20세기 초에 '스타'는 매력, 행복, 로맨스, 신비로움, 사치와 동의어였다. 예컨대 1920년대 가장 유명한 스타였던 메리 픽포드(Mary Pickford)와 더글러스 페어뱅크스(Douglas Fairbanks)는 영화배우들의 삶과 이력을 전문적으로 다룬 1920년대의 잡지 『포토플레이(Photoplay)』에서, "그들은 어렵고도 말이 많은 결혼생활에서도 사랑의 시를 살고 있다"고 표현했다. 이 유명 부부는 부부의 행복, 많은 일, 넘치는 돈, 아름다움, 젊음 등 모순되는 조건들을 조화롭게 관리한 듯하다.

만약 『포토플레이』의 독자가 오프라 윈프리의 성공담과 그녀가 스타의 반열에 오른 과정에 대해 듣는다면 십중팔구 기절초풍할 것이다.

언젠가 오프라는 자신의 과거에 대해 자세히 말했다. 어린 시절에 성폭행을 당한 일, 체중을 줄이기 위해 필사적으로 노력했던 이야기도 솔직하게 털어놓았다. 이런 솔직함으로 그녀는 미국인에게 사랑받으며, 미국에서 가장 인기 있는 강연자 중 한 사람이 되었다.

오프라 윈프리는 지금도 자신을 유명인사라고 생각하기에 쑥스럽다고 말한다. 지금은 누구 못지않게 성공한 몸이지만 그 과정이 순탄하지 않았다고 솔직히 인정했다. 특히 개인적 삶에서 많은 문제가 있었고, 심지어 남자에게 모든 자존심을 걸었던 시절까지 있었다고 했다.

"내 과거는 내세울 것이 없습니다. 나는 학대받아도 반항조차 못하던 사람이었습니다. 하지만 이제는 '절대 남에게 내 힘을 포기하지 않겠어!' 라고 다짐합니다."

오프라 윈프리의 성공이 남다르게 여겨지는 이유는 무엇일까? 미모가 뛰어난 것도 아니고 유명한 영화에 출연한 것도 아닌데 말이다. 요약하면 그녀의 성공은 대중 앞에서 잔혹할 정도로 솔직하게 말하고 자신과 다른 사람들의 삶을 끊임없이 팔아서 얻은 성공이다.

데커(J. L. Decker)가 미국인의 성공을 다룬 책에서 말했듯이, 19세기와 20세기 초의 성공 모델과 20세기 후반의 성공 모델 사이에는 뚜렷한 차이가 있다. 전자의 성공담은 재물의 축적에 대한 이야기인 반면에 후자는 성공을 이끈 원인이 이야기의 주된 축이다.

요즘은 자신을 잘 팔아야 유명인사가 되는 것이 사실이라면 오프라는 현재의 미국 문화계에서 어떤 유명인사보다 자기를 드러내는 데 탁월한 솜씨를 발휘하고 있다.

오프라는 토크쇼를 시작하면서 그와 동시에 자신의 삶을 포장해서 상품화시켰고, 이런 방식으로 게스트들의 삶까지 포장했다. 그녀의 전기를 쓴 작가 중 하나가 지적했듯, 우리 시대의 어떤 유명인사보다 오프라의 사생활은 많이 알려져 있다. 오프라가 게스트의 삶을 다루듯이 자신의 삶에서도 공적 부분과 사적인 부분의 경계를 허물어뜨리는 이유는 오프라의 삶과 토크쇼 사이에 밀접한 상관관계가 있기 때문이다. 그녀 자신과 다른 사람들의 삶을 상품화하면서 그녀는 스스로를 '토크쇼의 게스트'로 변화시킨다.

따라서 오프라의 전기는 두 가지 점에서 우리가 그녀를 이해하는 데 도움을 준다. 하나는 그녀가 자신의 방대한 문화적 행위에 불어넣은 의미를 파악할 실마리를 제공하는 텍스트라는 점이고, 다른 하나는 그녀가 대중 소비용으로 의도적으로 교묘하게 포장한 문화적 산물이란 점이다.

오프라 스스로 어떤 제어력도 갖지 못하는 사건들로 그녀의 이야기가 꾸며질 때, 우리는 오프라 전기를 통해서 그녀가 문화적 행위의 근거로 삼은 사회적 조건이나 문화적 자원에 접근해볼 수 있다.

그러나 토크쇼에서 언급되는 무수한 이야기들과 마찬가지로 그녀의 전기도 게스트, 사회자, 프로듀서 등의 협력에 의해서 생산되고 포장된 문화상품이다. 이 장에서는 오프라의 전기를 두 가지 측면으로 분석해본다. 하나는 그녀의 행위가 갖는 의미를 이해하는 데 필요한 사회적 사실이고, 또 하나는 그녀가 그 행위에 부여하려는 의미를 설명하는 데 필요한 텍스트이다.

오프라의 전기는 두 가지 이유에서 그녀의 문화적 행위를 분석하기 위한 출발점이다.

첫째, 전기적 이야기는 갖가지 형태의 발언과 자서전적 담론을 인용해서 주인공의 정체성과 동기를 드러내기 때문에 문화행위자의 '의도'에 대한 정보를 수집할 수 있는 적합한 출처라 할 수 있다. 따라서 오프라 윈프리가 토크쇼에 부여한 의미와 의도를 이해하려면 그녀의 자서

전적 담론에서 실마리를 찾을 수밖에 없다. 실제로 누군가 말하려고 하는 것이나, 그가 자신에 대한 이야기를 설득력 있게 전달하려고 수사적 장치나 문화적 수단을 어떻게 이용하느냐는, 그 페르소나의 의미와 무관할 수 없다.

둘째, 오프라 쇼의 주된 의미가 그녀의 전기에 스며들어 있다는 사실과 밀접한 관계가 있다. 문화적 형태로서 오프라 윈프리의 쇼와 전기, 둘 모두가 동일한 의도에서 출발해서 동일한 문화 프로젝트를 만들어가고 있기 때문이다. 다른 공적 인물들과 비교할 때, 오프라는 자신의 삶을 적극적으로 이용해서 자신의 행위에 의미를 부여해왔고, 동시에 쇼의 형식을 적극적으로 활용해서 자신의 삶을 만들어가고 의미를 부여해왔다. 따라서 오프라가 직접 만들어낸 잘 짜인 틀 덕분에 그녀의 공적인 삶은 남다른 역동성을 갖는다고 말할 수 있다.

오프라 윈프리를 이해하는 열쇠

의미는 두 얼굴을 갖는다. 하나는 '발언'이라는 구체적이고 경험적 행위에 앞서는 규칙들의 체계라는 점이다. 이 체계는 단어와 기호의 이원적 대립, 유사 기호, 전형, 관례적 의미 등으로 이뤄진다. 예컨대 '팜므 파탈(femme fatale, 요부)'의 전형은 순수하고 순진한 여인이 갖는 기호와 대립될 때라야만 의미를 갖는다.

의미의 두 번째 얼굴은 '이벤트'라는 점이다. 달리 말하면 특정한 맥락에 감춰진 실마리에 그 의미가 달라지는 발언이란 점이다. 예컨대 '여성성'의 특정한 유형은 무수한 맥락 의존적 방식으로 결정된다. 많은 요인이 있겠지만, 구체적 상황에도 행위자의 의도와 해석과 전략이 스며들어 있다는 사실도 의미를 변화시키는 요인이다.

문화해석은 안정적이면서도 변하는 의미의 특징을 설명해야 한다는 문제를 갖는다. 따라서 어떤 텍스트의 의미를 재발견한다는 것은 '규칙의 체계'와 '구체적인 의도'의 재발견이라 할 수 있다. 여기에서 규칙의 체계는 공동체의 구성원 모두가 공유하기 때문에 발화를 의미 있게 해주는 것이며, 구체적인 의도는 발화에 담긴 행위자들이 추구하는 특정한 전략과 가치, 이익과 목표를 가리킨다.

특히 가리스마를 지닌 인물을 극단적으로 의존하는 문화형태, 즉 한 명의 인물을 중심으로 진행되는 문화형태가 갖는 의미를 연구하기 위해서는 그 행위자의 의도를 재발견하는 것이 급선무이다. 발터 벤야민(Walter Benjamin)의 표현을 빌리면, "번역가가 원문의 여운을 담아서 번역한 글에서 의도한 효과를 찾아내는 것"에 비유할 수 있다.

오프라의 텍스트에 담긴 의미를 이해하기 위해서 그녀의 '의도'에 초점을 맞추면 두 가지 중대한 이점을 갖는다.

첫째, 해석의 순환성에 빠질 위험에서 벗어날 수 있다. 즉, 애초부터 거기에 있었던 의미를 다시 찾아내는 해석의 중언부언에서 벗어날 수 있다.

둘째, 의도를 찾아내면 치밀하게 겹쳐진 텍스트에서 가장 두드러진 의미의 패턴을 발견할 수 있다.

이렇게 되면, 텍스트의 중요한 의미에 대한 선험적 결정에 의지하지 않고도 어떤 의미가 더 두드러진 것인지 결정할 수 있는 유리한 위치에 서게 된다. 게다가 '의도성'의 확인은 어떤 문화가 행위자들에 의해서 어떤 의도로 만들어진 것인지 더 깊이 이해할 수 있기 때문에 그 문화를 더 설득력 있게 해석할 수 있는 근거가 된다.

인류학자 릴라 아부 루고드의 말처럼, 텔레비전을 통해 전달되는 문화형태들은 시청자들을 위해서 의도적으로 제작된 것이다. 한 텍스트가 그 안에 담긴 의도들과 설득력 있게 구조를 만들 수 있다면, 우리는 텍스트를 해석하기 위한 '열쇠'로 그 의도들을 사용할 수 있다.

달리 말하면 텍스트에서 어떤 의미가 유난히 중요한 것이고, 그 의미가 생산자의 사회적 경험과 어떤 관계를 갖느냐를 이해하기 위한 근거로 그 의도들을 사용할 수 있다는 뜻이다.

오프라 윈프리는 언론과의 인터뷰와 토크쇼를 통해서 자신의 생각과 의도를 끊임없이 언급하면서 벤야민의 '원문의 여운'을 재구성할 기회를 우리에게 거의 제공하지 않기 때문에 이런 전략이 더더욱 적절한 듯하다.

게다가 본인 소유의 스튜디오에서 완전한 지배권을 가지면서 쇼에 활력을 주려고 대담한 변화를 시도할 때마다 그 이유를 솔직하게 말하고 있는 만큼, 의도의 분석은 그녀의 페르소나와 프로그램에 배어 있는 의미를 이해하는 데 반드시 필요하다.

내가 여기에서 '의도'라는 단어를 사용한다고 해서, 텍스트가 심리적 이벤트라거나 우리 해석이 오프라의 자기인식과 동일해야 한다는 뜻은 아니다. 자기인식은 행위자의 의도적인 기호의 사용에서 비롯되지만 의도는 사회구조에 제약을 받는다.

의도성이란 개념도 행위자의 동기가 성실해야 한다거나 그 의도를 완전한 알아야 한다는 전제를 요구하지 않는다. 다른 문화행위자들과 마찬가지로 오프라 윈프리도 청중을 교묘하게 다루고, 높은 도덕적 기준을 이용해서 존경심을 끌어내어 시장에서 이익을 챙기는 것이다.

하지만 사회학자는 의도성이란 개념을 사용할 때 동기의 성실성에 대해 판단을 내릴 필요가 없다. 조작된 것이든 진실한 것이든, 우리의 관심사는 어떤 현실태를 만들어내기 위해서 오프라가 기호를 의도적으로 사용한다는 것이다. 그리고 그런 현실태를 재료로 우리는 그녀의 텍스트에 담긴 의미를 재구성할 수 있어야 한다.

예를 들어 설명해보자. 1995년 토크쇼에 대한 공격이 심해지자 오프라는 쇼의 주제를 바꾸기로 결심했다. 이때 그녀는 중산층의 취향에 맞도록 쇼의 문화 코드를 바꾸었다. 여기서 그녀가 '진심으로' 토크쇼의 방향을 바꾸었는지, 아니면 영리한 기업가의 자기이익을 위한 행동이었는지 판단하는 문제는 심리학자나 윤리학자의 몫이지 사회학자의 몫은 아니나.

사회학적으로 중요한 것은 그녀가 더 큰 '존경심' 을 끌어내기 위해서 어떤 사회 · 문화적 코드를 사용하고 토크쇼의 체제를 의식적으로 향상시킨 방법이다.

게다가 의도성이란 개념은 행위자가 자신의 의도에 영향을 미친 원인이 무엇인지 완전하게 알아야 한다는 전제를 필요로 하지 않는다. 예컨대 내가 무엇을 원하는지는 알지만 그것을 왜 원하는지에 대해서는 모를 수 있다. 또한 행위자가 내뱉은 말에 담긴 의미가 무엇인지에 대한 이해를 필요로 하지도 않는다. 의도가 의미구조들을 활성화시키기 때문에 어떤 의미구조가 텍스트에 반영되었는지 찾아내는 데 도움을 준다.

그렇다고 행위자가 의미구조의 구성이나 기원을 반드시 알아야 할 필요는 없다. 예를 들어 오프라 윈프리는 자신의 삶이나 게스트의 삶을 다룰 때 '고통' 이나 '아픔' 이란 단어를 흔히 사용한다. 여기에서 우리는 그녀의 문화적 행위에 담긴 의미를 탐구하기 위해 사용할 수 있는 핵심적 문화 코드가 '고통' 이란 사실을 알 수 있다.

그렇다고 고통이란 단어가 기독교의 전통, 권리와 관련된 정치적 어휘, 혹은 치유적 담론 등과 맺고 있는 관계를 오프라가 알고 있다는 뜻은 아니다. 따라서 의도를 해석의 중요한 도구로 사용한다고 해서 나는 오프라의 텍스트를 심리적 사건으로 축소할 생각은 조금도 없다.

또한 그녀의 의도를 이해하는 것이 곧 그녀의 텍스트를 해석한 것이란 뜻일 수도 없다. 오히려 의도는 의미의 근사치, 즉 텍스트가 제기하는 일반적 '문제'를 가리킨다. 의도는 누군가의 머리에 '감춰진' 것이 아니라, 특정한 상황이 제기하는 문제에 한 집단의 구성원이 반응하는 '일정한' 패턴이다. 이 패턴은 상황적으로나 구조적으로 다양한 제약에 의해서 만들어진다.

따라서 내가 여기에서 말하려는 것은 두 가지로 정리된다.

첫째, 문화적 텍스트나 행위가 이 세상에 존재하는 문제에 관한 것인 만큼, 그 문화적 텍스트는 어떤 상황을 이해하는 과정에 참여하고 그 상황에서 활동하는 행위자들이 파악할 수 있는 단위성을 갖는다.

둘째, 의도ㆍ심리적이거나 주관적인 것이 아니고 일련의 사회적 제약 내에서 이뤄진 선택의 결과물이다. 물론 의도가 이런 제약들을 변화시킬 수 있지만 이런 제약들이 없다면 올바로 이해될 수도 없다.

따라서 역설적으로 들리겠지만 의도는 언제나 사회적 제약을 가리키고, 사회적 제약은 의도에 영향을 미친다. 요컨대 의도가 기계적으로 결과를 낳는 것은 아니다. 오히려 클리포드 기어츠(Clifford Geertz)의 지적대로 "특정한 유형의 행위를 하거나 특정한 유형의 느낌을 가져야 할 책임감"을 의미한다. 이런 점에서 의도는 텍스트의 '정확한' 의미를 제공하지 않는다. 부정확하고 개략적인 느낌과 의미를 제공할 뿐이다.

프레드릭 제임슨(Fredric Jameson)의 유명한 표현대로 '해석'이 텍스트의 여러 층을 해석하기 위한 주된 코드인 '알레고리적 행위'라면, 오프라가 자신의 전기를 만들어가고 문화적 행위를 위한 동기를 공개적으로 논의하며 자신의 개인적 자아를 공적인 페르소나와 조직적으로 결합시키는 데 이용한 인물들과 줄거리에서 '알레고리'의 주요 인물과 줄거리를 어렵지 않게 찾을 수 있을 것이다.

아프리카계 미국인의 정체성

사람들이 사회·문화적 수단을 어떻게 다루고 어떻게 변형시키는가 하는 데서 의도를 찾아야 한다. 이런 점에서 의도는 "행위자가 주변 사람들에게도 의미 있는 혁신적 행위를 꾸준히 창출할 수 있게 해주는 습관과 태도 및 기능", 즉 '아비투스(habitus)'를 포함한다.

아비투스는 사회적 세계에 대한 관점이나 그 사회에서 행동하는 방법을 인도하지만, 욕망과 창조성과 전략에 따라서 큰 탄력성을 허락한다. 따라서 아비투스는 의도를 구체화시키는 동시에 속박하는 중요한 메커니즘이다.

오프라의 경우에 '특정한 유형의 행위를 해야 할 책임'을 구체화시킨 '기능과 수단'이 무엇일까? 그녀는 자신의 삶을 만들어가기 위해서 그 기능과 수단을 어떻게 이용했을까? 그녀의 삶은 '창조성'과 '제약' 사이의 상호작용을 어떻게 보여주고 있는가?

이런 질문들이 이 책의 중심 과제이기 때문에, 오프라의 문화적 관점과 아프리카계 미국인의 문화라는 더 큰 패턴 사이의 상호작용을 본격적으로 살펴볼 6장에서 이 질문들은 다시 제기될 것이다. 이 장에서는 오프라의 전기가 어떤 식으로 형태를 갖추어갔는지, 거꾸로 말하면 오프라가 자신의 전기에 대해 어떻게 의미를 부여했는지에 대해 살펴보기로 하자.

흑인의 유산, 역경을 이겨내는 불굴의 의지

오프라의 전기를 구체화시키는 데 관계하는 수많은 사회력 중에서 적어도 하나는 두드러지게 눈에 띈다. 바로 그녀가 아프리카계 미국인 공동체에 속해 있다는 점이다.

예컨대 1995년에 발표한 어떤 글에서 그녀는 이렇게 말하고 있다.

"나는 흑인 여성으로 태어났다. 내 삶에서 모든 것이 이런 숙명의 틀 안에서 만들어졌다. 나는 이런 숙명을 경이로운 마음으로 받아들인다. 이 숙명을 성스럽게 생각한다. 나는 '흑인 여성으로 태어났다는 숙명에 무엇을 빚지고 있는가?' 라는 질문을 끊임없이 스스로에게 던진다."

따라서 흑인 공동체에 속한다는 거듭된 주장과 여성의 인권신장을 위해 노력하겠다는 자기선언적 약속은 그녀의 문화행위에 담긴 의미를 이해하는 열쇠이다. 아프리카계 미국인 공동체와의 관계가 오프라의 삶과 문화적 창조행위를 구체화시킨 핵심적 아비투스인 셈이다.

실제로 오프라가 교회와 비교적 최근까지 지속된 노예제도를 중심으로 이뤄진 남부 흑인의 가치관과 문화에 깊이 물들어 있다는 사실이 그녀의 삶을 형성한 한 요인이다.

그녀의 전기작가 중 한 명이 말했듯이, 흑인 조상을 자랑스러워하고 미국의 흑인들이 자유를 얻기 위해 투쟁한 역사에서 영웅, 특히 여자 영웅들을 탐구하면서 그녀는 인간의 삶에서 배워야 할 모든 것을 노예제도에서 배웠다. 오프라는 마야 안젤루, 소저너 트루스, C. J. 워커 부인 등과 같은 흑인 여성운동가들의 맥을 잇는다고 밝히면서, 그녀들이 바로 자신의 '유산'이라고 말했다.

오프라 윈프리를 커버스토리로 다뤘던 『타임』은 그녀의 삶을 간략하게 소개하면서, "오프라는 어린 시절부터 이런 유산을 조금씩 받아들였다. 위스콘신 주 밀워키의 어머니 아파트와 미시시피 주 코시우스코 (Kosciusko)라는 벽촌에 있던 외할머니 집을 왕래하면서 어린 오프라는 흑인의 역사, 특히 노예제도에 깊은 관심을 가졌다"고 설명했다.

오프라는 흑인 조상들의 고통과 흑인 문화의 긍정적인 면에 대한 동질감을 거듭해서 강조해왔다. 따라서 그녀가 역경을 이겨내는 불굴의 의지를 자신의 삶에서 중요한 부분으로 이해하는 마음가짐도 아프리카계 미국 문화에 뿌리를 두고 있다.

소명의식의 뿌리, 흑인 교회

오프라의 몸에 밴 흑인 문화는 무척 종교적이었다. 남부 침례교의 흑인 교회에서 성장한 과정도 그녀의 전기를 형성하는 데 중요한 역할을 한 아프리카계 미국 문화의 면면을 이해하는 실마리가 될 수 있다.

흑인의 사회운동을 전공한 앨던 모리스(Aldon Morris)는 "아프리카계 미국 교회는 수세기 동안 흑인을 대리한 제도적 기관이었다. 흑인 교회의 초월적 신앙은 '하느님은 인류의 아버지이기 때문에 하느님 앞에서 모든 인간이 평등하다'는 점을 강조한다. 불평등은 종교의 궁극적인 가치에 모순되기 때문에 아프리카계 미국 교회는 수 세기 동안 인종차별을 비난해왔다. 이런 믿음이 흑인 교회의 문화에 배어 있어 설교와 글, 성가와 증언, 기도와 의식이나 감정의 교환을 통해서 반복해서 강조되었다"고 말했다.

따라서 흑인 교회는 추상적인 개념이나 체계화된 정치 이데올로기보다 흑인을 명백한 고통에서 구하겠다는 도덕적 행위로서 사회정의를 요구할 뿐 아니라, 감성과 커뮤니케이션 방법을 강조하는 독특한 문화의 장이었다.

뒤에서 다시 언급하겠지만, 이런 요소들이 '오프라 윈프리 쇼' 곳곳에 배어 있다. 달리 말해 오프라의 토크쇼에는 '흑인 설교자의 수사적인 화법이 배인 언어를 사용해서 다양한 형태로 고통 받는 사람들을 구하겠다'는 소명의식이 보인다.

실제로 오프라는 "나는 지금껏 언제나 웅변가였다. 세 살 반이었을 때부터 나는 교회 연단에 올라 무언가를 말했다. 나는 제임스 웰든 존슨(James Weldon Johnson)의 모든 설교를 읽었다. 존슨은 '창세기'로 시작해서 '최후의 심판'으로 끝나는 일곱 번의 설교를 했다. 나는 내슈빌에 있는 교회들을 돌아다니면서 존슨의 설교를 그대로 전했다"고 말하기도 했다.

오프라는 흑인 문화에 몰두하기는 했지만 정치적 성격을 띠지는 않았다. 적어도 일반적 의미에서의 '정치'와는 거리를 두었다. 대학시절을 회상하면서 오프라는 "대부분의 아이들은 나를 미워하고 원망했다. 그들은 흑인 단체에 가입하고 분노했지만 나는 그렇게 하지 않았다"고 말했다. 『피플 위클리』와 가진 인터뷰에서 그녀는 흑인정치계 내에서 그녀의 위치는 어떤 변화도 없다고 확인해주었다.

그녀는 스스로를 첫째는 여성, 그 다음으로 흑인 여성이라고 정의한다. 흑인의 대변자라고는 전혀 생각지 않는다. 사방에서 그런 요구가 빗발치긴 하지만!

그녀는 "나는 공동체 조직이나 특별조사단이란 단어를 들을 때마다 깊은 근심에 사로잡힌다"고 하면서, "사람들은 내가 시민 인권운동에 앞장서야 한다고 생각한다. 내가 대변인이 되어 흑인을 대표해야 한다고 말한다. 그들이 그렇게 말하는 이유는 충분히 이해하지만 사람들이 내게 원한다는 이유만으로 그렇게 할 필요는 없다는 것이 내 생각이다. 그렇다. 나는 검은 피부를 가졌다. 나는 흑인이다. 나는 여성이기도 하다. 내게는 이 모든 것이 똑같은 가치를 갖는다"고 덧붙였다.

오프라가 정치에 휘말리지 않기 때문에 중산층 미국인의 취향에 맞는 흑인들에게 전념할 수 있는 것이 아닐까?

실제로 정치와 이데올로기보다 문화와 윤리에 집중함으로써 오프라는 보편적 호소력을 갖는 문화와 가치를 만들어갈 수 있었다. 따라서 오프라는 자신이 도덕적 행위자로 해석되기를 바란다. 바로 이런 면 때문에 오프라는 정치, 종교, 윤리 등이 긴밀하게 관계를 맺고 있는 아프리카계 미국인 사회에서 더더욱 중요한 인물로 비춰지는 것이다.

19세기 흑인들에게 있어 유일하게 합법적인 분출구는 교회였다. 그 때문에 정치적 행위까지 영적으로 해석되는 결과를 낳았다. 아프리카계 미국 문화의 이런 면을 오프라의 문화적 아비투스와 그녀의 토크쇼에서 쉽게 찾을 수 있다.

오프라가 텔레비전이란 작은 화면에서 창조해낸 독창적 면모는 이런 아프리카계 미국 문화에 뿌리를 두고 있다. 그 문화가 그녀의 토크쇼와 행위에 도덕적 의미를 부여한다. 즉, 책임과 가치에 대해 조직적으로 의문을 제기하고, 우리 삶의 방식을 개혁해야 한다고 촉구한다. 뒤에서 더 자세히 살펴보겠지만 오프라는 정치적 문제를 시종일관 비틀면서 윤리적이고 영적인 문제로 바꿔간다.

따라서 그녀는 "나는 토크쇼를 내 목회활동이라 생각한다. 나는 사람들을 두려움과 제약에서 구해주고 싶다. 나는 사람들에게 그 방법을 가르치고 싶다"고 말한다. 마키아벨리 이후 정치를 도구적 행위로 해석해온 백인의 전통적인 정치와 비교할 때, 흑인 정치는 훨씬 도덕적이고 영적이다. 때문에 오프라는 스타와 영적 혹은 도덕적 리더의 경계선상에 있다. 이런 복합적인 면이 그녀가 다른 토크쇼 사회자와 다른 점이며, 그녀만의 페르소나를 규정짓는 특징이 된다.

오프라는 "나는 사람들이 성장하고 변해야만 한다고 믿는다. 그렇지 않으면 그들은 움츠린 채 살아가야 할 것이다. 그럼 그들의 영혼마저 시들해지고 말 테니까"라고 거듭해서 말한다. 이런 점에서 그녀의 말은 남부지역 목사들의 설교와 비슷하다.

"나는 내 삶을 끝없이 확대시키고 싶다. 내 생각도 마찬가지다."

저널리스트 그레첸 레이놀즈(Gretchen Reynolds)의 말처럼, 오프라는 토크쇼를 단순한 오락거리 이상으로 만들려고 한다. 그녀는 토크쇼를 통해 사람들을 교화시키고 싶어 한다. 그녀가 성장해온 과정을 토크쇼에 그대로 옮겨 심으려는 것이다.

생물학적 관계로 강요되어서는 안 되는 가족관계

이혼과 결손가정이 사회학과 공공의 담론에서 주된 화두가 되기 이전에 오프라 윈프리는 두 가지 모두를 직접 경험했다. 그녀는 서출(庶出)이었고, 어린 시절과 청소년기를 할머니 집, 어머니 집, 아버지 집을 떠돌며 살았다. 더구나 세 곳 모두가 다른 주(미시시피 주, 위스콘신 주, 테네시 주)에 있었다.

아프리카계 미국인의 대부분이 그랬듯, 오프라도 한 곳에 정착해서 적절한 교육을 받으며 성장하지 못했다. 그 때문에 그녀는 아프리카 미국인 공동체를 변덕스럽고 불안한 존재로 여기는 듯하다. 실제로 오프라는 이렇게 말할 정도다.

"우리(오프라와 그녀의 어머니를 말함)는 한 번도 껴안아본 적이 없었다. '사랑한다' 라는 말조차 나눈 적이 없었다. 하지만 우리는 사이좋게 지냈다. 나는 마야 안젤루(Maya Angelou)를 정신적 어머니라고 생각하며 지냈다. 나는 그녀를 깊이 사랑한다. 우리 사이에는 뭔가가 있다. 따라서 나팔관과 난소만이 어머니를 만드는 것은 아니다."

요컨대 오프라의 주장에 따르면, "가족은 생물학적 관계로 강요되는 것이 아니라 자기발생적"이다. 생물학, 사회적 관습, 개인의 선택 사이에는 분명한 차이가 있다. 생물학과 제도와 감정을 한쪽에 두고, 개인적 선택과 아프리카계 미국 공동체의 문화적 특징을 다른 쪽에 두는 이러한 분리는 토크쇼라는 장르의 초석이며, 오프라 윈프리의 토크쇼가 다루는 개인적이고 제도적인 딜레마의 핵심이기도 하다.

이런 문화적 특징은 오프라의 삶에서도 두드러졌던 현상이었다. 즉, 세 곳의 집을 전전했고, 생물학적 어머니보다 할머니와 의붓어머니에게 훨씬 큰 영향을 받았다는 사실이 그 반증이다. 따라서 오프라가 가족관계를 운명이라기보다 '선택' 이라고 생각하는 이유도 여기에 있다고 할 수 있다.

가족폭력 🌷

많은 인터뷰와 기사에서 밝혀졌듯이, 오프라는 아버지의 폭력에 시달린 쓰라린 경험을 가지고 있다. 열두 살 때부터 그녀는 가족 내의 남자들에게 성폭행을 반복해서 당했다. 그녀가 토크쇼에서 성폭력 문제를 반복해서 다루는 이유도 여기에서 찾을 수 있다. 열네 살이 되었을 때에는 같은 10대의 사촌에게 강간을 당했고, 삼촌에게 성학대를 받았다. 그리고 그녀는 가출했다.

그러나 오프라가 이 쓰라린 경험들을 모순되게 말하고 있다는 사실이 흥미롭다. 그녀는 그런 공격이 그녀의 심리세계에 지워지지 않을 흔적을 남겼다고 말하지만, 근친상간을 당한 다른 희생자들과 마찬가지로 그런 공격에서 부끄러움과 동시에 쾌감을 느꼈다고 고백했다.

어린 나이에 성폭력을 당한 많은 여인이 그렇듯이, 오프라도 폭력과 배려를 구분하는 데 어려움을 느꼈고 큰 감정적 혼돈까지 경험했다. 앨런 리치먼은 "그녀는 관심의 대상이 되고 싶었고 누구도 곤경에 빠뜨리고 싶지 않아 그런 부드러운 폭력을 묵인했다고 말한다. 그 느낌이 좋았기 때문에 혼돈과 죄책감이 그 소녀에게 혼재했으리라"고 평가한다.

폭력과 수치심과 쾌감이 뒤섞인 이런 특수한 경험이 오프라의 문화 아비투스에서 중요한 역할을 하고 그녀의 토크쇼에서 큰 부분을 차지하면서, 그녀는 토크쇼를 대화의 즐거움과 가정폭력에 대한 이야기를 절묘하게 뒤섞은 장르의 표본으로 만들어갔다.

오프라가 아버지에게 "삼촌으로부터 성폭력을 당하고 있다"고 말했을 때, 아버지는 그 이야기를 가족 내의 사건으로 조용히 묻어버리고 동생을 질책하지도 않았다. 오프라의 고백에 따르면, 아버지의 이런 반응이 그녀에게 깊은 상처를 남겼다. 이 때문에 오프라는 비밀주의와 프라이버시를 그녀의 인간다운 삶에 대한 폭력적 공격으로 경험한 듯하다.

이런 경험 때문에 가족의 비밀이 흔히 조심스레 묻히는 프라이버시의 성소는 그녀 가족의 '문젯거리'가 되었고, 그녀가 의식적으로 단호히 거부하는 규범이 되어버렸다.

따라서 나는 다음과 같이 짚고 넘어가고 싶다. '오프라 윈프리 쇼'는 중산층 핵가족의 근간인 비밀주의, 더 구체적으로 말하면 오프라가 직접 경험한 폭력적인 면을 거부하는 문화적 반응이다. 가족이란 제도는 비밀주의와 공개주의, 즉 사적인 삶과 공적인 삶을 강력히 구분함으로써 유지되지만, 오프라는 어린 시절에 성학대를 당한 탓에 가족만의 문제로 감춰두며 대중의 눈밖에 두어야 할 고통거리나 논쟁거리는 실질적으로 없다는 반응을 보여주었다.

사회적 경계를 넘어

오프라 윈프리는 1954년 미시시피 주에서 태어났다. 그 해는 연방대법원이 학교에서의 인종차별을 위헌이라 판결한 해이기도 했다. 따라서 미국 사회에서 평등이란 문제가 공개적으로 토론되던 때였다. 이런 환경에서 오프라는 흑인과 백인을 구분하는 장벽과 차별을 의식하며 자랐다. 그러나 그 장벽을 뛰어넘을 수 있는 시기이기도 했다.

앞에서도 지적했듯이, 오프라는 어머니 집과 아버지 집을 수차례 왔다갔다하며 자랐다. 두 집은 완전히 달랐다. 어머니는 자유방임형이었던 반면에 아버지는 무척 엄했다. 오프라의 설명에 따르면 어머니는 어린 오프라조차 제대로 통제하지 못했다.

1960년대 인종차별을 철폐하려는 실험의 일환으로 흑인 아이를 교외의 백인학교에 입학시키는 정책에 따라, 오프라는 백인 일색의 학교에 입학한 첫 세대의 흑인 학생이었다. 그녀는 부유한 학교에 다니면서, 급우들이 사는 아파트의 청소부였던 어머니와 함께 살았다. 얼마 후 그녀는 성폭행을 당했다. 따라서 어린 나이부터 오프라는 두 세계의 난해한 규칙들을 받아들이며 이 두 세계를 넘나들어야 하는 어려운 줄타기를 터득해갔다.

사회적으로나 도덕적으로 판이한 두 세계를 신속하게 넘나들어야 했던 조건은 그녀의 아비투스를 형성하는 데 세 방향에서 영향을 미쳤다.

첫째, 그녀는 자아관리의 달인이 되면서 사회적으로나 도덕적으로 크게 다른 환경을 이해하면서 올바로 처신하는 데 대한 재주를 키워갔다. 예컨대 토크쇼가 우후죽순처럼 생기고 그녀의 토크쇼에는 비판이 쏟아지는 반면에 다른 토크쇼들은 눈부시게 발전했을 때 오프라는 토크쇼의 구성에 혁신적 변화를 주어 토크쇼의 질을 향상시키는 식으로 대응했다.

한 저널리스트가 지적했듯이, 그녀는 대중에 더 가까이 다가서는 전략을 채택하면서 갑자기 등장해서 텔레비전 화면을 휩쓸고 있던 역겨운 토크쇼들과 일정한 거리를 두고, 토크쇼의 중심을 천박하고 논쟁적인 이슈에서 영적이고 본질적인 이슈로 전환시켰다. 이런 식으로 오프라는 자신의 문화적 정체성에 변화를 주면서 새로운 상황의 요구에 부응하는 놀라운 융통성과 재능을 과시해왔다.

사회적 경계를 넘나드는 이런 재능은 다른 부문에서도 명백하게 찾을 수 있다. 그녀가 누누이 주장하듯, 다양한 환경을 경험한 덕분에 그녀는 다른 사람들이 겪은 문제를 더 잘 이해할 수 있었다. 달리 말하면 오프라는 변덕스런 관점들을 받아들여 다른 방식의 삶을 이해하는 데 전문가이다.

흥미롭게도 이처럼 다른 사람의 삶에 공감하려는 동정적 기질―뒤에서 다시 언급하겠지만 이런 기질은 아프리카계 미국인 공동체의 감정적이고 윤리적 문화에 뿌리를 둔다―은 그녀에게 명성을 안겨준 텔레비전의 전통적 구성방식과 어울리지 않았다.

　예컨대 스물두 살의 오프라는 볼티모어의 한 지역 텔레비전 방송 프로그램에서 사회를 맡았다. 그러나 객관성과 중립성이란 전통적 원칙을 지키지 못해 도중에 낙마하고 만다. 볼티모어에서 일어난 화재사건을 보도하던 중에는 눈물까지 흘리면서 희생자들을 향한 연민의 정을 쏟아놓기도 했다. 이는 아비투스가 우리 인식과 행동방식을 결정하면서 우리가 어떤 과제에는 적당치 않다는 것을 보여주는 좋은 예다.

　오프라는 다양한 경험을 한 덕분에 각 개인과 가족이 고유하게 갖는 윤리적 관습들을 비교해서 평가하는 데 능했다. 따라서 그녀는 아버지의 윤리적 입장을 받아들였다. 일찍부터 그런 입장은 수동적으로 취해진 것이 아니라 거의 자연발생적이었다. 아버지의 정신세계가 주변 사회의 요구에 부응하는 데 훨씬 적합하다는 사실을 깨닫고, 오프라는 아버지의 청교도적 정신을 받아들였다.

　실제로 아버지 버넌 윈프리의 청교도적 윤리는 마음속 깊이 내재화되어 그녀의 문화적 행위를 이루는 본질적 요소가 되었다. 그녀가 "아버지가 나를 데려가면서 내 삶이 완전히 바뀌었다. 아버지가 나를 구해주었다!"라고 말하듯이, 아버지의 청교도적 정신은 오프라의 모든 면에 깊숙이 스며들어 있다.

　요컨대 오프라의 아비투스에서는 네 가지 요소가 중심을 이룬다.

　첫째는 그녀가 아프리카계 미국인 공동체 소속이라는 점, 둘째는 그녀가 성장한 배경인 아프리카계 미국 교회의 수사적이고 도덕적인 세계관, 셋째는 독선적이고 비밀주의적이며 폭력적 제도로서 경험한 가족, 넷째는 직접 몸으로 경험한 다양하고 복합적인 세계들이다.

　이런 경험 덕분에 오프라는 엄격한 관습을 충실히 지키면서도 휴대전화와 자본주의와 중산계급이 지배하는 문화에서 요구하는 조건을 적절히 수용하면서 사회적 경계를 능수능란하게 넘나들 수 있었다.

고백함으로써 자유를 얻다

　오프라는 자신의 아비투스를 형성한 요소들을 텔레비전 화면에 녹여내서 소비되는 삶으로 어떻게 변화시켰을까? 그녀는 삶의 경험을 시장에서 판매될 수 있는 자아로 어떻게 바꿔갔을까?

　조슈아 갬슨의 말처럼 "스타는 사회적 역할과 유형을 정의하는 데 유리한 위치에 있다"면, 삶의 경험을 널리 알려진 삶의 이야기로 변화시킨 과정에 대한 연구는 그 사회적 인물을 완전히 파악하고 있어야 한다.

　얼핏 보기에 오프라 윈프리는 뛰어난 사업가로 분류된다. 존 제이콥 애스터(John Jacob Astor), 코르넬리우스 밴더빌트(Cornelious Vanderbilt), 빌 게이츠(Bill Gates)는 불굴의 의지, 재능, 야망 등을 구체화시킨 인물로서 오프라 윈프리와 더불어 자주 언급되는 이름이다.

　오프라는 다양한 방면에서 성공을 이뤄냈다. 모두가 탐내는 에미상을 수상했고, 피바디공로상을 받았으며, 막대한 부까지 축적했다. 게다가 국제적인 명사가 되어 정치인들, 할리우드의 스타들, 가수들, 지식인들과 어울린다.

　그러나 오프라 윈프리의 성공 이야기는 다른 유명인사들의 성공담과는 사뭇 다르다. 그녀가 명성을 얻어가는 과정에서 언론의 지원을 얻은 방식이나 그 내용에서 크게 다르기 때문이다.

　매스미디어는 그녀의 성공을 '보도'하는 데 그치지 않았다. 그녀의 삶에서 중대한 순간들을 결정할 때마다 적극적인 역할을 했다. 오프라는 자신의 삶을 꾸려가면서 그 삶을 공공의 텍스트로 변형시켰다. 이 과정에서 그녀는 토크쇼를 통해 자신을 솔직히 드러내기도 했지만, 기꺼이 혹은 마지못해 참여한 저널리스트들의 협조가 있었다.

어떤 이야기나 전기를 작성할 때 저널리스트들은 그 이야기를 가치 있게 만들기 위해서 상징적 코드를 암묵적으로 이용한다. 즉, 명료하고 독자의 관심을 끌 수 있으며 믿을 만한 사건을 상세히 서술하는 관례를 따른다.

요컨대 그들은 삶에서 주목하고 동경할 만한 것을 기사화한다. 1986년부터 2001년까지 이러저러한 대중잡지에서 그녀를 다룬 기사는 200여 건이 넘는다. 이 기사들을 근거로 저널리스트들이 오프라의 삶에서 주목한 특징들을 살펴보면 대략 다음과 같다.

· 오프라는 힘든 어린 시절을 보냈다. 가난하기도 했지만 더 중요한 사건은 가족의 파탄, 냉담한 어머니, 엄격한 아버지 그리고 성폭력이었다. 그녀의 삶을 다룬 모든 기사가 이런 역경과 성폭력을 언급하고 있다.

· 오프라는 참담한 가난과 어린 시절을 극복하고 세계적인 명사가 되었다. 이 부분에서도 거의 똑같은 이야기가 되풀이된다. 그녀가 자기의혹과 역경을 딛고 일어나 미디어 제국의 여왕이 되었다고. 지칠 줄 모르는 근면성도 빠지지 않고 언급되며, 그녀의 성공은 마땅히 존중받아야 할 가치 있는 일로 평가된다.

· 체중과의 전쟁도 중요한 역할을 했다. 그녀의 체중과 체형을 다룬 기사도 무척 많은 편이다.

· 그녀의 자선행위는 충분히 언급되고 보도되었다. 그녀 자신은 물론이고 그녀의 일거수일투족을 보도하는 언론인들이 거듭해서 말했듯이 오프라는 가족과 친구들에게 정기적으로 선물을 나눠준다. 이런 너그러움은 사사로운 범위를 넘어 사회 전반으로 확대되었다. 예컨대 그녀는 모교에 거액의 장학금을 쾌척했고, 시카고의 빈민들을 위한 주택제공 프로젝트인 헨리 호너 홈즈(Henry Horner Homes)가 영화화되고 그녀가 그 영화에 출

연하게 되자 가난한 아이들을 돕는 데 50만 달러의 출연료를 기부했다. 또한 요하네스버그의 빈민가를 방문했을 때에는 한 가난한 여인에게 200달러는 선뜻 건네주기도 했다.

· 끝으로 약혼자, 절친한 친구, 가족 등과의 관계도 자주 언급된다. 가장 가까운 친구인 게일 킹(Gayle King), 그녀가 결혼을 거듭해서 망설인 끝에 결국 결혼하지 않기로 결정내리면서 그녀의 영원한 약혼자로 남게 된 그레이엄 스테드먼(Graham Stedman)이 특히 자주 언급된다.

그러나 위의 목록에서 언급되지 않은 것이 있다. 오프라의 삶 자체가 그녀의 '진정성'을 구축하고 관리하는 방법을 철저하게 바꿔놓았다는 점에서 오프라는 다른 스타들과 다르다는 것이다. 할리우드나 다른 나라의 스타들은 무대와 무대 뒤의 삶을 교묘하게 관리해서, 그들의 사생활을 대중의 눈에서 멀리 떼어놓으면서도 절친한 친구처럼 보이게 만든다.

따라서 현대의 스타들은 거리와 친근감을 조절하는 달인들이라 할 수 있다. 영화산업계는 이런 점들을 의도적으로 이용함으로써 "스타의 사생활과 스크린에서의 삶이 거의 다를 바가 없다"는 식으로 스타를 캐스팅한다.

결국 스타들의 문제는 진정성을 만들어내는 것이다. 달리 말하면 유명인물을 친근하면서도 거리가 있는 사람처럼 우리에게 비칠 수 있어야 한다. 그러나 오프라의 삶을 면밀히 분석해보면 그녀는 '진정성'의 의미를 완전히 바꿔버리고 있는 듯하다.

오프라가 다른 스타들과 근본적으로 다른 이유 중 하나는 아름다움과 젊음을 과시하는 대부분의 스타처럼 '비주얼 아이콘'이 아니라는 점이다. 오프라 윈프리는 '전기적 아이콘', 즉 아름다운 외모, 노래솜

씨, 연기력 때문이 아니라 그녀가 자신과 다른 사람들의 삶을 무대에 펼쳐놓는 재능으로 얻은 페르소나이다. 그녀의 사업능력을 분석한 한 기사에서 말하고 있듯이, 오프라에게는 삶이 곧 브랜드이다. 낮 시간대 텔레비전 프로그램에서 자신의 비밀스런 삶까지 기꺼이 털어놓음으로써 시청자들에게 꾸준한 믿음을 얻었다.

'신비로움'으로 거리감을 두는 은막의 스타들과 달리, 텔레비전 스타들은 '친근함'을 무기로 삼는다. 그들은 텔레비전에 매일 얼굴을 비치기 때문에 거리감이나 신비로움을 가질 수 없다.

오프라의 경우에는 이런 친근감이 더더욱 뚜렷하게 나타난다. 그녀는 텔레비전 사회자라는 역할의 경계를 벗어나 개인적의 삶까지 허물없이 공개한다. 그녀의 친근감은 자기를 드러내는 상징적 행위에 바탕을 두고 있다. 다시 말해 오프라는 그녀 자신도 '다른 사람들과 똑같이 일상의 문제와 싸우며 궁극적으로는 승리를 거두는 존재'라는 사실을 시청자들에게 보여준다.

여기에서 두 가지 주된 기법이 동원된다. 하나는 스튜디오를 개인적 삶과 진정한 자아를 연장시킨 공간으로 꾸미는 것이고, 다른 하나는 그녀의 삶과 게스트의 삶이 갖는 경계를 허물어뜨리는 식으로 인터뷰하는 방식이다.

무대와 무대 뒤의 경계를 허물어뜨리면서 오프라는 자신의 프로그램을 자신의 개인적 삶을 공개하기 위한 친밀한 공간으로 만들어갔다. 예컨대 오프라는 삶의 동반자인 스테드먼을 간혹 스튜디오로 초대하고, '실제 일상에서의 친구'들을 토크쇼의 참여자로 부른다. 또한 그녀가 주말을 어디에서 보냈고, 어떤 유명인사를 만나서 설레었으며, 왜 평소처럼 콘택트렌즈를 끼지 않고 안경을 썼는지, 하이힐 때문에 "불편해 죽겠다"는 등 아주 사사로운 이야기를 청중에게 건네면서 쇼를 시작하기도 한다.

그녀의 토크쇼는 어차피 게스트의 일상적 문제를 보여주는 데 목적이 있기 때문에, 오프라의 일상적 삶과 무리 없이 연결되는 인상을 준다. 이런 점에서 오프라 윈프리를 단순히 '아메리칸 드림'의 일례라고 말하기엔 부족한 면이 없지 않다. 그녀의 페르소나는 '스타'와 '보통 사람', '카리스마'와 '평범함'의 접합점이란 데 있다.

일례로 그녀가 에미상을 받게 되었다는 소식에, "체중과 얼마나 힘겹게 사투를 벌였는지 모릅니다"고 이야기할 때 그녀는 스타와 성공을 완전히 새로운 코드로 해석하게 만든다. 즉, 스타라고 일상의 어두운 면과 무관한 존재가 아니라, 보통 사람들과 마찬가지로 일상의 어두운 면을 지니고 있는 존재라고 말해주는 것이다.

오프라가 체중과 사투를 벌였다는 널리 알려진 이야기도 바로 이런 접합점에 위치한다. 기회가 있을 때마다 말하듯이, 그녀의 체중조절과 꾸준한 운동은 '의지력', 인내심, 순수한 야망을 그대로 보여주는 증거이다.

그러나 몸을 가꾸기 위한 처절한 노력을 숨김없이 밝힘으로써 그녀는 날씬하고 완벽한 몸매에 대한 환상을 벗겨주었다. 매스미디어의 아이콘들과 어울리고 순수한 매력을 지닌 깨끗한 이미지를 보여주는 마돈나와 같은 다른 여자 스타들과 달리, 오프라 윈프리는 우리 부엌 구석까지 알고 있고 우리에게 쉽게 말을 걸어오는 친근한 사람처럼 비친다.

이런 조직적인 우상파괴는 시청자와 독자에게 접근하는 주된 기법 중 하나이다. 예컨대 2001년 3월에 발간된 『오 매거진』에는 '자존심, 자존심을 지키는 오프라의 조언' 이외에 '우리 껍데기를 벗어버리자'라는 눈에 띄는 기사가 있었다. 오프라의 이미지가 구축된 과정만이 아니라 잡지 『오 매거진』 자체를 분석해서 오프라의 명백한 의도를 파헤친 기사였다.

이 기사는 잡지의 겉표지에 다음과 같이 요약되어 소개되었다.

리자 코건(Lisa Kogan)은 오프라와 함께 사우스캐롤라이나의 찰스턴을 여행했다. 이 잡지의 겉표지 뒤에 감춰진 모습을 살짝 엿보려고! 코건의 여행 이야기는 '우리 껍데기를 벗어버리자'에 자세히 소개되었다.

코건은 "많은 여성이 신문 가판대 앞을 지나면서, 왜 그들은 잡지 모델처럼 멋지게 보이지 못하는 걸까라는 의문을 갖는다. 오프라는 그런 껍데기를 벗겨버리는 데 한 마음이면 충분하디는 사실을 보여주고 싶어 했다"고 말한다.

나를 포함해서 많은 여성이 잡지를 보고, '나는 왜 저처럼 보이지 못하는 걸까?'라고 생각한다. 잡지 모델이 실제로 어떤 모습인지 그 비밀을 밝혀보자!

기사가 나간 뒤『오 매거진』에 쇄도한 엄청난 양의 우편물과, 이제는 "화장을 하지 않고 외출할 수 있다"고 외친 많은 여성의 증언이 증명하듯이 이 기사는 대성공이었다.

우상을 파괴하는 두 번째 기법은 그녀의 고백과 게스트의 고백간에 연속성을 두는 것이다. 예를 들어 앨 고어 전 부통령의 아내인 티퍼 고어와 인터뷰할 때 오프라는 교묘하게 정보전달자 역할을 해냈다.

오프라: 그(앨 고어) 분이 어느 때 따분하게 느껴지는지 말씀해볼까요? 왜 이런 말씀을 드리냐면 제가 처음을 만났을 때, 그러니까 스테드먼을….

고어 부인: 맞아요.

오프라: 그와 함께 꽤 오랜 시간을 지내긴 했습니다. 하지만 어쨌거나 처음 만났을 때에는….

고어 부인: 지루하지는 않았죠, 그렇죠?

오프라: 그럼요, 조금도 지루하지 않았죠. 하지만 요즘에는….

고어 부인: 그래요.

오프라: 스테드먼을 처음 소개받았을 때 누군가 제게 이렇게 말했습니다. "스테드먼! 그 친구, 꽤나 따분하지"라고 말입니다. 그러니까 성실한 사람이란 뜻이었습니다.

고어 부인: 맞아요.

오프라: 그야말로 일편단심이더군요. 품성도 좋고, 옳다고 믿는 것에서는 조금도 물러서지 않으니까요.

오프라는 이런 인터뷰 기법을 자주 사용한다. 그녀가 직접 겪은 에피소드와 감정을 인터뷰에 끼워넣어 누가 진짜 '인터뷰 대상'인지 모호하고, 때로는 오프라의 자기고백이 게스트의 속내를 솔직하게 털어놓게 만들려는 목적인지 불명확한 때가 적지 않다.

오프라의 쇼에서 가장 기억에 남을 만한 게스트 중 하나는 아주 어린 시절부터 성폭력과 학대를 당한 젊은 여인인 트루디 체이스(Trudi Chase)이다(3장 참조). 역할과 정체의 혼돈을 보여주는 좋은 예다. 오프라의 말을 들어보자.

"작년에 나는 트루디 체이스를 내 쇼에 초대했다. 그녀는 지독한 성폭력과 아동 학대의 피해자였다. 그녀의 이야기를 전하던 중에 나는 눈물을 주체할 수 없었다. 눈물을 도무지 멈출 수 없었다. 내가 당한 아픔을 쏟아낸 것이었다. 내가 당한 아픔을 전국에 방영되는 텔레비전 프로그램에서 쏟아낸 것이었다."

여기서 볼 수 있듯 오프라는 너무나 비슷한 두 이야기를 뒤섞어서 하나처럼 만들어냈다. 오프라가 우리에게 무엇을 보여주려 했는지는 불분명하지만, 위의 말에서 중요한 것은 게스트의 고백에 자기고백으로 화답했다는 점이다.

우리가 이차적 시선을 취할 때 오프라가 자신의 페르소나를 평범화 시키려는 행위는 더욱 흥미롭게 보인다. 즉, 그녀를 유명인사로 만들어 가는 일종의 기법으로 여겨진다. 정확히 말해 오프라의 페르소나는 그녀의 실패 덕분에 형성된 듯하다. 그녀의 전기가 서술되는 방식도 예외가 아니다.

아홉 살 때 그녀는 베이비시터 노릇을 하던 10대의 사촌에게 강간을 당했다. 그리고 그 사촌은 그녀를 동물원에 데려가 아이스크림을 사주었다. 그래서 그녀는 그 일을 아무에게도 말하지 않았다.

그리고 그해 학교 운동장에서 한 친구는 그녀에게 '아기가 어떻게 태어나는 지'에 대해 말해주었다. 그 때문에 그녀는 임신한 것이라 생각하며 5학년 내내 강간의 공포에 사로잡혀 지내야 했다.

그후 5년 동안 그녀는 다른 세 남자에게 반복해서 성폭행을 당했다. 모두가 가족의 친구로 믿음을 주던 남자들이었다. 밀워키에서 지낼 때 그녀는 거짓말을 밥 먹듯이 했고 통금시간을 어겼으며 어머니의 지갑에서 돈을 훔쳤다. 심지어 가출해서 온갖 남자와 데이트를 하려고 하기도 했다.

집에서 그녀는 가정부가 오기 전에 청소를 걱정하는 여자 중 한 명이다. 가정부에게 나쁜 인상을 주지 않으려고!

그녀의 삶이 미국인의 마음을 사로잡은 이유는 그녀가 호레이쇼 앨저의 소설 주인공처럼 자수성가한 사람이기 때문이다. 더 정확히 말하면 자수성가한 남성들의 신화를 여자의 몸으로 이뤄낸 사람이기 때문이다. 특히 성공한 사람들이 공통적으로 가진 '비밀'을 그녀는 틈나는 대로 밝혔다. "성공한 사람들은 실패한 영혼과 실패한 관계의 상흔을 가졌다"는 비밀 말이다.

따라서 오프라의 명성은 그녀의 삶에서 실패한 부분을 공개적으로 밝히고 활용한 것에서 얻어진 것이라 할 수 있다. 그녀는 지독히 가난하고 궁핍하게 살았지만, 저널리스트들은 이런 물질적 역경을 재미없고 하찮은 것이라 생각하는 듯 대수롭지 않게 언급하고 지나간다. 오프라가 끊임없이 강조하듯이, 심리적 장애가 극복하기 훨씬 힘든 방해물이었다.

이런 점에서 그녀의 성공 이야기는 우리에게 익숙한 유명한 남성들의 것과 무척 다르다. 남다른 능력이나 재능을 자랑하기는커녕 오프라는 지극히 평범한 여자들을 괴롭히는 문제들, 즉 자긍심의 결여, 성폭행, 과체중, 실패한 사랑 등을 경험한 여자로 비친다.

오프라는 성폭행을 당해서 유명해진 것이 아니라, 성폭행을 당했고 그런 사실을 감추지 않고 공개했기 때문에 유명해졌다. 그녀의 성공은 문젯거리로 점철된 힘겨운 삶을 이겨낸 치유의 승리로 비춰진다. 따라서 오프라의 경우에는 스타로서 자아를 만들어간 과정이 스타로서 자아를 해체하는 행위와 밀접한 관계를 갖는다. 요컨대 이 세상이 여성에게 안겨준 불행들의 전도된 모습을 남성적인 성공 세계에 비추면서 오프라는 유명해졌다.

오프라가 『오 매거진』에 정기적으로 기고하는 칼럼인 '내가 확실히 아는 것(What I Know for Sure)'이 대표적인 예다. 이 칼럼에서 오프라는 개인적인 시련을 숨김없이 밝히는 식으로 내면의 심리상태를 이해하는 사람처럼 보인다.

"미시시피, 내슈빌, 밀워키를 오가며 자란 소녀로서, 나는 사랑받지 못하는 계집아이라고 느꼈다. 그래도 나는 성공한 사람이 되어 사람들에게 인정받을 수 있으리라 생각했다."

'남성의 성공 이야기'와 달리, 오프라의 이야기는 성공에 대한 이야기가 아니라 실패한 자아에 대한 이야기, 즉 무엇이 성공을 우리에게 안겨주는가에 대한 이야기이다. 그러나 실패를 성공으로 전환시킨 문화적 메커니즘은 정확히 무엇일까? 그녀의 삶과 영혼에서 실패한 부분들을 밝히는 것이 그렇게 매혹적으로 느껴지는 이유는 무엇일까?

미국 문화가 실패를 긍정적 경험으로 변환시키는 문화적 메커니즘을 갖지 않고 있다면 실패의 이야기가 유명인을 만들어낼 수는 없을 것이다. 그러나 오프라 윈프리가 실패를 성공으로 바꿔갈 수 있었던 이유는 자신의 결점들을 이른바 '치유적 전기(therapeutic biography)'라는 문화적 코드에 녹여냈기 때문이다.

공개된 것이 그녀가 심리적으로 겪은 자질구레한 역경들만큼 '실제' 세계에서 일어난 '사건'은 아니라는 뜻이다. 따라서 치유적 전기를 통해서 오프라는 실패를 승리와 자기극복의 이야기로 재순환시키는 식으로 실패를 기회로 삼을 수 있었다. 그녀가 헤로인 중독에 관한 과거를 털어놓은 이야기에서 이런 예를 찾을 수 있다. 1995년 7월, 오프라는 다음과 같은 충격적인 고백을 했다.

한 여자가 마약보다 남자에게 중독되었다고 말하는 이야기를 들었을 때 그녀의 머리에 언뜻 스치는 생각이 있었다. 그녀는 그때를 회상하며 "그래, 바로 내 이야기야. 내가 바로 그렇게 느꼈어!"라고 말했다.
오프라가 과거를 고백하자, 하포(HARPO, 오프라 윈프리 쇼 제작회사)에서는 큰 소동이 벌어졌다. 그런 소동 속에서도 오프라는 내면의 평화를 느낄 수 있었다.

이때 일어난 '사건'은 그녀가 남자와 마약 모두에 똑같이 중독되었다는 사실의 '인정'이었다. 따라서 오프라는 그 고백을 '기삿거리'로 만들 수 있었다. 또한 이 새로운 사실을 고백함으로써 그녀는 공개석상에서 지켜야 할 규칙을 깨뜨렸다. 이렇게 함으로써 그녀 자신의 심리를 이해하기 위한 장으로 텔레비전을 바꿔버렸다.

그러나 더욱 흥미로운 사실은 위의 보도에서 두 가지 사건이 언급되고 있다는 점이다. 하나는 고백이고, 다른 하나는 대중 앞에서 고백함으로써 얻은 '내면의 화해'이다. 이런 해방감과 평온은 텔레비전으로 방송된 고백을 통해서 찾아왔고, 또 하나의 기삿거리로 언론에서 다시 언급했다. 따라서 이 고백은 그녀의 심리세계에 안긴 충격 때문에 언론과 인터뷰하는 기회가 되었다.

고백은 단순히 좋은 것의 차원을 뛰어넘었다. 오프라에게 고백은 자유를 주는 것이었다.

그녀는 "내가 고백을 통해 배운 것은 우리가 가장 두려워하는 것은 어떤 힘도 없다는 것이다. 두려움 자체가 우리를 짓누르는 힘이다. 그러나 우리가 두려워하는 것 자체는 우리에게 어떤 영향을 미치지 못한다. 그날 내가 배운 것은 진실만이 우리를 자유롭게 해준다는 것이다"라고 말했다.

이는 오프라 윈프리가 텔레비전을 통해서 그녀의 페르소나를 구축해가는 전형적인 방식이다. 이런 사건은 그녀에게 두 번의 기회를 주기 때문이다.

첫 번째는 작은 파문을 일으키며 곧 많은 사람이 주목하게 될 '이야깃거리'가 되는 고백으로 갖는 기회이고, 두 번째는 '해방'의 이야기로서 갖는 기회가 된다.

공공의 장에서 이런 이야기를 하는 행위는 오프라의 전기에서 한 조

각 이상의 역할을 하며, 그녀의 삶에 상처를 주었던 한 요소를 심리적
으로 완전히 치유한다. 그녀가 개인적인 삶에서 중요하게 여겼던 심리
적 사건을 다시 경험하기 위해서 텔레비전 프로그램을 어떻게 이용하
는가를 보여주는 예다.

오프라가 미디어를 통해 언급함으로써 실체를 갖는 '심리적 사건',
그리고 그녀의 텔레비전 속의 삶과 개인적 삶 사이에 양다리를 걸치
며 그 경계를 무너뜨리는 '심리적 사건'을 만들어가는 다른 예를 들
어보자.

오프라 윈프리는 자신의 삶에 대한 책을 쓰겠노라 약속해놓고서는,
어느 날 갑자기 '폭탄선언'을 한다. '그 책을 결코 쓰지 않을 것'이라
고! 이런 폭탄선언도 기삿거리가 되고 전기적 중요성을 띠는 사건이 된
다. 오프라가 그 선언을 '심리적' 사건으로 승화시키기 때문이다.

오프라 윈프리가 이번 가을에 학수고대하던 책을 출간하지 않을 것이란 폭탄
선언에 따른 온갖 풍문으로 사람들은 한 권의 리얼 스토리를 잃었을 뿐이다.
끝내지도 않았고 출간되지도 않았으며 누구도 보지 못한 이 책이 그녀의 삶을
바꿔놓았다. 신상 이야기를 쓰려면 그녀는 온갖 악귀와 싸워야 했다. 그녀의
표현대로 '발가벗겨진 내 모습'을 보여줘야 했기 때문이다. 자신을 돌아보면
서 깨달은 바에 그녀는 충격을 받았고, 그 충격은 그녀를 자유롭게 해주었다.
그녀는 "내 삶을 한 겹씩 벗겨낼 때 나는 분명히 깨달았다. 내 광기, 내 고통과
난관 등 모든 것은 내 자신을 소중히 생각지 않았다는 사실에서 비롯되는 것
이었다"며 "이제 나는 분명히 알고 있다. 내가 지금껏 겪은 고통의 모든 조각
이 쓸데없는 근심에 원인이 있다는 사실을 깨달았다. 다른 사람들이 나를 어
떻게 생각할까라는 쓸데없는 근심에서!"라고 덧붙였다.
그 책을 중단하면 다른 사람이 그녀를 어떻게 생각할까라고 고민하는 식으로

오프라는 그 책을 거의 완성했던 것이다. 하지만 내면의 목소리는 그녀가 세상에 내놓고 싶은 이야기는 그런 이야기가 아니라고 속삭이고 있었다.

책을 쓰지 않겠다는 선언이 뉴스거리, 아니 특종 기삿거리가 된 이유는 그 선언이 곧바로 '심리적' 사건으로 변모했기 때문이다. 즉 그녀가 '다른 사람들이 그녀에 대해 갖는 생각에 대한 두려움'을 극복했고, 그 결과로 '새로운 자유'를 얻었다는 뜻이다. 다른 기사에서는 이 사건이 그녀의 삶에서 어떤 위치를 차지하고 있는지를 보여준다.

그 책 사건이 있기 전에 오프라는 숨 막힐 듯한 자기의혹의 바다에서 감정적으로 표류하고 있었다. 중요한 것은 그녀가 내면에서, 즉 영혼의 깊고 깊은 골목에서 어떻게 느끼고 있느냐는 점이었다. 내면에서 그녀는 한 번도 훌륭한 존재라고 생각해본 적이 없었다. 여기에서 모든 문제가 싹텄다.

비만과의 끝없는 싸움, 성적으로 문란했던 청소년기, 사랑의 이름으로 기꺼이 남자의 노리개가 되었던 과거의 오프라는 시카고 도심의 서쪽에 위치한 2,500평 정도의 스튜디오와 2,000만 달러의 재산을 둘러보면서 "이제 나는 모든 것을 가졌습니다. 내가 텔레비전에 출연하기 때문에 세상을 내 뜻대로 조절한다고 사람들은 생각할 겁니다. 하지만 오랫동안 나는 내 본연의 가치와 투쟁해왔습니다. 이제 나는 내 본연의 가치를 달게 받아들이고 있습니다"라고 말했다.

비만, 다른 사람을 즐겁게 해주어야 한다는 강박관념, 자긍심의 결여, 자아와의 투쟁 등 그녀의 삶에서 중대한 에피소드들은, 실패한 영혼에게 중대한 사건이란 점에서 그녀의 전기를 재구성하는 일을 무척 흥미롭게 해준다. 따라서 우리는 이런 일련의 사건들로 이루어진 이야기를 치유적 이야기라고 부를 수 있다.

오프라가 비만과 싸웠다는 이야기가 그녀의 전기에서 큰 몫을 차지한다. 그러나 그녀의 투쟁을 하나의 '이야기(설화적 긴장관계와 전개 방식을 가진 상징 구조)'로 승화되는 가장 큰 이유는 오프라 윈프리와 그녀의 삶에 대해 보도하는 기자들이 차례로 그런 이야기를 '심리적 투쟁'으로 미화시키기 때문이다.

따라서 그녀가 많은 인터뷰를 통해 말했듯이, 그녀의 거듭된 다이어트 실패는 그녀의 끈질긴 '죄책감'에서 비롯되었다. 체중 문제는 자긍심의 문제와도 관계가 있었다. 그래서 오프라가 다이어트에 성공하고 체중을 꾸준히 유지했을 때, 그녀는 그 성공을 개인 트레이너와 요리사에게 돌리지 않고 '심리적 내면의 이해'에 의한 결과라고 주장했다.

치유의 이야기는 오프라 자신의 자아에 대한 이야기이고, 그 자아가 건강을 획득하는 데 도움을 준 사건들에 대한 이야기이며, 심지어 자아를 실패로 몰아간 원인에 대한 이야기이기도 하다.

모든 경험적 이야기와 마찬가지로, 치유의 이야기도 심리적 안녕이나 '건강' 등과 같은 목표와 그런 안녕을 방해하는 장애물 사이의 긴장으로 이루어진다. 귀찮은 문제들은 정신적 충격을 주는 사건이고, 다른 사람들이 자아에 가하는 상처이며, 자기기만적 믿음이나 행동일 수 있다. 수치심, 죄책감, 불안감, 자기증오 등과 같은 감정들이 그 주제를 중심으로 전개되는 내면의 이야기에서 중심적인 위치를 차지한다.

다시 말해 수치심이나 죄책감과 같은 실체적 감정이 이야기되고, 이런 감정들은 자아에 대한 더 큰 이야기에서 또 하나의 독립된 이야깃거리가 된다. 따라서 오프라 윈프리의 전기는 치유적 기능을 갖는다고 말할 수 있다. 요즘 들어 증명되고 있듯이, 행복과 성공은 자아의 과거를 이해하고, 두려움과 근심을 인지해서 극복하며, 진정한 자아를 깨닫는 데서 온다.

오프라의 삶에 대한 치유적 서술은 언론과의 인터뷰나 텔레비전에서의 고백을 통해 실질적으로 이루어진다. 자아에 대해 깨달아가고, 카메라 앞에서 획득한 이런 자기인식이 그녀를 변화시키는 데 도움을 준다고 주장하면서, 오프라는 그녀의 삶에서 주된 이야기 조각을 이루는 언어행위를 동시다발적으로 만들어낸다.

예컨대 강간당한 사실을 대중 앞에서 고백하는 행위는 강간당했다는 사실에 대한 이야기 연쇄를 완결하는 동시에 그 사실에 마침표를 찍는 이야기 연쇄이다.

그녀의 삶에 대한 이야기를 이런 식으로 드러내는 행위는 "이야기는 창조되는 바로 그 순간에 가장 창조적이고 혁명적이다"는 토니 모리슨의 주장을 증명해주는 좋은 예다. 오프라 윈프리는 이처럼 '혁명적 자전'을 만들어왔으며, 그와 동시에 그 자전은 치유라는 문화적 코드를 통해서 윈프리라는 인물을 창조해왔다.

텔레비전의 치유력

오프라의 전기는 섬뜩할 정도로 텔레비전과 밀접한 관계를 갖고 있다. 그녀가 자신의 전기를 만들어간 직접적인 출구가 텔레비전이기도 하지만, 그녀의 전기가 텔레비전과 더불어 변화해왔기 때문이다.

그녀의 삶에서 심리적으로 중대한 사건들은 텔레비전을 통해 경험되었지만, 텔레비전에 의해 텔레비전을 위해 만들어진 것이기도 하다. 그녀의 전기에서 가장 인상적인 면, 즉 그녀의 삶에서 일관되게 나타나는 사건들은 텔레비전과 철저히 뒤얽혀 있다. 오프라 윈프리 쇼가 처음으로 전국에 방영된 때는 1986년이다. 이때 그녀는 아무런 준비도 없었던 것처럼 자연스럽게 자신의 비밀, 즉 성폭행 당했다는 사실을 고백하면서 게스트 중 하나가 되는 기막힌 연출을 해보였다.

학대받는 여인과 근친상간을 다룬 최근의 한 프로그램에서, 중년의 여인이 "성폭행을 당했다"고 말하자 오프라는 눈물을 쏟기 시작했다. 오프라는 광고 방송을 요구하고 그 여인을 두 팔로 꼭 껴안았다. 나중에 오프라는 성폭행의 고통이 어떤 것인지 잘 안다고 말했다. 그녀도 아홉 살에 사촌에게 강간을 당했을 뿐 아니라 어머니의 남자친구에게도 성폭행을 당했다고 털어놓았다.

오프라가 가족의 비밀을 폭로할 때마다 그녀의 이력에는 훈장이 하나씩 더해졌다. 그런 폭로로 시청률이 몰라보게 올라갔고, '오프라 윈프리 쇼'는 게스트와 사회자가 서로 비밀을 털어놓는 토크쇼라는 이름을 얻게 되었다.

그로부터 10년 이상이 지난 1999년, 『살롱 매거진』의 메리 엘리자베스 윌리엄스는 "오늘날과 같은 상황이었다면 오프라의 첫 고백도 그다지 특별하거나 대담하게 받아들여지지는 않았을 것이다. 하지만 당시에 그 고백은 전기에 감전된 듯한 충격을 안겨주었다"고 말했다.

다른 식으로 말하자면, 오프라는 토크쇼의 구성을 따르는 것 같으면서도 게스트들의 이야기를 거의 그대로 투영하는 듯한 방식으로 그녀의 삶을 포장했고, 그녀가 겪은 실례를 통해서 '텔레비전의 치유력'을 보여주었다. 그녀의 삶에 대한 이야기를 꾸며가는 수단으로, 삶을 되돌아보고 반성하면서 자아를 변화시켜가는 도구로 토크쇼를 이용했다.

요컨대 오프라는 자신의 삶을 이용해서 토크쇼의 틀을 잡고, 그것을 이용해서 자기이해와 해방이라는 더 큰 심리적 이야기를 만들어간다.

예를 하나 들어보자. 비만의 고통을 다룬 초기 프로그램 중 하나에서 오프라는 자신의 경험에 빗대어 비만이 근심과 불안, 자긍심의 부족에서 비롯되고, 그런 결함은 잘못된 어린 시절이 원인이라고 설명했다.

실제로 오프라의 이력에서 서너 번의 이정표는 그녀 자신에 대한 고백을 기점으로 일어났다. 즉, 다이어트의 어려움, 성폭행을 당한 이야기, 열네 살 때 경험한 유산, 자긍심의 결여로 인한 문제를 고백할 때마다 토크쇼의 인기는 폭발적인 반응을 일으켰다.

그러나 훨씬 더 흥미로운 사실은, 이런 고백이 있은 뒤 실제로 오프라의 삶이 변화했다는 점이다. 그녀는 예전에 비해 훨씬 날씬해졌고, 자신감에 넘쳤으며, 매력적으로 변했고, 성공적인 삶을 누렸다. 오프라가 텔레비전이 삶을 바꿀 수 있고 실제로 바꾼다는 사실을 혼신의 힘으로 반복해서 보여주었다는 점에서 그녀는 자신의 토크쇼에서 가장 이상적인 게스트가 되었다.

따라서 텔레비전이란 매개체가 그녀에게는 치유적 이야기를 털어놓는 특별한 발판 역할을 했다. 다시 말해 신상에 관한 이야기를 하고, 그런 이야기를 하는 행위를 통해서 이야기를 바꿔갔다. 오프라 윈프리의 삶에서 특별히 눈에 띄는 것은 그녀가 게스트들의 이야기에 담긴 내용을 그대로 행할 뿐 아니라 삶을 변화시키겠다는 토크쇼의 자기선언적 소명을 실천하고 있다는 점이다.

따라서 오프라 윈프리는 여전히 '진행형'인 전기라는 볼거리를 우리에게 제공해주고 있다. '실시간'으로 펼쳐지고, 그녀가 몸과 영혼으로 겪은 다채로운 변화를 통해서 전개되는 전기적 이야기인 셈이다. 오프라는 자신의 삶을 치유적 전기로 삼아, 더 정확히 말해 심리적 사건을 중심으로 이야기된 치유적 전기로 삼으면서 이런 일을 해내고 있다.

이번에는 아주 유명한 예를 들어보자.

1984년 오프라의 이름이 알려지기 시작한 초기에 『뉴스위크』는 오프라를 '블랙 마미(black mammy)'라 칭하며 "미시시피 태생으로 거의 90킬로그램에 육박하는 흑인 여자, 구릿빛 피부에 약간은 세속적이고 산전수전을 다 겪은 듯한 활기찬 여자"라고 표현했다. 그로부터 5년 후 『뉴욕타임스』의 한 기사에서는 "가냘프고 질리도록 매력적인 여자"로 묘사되었다.

놀라운 변화였다. 텔레비전과 신문은 이런 변화를 놓치지 않았다. 5년이란 기간 동안 오프라는 사신의 변화 과성을 시청자들에게 고스란히 보여주었다.

예컨대 1988년 11월, 오프라 윈프리는 30킬로그램의 쇠고기를 실은 작은 수레를 끌고 무대에 나타났다. 그녀가 그동안 줄인 몸무게와 정확히 똑같은 고깃덩이였다. 캘빈 클라인 진을 입은 날씬한 몸을 과시하며 그녀는 그날 토크쇼를 그런 변화를 자랑하기 위한 자기만의 무대로 만들었다.

하지만 그녀가 과시한 것은 날씬한 육체만이 아니었다. 더 중요한 것은 그것이 그녀의 자전(自傳)에 추가할 새로운 이야기였고, 곧 다이어트 산업계가 상품화시킬 것이 빤한 치유적 이야기로 둔갑할 이야기였다는 것이다. 그리고 1989년, 그 이야기는 새로운 전기를 맞는다. 오프라가 자신의 체중이 "7.8킬로그램이나 늘었다"고 고백한 사건 때문이었다.

결국 체중조절이란 이야기가 다시 과거로 회귀한 셈이었다. 그녀의 표현을 빌리면 "체중을 줄이는 것은 전쟁의 시작일 뿐이다. 줄인 체중을 유지하는 것이 진짜 전쟁"이다. 이런 이야기가 우리 눈앞에서 펼쳐질 수 있는 이유는 치유적 언어가 사용되기 때문이다.

누군가의 문제에 대해 이야기를 나누는 것은 그 자체로 하나의 사건이다. 따라서 오프라의 체중조절에 대한 이야기가 시청자들에게 관심을 끈 이유는 그 이야기가 영적이고 심리적인 투쟁으로 비쳤기 때문이다. 오프라의 전기를 쓴 조지 마이어는 "의학적으로 검증받은 다이어트법이 그녀의 쇼에서 거의 매일 언급되었다"고 지적한다.

오프라의 체중조절 이야기는 전 국민이 지켜보는 앞에서 다시 한번 멋진 결심이 되었고, 1998년 오프라는 할리우드의 스타들도 탐내는 『보그』의 표지 모델이 되었다. 따라서 그녀의 다이어트 이야기는 실제의 삶에서 실시간으로 변하는 '이야기식 볼거리'를 시청자에게 제공한다.

치유적 이야기는 부차적인 이야기로 무한히 이어질 수 있다는 점이 가장 흥미로운 특징 중 하나이다. 우리는 오프라를 보고 처음에는 강하고 자신감에 넘치며 과거의 상처에도 흔들리지 않는 여인이라 생각하기 십상이다.

하지만 최근 들어 오프라는 자신이 끊임없이 상처를 받는다면서, "나는 과거에 학대로 깊은 상처를 입었고 지금도 마찬가지다. 내가 치유되었다고 확신할 때에도 나는 완전히 치유된 것이 아니었다. 나는 항상 수치심을 안고 살아갔고, 그 남자들의 행위를 핑계로 내 자신을 무의식적으로 탓했다"고 솔직히 고백했다.

이는 "수치심을 안고 살아간다"는 사실을 근거로 새로운 이야깃거리를 만들어냄으로써, 과거에도 이미 언급했던 성폭행을 다시 언급한 것에 불과하다.

1993년에 한 저널리스트는 '오프라, 그녀의 체중과 결혼 그리고 책을 보류한 이유에 대해 입을 열다'라는 선정적으로 제목의 기사에서 오프라의 삶을 개괄적으로 다루었다. 오프라를 조금이라도 아는 사람이라면, 책과 마찬가지로 모두가 학수고대하던 결혼식이 결코 열리지 않았다는 사실을 잘 알고 있을 것이다.

그러나 1993년 그녀는 이미 체중조절에 성공했지만, 그녀가 "파운드는 내 삶의 짐이었다"고 말했듯이 그 이야기는 여전히 대중의 이목을 끌 만한 이야깃거리였다. 실제 체중을 심리변화의 과정에 비유함으로써, 오프라는 체중조절에 대한 이야기를 다시 한번 부연해서 저널리스트의 참여까지 끌어낼 수 있었다.

오프라는 텔레비전에서 그리고 텔레비전을 위해서 자신의 삶을 포장하지만, 텔레비전이란 매개체는 그녀의 삶을 실시간으로 방영함으로써 한 개인의 삶을 거의 다큐멘터리 식으로 추적하는 형식을 띤다.

개인 트레이너 덕분에 체중이 조금씩 줄자 오프라는 책 한 권을 썼다. 그녀의 토크쇼 덕분에 그 책은 순식간에 베스트셀러가 되었다. 여기에서도 그녀의 상업적 행위는 치유적 사건과 같은 형식을 띤다. 이 책에서 독자들은 에어로빅에 대한 실질적 조언, 체중과의 전쟁에 대한 오프라의 상세한 설명, 그런 투쟁에 대한 심리학적 해석 그리고 그녀의 '체중조절 일기'를 읽을 수 있다. 예컨대 아래와 같다.

· 3월 9일: 체중을 줄이는 것이 내 소망이다. 내 자신을 위한 일이다. 이 목표를 성취하는 데 방해하는 것이라면 어떤 것도 먹지 않고 마시지 않고 소비하지 않을 생각이다. 결심, 내 목표를 이루겠다는 의지가 필요하다. 목표를 위해서라면 어떤 일이라도 할 생각이다. 가능한 일이다. 나는 해낼 것이다.

· 11월 14일: 다이어트 쇼를 시작한 지 1년이 되었다. 76킬로그램. 내 자신이 이렇게 미울 수가 없다. 1주년을 기념할 만큼 살이 빠지지 않았다. 내 굳은 결심이 어디로 가버렸는가? 매일 나는 기분 좋게 일어나서 시작하지만 실패한다.

· 2월 20일: 간혹 나는 내 두려움과 체중 사이에 상관관계가 있다는 것을 느낀다. 그럼 나는 무엇을 두려워하는 걸까? 그것이 문제다. 그 대답을 찾아내면 나는 자유로워질 수 있을 것이다.

이 일기에서 오프라는 혼잣말, 즉 내면의 대화를 공적인 연기로 능수능란하게 바꿔버렸다. 물론 시청자를 겨냥한 연기였다.

이 일기는 텔레비전 토크쇼의 협조를 얻어가며 천천히 진행되는 심리적 자기변화 과정을 보여준다. 그러나 일기는 오프라가 다이어트 이야기를 내면의 심리 이야기로 다시 쓰는 또 하나의 매개체인 동시에 발판이다. 우리가 그녀의 심리세계에서 일어나는 심리적 사건들을 추적할 수 있는 근거인 체중조절은 다양한 문화 미디어계에 종사하는 여러 사회적 행위자들에 의해 상업적 행위로 바뀐다.

텔레비전이 치유적 이야기를 통해서 오프라의 개인적 삶에 부록처럼 덧붙여지는 예를 마지막으로 하나만 더 들어보자. 1996년 오프라는 한 회 전체를 할애해서 광우병을 집중적으로 다루었다. 그 때문인지 쇠고기의 판매량이 전국적으로 폭락했고, 이에 격분한 '텍사스의 목축업자'들이 그녀를 기소했다. 애머릴로 법정에 서게 되자 그녀는 제작팀을 통째로 애머릴로로 이동시켜 토크쇼를 계속 진행했고, 그 덕분에 그 재판은 시청자들에게 알려졌다.

오프라는 필 맥그로 박사를 변호사로 고용했다. 맥그로의 훌륭한 변론으로 그녀는 승소했으며 맥그로의 삶을 바꿔놓았다. 그 이후 그녀는 맥그로를 '당신의 삶을 변화시켜라' 팀에 가입하라고 권유했고, 책을 쓰라고 부추기기도 했다. 이번에는 맥그로가 오프라의 말에 따랐다. 필 맥그로는 오프라가 자주 찾는 전문가의 일원이 되었고, 《삶의 전략(Life Strategies)》을 써서 일약 베스트셀러 작가가 되었다.

또 다시 오프라는 개인적 자아와 공적 자아 사이의 경계를 조작하며, 둘 사이에 아무런 경계도 없는 것처럼 행동했다. 요컨대 민사소송 사건이 공공의 논쟁거리로 변해서 전 국민의 관심사가 되었다. 그리고 개인적 친구인 맥그로는 그녀의 토크쇼를 통해서 졸지에 공인(公人)이 되었다. 《삶의 전략》은 성공을 다룬 다른 자기계발 서적과 눈에 띄게 다른 점이 없었지만 오프라의 협조로 단시간 내에 100만 부 이상이 팔리는 초대형 베스트셀러가 되었다.

그러나 이 에피소드에서 특별히 주목되는 부분은 텍사스 목축업자와의 재판이 치유의 승리로 꾸며졌다는 점이며, 다이어트에서 밥 그린의 경우처럼 이 승리는 맥그로가 책의 형태로 쓴 후일담의 결과였다. 물론 《삶의 전략》도 토크쇼처럼 똑같이 치유적 언어를 사용하고 있다. 맥그로는 애머릴로에서 오프라와 한밤중에 다음과 같은 대화를 나눴다고 책에서 밝히고 있다.

"오프라, 날 봐요 당장. 힘내요! 낙담해서는 안 돼요! 이겨내야 한다고요. 한바탕 싸움을 벌이는 편이 낫다고요. 그렇지 않으면 그 친구들이 쉽게 당신 엉덩이를 걷어차 버릴 겁니다."

그녀는 본능적으로 움찔거렸지만 나는 그녀의 눈빛에서 분노를 분명히 읽을 수 있었다. 하지만 그녀의 분노가 나와는 아무런 관계도 없다는 것을 알 수 있었다. 그녀는 내 눈을 뚫어지게 바라보았다. 그리고 "그들에게 승리를 양보할 수는 없어요!"라고 말했다. 그 순간 목축업자들이 이번 소송에서 패배할 수밖에 없으리라는 생각이 들었다.

이 책은 독자에게 집중력과 결단력을 갖는 방법을 가르쳐주는 책으로 소개되었다. 한편 오프라는 여기에서 개인적으로 닥친 영혼의 고뇌를 드러냄으로써 다시 대중적 자아를 구축하는 기회를 가졌다.

또한 이 책의 출간과 이 책에서 오프라에게 닥친 곤경을 에피소드로 삼은 이유는, 그녀의 내면에서 어떤 변화가 일어나면서 새로운 심리적 깨달음을 얻어 오프라가 소송에서 승리했기 때문에 정당화된다. 오프라라는 개인이 시청자 모두가 공유하는 문화 상품이 된 또 하나의 예다.

따라서 치유적 이야기는 진행형인 전기에서 볼거리를 제공하고, 문화적 소재를 재사용하는 포스트모던의 형식에 완벽하게 들어맞는다. 치유는 결코 겉으로 보이는 것처럼 단순하지 않다.

새로운 형태의 고통이 별안간 나타나서 더 큰 치유를 요구하며, 새로운 이야기를 만들어낸다. 즉, 미디어와의 인터뷰가 다시 쇄도하고, 토크쇼에 새로운 이야깃거리가 생겨 자기과시의 기회가 다시 마련된다.

이에 따라 심리적 발전도 더불어 기대된다. 게다가 이런 치유적 이야기는 다양한 미디어로 확대될 수도 있다. 오프라의 체중과의 전쟁은 지금도 진행 중인 끝나지 않은 이야기이다. 따라서 다양한 텍스트, 예컨대 그녀의 토크쇼와 다이어트를 다룬 밥 그린의 베스트셀러, 오프라의 일기, 체중과의 전쟁에 대한 언론과의 인터뷰, 그녀의 베스트셀러에 대한 언론과의 인터뷰 등에서 다루어진다.

"공인으로 자신의 체중을 공개적으로 화제로 삼은 사람은 거의 없다. 걷잡을 수 없이 살이 찔 때 그에 따른 두려움과 불안감과 분노를 기꺼이 인정할 여자도 손가락으로 꼽을 것이다. 오프라는 세상에 멋진 몸을 보이고 몇 달, 몇 년이 지난 후 다시 살이 찌기 시작하자 절망감에 서서히 빠져들었다. 그리고 1년 후 일기장에 '나는 결단력을 잃고 있었다'라고 썼다."

이 기자는 그후에도 체중에 관한 이야기를 계속 썼고, 이제 체중을 주제로 한 이야기는 다양한 모습을 띤 다채로운 이야기로 표현된다.

기자: 먼저 좋은 점부터 말해볼까요? 다시 몸무게를 줄였습니다. 이번에는 어떻게 그렇게 할 수 있었습니까?

오프라: 지난겨울 텍사스에서 재판이 있을 때 약 10킬로그램이 늘었더군요. 목축업자들에게 기소당한 때 말입니다. 호된 대가를 치른 셈이죠. 텔룰라이드에서 거의 한 달 동안 매일 열심히 걸었습니다.

기자: 얼마나 줄였습니까?

오프라: 약 10킬로그램 정도.

기자: 밥 그린에게 도움을 받았습니까?

오프라: 그랬습니다. 『보그』의 표지모델처럼 되고 싶었으니까요. 이번에는 견디어냈습니다. 그때, 그러니까 1980년과 1983년, 그때를 지금 돌이켜보면 정신질환을 앓던 때처럼 느껴집니다. 예, 압니다. 내가 아팠다는 걸 알아요. 그래서 그때를 내가 '병든 시기'라고 말하지요. 정말 그때를 돌이켜보면 병든 시기가 틀림없습니다. 내가 제일 좋아하는 친구, 게일이 많은 도움을 주었습니다. 덕분에 이겨낼 수 있었으니까요. 그가 내게 많은 위안을 주었습니다. 모든 면에서 말입니다. 그래요, 그때는 내가 아팠던 때입니다. 하지만 그때는 그때이고 지금은 완전히 회복되었습니다.

여기에서 다시, 오프라는 치유되었다고 자신 있게 말한다. 하지만 치유된 것은 눈에 보이는 육체가 아니다. 의기소침했던 때를 '정신질환'의 시기라고 낭만적으로 말하면서, 오프라는 그 '사건'을 두 번 언급하는 기회로 삼는다.

첫 번째로는 그녀를 '정신적으로 고통받는' 많은 여자와 다를 바가 없다고 말하고, 두 번째로는 그녀가 스스로를 치유했다고 주장함으로써 아픔을 가진 모든 여성에게 본보기가 되는 것이다.

오프라가 말하는 세계는 심리적이고 치유적이기 때문에 어렵지 않게 만들어갈 수 있다. 다시 말해 자기선언적 건강이 내세울 수 있는 유일한 '트로피' 이다. 이러한 자기선언적 건강은 언제라도 쉽게 되풀이해서 사용할 수 있기 때문에 새로운 이야기를 만들어낼 수 있는 좋은 수단이다.

이런 이유에서 그녀의 절친한 친구이고 자기계발 전략가인 필 맥그로와 많은 기자들이 "오프라 개인과 텔레비전에 비친 오프라는 거의 똑같다고 말할 수 있다"고 주장하는 것이다. 오프라가 고결한 영적 가치에 속하는 것으로, 혹은 가장 고통스런 것으로 언급하는 사건들은 텔레비전과 밀접한 관계를 갖는다.

예컨대 스테드먼이 게이라는 소문이 타블로이드 신문들에 실렸을 때 그녀에게는 큰 고통이 따랐다고 말한다. 또한 그녀의 고백은 무엇인가를 해방시키고 그녀에게 내면의 두려움을 극복하게 만드는 중요한 사건으로 항상 소개된다. 많은 토크쇼 사회자들이 이런 방법을 모방해서, '약한 사람' 처럼 보이면서 그들과 게스트 사이의 장벽을 허물어뜨리려고 애쓴다.

오프라의 자전(自傳)에서 특히 주목되는 것은 감시의 눈처럼 번뜩이는 카메라 앞에서 끊임없이 변하는 모습이다.

결혼 아닌 결혼, 체중의 등락, 프로그램에 변화를 주는 결정, 성폭행의 고백, 게스트와의 감정이입, 과거의 반추, 주저함과 결단 등은 모두 미디어를 위해 만들어진 것이고, 미디어의 전폭적인 협조로 만들어진 것이기도 하다.

다이어트를 하는 여자, 카리스마를 지닌 리더

1944년 레오 뢰벤탈(Leo Lowenthal)은 지난 30년 동안 출간된 전기들을 분석함으로써 '위대한 인물'의 전기들이 당시에 있었던 중대한 경제적·사회적 변화를 상당히 정확히 기록하고 있다는 사실을 증명해 보였다.

그러나 1930년대에 쓰인 전기들은 20세기 초에 쓰인 전기들과 무척 달랐다. 후자는 주로 산업가와 정치인을 다룬 반면에 전자는 매력적이고 근심 없이 살아가는 스타들의 삶을 주로 다루었다.

뢰벤탈의 관점에 따르면 이 새로운 전기들은 공인(公人)의 모습을 미화시켜 부정확하게 다루었고, 그들은 더 이상 도덕적 표본이 아니기 때문에 그런 조작이 가능할 수 있었다.

오프라 윈프리는 뢰벤탈의 이런 평가를 무색하게 만든다. 그녀의 유명세는 스타인 동시에 도덕적 표본으로 얻어진 것이기 때문이다. 뢰벤탈이 칭찬한 초기 기업가와 정치인의 전기와 마찬가지로 오프라의 전기도 교화적 역할을 하며 윤리의식을 고취시킨다. 어쩌면 전통적인 성공담 이상으로, 오프라의 성공 이야기는 기업가의 장점인 근면, 절제, 혁신과 영적인 인도자의 장점을 결합시켜놓은 듯하다.

물론 여기에서 '영적인 인도자'는 각 영혼에 가장 적합한 조언을 해줄 만한 권위를 지닌 사람을 뜻한다. 실제로, 텔레비전을 적절히 활용해서 자신의 과거를 숨김없이 드러내고 현재 진행 중인 삶까지 가감 없이 보여주는 오프라는 '카리스마적 리더십'의 전형이라 할 수 있다. 더 정확히 말하면 오프라의 전기는 막스 베버의 카리스마 리더십을 포스트모던하게 치유적으로 해석한 것이다.

베버가 "카리스마에는 내면의 결단과 내면의 제약이 있을 뿐이다"고 말했듯이, 합리적이거나 전통적인 권위와 달리 카리스마의 힘은 인내와 불굴의 의지, 타인의 행복을 위한 헌신 등과 같은 개인의 힘에서 나온다. 카리스마적 리더는 고통을 견디는 능력과 타인의 행복을 배려하는 자세를 동시에 보여주어야 한다.

"카리스마적 리더는 삶에서 강력한 힘을 보여줄 때만 권위를 얻고 유지할 수 있다. 무엇보다 그의 신성한 소명은 그에게 충성하는 사람들을 편히 지내게 해줄 때에만 입증된다."

오프라의 전기는 카리스마적 리더십의 특징을 그대로 보여준다. 그녀는 과거의 고통스런 사건을 숨김없이 이야기할 뿐 아니라, 극복해야 할 심리적 장애를 끊임없이 만들어내고 폭로하며 자신에 대한 승리를 다른 사람들에게 도움을 주려는 애타적 욕망으로 전환시킴으로써 그 이야기를 현재로까지 연장시키기 때문이다.

오프라의 카리스마가 독특하게 보이는 이유는 텔레비전을 교묘하게 활용해서, 엄청난 부와 명예를 누리면서도 그녀를 고통받는 사람처럼 보이게 만드는 탁월한 능력이다. 게다가 다이어트로 체중을 현격하게 줄였듯이 자기절제와 극기심을 과시하고, 병들고 고통받는 사람들을 향한 감정이입으로 배려의 윤리를 보여주는 능력도 뛰어나다.

이러한 능력들은 영적인 지도자에게는 필수적인 자질들이다. 예컨대 1993년 비만을 다룬 한 쇼에 출연한 여성은 체중을 줄이려고 애쓸 때의 고통을 자세히 털어놓았다. 그날의 쇼가 끝날 쯤 오프라는 그 여인을 꼭 껴안고, 그녀가 자신의 과거를 돌이켜보게 해주었다며 감정이입을 통한 배려의 관계를 유감없이 보여주었다. 이런 감정이입을 통해서 오프라는 고통받는 동시에 그 고통을 이겨낸 승리자가 되는 셈이다.

이런 이유에서 다이어트는 그녀의 삶에서 중요한 부분을 차지하지만 그녀의 페르소나에서도 큰 비중을 차지한다. 몸이 사회 질서를 상징한다는 것은 이제 상식이다.

"여성의 몸은 사회적으로 천박한 이상(理想)에 근거해서 젊음, 아름다움, 생명력, 성공, 건강을 상징하게 되었다."

오프라 윈프리가 고통스런 노력까지 해가며 따르는 그 이상은 국민의 5~10퍼센트가 겨우 이룬 이상이며, 가장 가혹한 여성성의 기준이 되어버렸다. 이런 점에서 다이어트는 여성 중에서도 선택한 소수만을 뜻한다. 여성은 첨단산업사회에서 혜택을 누리기 때문에 날씬한 몸에 대한 표준은 더욱 강화되었다. 특히 권력을 가진 여성은 날씬한 몸을 가셔야 한나는 기대지는 한층 커진다.

일부 학자에 따르면, 이런 기대감은 '혜택을 상쇄시키려는 시도'로 해석된다. 그러나 다이어트를 이런 흉내로만 해석하는 것은 만족스럽지 못하다. 오프라가 주장한 바에 따르면 "다이어트에는 고통과 고뇌가 따르기" 때문이다. 그녀의 고통은 리더들이 자진해서 고행하는 금욕적 습관과 비슷하다. 이런 금욕의 결과는 단련된 몸으로 나타나 절제를 의미하고, 절제는 타인에게 영적 권위를 행사할 자격이 있는 증거로 여겨진다.

오프라의 다이어트는 희생과 극기, 고통을 요구한다. 무엇보다 그녀의 다이어트는 영적 여행을 의미한다. 오프라는 몸의 변화를 심리적으로 해석하기 때문에 영적 성장의 이야기를 포스트모던 방식으로 풀어간다.

달리 말하면 그녀의 이야기는 성자들의 이야기와 비슷하다. 성자들도 정신과 육체의 시련을 통해 성장하고, 그렇게 얻은 지식으로 다른 사람을 도우려는 열망을 얻었기 때문이다.

그녀가 보여주듯이 치유적 전기는 카리스마적 리더십과 권위를 과시하는 데 필요한 자질들에 대한 이야기라 할 수 있다. 따라서 인내와 자제, 카리스마적 리더가 구원하고 인도하려는 사람들과 같은 수준의 윤리의식(리더는 온갖 불운과 불행을 똑같이 겪어야 한다는 점에서), 다른 사람들을 배려하는 능력, 리더가 역경을 딛고 일어나면서 축적한 에너지로 다른 사람들을 자극하는 능력 등이 치유적 전기에는 있게 마련이다.

오프라는 시청자들과 게스트들에게 그녀의 삶을 모방하게 만들고, 그녀가 약속한 대로 시청자들의 삶을 개혁시키며, 그들을 더 나은 삶으로 인도할 수 있는 수단을 보여주고 직접 실천하면서 강력한 카리스마적 리더십을 형성해간다.

따라서 오프라는 치유적 이야기에 자신의 삶을 투영시킴으로써 카리스마적 권위를 만들어내고, 치유적 이야기로 약속한 변화를 이뤄내고 유도하며 시청자들에게 믿음을 준다.

오프라를 비롯한 카리스마적 리더는 사회질서의 불안정성과 불확정성을 다룬다. 그들은 불안정하고 권모술수에 능하며 상대의 마음을 약하게 만들고 생동감과 에너지가 넘친다. '블랙 마미'에서 『보그』의 표지모델로, 학대받는 여인에서 미국 역사상 가장 힘 있는 흑인 여성으로, 평범한 여자에서 전 세계의 아이콘으로 신속하게 변모한 능력에서도 볼 수 있듯, 오프라도 불안정한 페르소나를 보여주었고, 그런 페르소나는 뛰어난 역동성 때문에 더욱 매력적으로 느껴진다.

이런 점에서 오프라는 정상적인 사회질서의 윤곽을 해체하는 상징적 힘을 지닌 카리스마적 리더일 뿐 아니라, 인류학자인 리처드 그래소프(Richard Grathoff)와 돈 핸딜먼(Don Handelman)이 '상징적 전형(symbolic type)'이라 칭한 존재이기도 하다. 즉, '자체의 내재적 원칙에서는 시종일관하고 빈틈없는' 사회적 인물이다. 오프라의 경우처럼 상징적 전형은 변덕스럽고 모순되며 이질적일 수 있다.

상징적 존재는 문화와 그 부정을 동시에 구체적으로 보여준다. 핸델

먼에 따르면 이런 이유에서 상징적 전형은 '실제보다 과장된 존재'이 다. 그런데 이런 전형은 다른 특징도 갖는다. 즉 그들은 주변 정황을 초 월하고, 자체의 논리에 따라 주변 정황을 만들어가는 거의 유일무이한 능력을 갖는다.

이런 능력이 오프라 윈프리라는 문화적 인물을 이해하는 열쇠라 할 수 있다. 오프라는 토크쇼에 반영되고 토크쇼에 의해 만들어지며 토크 쇼의 한 부분인 페르소나를 실제로 창조해왔다. 여기에서 토크쇼는 오 프라의 페르소나와 모순되는 모습이 펼쳐지는 사회적 정황이라 할 수 있다.

오프라가 자신의 전기에 불어넣은 의미들은 앤 스윈들러(Ann Swindler)가 '장기적 행동 전략'이라 칭한 것, 즉 세월의 흐름에 구애받 지 않고 일련의 일정한 수단과 수법을 동원해서 여러 상황에서 일관되 게 행동하는 방법을 보여준다. 아프리카계 미국인 사회에서 특히 양식 화된 고통과 자기변화의 의미를 이중적으로 사용하는 것이 이런 전략 의 특징이다.

오프라가 심리적 고통과 자기변화로 요약되는 자신의 신상 이야기를 정립하려고 의도적으로 만들어가는 의미는, 그녀가 자신의 정체성과 도덕적 소명이라 인식하는 것의 주된 부분인 것이다.

• 제2장 •

상처로 승화시킨
삶의 가치를 선물하다

충실함은 형식을 재생산할 때 의미의 올바른 번역을 엄청나게 방해한다!
따라서 의미를 그대로 유지하려고 애쓰더라도 문자 그대로 정밀한 번역은 있을 수 없다.
불량한 번역가의 자유분방함은 의미를 훨씬 잘 전달하지만 문학성과 표현력을 떨어뜨린다.
— 발터 벤야민

'오프라 윈프리 쇼'는 미국의 국경을 넘어 인도, 유럽, 아프리카, 아시아까지 세력을 넓힌 대단한 텍스트가 되었다. 토크쇼에서 다루는 다양한 주제, 영향력의 범위, 청중의 규모가 그 요인일 수도 있지만, 소수의 범세계적인 미디어 제국들이 한 사람의 단독 행위가 이루어낸 성과이기 때문이기도 하다.

그렇다고 1986년 이후 오프라의 쇼를 배급해온 킹 코퍼레이션(King Corporation)의 빈틈없고 공격적인 마케팅 전략이 오늘날의 오프라를 만드는 데 중요한 역할을 했다는 사실을 부인하는 것은 결코 아니다.

그러나 오프라는 순식간에 성공해서, 그것도 놀라울 정도로 성공하고 꾸준히 이어가고 있는 점에서 경제적 측면으로만 설명하기에는 부족하다. 예컨대 그녀의 명성과 영향력이 필 도너휴(Phil Donahue)를 훨씬 넘어서는 이유, 그녀의 문화상품이 꾸준히 증가하는 이유, 그녀의 도덕적 위상과 업적이 영적인 지도자들에 버금가게 된 이유 등은 공격적인 마케팅만으로는 설명할 수 없다.

오프라는 제리 스프링어(Jerry Springer)의 선정적인 쇼와 엇비슷한 유형의 쇼로 그 이력을 시작했다. 그러나 10년 후 그녀는 토니 모리슨(Tony Morrison), 넬슨 만델라(Nelson Mandela), 티퍼 고어(Tipper Gore)를 토크쇼에 초대해 인터뷰하는 상황에 이르렀고, 9·11테러가 있은 직후에는 사망자들을 위한 진국추념회의 사회자로 선정되기도 했다.

따라서 이 장에서는 오프라가 토크쇼라는 흔한 장르의 코드를 어떻게 조작해서, 세계적으로 유명한 토크쇼 사회자이며 문화와 윤리의 아이콘으로 성장했는지 살펴보기로 한다.

장르란 무엇일까? 의미가 일정한 패턴을 띠는 상징적 형태로 체계적으로 구조화된 방법을 뜻한다. 따라서 그 장르를 통해서 상징적 형태의 의미가 '안정화'된다. 즉, 상징적 형태의 해석 방향을 짐작해볼 수 있다. 요컨대 텍스트의 해석을 위한 코드가 주어진다. 새로운 문화 장르는 사회적 상황에 대한 반응이다.

새로운 문화 장르는 우리 사회구조를 대표하는 일정한 패턴을 뜻한다. 그런 사회구조에 어떤 형태로든 입장을 표명하며 언어로 표현하려는 욕구를 가진 사람에게는 특히 그렇다. 또한 우리 사회구조는 약간의 변화가 가해지면서 반복되는 특징을 갖는다. 이런 점에서, 예술작품은 비공식적 사전에 단어 하나를 더한 것이라 할 수 있다.

어떤 문화 장르가 어떤 사회적 조건에서 태어난다면 장르로의 접근은 '어떤 사회적 조건이 어떤 패턴을 지닌 의미와 방식'에 의해 다뤄지는가를 이해하려는 시도로 정의될 수 있다.

고백적 성격을 띤 토크쇼와 20세기 후반의 관계는 소설과 18세기의 관계에 비유된다. 어찌 보면 토크쇼는 요즘 시대에 정체성에 제기되는 중대한 문제를 파악하고, 그 문제를 특별한 이야기 형식으로 해결하는 새롭고 강력한 문화적 형태이다(3장과 4장 참조).

18세기에 소설이 부르주아 가정, 이상적 사랑, 시장의 유동성에서 탄생해서 오히려 나중에는 그것들을 정착화시켰듯이, 20세기에는 토크쇼가 일상적 삶의 틀에서 자아와 정체성과 가족의 포스트모던적 붕괴를 포착해서 구체적으로 표현해왔다.

소설이 가족, 공동체, 사회적 규범 등으로 구체화된 사회와 싸워서 승리를 거두는 지조 있는 자아를 전제로 하는 반면에, 오프라 윈프리 쇼의 '픽션'은 도덕적 기반이 붕괴되거나 붕괴의 위협을 받는 사람, 혹은 제도화된 사회에서 기능성을 회복하려고 몸부림치는 사람의 '픽션'이다.

오프라 윈프리 쇼라는 텍스트는 한 개인을 중심으로 구성되기 때문에, 오프라의 의도가 그 쇼에 반영되어 게스트와 시청자 모두에게 일정한 기대감과 반응을 유발한다고 가정할 수 있다. 장르라는 개념은 문화를 만들어내는 행위자의 의도가 반영될 여지를 허락하지 않는 것이 전통이기 때문에 나는 문화적 형태에 의도가 조직적으로 반영되는 현상을 '스타일(style)'로 부르려 한다.

요컨대 '장르'가 일정한 상황, 여기에서는 후기 혹은 '성찰적 근대성(reflexive modernity)'이란 조건에서 자아의 해체에 대한 전략적 반응일 수 있는 반면, '스타일'은 인간의 일상적 삶에서 대두되는 문제, 결국 '실질적 문제'에 관련된 것이다.

예컨대 "나쁜 일은 좋은 사람에게 일어난다"고 말하는 것과 이런 일이 비극의 형식으로 일어나는 현상을 실제로 지켜보는 것은 무척 다르다. 스타일이나 장르를 이해한다는 것은, 무엇인가를 말하기 위해서 의도적으로 선택했던 장치만이 아니라 문화적 형태가 발화된 것에 미치는 영향을 이해한다는 뜻이다.

'스타일'은 말하려는 것을 어떻게 보여주고 어떻게 행하느냐에 따라 규정된다. 따라서 스타일은 독자를 구체적으로 실질적인 의문에 사로잡히게 만든다.

예컨대 아이스킬로스의 비극에 대한 연구에서 마사 너스봄은 "비극은 이론적 토론보다 도덕적 갈등에 대한 인간의 실질적 직관을 더 확실히 보여준다"고 말했다. 이렇게 접근할 때, '비극'은 의미를 구체화시키며 우리에게 "왜 착한 사람이 고통받는가?", "우리는 운명을 피할 수 있을까?" 등과 같은 의문을 품게 만드는 한 형식이다.

뒤에서 더 자세히 살펴보겠지만 '오프라 윈프리 쇼'는 우리를 도덕적 의문에 사로잡히게 만드는 명확한 스타일을 띤다. 이 스타일을 한마디로 정의한다면 윤리적이다. 달리 말하면 좋은 삶과 좋은 자아를 규정하는 데 관계된 도덕적 딜레마를 제기하고 해결하려 한다.

그렇다고 이 스타일이 곧 오프라의 스타일이라 등식화시킬 수는 없다. 이 스타일은 도너휴가 '발명'한 것이기 때문이다. 그러나 오프라 윈프리는 새로운 스타일의 전략을 구사해서 게스트들을 무대에 올렸다. 따라서 여기에서 우리는 오프라가 토크쇼라는 장르에 어떤 혁신적 변화를 가했고, 그녀의 토크쇼를 현재와 같은 문화적 형태로 발전시킨 요인이 무엇인지 집중적으로 살펴보려 한다.

이런 이유에서 이 장에서는 '오프라 윈프리 쇼'가 방영된 초기 10년을 주로 다루려 한다. 그래야 오프라의 쇼가 처음부터 인기를 얻으며 성공한 요인이 무엇인지 이해하는 데 도움이 되리라 믿기 때문이다.

새로운 충격, 뚱뚱한 흑인 여성의 토크쇼

공공의 장에서 목소리를 내지 못하는 사람들에게 말할 기회를 준다는 점에서 토크쇼는 주로 민중적 장르라 여겨진다. 따라서 정상에서 벗어난 사람, 소수집단, 여성, 노동자 등이 토크쇼의 주된 청중이다.

이런 현상은 '오프라 윈프리 쇼'에서 특히 뚜렷이 나타난다. 뚱뚱한 흑인 여성에 불과하던 그녀가 1986년 처음으로 전국 텔레비전에 등장하면서, 멋진 백인 남성이 주도하던 토크쇼의 포맷에 중대한 변화가 일어났다. 이 때문에 조슈아 갬슨은 토크쇼의 문화적 뿌리를 '기형'의 쇼에서, 로니(K. S. Lowney)는 서커스와 같은 '일탈된' 문화형태에서 찾을 수 있다고 주장했다.

나를 비롯해 여러 학자가 지적했듯이, 토크쇼는 사회의 계급구조와 도덕률을 전도시키고 비정상적인 것의 미학성을 강조하면서 무척 혼란스런 면을 보인다. 로니는 한걸음 더 나아가, "토크쇼들은 서커스의 미학과 신앙부흥운동의 도덕성을 뒤섞어놓는다"고 주장했다. 특히 신앙부흥운동에서 대중은 감정과 극적인 효과에 사로잡히고, 각 개인은 스스로 구원의 길을 찾아 나서야 한다.

한편 샤터크는 토크쇼의 기원을 '아기처럼 우는 사람'과 '진정한 고백', 달리 말해 노동자계급 여성에게 주로 가해진 불행의 실화에서 찾는다.

오프라 윈프리의 토크쇼는 종교부흥운동, '진정한 고백'이라는 문학 장르, 초기의 라디오 토크쇼와 당시 텔레비전의 토크쇼에서 형식을 빌렸지만 그 형식들을 창조적 방향에서 결합시켜 새로운 문화 장르로 만들어냈다. 오프라의 쇼는 독특한 스타일을 이용해서 차별적으로 새로운 사회 현실을 보여준다는 점에서 새롭다고 말할 수 있다.

'오프라 윈프리 쇼'의 특별함을 이해하기 위해서 나는 그녀의 쇼를 '필 도너휴 쇼'와 비교해서 어떻게 다른지 살펴볼 생각이다. 필 도너휴 쇼는 폭넓은 인기에도 불구하고 1980년대 후반에는 오프라의 쇼에 압도당하고 말았다. 이런 비교를 통해서, 우리는 필 도너휴와 그의 토크쇼가 누리지 못하고 이루지 못한 문화적 의미와 인기를 오프라의 문화적 스타일이 얻을 수 있었던 이유를 짐작해볼 수 있으리라 생각한다.

오프라가 토크쇼라는 영역을 다시 정의하기 전까지 도너휴는 "정치, 경제, 의학 등에서 국내외적으로 중대한 이슈를 진지하고 사려 깊으며 세심하게 다룬 사회자"로 여겨졌다. 도너휴의 쇼와 오프라의 쇼가 서서히 그러나 확실히 비슷하게 보였던 이유는 섹스, 비만, 사랑 등의 문제를 다루듯이 시청자를 확보하기 위해서라도 변태성욕자, 난쟁이, 성기능장애 등과 같은 문제를 다루라는 압력에 도너휴가 굴복한 때문이었다.

도너휴는 이런 스타일을 선뜻 받아들이기는 했지만 그의 첫 스타일은 결코 그렇지 않았다. 따라서 도너휴가 그를 모방했던 사람들을 모방하기 시작하기 전에 추구한 '필 도너휴 쇼'와 '오프라 윈프리 쇼'를 비교할 때 오프라의 장르가 갖는 몇 가지 흥미로운 특징을 찾아낼 수 있다.

특별한 이야기가 이슈를 이기다

두 토크쇼의 가장 큰 차이라 한다면, 도너휴는 '이슈'를 강조한 반면에 오프라는 '이야기'를 강조했다는 점이다. '필 도너휴 쇼'는 이슈, 즉 내용 지향적이었다. 그러나 '오프라 윈프리 쇼'는 특별한 이야기로 요약된다. 그녀의 토크쇼는 스토리텔링이란 전통적인 장르에 속한다. 발터 벤야민의 표현을 빌리면 "입에서 입으로 전해지는 경험담"이다. 벤야민에 따르면 타고난 이야기꾼은 실질적인 관심사를 화제로 삼는다.

이런 점에서 오프라 윈프리도 타고난 이야기꾼이라 할 수 있다. 그녀가 이끌어내는 이야기는 그 이야기를 하는 사람과 그 이야기를 듣는 사람의 삶에 영향을 미치도록 조절된다. 그녀가 직접 말하는 이야기도 예외가 아니다. 따라서 그녀의 토크쇼는 그녀 자신의 경험을 구체화시키고 다른 사람의 경험 세계에 교훈을 주려 한다는 점에서 구어로 이루어지는 강연이라 할 수 있다.

게다가 도너휴가 그랬듯이 오프라도 다른 프로그램들에 비해서 훨씬 뒤죽박죽인 스타일을 텔레비전에 도입했다. 아동학대를 고발하면서도 사람들이 근친상간에 빠져드는 이유를 탐구하고 이해하려 애썼다. '자신의 삶을 조절하지 못하는' 남녀의 문제를 다루면서도 근심을 잊고 삶을 즐기지 못하는 사람들을 다루었다. 권위적이고 위압적인 부모들에게 한탄하면서 '반항적인 아이들'의 문제를 안타까워했다.

처음부터 윈프리의 쇼는 예측 가능한 도덕적 메시지를 지향하기보다는 그 자체로 모순되는 도덕적 딜레마를 다루었다.

그러나 이런 불협화음은 주제의 다양성에서 비롯된 것이 아니라 오프라의 쇼 자체가 참여자들의 모순된 관점에 초점을 맞추었기 때문에 비롯된 현상이었다. 이런 점에서 오프라의 쇼에서는 이런 불협화음이 더 분명하게 드러났다.

요컨대 오프라의 쇼를 규정짓는 요소는 게스트와 그의 특별한 이야기, 더 정확히 말하면 그 특별한 이야기에 대한 그녀의 '관점'이다. 오프라의 쇼에 나오는 사람들은 현실을 나름대로 해석하는데, 그 해석이 종종 다른 사람들의 해석과 뚜렷이 대비된다. 이런 이유에서 나는 도너휴의 쇼에 비해서 오프라의 토크쇼가 애초부터 훨씬 치밀하게 계획되고 관리된 '불협화음'이라 생각한다.

'필 도너휴 쇼'와 '오프라 윈프리 쇼'에서 소개되는 이야기들의 '분위기'도 달랐다. 도너휴는 사람들이 일상의 삶에서 겪는 문제에 철저히 맞춘 반면에 오프라는 이런 방향에 근본적인 변화를 주어 공공의 장에서 논의되기에는 '사소한 문제'로 여겨지는 주제를 선택했다. 또한 도너휴에 비해서, 오프라는 일상의 삶에서 미세한 부분과 관련된 문제를 다루었다. 일탈된 행동에 초점을 맞추듯이 체중을 줄이고, 서설하는 방법을 배우며, 좋은 찻잔에 차를 마시고, 화장을 않고 외출하는 것이 '오프라 윈프리 쇼'의 고전적 주제이다.

도너휴에 비해서 오프라는 여성의 일상적 삶을 괴롭히는 사소한 문제들을 더 잘 알았고, 정체성이 형성되고 왜곡되는 무수한 방법들에 초점을 맞춰 그 문제들을 무대에 올렸다.

'당신은 자식을 어느 정도나 보호하고 있습니까?', '전통적인 결혼생활, 과연 좋은가?', '여자들이 버림받는 이유?', '남편들을 위한 학교', '여자들이 흔히 저지르는 열 가지 어리석은 짓', '꼭 부끄러워해야 하는가?', '옛 배우자를 극복할 수 없다?', '우정을 심판해보자' 등과 같은 에피소드들은 오프라의 쇼가 일상생활의 근간을 이루는 인간관계의 붕괴에 초점을 맞추고 있다는 사실을 보여준다.

오프라 윈프리는 도너휴에서 많은 것을 빌려왔지만, 그 빌려온 것들을 교묘하게 변형시켜 그녀만의 독특한 장르로 승화시켰다. 도너휴는 상대적으로 별 차이가 없는 방청객 앞에서 앉아서 토크쇼를 진행한 반면에, 오프라는 게스트와 방청객을 더 명확히 구분해서 토크쇼를 '이슈' 중심보다 '삶의 이야기'를 털어놓는 특정한 개인에게 초점을 맞춘 것처럼 꾸몄다. 특히 스튜디오의 방청객에게 큰 역할을 부여한 구성은 오프라 쇼가 이루어낸 주된 혁신 중 하나이다.

이런 변화가 도너휴 쇼와 달리 '진지한 이슈'을 죽이는 결과를 낳았다고 주장하는 학자들이 있지만, 형식적인 관점에서 볼 때 방청객과 게스트의 공간적 구분은 초기 그리스 비극의 구조와 비슷하다.

그리스 비극에서는 합창단이 청중에게 말을 걸었고, 격렬한 갈등(메데나 혹은 엘렉트라)이나 가슴 아픈 만남(켄타우로스의 이피게니아, 알케스티스)에 관련된 등장인물들과 상호관계를 가졌다. 그리스 연극처럼 오프라는 배우(아주 감상적인 이야기를 하려고 출연한 게스트)와 합창단(스튜디오의 방청객)를 무대에서 구분했고, 여기에서 합창단의 역할은 주된 행위, 즉 게스트들의 이야기와 그들 사이의 상호작용에 대해 논평하는 것이었다.

따라서 오프라 윈프리의 토크쇼는 도너휴 쇼에 비해서 훨씬 연극적이다. 오프라의 쇼는 강렬한 감정적 갈등을 가감 없이 보여주었고, 특정한 사람의 남다른 경험을 뚜렷이 부각시켰다. 또한 게스트들의 행동과 감정을 평가하는 공식적인 장치까지 두었다.

물론 이런 공식은 많은 토크쇼에서 모방되었다. 게스트와 방청객을 뚜렷이 구분함으로써 시청자들은 두 부분, 즉 게스트의 자전적 이야기와, 토크쇼의 주제 및 게스트의 이야기에 반응하는 역할을 띤 방청객들에게 그들 자신을 비교해볼 수 있었다.

방청객과 게스트의 구분은 전문가와 게스트의 구분으로 더욱 뚜렷해진다. 전문가와 게스트의 구분은 두 가지 형식의 말, 다시 말해 남다른 경험담과 일반적이고 규범적 성격을 띤 이야기를 구분한 시도로 해석된다.

이런 두 형식의 이야기가 긴장관계에 놓이면서, 다양한 관점들이 서로 충돌하고 모순된다기보다는 공존할 수 있는 것이라 생각하도록 시청자를 유도한다. 또한 이런 긴장관계는 게스트의 이야기 구조를 숨김 없이 열어 보이고, 그 이야기를 검증하는 다양한 관점들까지 제공한다. 따라서 고대 그리스의 비극처럼 '오프라 윈프리 쇼'는 윤리적 장르이다. 토크쇼에서 언급된 관점들의 충돌로 하나의 도덕률이 만들어진다는 점에서 그렇다.

사회자와 게스트 사이의 경계를 허물다

내가 알고 있는 토크쇼의 사회자들, 예컨대 오프라 윈프리와 필 도너휴를 비롯해 샐리 제시 라파엘(Sally Jessy Raphael), 리키 레이크(Ricky Lake), 롤론다(Rolonda), 몬텔 윌리엄스(Montel Williams), 제리 스프링어 중에서 오프라가 윈프리가 가장 카리스마적이고, 자신의 쇼에 개인적으로 몰입한다는 사실은 누구도 부인할 수 없다.

1장에서 보았듯이 오프라는 토크쇼를 자신의 자전적 기반으로 사용하고 있다는 점에서 도너휴와 크게 다르다. 도너휴는 허물없고 민주적인 사회자였지만 자신의 이야기를 고백한 적은 없었다. 즉, 자신이 게스트로 변신한 적은 없었다. 반면에 오프라는 토크쇼에서 자신의 이야기를 전하고 고백하면서 사회자와 게스트 사이의 경계를 허물어뜨렸다.

따라서 '오프라 윈프리 쇼'는 '필 도너휴 쇼'와 두 가지 점에서 분명히 다르다. 오프라의 쇼는 게스트의 이야기에서 극적이고 감동적인 부분을 강조한다는 점에서 훨씬 극적인 구조를 갖는다.

하지만 오프라의 쇼는 그녀의 페르소나와 전기를 이용해서 방청객,

게스트, 사회자의 경계를 허물어뜨리고, 그렇게 함으로써 고도로 구조화된 동시에 평등한 관계에 있는 친밀감을 자아낸다. 리키 레이크와 몬텔 윌리엄스는 이런 특징을 모방해서 그들의 토크쇼에 이용했다.

오프라가 공적인 페르소나와 사적인 페르소나를 교묘하게 다루고, 게스트와 비슷하거나 동등한 위치에 자신을 놓음으로써 새로운 형식의 카리스마적 리더가 되었다. 그녀의 차별성은 모든 토크쇼의 사회자들 중에서 게스트와 가장 유사하면서도 가장 멀리 떨어져 있다는 점에 있다.

즉, 그녀의 삶이 게스트들의 불행과 꼭 닮았다는 점에서 유사하고, 그녀의 삶을 상품화함으로써 엄청난 부를 축적했을 뿐 아니라, 텔레비전에서 활동하는 어떤 유명인물도 이루지 못한 스타의 반열에 올랐다는 점에서 다르다.

평범함과 남다른 카리스마가 복합된 모습은 오프라를 도너휴와 구분을 짓는 가장 큰 특징이라 할 수 있다. 예컨대 "예쁜 구두가 있다고 당신이 그 구두를 신을 수 있다는 뜻은 아니죠. 그러니까 (그녀의 구두를 가리키며) 이런 거라고요. 이 구두를 신고 10분만 일어섰다가 앉아보세요"라는 식으로 오프라가 게스트와 주고받는 농담은, 도너휴였다면 결코 가능하지 않았을 것이다. 그가 남성이기 때문이기도 했겠지만 그가 사회자로서 토크쇼를 진행하는 방법 때문에도 가능하지 않았을 것이다.

오프라 윈프리의 페르소나는 스타와 보통 사람, 카리스마와 일상성이 결합된 모습에서 뚜렷이 드러난다. 요컨대 재주 많은 텔레비전 스타와 평범한 여자 중 어느 쪽이 방청객에게 말을 하는 것인지 쉽게 구분이 되지 않는다. 약간은 신비로운 이미지와 절대적 힘을 지닌 듯한 이미지를 보여주는 매스 미디어의 아이콘, 마돈나와 달리 오프라는 친숙하면서도 다정다감한 사람처럼 보인다.

따라서 형식에 얽매인 존재가 아니라 우리의 부엌에서 그녀의 일상을 통해서 알게 되는 여인이 된다. 텔레비전에 비친 영적인 리더십에 스타라는 허울을 벗어버린 평범한 여자의 모습이 복합되면서 오프라는 식역(識閾, 의식과 잠재의식의 경계선)적인 지위를 갖는다.

즉, 스타가 가장 평범한 위치까지 떨어지고 평범한 삶이 스타와 신비로운 매력까지 상승하는 상징적 문턱을 넘나든다. 요컨대 오프라 윈프리가 유명해지고 강한 힘을 가질수록 그녀는 청중들과 더 친밀해지고 친숙해지는 것이다.

눈물과 포옹으로 시청자를 배려하다

오프라는 말하는 사회자, 게스트, 방청객의 신상 이야기는 특히 '리더'의 역할에 관해서 지지 그룹의 구조를 떠올려준다. 지지 그룹과 마찬가지로, '오프라 윈프리 쇼'는 사회자(리더), 개인(이야기를 하는 사람), 그룹(시청자와 방청객 모두를 포함하기 때문에 그 경계는 언제나 모호하다)이라는 삼자관계로 구조화된다.

사회학자 로버트 우스나우(Robert Wuthnow)의 주장에 따르면, 지지 그룹의 중심에는 리더가 있다. 이때 리더는 구성원들이 논의하는 문제를 상세하게 안다는 점에서 '그룹의 일원'인 동시에, 타인에 대한 배려로 표현되는 카리스마를 가졌다는 점에서 '그룹의 평균 수준을 넘어서는 존재'이다.

지지 그룹의 리더는 '배려의 윤리'를 발휘하고, 주인과 손님의 경계나 리더와 도움을 필요로 하는 사람 사이의 경계를 넘나든다. 이런 모습은 오프라가 청중과 갖는 상호관계와 무척 유사하지만, 도너휴에게서는 이런 모습이 찾을 수 없다. 도너휴는 친근한 어조로 대화를 나누지만 청중과 교감을 나누지는 않았다. 오프라와 달리 이야기를 들으면서 눈물을 흘린 적이 없었다. 또한 도너휴는 청중을 꼭 껴안아주며 공감하는 마음을 보여준 적도 없었다.

그러나 오프라는 '눈물과 포옹'으로 청중과의 즉각적이고 구체적인 관계를 서슴없이 연출해보였다. 이른바 '배려의 윤리'였다. 반면 도너휴는 청중과 감정적 거리를 유지하면서 약간은 초연한 위치에서 토크쇼를 진행했다.

같은 맥락에서, 오프라는 사람들의 삶에 기운을 북돋워주려고 공개적으로 도덕적 언어를 사용하지만 도너휴는 영적인 지도자 역할을 떠맡으려 하지 않았다. 그들이 '쓰레기 같은 방송'을 한다고 똑같이 비난받았을 때 보여준 반응이 좋은 예다.

이때 도너휴는 그런 일을 하라고 돈을 받는 것이라며 변명한 반면, 오프라는 자신의 쇼가 도덕적으로 의심받을 만한 방향을 취하고 있다고 인정하면서 그런 도덕적 비난을 피할 수 있는 방향으로 토크쇼의 구성에 변화를 주었다(4장 참조).

오프라는 게스트와 구체적인 관계를 보여줄 뿐 아니라, 방청객을 토크쇼라는 장르의 한 부분으로 승화시키기 위해 여러 장치를 사용했다. 달리 말하면, 오프라는 방청객을 그녀의 토크쇼에서 주된 구성원으로 삼은 덕분에, 그녀의 토크쇼는 도너휴의 토크쇼보다 더 쌍방향적이고 더 대중적인 모습을 띨 수 있었다.

첫째, 시청자들이 매달 보내는 수천 통의 편지에서 제작팀은 알맞은 주제와 게스트를 선정했다. 이런 점에서, 오프라의 토크쇼는 청중의 체험적 삶과 자연스럽고 직접적으로 관련된 듯이 보인다. 반면에 도너휴

쇼의 주제는 그나 그의 팀이 임의적으로 선정한 듯한 느낌을 준다.

둘째, 오프라는 게스트와 방청객을 뚜렷이 구분하지만 방청객에서 정기적으로 논평을 요구하고 그들의 논평을 게스트의 이야기에 덧붙으면서 방청객을 토크쇼의 중요한 부분으로 삼는다. 따라서 방청객에게도 토크쇼의 구성에서 구조적 역할이 부여된다.

셋째, 오프라의 토크쇼에는 별다른 테크놀로지와 큰 비용이 필요하지 않기 때문에 청중의 반응에 아주 신속히 대응할 수 있다. 가령, 행복과 영성회복의 전도인인 게리 주커브(Gary Zukav)가 게스트로 출연해서 방청객들에게 주옥같은 삶의 시혜를 나눠준 후 오프라는 많은 이메일을 받았다.

따라서 오프라는 주커브를 다시 출연시키기로 결정하면서, 이번에는 시청자들이 주커브의 책 《영혼의 의자(Seat of the Soul)》를 읽고 어떤 식으로 삶을 변화시켰는지 말할 기회까지 주었다. 요컨대 청중의 피드백이 토크쇼에 반영되며 쇼를 역동적으로 구성하는 한 요소가 되었을 뿐 아니라, 청중의 피드백 자체가 볼거리가 되었다.

넷째, 오프라의 쇼는 게스트의 가정과 삶에서 일어난 변화를 추적해서 '가상의 개인 공간'을 만들어 게스트의 평범한 삶을 토크쇼와 긴밀하게 연결시켰다. 따라서 게스트가 출연한 이후에도 토크쇼가 그의 삶에 긍정적으로 영향을 미치며 도움을 주는 형식을 띤다(4장 참조).

다시 말해 '오프라 윈프리 쇼'는 스스로 만들어낸 청중을 끝없이 재사용하는 식으로 운영된다. 오프라의 문화 공식은 매개체와 관객, 텔레비전 스튜디오와 가정, 게스트와 시청자, 사회자와 청중 사이의 거리를 좁히는 것이다.

철학자 아서 단토(Arthur Danto)에 따르면, 오프라의 토크쇼는 문학작품의 특징을 그대로 보여주고 있다. 즉, 문학작품과 마찬가지로 오프라의 쇼도 자체를 위해서 존재하는 것이 아니라 청중을 위해 존재한다는 것이다.

　오프라가 미국 텔레비전 화면에 등장하기 전까지 다른 어떤 문화적 장르도 청중을 그처럼 조직적으로 프로그램의 구성과 내용에 통합시킨 적이 없었다. 오프라 윈프리는 텔레비전에서 상업성과 대중성의 경계를 철저하게 허물어뜨리면서, 보통사람들의 삶에 대해 반응하는 것인지 하포 엔터테인먼트의 이익을 증진시키기 위해 그런 사람들을 이용하는 것인지 구분하기 어렵게 만들었다.

　나는 여기에서 한걸음 더 나아가 "오프라의 쇼는 궁극적으로 시청자와 게스트와 사회자 모두가 서로 교체 가능한 남다른 특징을 갖는다"고 결론짓고 싶다.

　'필 도너휴 쇼'는 현실 세계에서 일어나는 이슈를 다루고 있어 지시적 성격을 띠지만 '오프라 윈프라 쇼'는 훨씬 자기지시적이란 점이 두 토크쇼를 구분짓는 또 하나의 차이점이다. 도너휴의 토크쇼는 '바깥세상'을 언급하며 성폭행, 바람둥이 남편 등과 같은 주제를 다루었고, 도너휴와 청중이 그 문제를 토론하는 형식을 띠었다.

　오프라 윈프리는 이런 형식을 사용했지만 여기에서 중요한 요소 하나를 더해서, 그녀의 토크쇼에 자기지시적 성격을 강하게 불어넣었다. 즉, 오프라의 쇼는 하나의 이슈를 논의하면서 그 이슈를 담론적 사건으로 무대에 올렸고, 그로 인해 그 담론적 사건은 토크쇼의 고유한 볼거리가 되었다. 대립, 고백, 화해 등으로 이루어진 오프라 쇼의 공식은 그 후 다른 토크쇼들에서 앞 다투어 모방되었다. 오프라의 쇼는 사건을 만들어내고 그 사건을 이야깃거리로 삼는다. 모두가 언어로 이루어지는 사건이다. 고백, 화해, 다툼 등이 진실성 여부를 떠나서 그 자체를 가리키는 발화행위이다. 게스트는 카메라 앞에서 행한 발화행위에 의해 규정된다.

오프라의 쇼에게 흔히 가해지는 '쓰레기', '관음증' 등과 같은 비판적 수식어에서, 우리는 오프라의 쇼가 친밀한 관계를 보여주는 것만큼 그런 관계가 심도 있게 논의되지 않는다는 사실을 짐작할 수 있다. 과거에 일어난 사건을 상세히 다루는 데 역점을 두지 않고, 카메라 앞에서 당사자들이 말하는 바로 그 시점에 새롭게 만들어지는 사건에 시청자들을 끌어들이고 있다는 뜻이기도 하다.

노스럽 프라이(Northrop Frye)의 표현을 빌리면 오프라 윈프리가 정성스레 만들어가는 장르의 신화적 주제와 그 주된 동인은 언어행위이다. 더 정확히 말하면 사사로운 대화에서 고도로 구조화된 토론에 이르기까지 언어로 행해지는 상호작용이 취하는 다양한 형태이다.

오프라의 쇼는 대화의 흐름, 즉 자연스런 담론을 세 가지 유형의 주된 발화행위로 나눠서 편성된다. 첫째는 참가자들의 자전적 이야기이고, 둘째는 전문가나 경험 있는 사람의 분석적이고 규범적인 발언이며, 셋째는 사회자와 방청객의 의문이다. 이런 발화 형식들을 뒤섞어서 참가자들이 털어놓은 구체적인 이야기들에 하나의 이야기가 더해지는 형식을 띤다.

물론 오프라의 쇼는 기본적인 구조에 따라 진행된다. 한 사람 혹은 한 부부가 소개되고, 참가자와 출연하지 않은 그의 상대 혹은 부부 사이의 갈등이나 문제가 제기되며, 사회자나 방청객 등 청중의 적극적인 참여로 그 갈등이 뚜렷이 부각되어, 인위적이고 부자연스런 해결책이지만 전문가의 개입으로 문제가 절반쯤은 해결되면서 혹은 문제를 해결하겠다는 약속을 받아내면서 토크쇼는 막을 내린다.

그러나 전통적인 이야기 구조와 달리, 구어적 이야기체의 구조는 인물의 행위로 이루어지지 않고 논쟁과 다툼 및 의견의 교환이란 형태로 이루어진다. 오프라 윈프리의 탁월한 능력은 다양한 유형의 발화들을 하나의 완전한 구조로 치밀하게 엮어내는 데 있다.

이런 구조 속에서 의문을 제기하는 발화, 규범적 발화, 자전적 발화가 뒤엉키면서 당면한 이슈를 제기하고 복잡하게 만들고 결국에는 해결책을 찾아간다. 예컨대 청중이 참가자에게 매몰찬 질문을 던지면 이야기에서 이른바 '귀찮은 문제'가 발생하고, 그 문제는 관련자들의 마음 상태와 행동의 변화가 아니라 전문가의 조언, 사회자의 권유, 참가자들의 고백 등 언어행위를 통해서 해결된다.

그 결과로 오프라 윈프리의 쇼는 이야기에서 약한 결말을 맺는다. 사실주의 소설이란 장르에서, 결말은 대체로 전체 구조를 조명하면서 의미를 부여한다. 그러나 오프라의 쇼에서는 언어의 교환이 무엇보다 중요한 실체이기 때문에 결말도 흥미로운 대화의 과정이다. 언어행위, 더 정확히 말해서 '커뮤니케이션 행위'라는 함축적 모델은 토크쇼들의 주요 동인이며, 이런 점에서 토크쇼는 "언어란 정의의 수단이라기보다 일종의 행위"라는 케네스 버크(Kenneth Burke)의 주장을 구체적으로 보여주는 실증적 사례다.

출연자에게 출연료를 주지 않고 삶의 가치를 선물하다

'필 도너휴 쇼'와 마찬가지로, '오프라 윈프리 쇼'는 이야기를 만들어내면서 그 이야기를 상품화시킨다. 토크쇼는 상업 텔레비전이란 커다란 경제권에 포함되지만, 참가자들의 신상 이야기와 삶을 상품화시켜 전 세계 시장에 유통시킨다는 점에서 상업 텔레비전의 다른 프로그램들과 다르다. 가령 텔레비전 프로그램에 초대받은 작가와 비교해보면 그 차이가 뚜렷이 드러난다.

어떤 인기 있는 프로그램에 출연한 후 그 작가는 1만에서 5만 권의 책을 더 많이 팔 가능성을 얻게 된다. 이런 경우에 미디어는 시장 메커니즘을 활성화시켜 텔레비전 프로그램, 작가, 출판사, 청중 등 관련된 당사자 모두에게 이익을 준 것일 수 있다. 오프라 윈프리 북클럽이 출판산업 전체에 막대한 영향을 미친다는 점에서 이런 메커니즘은 오프라의 경우에 더욱 확연히 작용한다.

그러나 일반인이 출연해서 삶의 이야기를 털어놓는 토크쇼들은 다르다. 이런 토크쇼들은 시장에서 이미 유통되는 상품을 광고하거나 알리지 않는다. 대신 이런 토크쇼들은 고통과 박탈감, 갈등을 겪는 참가자들의 이야기를 재료로 삼아 새로운 상품을 만들어낸다.

삶의 이야기가 광고주에게 팔린 텔레비전 프로그램으로 전환되는 셈이다. 이런 점에서, 토크쇼들은 우리 삶에 깊숙이 파고든 자본주의의 실상을 보여주는 대표적인 예라 할 수 있다.

이렇게 만들어진 상품은 비용을 들이지 않았기 때문에 순전한 잉여가치가 된다. 오프라 윈프리의 웹사이트를 둘러보면 '이야기'가 중요한 상품으로 인식되고 있지만 그에 대한 '보상'은 결코 이루어지지 않는다.

예컨대 오프라의 웹사이트는 앞으로 다룰 주제를 간략하게 소개하면서 방문자들에게 몇 가지 질문에 답해달라고 청한다. 특히 눈에 띄는 사항은 '당신의 이야기'이다.

토크쇼에 초대되는 유명인물들은 미디어에 얼굴을 비침으로써 그들의 상품가치를 높이지만, 일반인들을 초대하는 토크쇼들은 전통적인 경제원리의 합리성을 왜곡한다. 심지어 이미지에 바탕을 둔 경제의 포스트모던적 합리성까지 비튼다.

일반인이 공공의 장에 게스트로 잠시 출연해서 그의 신상 이야기를 털어놓지만, 그렇게 출연했더라도 궁극적으로는 어떤 금전적 대가도 없는 개인의 삶으로 되돌아가야 하기 때문에, 그 출연에 따른 경제적 보상은 따르지 않는다.

이런 역학관계는 세계화된 자본주의의 새로운 얼굴이라 할 수 있다. 자본가에게 이익을 안겨주는 동력은 이제 인간의 피와 살과 뼈가 아니라 인간의 신상 이야기와 가족의 비밀이 되었다.

따라서 '오프라 윈프리 쇼'와 '필 도너휴 쇼'의 특징은 '상품 숭배'에 있지 않고 '인간 숭배'에 있다고 말할 수 있다. 상품을 만들어낸 사람과 무관한 듯한 상품이 아니라, 삶의 이야기를 만들어낸 상품 논리와 무관한 듯한 사람들과 그들의 신상 이야기가 두 쇼의 남다른 특징이다.

그러나 두 쇼는 커다란 차이를 갖는다. 도너휴는 로드니 킹(Rodney King)을 구타한 혐의로 기소당한 두 경찰에게 2만 5,000달러의 출연료를 흔쾌히 주었다. 조지 메이어의 표현을 빌리면, 도너휴는 "타임워너와 제너럴 일렉트릭과 같은 다국적 기업이 이런 인터뷰를 통해 시청률을 높여 얻는 돈이 주주들에게 확실히 이익을 준다면 소프트웨어(게스트)를 무료로 구해야만 할 이유가 무엇인가? 나는 그렇게 한다고 도덕적으로 문제가 될 것이 없다고 생각한다"고 말했다.

반면에 오프라는 게스트들에게 출연료를 지급하기를 한사코 거부해왔고, 어떤 경우에는 돈 문제에 연루되기보다는 독점 인터뷰 건을 기꺼이 포기했다. 모니카 르윈스키(Monica Lewinski)의 경우가 대표적인 예다. 따라서 오프라는 자신의 토크쇼에 출연하는 상징적 인물에게 비행기 티켓, 호텔 체재비만을 상품으로 취급해왔다는 점에서, 그녀가 보통 사람들의 삶을 상품화하는 방식은 도너휴의 방식과 다르다.

실제로 오프라 윈프리가 갖는 남다른 특징 중 하나, 그리고 그녀가 성공할 수 있었던 결정적 열쇠는 그녀 자신을 도덕적 행위자, 달리 말하면 경제적 이득보다 영적인 성장에 관심이 더 큰 사람으로 처신한 것이었다.

예컨대 가정용품을 대가로 케이마트(Kmart) 등과 같은 기업들에게 이름을 팔았고, 자신의 회사를 알리는 데 열심이었던 마사 스튜어트(Martha Stewart)와는 달리 오프라는 이름이나 기업의 일부를 파는 것은 곧 자신을 파는 것이나 다름없으며, "기업을 관리할 능력을 상실하는 것은 곧 내 자신을 잃는 것이다. 적어도 내 자신을 지켜가는 능력을 상실한 것이다. 내 자신을 인정하는 것이 내 자신이 지켜가는 방법이다"고 말했다.

오프라의 자산과 전략을 심층적으로 분석한 잡지『포춘』에서 인용한 이 구절은 오프라가 이익을 추구하는 사업가라기보다 도덕적 행위자로 자신을 조각해간다는 사실을 잘 보여준다.

2002년 4월 오프라 윈프리는 독서에서 더 이상 영감을 얻지 못한다는 이유로 유명한 북클럽을 중단하기로 결정했다. 여기에서도 오프라가 경제적이고 도구적인 관점보다 도덕적 관점에서 모든 행위에 접근한다는 사실이 확인된다.

또한 이런 결정은 오프라의 물질적 풍요를 설명해주는 부분이기도 하다. 그녀의 성공은 그녀가 사람들에게 얻은 신뢰에 바탕을 둔 것이고, 이런 신뢰는 그녀가 도덕적으로 행동한 덕분에 얻은 결과물이기 때문이다.

결론적으로 '오프라 윈프리 쇼'는 사회자와 청중을 더 중요시하고, 사회자와 청중 사이의 공생적 관계를 만들어간다는 점에서 '필 도너휴 쇼'와 다르다. 앞 장에서 다루었듯이 오프라의 전기와 게스트들의 이야기가 갖는 구조도 오프라와 도너휴를 구분짓는 요인을 이해하는 데 중요한 열쇠이다.

이쯤에서 나는 이 장과 앞 장을 연계시키기 위해서, 도너휴와 오프라의 차이—결국 오프라의 남다른 인기를 설명할 수 있는 근거 중 하나—는 오프라가 '상징적 전형', 즉 서로 모순되는 상징들을 다루면서 조금씩 바꿔가는 능력을 보여주며 집단을 통합해가는 사회적 인물이란 점에 있다고 가정해보려 한다.

오프라의 페르소나에는 배려와 자립, 신비로운 매력과 친숙함, 힘과 평범함이 복합되어 있다. 이런 페르소나를 이용해서 오프라는 일탈과 일상적 삶, 규범의 파괴와 도덕, 개인적이고 친밀한 관계를 동시에 다룰 수 있는 모순된 장르를 만들어냈다. 오프라는 자신을 상징적 전형으로 꾸몄기 때문에 텔레비전이란 매개체의 가능성을 도너휴보다 훨씬 광범위하게 이용했다.

실제로 텔레비전은 다섯 가지 표면적 특징을 갖는다. 친숙하고, 상호적이며, 관례화된 것이고, 일상의 삶에서 한 부분이며, 살아있는 것이다.

달리 말하면 텔레비전은 시청하는 순간과 방송하는 순간이 동시라는 착각을 불러일으킨다. 오프라는 이런 특징들 모두를 하나로 결합시켜 그녀만의 독특한 페르소나, 수사적인 어투, 이야기의 관례화와 극화, 그리고 토크쇼의 수행성을 창조해왔다.

따라서 오프라 윈프리의 본질적 특징은 토크쇼와 페르소나에서 도너휴보다 텔레비전이란 매개체를 훨씬 광범위하게 철저하게 사용했다는 점에 있다.

일상의 신비로운 매력

어떤 문화적 창조물을 인기 있게 만드는 요인이 무엇인지 연구할 때, 뚜렷한 공식이나 원칙을 찾아내기는 무척 어렵다. 실제로 후기 자본주의 문화에서 인기는 혁신과 관습 사이의 적절한 균형을 찾아낼 때 얻어지는 것이기 때문에, 인기의 비결을 찾아내려는 시도는 십중팔구 실패하게 마련이다.

그러나 요즘과 근대 이전에 인기를 끌었던 텍스트들을 연구해보면, 어떤 텍스트를 인기 있게 만드는 문화 메커니즘을 이해하는 데 도움을 줄 법한 반복되는 요인들을 상당수 찾아낼 수 있다.

전통적인 민담을 연구한 로버트 단턴(Robert Darnton)은 민담이 근대 이전의 유럽에서 농부로 살았던 사람들의 사회적이고 경제적인 어려움을 일관되게 다루고 있다는 점을 증명해보였다. 그의 주장에 따르면 이런 민담들의 줄거리와 이야기 구조는 그 시대의 인구분포와 경제상황으로 쉽게 설명될 수 있다.

양부모가 성행한 이유는 배우자의 죽음에 따른 재혼율이 높았던 까닭으로 해석되고, 맛있는 음식이 널린 마법의 식탁이란 주제가 흔히 다루어진 이유는 굶주림과 기아가 만연한 때문으로 해석될 수 있다.

또한 사기꾼의 빈번한 등장은 중세에는 법들이 종종 무시되거나 위반되기 일쑤였다는 사실의 방증이다. 요컨대 단턴의 주장에 따르면 근대 이전의 유럽에서 농부들의 사회적이고 물리적인 조건이 이런 민담들의 배경인 동시에 내용이었고, 민담은 보편적인 심리구조를 표현하기는커녕 독자들의 사회적 · 경제적 조건을 그대로 그려내는 수준에 머물렀다.

따라서 단턴은 농부들이 가혹하고 변덕스런 삶의 조건을 이해하는 데 도움을 주는 인지 지도(cognitive map) 역할을 이런 민담들이 했다고 추측한다. 이런 분석에 따르면, 의심스럽고 까다로운 사회적 조건을 다룬 텍스트가 인기 있는 텍스트가 될 가능성이 높다.

현대인은 사회영역, 규범, 역할, 가치 등에서 모순과 씨름하며 지내고, 이런 모순으로 인해 자아는 방향 감각을 상실하고 우왕좌왕하며 살아간다. 이런 이유에서 인기 있는 텍스트는 사회적 모순을 다룬 텍스트일 가능성이 높아지고, 삶과 구조적인 이유로 현대인들이 피할 수 없는 모순들의 접합점에 서 있는 문화적 행위자들은 강력한 상징 형식을 만들어낼 가능성이 커진다.

예컨대 육아에 관련한 인기 서적들을 연구한 샤론 헤이스(Sharon Hayes)의 결론에 따르면, 이런 책들은 전문가이자 전통적인 어머니로서 이중적 역할을 하는 여자들을 다루고 있어 즉각적인 성공을 거두었다.

게다가 이런 책들은 여성에게 무조건적인 사랑이란 낭만적 윤리와 과학적 입장에 근거한 합리적인 육아법을 동시에 적용하고 요구한다. 한편 비슷한 맥락에서 연애소설을 분석한 재니스 래드웨이(Janice Radway)의 결론에 따르면, 성공한 연애소설에서 여자 주인공은 남자에게서 독립하고 싶지만 여전히 끈을 놓고 싶지 않은 모순된 욕망을 지닌다.

텍스트의 인기에 관련해서 두 번째 가정은 앞의 가정에서 도출된다. 즉, 텍스트가 모순된 속성들(강자에 대한 약자의 승리)을 융화시키는 인물(예컨대 사기꾼)을 통해서, 혹은 특정한 방식으로 이야기를 끝맺으면서(연인들의 죽음으로 사랑의 확약과 가족이나 사회에 대한 의무가 화해하는 식으로), 사회적 모순을 상징적으로 해결할 때 그 텍스트는 인기를 얻을 가능성이 매우 높다.

끝으로 인기 있는 텍스트는 사회적 모순을 흔히 다루기 때문에 힘겹고 무질서한 사회에서 일종의 안내자 역할을 할 수 있다. 기어츠에 따르면, 사회구조의 변화가 있을 때나 사회적 투쟁으로 전환기를 맞을 때, 문화는 행위자들에게 방향성을 제시하는 근거가 될 수 있다.

"이데올로기적 행위의 직접적 원인은 방향감각의 상실인 경우가 대부분이다. 또한 본받기에 합당한 모델이 없어, 각자가 위치하고 있는 사회에서 공민으로서 권리와 책임이 무엇인지 올바로 이해하지 못하는 것도 이데올로기적 행위를 낳는 원인이다. 차별화된 정치제도는 거의 언제나 심각한 사회 혼란과 심리적 긴장을 동반한다."

난넌, 헤이스, 래드웨이 등의 결론에 따르면, 다양한 형태의 대중문화가 힘겨운 상황과 사회적 모순 속에서도 자신에게 방향감각을 제시한다. 오프라 윈프리는 현대성의 모순에서 비롯되는 고통의 형태들을 다루면서 그 고통을 이겨낼 수 있는 상징적 틀을 제시함으로써 이런 역할을 해내고 있다.

다음 장에서 더 자세하게 살펴보겠지만, '오프라 윈프리 쇼'는 정체성의 모순을 무대에 올려서 그 모순을 해결하기 위한 상징적 비결을 제시하고 있다.

평범한 일상을 부각시키다

앞에서 언급했듯이 오프라 윈프리 쇼에서 주로 다루는 주제를 살펴보면 두 가지가 확연히 눈에 띈다.

첫째는 주제가 재미없고 사소한 것(화장하면 외모가 나아지는가? 왜 좋은 찻잔을 사용해야 하는가?)이고, 둘째는 가족의 구조에서 일탈된 현상

(딸을 강간한 아버지, 인격분열을 일으킨 여성)에 관심을 보인다는 점이다.

로니와 갬슨은 토크쇼들의 후자적인 면에 초점을 맞추며 토크쇼들을 기형 쇼의 현대판이라 해석했다. 그러나 오프라 윈프리의 경우에는 이런 해석이 적합하지 않다. 그녀의 쇼가 하나의 에피소드에서도 여러 프로그램을 넘나들며 일탈된 면과 평범한 면을 복잡하게 뒤섞고 있기 때문이다.

오프라 쇼의 두드러진 특징 중 하나는 일상적이고 평범한 것을 찬미하는 데 있다. 텔레비전은 시청자들에게 '일상적인 삶의 틀에서 벗어나지 말라'고 요구한다. '오프라 윈프리 쇼'는 이런 사회적 현상을 미화시키는 전형적 프로그램이라 할 수 있다.

많은 이유가 있지만 무엇보다 오프라가 사회적 상호작용의 달인이고, 텔레비전의 다른 사회자들과 달리 여성의 삶에서 가장 가정적인 면에 깊숙이 개입하는 방법을 잘 알고 있다는 점에서 그녀는 도너휴를 월등하게 앞설 수 있었다.

이런 식으로 오프라는 토크쇼가 방영되는 시간에 집에 있는 여성들에게 친밀하고 친숙한 인상을 심어주었다. 또한 그녀는 언어의 능동적인 면을 적극적으로 활용해서 청중에게 직접 질문하는 기분을 안겨준다. 예들 들면 이런 것이다.

나는 아이들이 지금 집 밖에서 뛰어다니고 있다는 것을 알고 있어요. 냉동 닭을 해동시키는 것은 아니라는 정도는 알아요. 냉동 닭은 전자레인지에서 해동시킬 테니까요.

친구들에게 전화를 하세요. 친구들이 지금 텔레비전을 볼 수 없는 처지라면 당신이 친구들에게 말해주세요. 이 이야기는 정말 중요하니까 녹화를 해두세요. 당신에겐 정말 중요한 이야기니까요. 당신이 아이들과 이 이야기를 함께 나눌 수 있다면 더욱 중요할 겁니다. 당신이 의미 있고 풍요로운 삶을 살고 싶다면 말이에요.

텔레비전이 집과 가정에 머무는 여성을 사로잡는 데 적절한 매체라는 사실은 누구도 부인할 수 없는 사실이다. 하지만 여성을 철저히 가정적 존재로 전락시켜 여성에게 접근한 사회자는 거의 없었다. 오프라의 청중 중 거의 80퍼센트가 여성인 이유가 여기에서 설명된다.

오프라가 "나는 어머니가 아닙니다. 하지만 어머니가 세상에 가장 중요한 존재라고 생각합니다"고 자주 말하는 이유도 같은 맥락에서 설명된다. 이렇게 말함으로써 오프라는 육아와 가사에 경외감에 가까운 존경심을 보여준다. 오프라 윈프리는 집에 한정된 여성의 삶과 가사에 매달린 일상사를 곧이곧대로 다루고, 그런 일을 아낌없이 칭송한다.

이안 앵을 비롯한 일부 학자들이 멜로드라마를 두고 말했듯이, 모든 쟁점이 인간관계에 관련된 것은 아니지만 모든 것이 이런 관점에서 해석된다.

1999년 9월 오프라의 웹사이트에 '앞으로 다룰 주제'로 소개하면서 시청자들에게 의견을 달라고 한 제목을 살펴보면 '유혹을 어떻게 이겨내십니까?', '최근에 몸무게가 늘어 걱정되십니까?', '성형수술을 받은 적이 있습니까, 그런데 아직도 외모가 불만이십니까?', '화장을 하지 않고 외출하면 불안하십니까?', '여자와 친구가 되는 데 어려움이 있습니까?', '외모에 불만이십니까?' 등이었다. 모든 주제가 일상의 삶이란 영역에서 자아를 갖고 유지하는 눈에 띄지 않는 일에 관련되어 '사소한 것'의 범위를 넘어서지 못한다. 그러나 사소한 것도 전면에 배치되고 강조되면 새롭고 낯설게 느껴진다.

실제로 '오프라 윈프리 쇼'가 이루어낸 가장 큰 변화 중 하나는 사소한 것을 과장하고 특별한 것을 정상화시켜서 일상적인 문제의 범위를 비틀어버린 데 있다. 내 생각에는 오프라의 쇼가 처음에 매도당한 이유가 여기에 있다.

오프라의 쇼는 문화의 기초가 되어야 마땅한 도덕성의 함양과 차별성을 강조하기는커녕 오히려 '고급'과 '저급', 일반적인 것과 일탈된 것을 뒤섞어버렸다. 게다가 보이는 것에서 보이지 않는 것으로, 집단적인 것에서 개별적인 것으로, 공공의 것에서 가정적인 것으로 정리해가는 연출의 관례를 무시했다.

이런 기법은 짧은 다리에 엉덩이는 유난히 크게 그리면서 몸의 각 부분이 갖는 비율을 뒤틀어버린 화가 보테로(Botero)의 기법과 유사하다. 보테로와 오프라, 이 두 사람 모두가 아주 현실적인 사람이기는 하지만, 그들은 비율관계를 조작함으로써 평범한 것에서 새로운 것을 만들어내며, 평범한 것과 대중의 시선을 끌 만한 것 사이의 관계에 대한 우리 관점을 바꿔놓았다. 이런 기법이 오프라의 스타일에서 주된 특징이다.

가정사, 사회적 문제, 자기계발 등의 문제를 다룰 때 오프라 윈프리는 중산층을 겨냥하고 있다. 중산층의 윤리의식을 간략히 정리하면 가정생활, 가족, 노동에 중요한 가치를 둔다. 또한 중산층은 행동과 성공을 지향하며, 우리 사회가 능력과 실력을 중시한다고 믿는다.

따라서 철학자 찰스 테일러(Charles Taylor)가 '일상적인 삶'의 세계라 칭한 곳, 즉 자아의 변화에서 비롯되는 문화의 장에서 중산층의 정체성은 드러난다.

테일러와 사회학자 앤서니 기든스(Anthony Giddens)가 주장하는 바에 따르면, 현대성은 도덕과 자아의 중심을 사소한 것으로 이동시켰다. 이런 현상은 정체성의 형성을 위해서 노동과 가족을 중요시하는 특징을 보여준다. 이때부터 일상의 삶은 개개인의 정체성이 명확히 드러나

고, 선(善)에 대한 다양한 해석이 가능해진 터가 되었다.

그러나 스탠리 캐벨(Stanley Cavell)의 평가가 적어도 여기에서 훨씬 합당한 듯하다. 그는 평범한 것을 평온무사한 것이라 정의하며 "일상적인 것, 공통된 것, 사소한 것, 가까운 것의 재해석"이라 설명했다.

실제로 오프라의 쇼는 평범한 것을 극화시키고, 평범한 것에서 흥미진진한 부분을 찾아내는 방법을 잘 알고 있다. 일상적인 것, 공통된 것, 사소한 것, 가까운 것을 과장하고 확대해 보여주면서 오프라는 그것들에 극적인 요소를 더하고 있다.

상처받은 자아에서 의미를 찾다

일상의 삶을 강조하면서 오프라 쇼는 당연한 듯이 제작 방향을 중산층의 취향에 맞추고 있다. 역사적으로, 중산층은 정체성의 긍정적 확인을 위한 터전으로 일상의 삶을 발전시켜 나아가는 집단이다.

중산층 문화라는 개념이 모호하기 짝이 없지만, 대략적으로는 성공의 가치를 믿고 자아를 사회적 제도에 기꺼이 적응시키며 결혼생활을 중요하게 생각하고 소외를 두려워하며 생산과 재생산에서 정체성을 추구하고, 무엇보다 정체성과 도덕은 일상의 삶에서 형성되고 완성된다고 믿는 집단이라 정의된다.

그러나 오프라 윈프리가 분명히 보여주는 한 가지 사실이 있다면, 중산층의 에토스도 모순투성이여서 '타자'의 존재에 얽매여 있으면서도 그 '타자'를 삶의 영역에서 배제하려고 한다는 점이다.

오프라 윈프리가 두드러지게 사용하는 수법 중 하나는 경계를 조직적으로 허물어뜨려 소외된 사람들을 중심에 가져오고 중심에 있는 사람들에게 소외된 사람들을 배려하라고 강요하는 식으로 토크쇼의 주제를 정하고 풀어간다는 점이다.

다니엘 케이스(Daniel Keyes)의 표현을 빌리면, 낮 시간대의 토크쇼는 "관습과 금기를 위반하는 문화적 타자들에게 청중의 관심을 집중시키는 고대 그리스 비극의 현대판"이다. 실제로 미국 토크쇼의 전형적인 게스트는 '아메리카 드림'에 뚜렷이 대비되는 사람이다. 대체로 이런 게스트는 실패나 고통의 이야기를 털어놓는다. 로빈슨 크루소나 호레이쇼 앨저(Horatio Alger)와 같은 신화적 인물들과 달리, 게스트는 자립적이지도 못하고 은둔자도 아니며 승리한 사람도 아니다.

토크쇼의 참여자들은 거의 언제나 정체성의 정립, 타인과의 관계, 폭행, 자기관리 등에서 문제를 지닌 사람들이다. 어머니와 딸 그리고 그들 사이의 끝없는 갈등, 여성과 옛 애인, 양육권을 두고 다투는 이혼한 부부, 옛 애인에게 돈을 갈취당하는 여인, 감정적 폭행이나 성폭행을 당한 사람, 아들에게 물리적 폭행을 당하는 어머니, 자기주장이 부족한 사람 등은 하나의 공통점을 갖는다. 그들은 일상의 삶에서 자아를 관리하고 타인과의 관계를 원만하게 유지하는 데 어려움을 겪는 사람들이다.

'오프라 윈프리 쇼'에 시청자들이 빠져드는 이유는 오프라가 이상적 자아의 이면(裏面)을 보여주기 때문이다. 자기관리를 잘하고, 다른 사람들과 즐겁고 조화로운 삶을 꾸려가는 사람들을 주변에서 만나기가 어렵다. 오히려 대부분의 사람이 작은 실패를 거듭하며 살아간다. 오프라 윈프리는 우리보다 더 불행한 사람을 향한 연민의 정을 곤경에 빠진 타인—우리 자신일 수도 있다—에게 이어주는 역할을 한다.

제리 스프링어나 리키 레이크와 같은 토크쇼 사회자들이 게스트들의 가련한 모습을 고스란히 드러내서 시청자들에게 우월감이나 긍정적 의

식을 심어주려 하는 데 반해서, 오프라는 일반 시청자들이 쉽게 공감할
수 있는 문젯거리와 씨름하는 사람을 찾으려 애쓴다. 오프라가 할리우
드의 스타들을 인터뷰할 때 그들의 '평범한 면'과 '사실적인 면'을 부
각시키려 한다는 점에서도 이런 기법은 확인된다.

따라서 패션모델들이 화장하지 않은 모습과 요리를 하는 모습으로
텔레비전에 비춰지고, 영화배우들은 어머니로 비춰진다. 결국 '일상의
삶'과 '평범함'은 주제의 선택에서 주된 코드인 동시에, 오프라의 토크
쇼를 구성하는 중심축이라 할 수 있다.

뉴스의 중심축이 제노(국가, 정당, 경제)와 개인 사이의 관계라면 오프
라 윈프리 쇼의 중심축은 자아와 그 자아에게 의미 있는 타자, 즉 자식,
어머니, 친구, 남편, 아내, 아버지, 연인 등과의 관계이다. 오프라 윈프
리는 자연재해를 보도하거나 경제적 부정을 고발하는 데는 무관심한
편이다. 오프라는 오밀조밀하게 짜인 인간관계에서 자아가 어떻게 상
처를 받느냐에 초점을 맞춘다.

이런 점에서 오프라 윈프리 쇼는 적어도 처음에는 미국의 고질병, 즉
행복의 가면이 덧씌워진 가족의 문제를 집중적으로 다루었다. 이런 주
제는 미국에서 잘 팔리는 소설에서도 찾을 수 있다. 미국 교외지역에서
평범하고 행복하게 살아가는 사람들의 이면에 감춰진 폭력적 관계를
폭로한 소설 《페이튼 플레이스(Peyton Place)》와 행복한 가정주부의 이
상적인 모습을 산산이 부숴버린 장기 베스트셀러 《인형의 계곡(The
Valley of the Dolls)》이 대표적인 예다.

'오프라 윈프리 쇼'는 멜로드라마의 전통을 계승해서 혼돈과 긴장에
빠진 가족관계라는 문화적 레퍼토리를 보여준다. 멜로드라마처럼 오프
라의 쇼는 가족관계 혹은 연인관계에서 곤경에 빠진 사람들을 주인공
으로 삼는다. 주로 여성을 겨냥한 낮 시간대 텔레비전 프로그램의 전형

적인 주제이기는 하다. 예컨대 라틴아메리카 멜로드라마의 공식은 '오 프라 윈프리 쇼'와 무척 비슷하다. 즉, 사회적 병리현상과 개인의 문제 가 가족 내에서 복합되어 나타나는 경향을 띤다.

따라서 불행한 가정, 불치병, 사생아, 알코올중독, 근친상간 혹은 근 친상간에 버금가는 공생 등이 주로 다루어진다. 이런 주제들이 변형되 어 낭만적 모험에서 사회극에 이르기까지 온갖 형식으로 표현된다.

여성을 상대로 한 또 하나의 장르인 연속극도 크게 다르지 않다. 그 런 위기는 예외적 현상도 아니고 희귀한 경우도 아니다. 오히려 그런 위기는 연속극의 전형이라 할 수 있다.

멜로드라마와 연속극과 마찬가지로, 토크쇼도 일상의 삶에서 닥치는 위기적 상황을 다룬다. '오프라 윈프리 쇼'는 가족을 자아가 형성되고 왜곡되는 공간, 자아가 구축되고 파괴되는 공간으로 비추어준다.

결론적으로 '오프라 윈프리 쇼'의 주된 주제는 기형적 삶이 아니라 '일상적 삶에서의 몸부림'이다. 프로이트를 다룬 피터 게이의 연구를 감안하면, 정상적인 일상이나 평범한 삶은 성취하기 어려운 목표이다. 달리 말하면 오프라의 쇼에서는 평범한 삶도 이루어내기 어려운 이상 적 목표가 된다.

일상을 뒤틀어버리다

오프라 윈프리는 여성의 관점에서 본 가정사와 일상의 삶에 초점을 맞춘다. 그러나 그녀의 토크쇼가 남달라 보이는 이유는 오프라가 가정 이란 영역을 '뒤틀어버리기' 때문이다.

예를 들어 설명해보자. 에이즈에 대한 경각심이 높아지기 시작할 때, 오프라는 하루를 에이즈에 할애하고 그 날에 '연민의 날'이란 이름까지 붙였다. 그날 방송을 시작하며 오프라는 이렇게 말했다.

여러분이 지난 9년 동안 제 토크쇼를 시청하셨다면 오늘날과 같은 에이즈 파동을 없을 겁니다. 연령과 피부색을 떠나서 우리에게는 의사와 작가, 10대, 가정주부, 아이들과 성숙한 시민들이 있었으니까요.

여기에서 오프라는 에이즈에 함축된 의미를 희석시키고, 도덕적으로 '오염된' 질병이라 인식되어가던 에이즈를 일반적 질병으로 정상화시키려 애쓰고 있다. 이번에는 알코올중독을 다룬 경우를 예로 들어보자.

놀랍습니다. 경이롭기도 합니다. 오늘 이 쇼를 시청하는 사람들, 그들이 '알코올중독자'라는 단어를 듣게 되면 조금 전에 빌이 길거리의 부랑자라고 표현했던 사람들을 생각할 것이기 때문입니다. 하지만 그 알코올중독자들이 여러분처럼 멋지고 건강하게 보이고 깔끔하게 차려입고 멋진 집에서 살고 있으리라곤 상상조차 못할 겁니다.

이처럼 오프라는 중산층의 에토스에서 주변적이고 위협적인 것이라 인식되는 것을 정상적인 것으로 되돌리는 식으로, 정상적인 것을 낯설고 이상한 것으로 바꿔놓는다.

오늘 게스트들은 이중적인 삶을 살고 있습니다. 낮에는 주부이고 헌신적인 어머니이지만, 아이들을 침대에 밀어넣은 후에는 비밀스런 삶을 살기 시작하는 사람들입니다. 매일 밤, 그들은 집을 나가 매춘부로 일합니다. (게스트 중 한

명에게 눈길을 돌리며) 낮에는 그야말로 현모양처럼 살지요? 과자를 굽고 걸스카우트 모임에도 나가면서 말입니다. 맛있는 점심을 준비합니다. 이때도 자애로운 어머니지요. 그런데 당신은 어떻게 그렇게 바뀔 수가 있나요?

게스트를 소개하는 방법도 중산층의 체면과 비밀리에 감춰진 일탈된 정체를 뚜렷이 대비시킨다. 오프라의 목표는 '가정'을 낯선 공간으로 만들어가는 것이다. 즉, 평범한 어머니를 매춘부로 소개함으로써 가정을 이상한 공간으로 만들어버린 셈이다. 이런 기법을 분명히 보여주는 다른 예를 들어보자.

안녕하세요, 여러분. 오프라 윈프리입니다. 오늘은 우리 주변에 너무나 만연되어, 어쩌면 지금 당장이라도 여러분의 가정에서 일어날 수 있는 문제를 다뤄보려 합니다. 아마 여러분은 그 문제가 무엇인지 짐작조차 못할 겁니다. 아주 놀라운 문제입니다. 그 문제가 닥치면 당신 아이들에게도 일어날 가능성이 크기 때문입니다. 내가 개인적으로 겪은 일부터 말할까요? 그래요, 나는 친척에게 강간을 당했습니다. 그때 그 남자는 겨우 열네 살이었습니다.

주제를 소개하면서 오프라는 이야기의 범위를 가정으로 좁히며 시청자들을 가장 가까운 공간으로 안내하고, 게스트가 지극히 평범한 사람인 것을 강조한다. 그리고 이 평범한 공간에 불안하고 걱정스런 사건을 투영시킨다.

이런 점에서 오프라의 기법은 일상적인 관습(예를 들어 검은 정장을 입은 남자)을 낯설 뿐 아니라 심지어 불안감까지 안겨주는 분위기로 몰아넣는 마그리트(Magritte)의 초현실주의와 유사하다.

이런 기법은 노숙자를 다룬 쇼에서도 명백히 확인된다. 오프라가 관심을 둔 것은 사회적 · 경제적 문제로서의 노숙자 문제가 아니라, 그녀의 쇼에 초대된 노숙자들이 일상적인 노동에 종사하는 아주 평범한 사람이란 사실이었다. 또한 평범하면서도 주변적 속성을 보여준다는 점에서 그들은 흥미로운 대상이다.

오프라는 정상과 빈곤이 중첩되어 언제라도 뒤바뀔 수 있다는 사실을 시청자들에게 보여줌으로써 체면과 정상의 뜻을 뿌리째 흔들어버린다.

내 이름은 조세핀 로스입니다. 노숙자가 되기 보름 전까지는 내가 노숙자가 되리라곤 꿈에도 생각지 않았습니다. 나는 중상층 출신입니다. 명예 박사학위도 있습니다. 화가입니다. 자식도 있습니다. 물론 대부분의 여자처럼 살았다면 노숙자가 되지 않았겠죠. 누군가 나를 이런 신세로 몰아넣은 것도 아니고 이혼당한 것도 아닙니다. 투자를 잘못해서 빈털터리가 되었습니다. 내가 노숙자인 것을 아이들은 모릅니다. 거의 7년을 집 밖에서 지내고 있습니다. 아마 여러분은 노숙자라는 말을 들을 때마다 길거리에서 헤매는 사람, 영혼에 심각한 상처를 입은 사람, 무책임한 사람, 술을 많이 마시는 사람이라 생각할 겁니다. 하지만 나는 노숙자 중에서 그런 사람을 만난 적이 없습니다.

여기에서도 오프라는 정상과 빈곤이 중첩되어 언제라도 뒤바뀔 수 있다는 사실을 우리에게 보여주며, 체면과 정상의 뜻을 근본적으로 흔들어버린다. 오프라의 기법은 정상과 일탈의 보편적인 뜻을 의도적으로 뒤흔들어버리는 데 있다.

정상과 일탈을 뒤집어버리는 오프라의 기법 뒤에는 문화적 코드가 깊이 감춰져 있다. 프로이트의 이론을 빌리면, '섬뜩한 것'을 연출하는 기법이라 해석할 수 있는 문화적 코드이다. '섬뜩한 것'의 뜻을 명확히 하기 위해서 프로이트는 반의어로 두 가지 뜻을 가진 '하임리히 (Heimlich)'라는 단어를 이용했다.

하나는 친숙한 것, 가정에 속한 것, 친밀하고 정겨운 것이란 뜻이다. 다른 하나는 '감춰지고 눈에 보이지 않으며 타인에게서 멀리 떼어놓은 것'이란 의미이다.

프로이트의 주장에 따르면, '하임리히'가 섬뜩한 것으로 변하는 상황들이 있다. 따라서 섬뜩한 것은 친숙한 것의 반의어라기보다는 친숙한 것의 하위범주라 할 수 있다. 그럼 오프라 쇼의 매력은 어디에 있을까? 내 생각에는 오프라가 가족과 인간관계를 프로이트적 의미에서 '섬뜩한 것'으로 전락시키면서 그 일반적 의미를 허물어뜨리는 데 있는 듯하다.

프로이트에 따르면 섬뜩한 것은 친숙한 세계가 갖는 특성이다. 달리 말해 매우 친숙한 것이 그 친밀감을 상실하는 것이다. 이런 상실은 우리를 불안하게 만든다. 따라서 섬뜩한 것은 한때 친숙했지만 이제는 그렇게 인정할 수 없는 것이다.

오프라 윈프리의 쇼는 가족의 비밀스런 면을 해체하는 식으로 일상의 삶에서 그 친밀함을 빼앗아버린다. 여기에서 '하임리히'의 두 번째 의미가 끼어들기 시작한다. 일상적 삶의 어둡고 비밀스런 구석에 지나치게 많은 빛이 던져질 때, 일상적인 삶마저 낯설고 이상하며 섬뜩하게 변한다. 오프라 윈프리 쇼의 방송 중 하나를 인용해서 이런 사실을 증명해보도록 하자.

첫 게스트들은 아주 용기 있는 분들입니다. 그들은 성폭행의 피해자들로, 그들에게 아픔을 안긴 사람들과 오늘 출연해주는 데 기꺼이 허락해주었습니다. 벤은 딸 도나가 아주 어렸을 때부터 성희롱을 하기 시작했습니다. 그 때문에 가족이 갈가리 찢어졌고, 결혼생활마저 거의 파탄지경에 이르고 말았습니다. 도나의 어린 시절은 아픈 기억밖에 없었습니다. 하지만 그들은 오랫동안 상담을 받았고, 이제는 한 지붕 아래에서 다시 가족으로 살고 있습니다.

여기에서는 가족의 개념이 우리 문화에서 가장 금기시되는 것, 즉 근친상간과 겹쳐졌다. 이 때문에 시청자는 고전학자 앤 카슨(Ann Carson)이 그리스어로 '추잡한 것을 말하다'는 뜻을 가진 '아이스크롤로지아(aischrologia)'라 칭한 것의 변형태를 목격하게 된다.

고대 그리스에서 뇌싱의 세션 중 여사들이 서로에게 욕설, 음담, 추잡한 농담을 큰소리로 내뱉는 막간의 시간이 있었다. 남자들은 이 의식에 초대받지 못했다. 그리스 전설에는 남자들이 실수로라도 여성의 제전에 끼어들면 거세당하거나 사지를 잘리고 심지어 죽임을 당했다는 이야기들이 적지 않다. 이 이야기들은 성폭행에 대한 분노의 흔적으로 여겨진다. 고대 사회는 이런 악의적인 상황과 쓰라린 감정적 상처에서 여성을 끌어내 그들만의 비밀을 간직한 공간에서 해소할 수 있기를 바랐다.

카슨의 주장에 따르면, 이런 식의 발화행위는 정신분석학에서 그 타당성이 입증된다. 프로이트와 브로이어는 그들의 치료법에 '카타르시스'와 '배려하기'라는 이름을 붙였다. 프로이트의 이론에 따르면 여성 환자는 내면에 깃들어 영혼을 병들게 하지만, '말할 수 없는 것'을 속 시원히 털어놓으면 깨끗이 사라지는 것이 무엇인지 알고 있다.

'오프라 윈프리 쇼'는 아이스크롤로지아, 즉 '추잡한 말'이 배설되는 곳이다. 그러나 위의 예에서, 이런 말이 더더욱 말할 수 없는 것으로 여겨지는 이유는 정신분석에서 프시케의 어두운 비밀이라 해석되는 부분이 텔레비전의 조명 아래에서 연출되기 때문이다. 따라서 오프라는 고대의 제전과 같은 의식을 진행하면서 일종의 카타르시스를 게스트에게 안겨준다.

일상의 삶과 주변적인 행위나 현상을 나란히 배치하면 중산층 가족의 에토스를 위험에 빠뜨리는 효과를 갖는다. 실제로 '뒤틀기'에 대한 사회학자 스티븐 사이드먼(Steven Seidman)의 정의에서는 오프라의 기법이 그대로 읽혀진다.

"나는 뒤틀어버리는 행위를 파괴적 행위라 생각한다. 즉 비판적 사회분석과 정치행위를 시작할 목적으로 기본적인 가설들, 예컨대 주체, 지식, 사회, 역사 등을 의심하게 만드는 담론적 전략이라 해석하고 싶다. 나는 이런 파괴적 행위를 '뒤틀기'라 칭하려 한다. 익숙하고 상식적이며 이미 알려진 것, 결국 올바른 것이고 자연스런 것이며 정상적이고 건전한 것이라 추정되는 것을 이상하고 '기묘한' 것으로 바꿔볼 생각이기 때문이다."

오프라는 이런 비틀기의 달인이다. 일상의 삶에서 아주 사소한 면을 과장하고 낯설게 변모시킴으로써 오프라는 일상적인 규범의 변덕스런 면을 가감 없이 보여준다. 따라서 일탈이 정상으로 변하고, 일상적인 것이 낯설게 보인다.

오프라 쇼의 초창기에, 일상의 삶은 '타자'의 목소리로 채워진 공간이었다. 즉, 소외되고 가난하며 병든 사람들의 목소리로 주로 채워졌다. 오프라는 이런 기법에서 조금씩 벗어나, 지금처럼 평범하고 일반적인 삶에 초점을 맞추기 시작했다. 그러나 비틀기는 그녀의 쇼를 처음부터 시청자들의 눈길을 사로잡은 혁신적인 기법 중 하나였다. 따라서 오프라는 프로이트가 제시한 문화적 비유를 근본적으로 바꿔놓은 듯하다.

가족의 개념을 비틀기도 했지만 오프라 윈프리는 토크쇼가 지향하는 도덕적 관점의 근거까지 뒤흔들어놓았다. 오프라가 우리에게 너무 익숙해서 의문조차 품지 않았던 규범을 어떻게 뒤흔들어놓았는지 예를 들어보자.

오프라: 오늘 쇼에 출연해주신 분들의 용기에 박수를 보내고 싶습니다. 톰, 당신부터 시작할까요? 당신 딸이 일곱 살인 때부터 시작되었던가요?

(딸을 성폭행한) **톰**: 그렇습니다.

오프라: 처음 성폭행하던 때를 기억하시나요?

톰: 예, 딸아이가 목욕을 끝내서 내가 물기를 닦아주려고 늘어간 때였습니다.

오프라: 미리 계획했던 것입니까? 그러니까 전부터 그럴 마음이 있었냐고요?

톰: 아닙니다, 처음에는 아닙니다. 그냥 손에게 매력과 친밀함을 느꼈을 뿐입니다.

오프라: 매력과 친밀감….

톰: 그렇습니다.

오프라: 손이 의붓딸이기 때문예요?

톰: 그렇습니다.

오프라: 의붓딸, 하지만 손이 알고 있는 유일한 아버지가 당신이 아니었던가요?

톰: 예.

오프라: 그래서 손이 몇 살 때 의붓아버지가 되었나요?

톰: 일곱 살이었습니다.

오프라: 일곱 살. 그래서 친밀감을 느꼈고, 다음 매력, 그러니까 성적 매력을 느꼈던 건가요?

톰: 성적 매력을 느낀 건 나중이었습니다.

오프라: 나중에요. 그래서 그 날 밤, 물기를 닦아주겠다며 들어가서 무엇을 했

나요?

톰: 두 다리 사이를 닦아줬습니다. 처음에는 그랬던 같습니다.

오프라: 그때 두 다리 사이를 닦아주면서 무슨 생각을 했나요?

톰: 색달랐습니다. 내게는 색다른 경험이었습니다. 우리 가족은 그처럼 발가 벗은 몸을 별로 달갑게 생각지 않았으니까요.

오프라: 그때 딸의 두 다리 사이를 닦아줄 때 성적으로 흥분을 느꼈습니까?

톰: 그때는 아니었습니다.

오프라: 그럼 그때 처음으로 그런 생각을 품게 되었다는 뜻인가요?

톰: 예.

오프라: 그래서 그 생각을 다시 행동에 옮긴 적이 언제였습니까?

톰: 꽤 시간이 지나서, 그러니까 4개월 혹은 6개월 후였습니다. 딸아이와 같은 침대에 누워서 몸을 만졌습니다.

오프라: 어떻게 손이 당신과 함께 침대에 눕게 되었지요?

톰: 내가 딸아이의 방으로 가서 딸아이의 침대에 누웠습니다.

오프라: 그때 손은 일곱 살이었나요?

톰: 여덟 살, 그때는 여덟 살이었습니다.

오프라: 손, 그 처음을 기억하나요?

(어린 시절에 성폭행을 당한) 손: 아니요, 하도 잦아서 기억할 수가 없어요.

오프라: 하도 잦아서 기억하지 못하겠다고요?

손: 예.

오프라: 그럼 당신 기억에는 언제가 처음이었나요?

손: 모르겠어요.

오프라: 모르겠다고요.

손: 예.

오프라: 당신에게 그런 일이 일어났고, 그런 일이 나쁘다는 것을 알았을 때 그

렇게 해서는 안 된다고 생각지는 않았나요? 아니면 그런 일이 나쁘다는 걸 아예 몰랐던 건가요?

숀: 그런 짓이 나쁘다는 걸 정말 몰랐어요. 내가 그런 상황에서 벗어나려 해서는 안 된다는 걸 알았을 뿐이에요. 왜냐하면 그래야 내가 원하는 걸 아버지가 사줬으니까요. 내가 원하는 걸 얻으려면 그래야 했어요. 그래서 괜찮다고 생각했어요. 하지만 나는 성기를 좋아하지는 않았어요.

오프라: 톰, 그래서 당신은 숀에게 친절했고 선물까지 사줬군요.

톰: 숀을 동등한 위치에서 대했고, 대화도 많이 나눴습니다.

오프라: 숀이 어른인 것처럼.

톰: 숀은 엄마와 커뮤니케이션을 하는 데 문제가 있었습니다. 둘 사이에는 거의 커뮤니케이션이 없었습니다. 분노밖에 없었습니다. 나는 그런 점을 이용해서 숀을 동등하게, 그리고 어른처럼 대했습니다.

오프라: 애무가 다른 행위로까지 발전한 것은 언제였습니까?

톰: 애무하는 수준을 별로 벗어나지 않았습니다.

오프라: 숀과 성행위를 시도한 적은 없었나요?

톰: 딱 한 번이었습니다.

오프라: 어땠나요?

톰: 성공하지 못했습니다.

오프라: 성공하지 못했다! 성행위를 하기엔 당신 것이 너무 컸던 모양이죠?

톰: 그랬습니다.

오프라: 숀, 그때를 기억하나요?

숀: 예.

(잠시 후, 오프라는 성폭행당한 딸인 숀에게 다시 말을 건넨다.)

오프라: 왜 다른 사람에게 그런 일을 말하지 않았죠?

숀: 아버지가 엄마에게는 아무 말도 하지 말라고 했거든요. 게다가 당시 엄마

와는 사이가 좋지 않았어요.

오프라: 당신은 그때 여덟 살이었나요, 아니면 아홉 살?

숀: 예, 모든 면에서 우리 사이는 정말 최악이었어요. 엄마가 야단치고 화를 낼까 무서웠어요. 엄마에게 뭘 바라야 하는지도 몰랐다고요.

오프라: 이런 일이 왜 생겼다고 생각하나요? 왜 이런 일이….

숀: 모르겠어요.

오프라: (톰에게 눈길을 주며) 당신도 모르겠죠. 그래서 당신은 숀의 몸을 만지면서 기분이 좋았나요? 그런 짓을 숀이 원한다고 확신했나요?

톰: 그랬습니다. 나는 숀이 우리 관계를 수긍하길 바랐습니다. 그런 관계에서 나는 누군가에게 인정받는 기분과 성적인 쾌감까지 얻었습니다. 사실 나는 아내와 적잖은 마찰이 있었습니다. 그래서 숀에게라도 인정받고 싶었습니다.

오프라: 아내에게도 얻지 못하는 것을 여덟 살밖에 되지 않는 아이에게 구하려 했다고요?

톰: 당시 숀은 여덟 살의 어린아이였지만 커뮤니케이션하기에 더 편했습니다. 아내나 다른 성인들과는 커뮤니케이션을 하는 데 어려움이 있었습니다. 하지만 어린아이는 세상물정을 모르잖습니까. 그래서 숀은 내가 무엇이라 말하더라도 곧이곧대로 받아주었습니다.

위의 인용문에서 우리는 섬뜩한 기분을 느낀다. 진부한 가정사(아버지와 의붓딸)인 동시에 도덕적으로 가장 감추고 싶은 금기, 즉 근친상간에 대한 이야기가 시청자에게 고스란히 전달되고 있다. 따라서 모두에게 당연하게 여겨지던 가족이 갑자기 이상하고 낯선 공간으로 변한다. 이 가족이 금기의 영역을 침범하고 있지만 전형적인 가족처럼 처신하고 있어 가족의 이미지마저 '섬뜩하게' 변한다.

게다가 우리는 이 인물들에게 확실한 도덕적 의미도 부여할 수도 없다. 숀은 과연 톰의 딸인가 아닌가? 숀이 친모보다 의붓아버지와 더 편하게 커뮤니케이션했다고 숀을 성인으로 대했다고 말할 수 있을까? 숀이 성관계를 거부하지 않았다고 그녀가 '동의' 한 것이라 할 수 있을까? 톰이 아내와 소원한 관계였다는 이유가 이런 상황을 조금이라고 정당화시킬 수 있을까?

많은 이야기가 해피엔딩으로 끝나면서 우리에게 즐거움을 주지만 이 경우는 정반대인 듯하다. 여기에서는 오프라가 도덕적 범주들을 개진하고 마구 뒤섞어버려 우리가 이야기의 끝부분에서 어떤 도덕적 결론도 확실하게 내리지 못하게 한다. 이런 불확실성이 위의 대화에 섬뜩한 기운이 팽배하다는 기분을 우리에게 안겨준다.

내 생각이지만, 토크쇼는 당연하게만 여겨지던 도덕적 범주의 근거를 뒤흔들어버리는 데 즐거움이 있는 듯하다. 아버지와 딸의 자기변명을 듣고 난 후에는 피해자와 가해자를 구분해서 적절한 판결을 내리기가 더 어려워진다. 더 정확히 말하면 아버지와 딸 모두가 어린 시절에 겪은 경험의 피해자처럼 보인다. 토크쇼와 연속극을 비교해보면 토크쇼의 이런 특이성은 더 확연히 나타난다.

연속극에서 고통은 사건을 일으켜서 사태를 좌지우지하려는 악한 여자의 행위에서 비롯된다. 반면 '오프라 윈프리 쇼'는 소수의 악인을 소개하지만, 우리는 그 악인들의 육성을 기꺼이 듣고 이해하려 한다.

오프라의 쇼는 시청자에게 의문점을 다각도에서 접근해서 확정적인 결론을 유보함으로써 도덕성을 판단하는 하나의 관점을 거부한다는 점에서 연속극이란 장르와 중첩된다. 위에서 설명했듯이 오프라 윈프리는 근친상간과 같은 보편적이고 뿌리 깊은 금기에 대한 도덕적 근거까지 뒤흔들어놓으면서 모호하게 만들어버린다.

그렇다고 오프라의 쇼가 우리에게 톰의 행위를 인정하라고 강요하는 것은 아니다. 오히려 그의 행위에 깃든 주관성을 고려해서, 그의 행동을 이해할 수 있느냐 혹은 그의 변명이 타당한가 등에 대한 의문을 우리 자신에게 던지게 만든다. 따라서 오프라의 쇼는 우리에게 도덕적 상상력의 경계를 확장시켜주는 일종의 훈련이다.

일탈된 사람, 범법자 등 규범을 파괴한 사람들이 육성으로 자신의 행동을 변명하는 모습을 지켜볼 때, 우리는 지금껏 금과옥조처럼 여겨온 도덕 기준을 새로운 시각에서 바라보게 된다. 다른 토크쇼와 마찬가지로 오프라의 쇼가 통속적이라 평가받는 이유는 도덕과 부도덕의 경계를 뒤집고 거부하기 때문은 아니다. 오히려 우리가 지켜온 규범과 가치관의 맥락적 타당성에 대해 끝없이 토론하게 만들기 때문이다.

순수와 불순, 침묵과 발언, 도덕과 부도덕의 경계를 공론의 장에 끌어내어 사람들이 '부도덕하거나 일탈된' 행동을 흔히 범하는 이유를 추론할 때 그 경계는 자연스레 무너지게 마련이다. 사회자, 청중 혹은 전문가가 중산층 도덕성을 대표하는 사람이라 여겨지더라도 토크쇼의 구성 자체가 인간관계를 '해체'한다.

다시 말해 친밀한 관계의 시니피에 결국 그 관계의 규범적 근거가 무의미하고 변덕스러우며 불안정하다는 것을 보여줌으로써 인간관계를 '해체'하는 것이다. 따라서 토크쇼에서는 우리 행위가 각양각색의 시니피앙으로 나타난다.

토론과 논증을 통해서 궁극적 책임은 인간에게 있다고 말하면서, 오프라의 쇼는 모든 규범과 규정, 구분은 임의적인 것이며 우리가 스스로 선택한 개인적 관점에서 그 규범들의 근거에 의문을 제기할 수 있다고 암묵적으로 인정하고 있다.

얄궂게도 오프라의 쇼는 어떤 규범도 절대적인 것은 아니라는 사실을 끊임없이 무대에서 펼쳐 보이면서 그 쇼 자체를 도덕적 장르로 승화시킨다. 달리 말하면 성찰과 반성을 통해서 규범적이고 도덕적인 우리 행동을 은근히 권유하는 도덕적 장르이다.

그러나 다른 점에서 오프라 윈프리는 여전히 해체적인 텍스트이다. 데리다(Derrida)의 주장에 따르면 해체는 "언어에는 언어 자체가 배척한 것의 흔적이 남는다"는 관점이다. 예컨대 근친상간에 대해 말하는 행위는 규범적 가족관계에 대해 말하는 행위이며, 거꾸로 건전한 가족에 대해 말하는 것은 병리적 현상을 갖는 행위에 대해 말하는 것이다. 데리다에 따르면 이런 이유에서 언어는 끊임없이 변하고 불안정하며, 그 언어도 가리키려는 것에 도달하지 못한다.

오프라가 토크쇼에서 흔히 주제로 삼는 일상의 삶에서 특히 가족의 세계에는 그 가족이 배제시키려는 많은 '타자'의 흔적이 남아 있다. 오프라의 쇼는 이원적 대립을 완강히 거부한다. 따라서 중산층의 에토스는 흑과 백, 여성과 남성, 우리와 그들이라는 단순한 이분법에 집착하지 않는다. 중산층의 문화를 뒤틀어 탈중심화하고 주변의 것을 안으로 끌어들이는 효과를 갖는다.

텔레비전이 설정한 중산층 문화는 중산층이 부정해왔던 것으로 가득 채워진 듯하다. 스탈리브라스(Stallybrass)와 화이트(White)의 주장에 따르면, 자유민주적 개인은 원칙에 얽매인 판단과 합리적 평가로 내용이 빈약한 듯하지만, 실제로는 그가 보편적으로 월등하게 뛰어나려고 애쓰는 무수한 목소리들을 통해서, 또 그런 목소리들에 의해서 이루어진다.

이 때문에 차분하고 투명하게 보이는 중산층의 변명은 사회의 '다채로움'에 대한 비판적 거부에 불과하다. 요컨대 중산층은 독특한 내용을 지닌 이질적 다양성을 비판적으로 거부하려 하지만, 그들은 이런 사회에 철저히 종속되어 있다.

오프라의 쇼는 다채롭다 못해 혼란스러울 지경이다. 평범함을 찬양하면서도 민주적인 중산계급이 허용하지 않는 목소리까지 기꺼이 수용하기 때문이다. 구체적으로 말하면 감정의 폭발, 섬뜩한 이야기, 섹슈얼리티, 핵가족의 파괴, 억제된 욕망의 분출 등은 오프라의 쇼에서 흔히 볼 수 있는 장면들이다. 한마디로 오프라의 쇼에서는 '위와 아래에서 분출되는 어지럽고 아찔한 이야기들'이 난무한다.

청중의 감정을 숨김없이 폭발시키다

대중문화에는 그 문화를 잉태시킨 사회적 조건이 깃들어 있게 마련이다. '오프라 윈프리 쇼'는 '도덕적 기초'의 붕괴 원인과 노숙자를 추적하는 상징적 도구 역할을 하며, 가까운 타자에 대한 개인적인 주장과 불만을 정당화시켜줄 규범을 찾는 문화형태이다.

참가자들이 각자의 생각을 자유롭게 이야기할 수 있는 도덕적 구조를 띤 오프라의 쇼가 미국인의 마음을 사로잡은 이유는 이른바 포스트모던 시대의 특징이라 할 수 있는 기초의 붕괴를 구체적으로 다루었기 때문이다.

자식 때문에라도 결혼생활을 유지해야 하는가? 학대적 관계를 결별해야 하는가? 어머니의 남자친구와 잠자리를 같이 하는 딸을 용서해야 하는가?

규범적 원칙이 곧잘 무시되는 이 시대에도 우리 행동을 옭아매고 있는 규범들에 대해 제기되는 의문들이다.

민주주의를 표방하는 요즘의 문화는 단편적이고 다원적인 규범이 지배하는 문화라 할 수 있다. 따라서 고정된 규범과 가치관에 집착하기보다는 시야를 넓혀서 역할 전환까지 요구한다.

오프라 윈프리의 토크쇼는 다른 어떤 문화형태보다 이런 변화를 잘 보여준다. 인류학자 돈 핸델먼(Don Handelman)의 주장에 따르면, "현실의 기계적인 정형화가 충돌되고 모순되며 갈팡질팡하는 사회적 모순이 있을 때 상징적 전형이 잉태된다." 오프라 윈프리는 오늘날을 살아가는 자아의 모순과 긴장감을 텔레비전 화면에 비춰주는 도덕적 행위자이며 상징적 전형이다.

오프라가 비틀어 보인 일상의 삶은 불화와 노숙자의 형태로 나타나고, 베크 세른스하임(Beck Gernsheim)의 표현에 따르면 '평범함의 탈일상화'가 있을 때, 즉 평범한 삶이 균열되고 찢어질 때 이렇게 비틀린 현상이 나타난다. 규범이 다원적 관점에서 토론되면서 일상적 삶과 그에 따른 규칙과 관례를 당연시하던 생각이 무너진다.

오프라는 게스트들에게 서로 다른 구조를 지닌 규범을 털어놓게 하면서, 중산층 가족의 삶에서 친밀한 사람들이 갖는 불안정하고 대립되는 면을 부각시킨다. 달리 말하면, 시청자들이 마음속으로는 품고 있지만 감히 목소리를 내지 못하는 불만 어린 경험들을 무대에서 펼쳐보인다.

현대인이 자기만의 도덕을 선택해서 만들어가고, 모성과 같은 사회범주를 스스로 다시 정의하며, 좋은 삶에 대한 각자의 정의를 토론하고, 안정된 결혼생활과 같은 전통적 가치관보다 평등이나 자기실현과 같은 가치관을 더 중요시할 필요가 있다는 점을 '오프라 윈프리 쇼'는 연출한다. 후기 근대성이 정체성에 중대한 위협으로 느껴지는 이유는 모든 것이 평생의 계획, 영원한 연대감, 바꿀 수 없는 정체성 등을 해체하려고 공모라도 한 듯하기 때문이다.

오프라가 처음에 선정적이고 내밀한 이야기에 초점을 맞추었기 때문에 많은 사람이 오프라의 쇼를 초기에는 쓰레기라고 비난했지만, 베크의 주장대로 무질서가 후기 근대성을 특징짓는 정상적 조건이 되었기 때문에 토크쇼의 세계에 일탈된 사람들이 빈번하게 출연하는 것이라고 나는 생각한다.

정체성이 주어지는 것이 아니라 선택하는 것이라면, 그리고 모든 정체성이 헌법적 권리로 똑같이 보호받아야 마땅하다면, 변태성욕자와 독실한 그리스도인을 구분해야 할 근거는 무엇인가? 아무것도 없다! 이제는 정체성이 성과 정치의 세계를 넘나들면서 완성되어가는 것이기 때문이다. 달리 말하면, 각자가 신중하게 선택하고 신중하게 판단해버린 좋은 삶에 대해 정의에 맞춰 결정되는 것이기 때문이다.

따라서 일탈과 정상은 똑같이 '선택'이란 지배적 코드에 속하는 것이기 때문에 어느 정도 교체 가능한 개념이 되었다. 이쯤에서 나는 이 코드를 커다란 수평자에 비유하고 싶다. 즉 어떤 선택이라도 동등한 가치를 갖는다는 뜻이다. 이런 규범적 평등 때문에 많은 사람에게 토크쇼들이 '멋없는' 장르, 즉 차별성을 가지려는 열의가 부족한 장르로 비추어진다.

토크쇼의 세계가 도덕관념이 없는 장르처럼 여겨지는 이유는 토크쇼가 도덕성을 포기했기 때문이 아니다. 정반대로, 가능한 모든 도덕성을 제기하면서 그런 도덕성의 우열을 결정하는 '상위', 즉 기본 원칙을 제기하지 않기 때문이다.

그러나 나는 4장에서 오프라 윈프리 쇼에서는 도덕적 범주들을 의도적으로 뒤죽박죽 뒤섞어, 게스트와 시청자가 상위 원칙을 바탕으로 스스로 도덕적 범주들을 재정리하게 만든다는 사실을 증명해보일 것이다.

'오프라 윈프리 쇼'가 청중에게 감정을 숨김없이 폭발시키게 내버려

두는 이유도 바로 여기에 있다. 공공의 언어가 선택된 전기들을 계층화시키는 데 적합하지 않다면, 또한 전기 자체가 경쟁관계에 있는 규범들(예컨대 자식 때문에라도 결혼생활을 유지해야 하는가?)에 의해 빈번히 충돌을 일으킨다면, 감정의 폭발과 고통의 표출, 시청자의 즉각적인 반응은 이런 삶의 이야기를 들여다볼 수 있는 유일한 수단이다.

　3장과 4장에서는 이 문제를 집중적으로 살펴보기로 하자.

연민으로 카타르시스의
미학을 꽃피우다

우리가 물려받은 감수성은 영성과 진지함, 혼란과 고통 그리고 수난과 동일시된다.
– 수전 손택

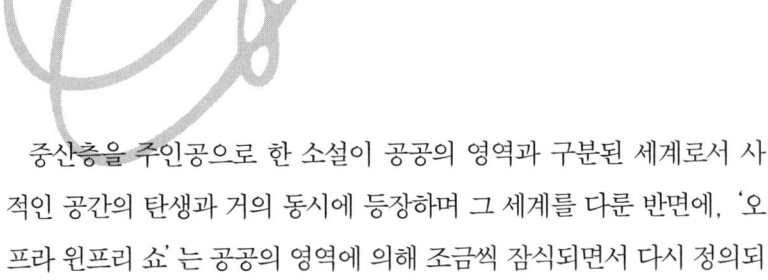

중산층을 주인공으로 한 소설이 공공의 영역과 구분된 세계로서 사적인 공간의 탄생과 거의 동시에 등장하며 그 세계를 다룬 반면에, '오프라 윈프리 쇼'는 공공의 영역에 의해 조금씩 잠식되면서 다시 정의되던 사적 공간에 구체적 형태와 의미를 부여했다.

그러나 오프라 윈프리의 쇼가 이런 소설과 뚜렷이 구분되는 이유는, 개인적 경험을 대중 앞에서 밝힘으로써 '토론', '논쟁', '고백' 혹은 '치유적 대화'로 바꿔가겠다고 천명한 것 때문이다. 또한 오프라의 쇼는 개인적 경험을 거론하며 무대에 올리는 순간에 그 경험을 수행하고 변화시킨다는 점에서 수행적 장르이기도 하다.

오프라의 쇼를 수행적 장르로 해석함으로써 우리는 의도성 혹은 지향성이라는 문제를 다시 만나게 된다. 어떤 의도가 주어질 때만 단어와 기호는 화용론적 효과를 갖기 때문이다. 어떤 배에 이름을 붙이거나 약속을 하거나 저주를 퍼붓는 행위는, 그 발화행위를 한 사람의 '의도'에 의해 이름이 붙여진 실체를 '창조'해낸다.

따라서 토크쇼의 의미는 어떤 의도의 수행이나 그 의도의 효과, 예컨대 '화해'나 '더 나은 사람이 되겠다는 약속' 등이라고 할 수 있다.

이런 입장은 의미가 지향한 결과를 만들어낸 의도라는 순진한 생각을 재확인해주는 듯하다. 즉 의미와 해석에 관련한 이론들이 정립되기 전(前) 단계로 되돌아간 듯하다. 작가의 의도는 텍스트의 의미를 이해하는 데 불필요하다는 가정에서 문화연구라는 학문은 태어났다.

또한 텍스트의 형식, 텍스트를 생산해낸 사람의 의도, 텍스트의 수용은 구조적으로 서로 일치하지 않는다는 가정도 여기에 더해졌다. 실제로 문화연구의 과제는 이런 다양한 의미의 출처 사이에 존재하는 간극을 분석하는 것이다.

그러나 '오프라 윈프리 쇼'에 대한 다양한 반응이나 해석은 놀라울 정도의 일치와 안정성을 보인다. 대중언론의 기자들, 미디어를 전공한 학자들, 오프라 쇼의 시청자들과 게스트 그리고 오프라의 웹사이트를 방문하는 사람들 모두가 오프라의 '의도'―다양한 형태의 피해자들에게 말할 기회를 제공하고 그들에게 힘을 실어주려는 의도―를 적극적으로 이해하려는 자세를 취하고 있기 때문에 그들의 해석은 거의 엇비슷하다.

문화계의 각 분야에서 활동하는 사람들이 오프라의 의도를 기꺼이 받아들여 오프라의 쇼를 이해하는 기본 원칙으로 삼는 분명한 이유가 있다. 대중언론과 그녀의 토크쇼를 통해서, 오프라가 강력한 메타텍스트(meta-text)를 만들어냈기 때문이다.

여기에서 메타텍스트는 오프라의 행위를 끌어가는 세계관과 그녀의 의도에 대한 텍스트를 뜻한다. 따라서 메타텍스트는 많은 해석에 마침 표를 찍어질 수 있다. 달리 말하면 토크쇼의 해석을 위한 기본 틀을 제공해준다. 오프라는 아주 다양한 문화영역에 관계하고 있기 때문에 다채로운 테크놀로지와 관련자를 동원할 수 있었다.

또한 그녀의 재능과 관점 및 스타일을 문화계에 각인시킬 기회도 많았다. 그렇다고 해서 오프라가 목적 성취를 위해 모두를 이용했다거나, 토크쇼의 해석을 처음부터 끝까지 좌지우지한다는 뜻은 결코 아니다. 오히려 오프라 윈프리가 다양한 수단을 지배하는 막강한 힘을 지닌 덕분에, 그녀의 문화적 프로젝트를 해석할 틀을 관련자들에게 제공할 수 있다는 의미이다.

의미에 대한 요즘의 이론들이 생각하듯이, 오프라 토크쇼의 '의미'는 그렇게 모호하거나 불안정하지 않다. 오프라의 의도, 게스트들이 자신의 이야기를 털어놓으려는 동기, 시청자들이 그 이야기를 적극적으로 들어주려는 동기 사이에는 교차점이 있다. 다양한 관계자들이 다양한 가치관과 문화적 배경에서 그 이야기를 해석하겠지만, '자아에 힘을 심어주고', 고통받는 사람을 도와주겠다는 오프라의 의도로 형성된 공통된 틀 안에서 움직이고 있을 뿐이다.

이런 교차점을 찾아낼 때 우리는 오프라의 의도와 관계자들의 수용 자세를 하나로 잇고, 오프라의 텍스트만큼이나 복잡한 텍스트까지도 '가장 굵은 점'—이 텍스트가 어디에서 어떻게 미국 문화의 중추신경에 연결되는가를 말해줄 수 있는 최적의 점—을 통해 어렵지 않게 파고들 수 있다.

이 점을 통해 들어갈 때, 우리는 오프라 윈프리의 토크쇼를 미국 문화에서 빼놓을 수 없는 가치관, 상징성, 이상, 환상, 두려움 등의 공연

장으로 만들어가는 '밀집된' 의미를 더 잘 찾아낼 수 있을 것이다.

그런데 이런 전략은 근본적인 결함을 지닌 듯하다. 즉, 후기구조주의와 포스트모더니즘 이후로 우리가 문화의 분석에서 당연하게 여겨온 의미의 다원성을 부정한다는 점이다. 실제로 동일한 텍스트가 다양한 방향에서 해석될 수 있고 실제로 해석된다는 주장이나 하나의 텍스트가 다양한 목소리를 담고 있어 한 행위자의 일관되고 한결같은 행위의 산물이라는 주장을 합리적으로 논증하기란 거의 불가능하다.

때문에 여기에서 나는 "작가의 의도가 상대적으로 명백히 반영되는 텍스트가 있고, 그런 의도는 공통된 기준틀 내에서 다양한 해석을 제약할 수 있다"고 소박하게 주장해보려 한다. '오프라 윈프리 쇼'가 좌충우돌하듯 이질적이고 다양한 주제를 다루고 다양한 해석을 내놓지만, 그 뒤에는 하나의 기본적인 계획과 의도가 감춰져 있다.

그녀의 문화적 행위를 해석할 때 우리가 출발점으로 삼아야 할 곳은 바로 그 의도이다. 이렇게 할 때 우리는 문화분석을 어렵게 만드는 문제, 즉 '자의적인 결합관계'라는 문제를 상쇄하고, 문화분석가의 자의적인 결정을 벗어나서 텍스트와 사회 사이의 관계를 보여주는 유용한 교차점을 찾아낼 수 있으리라 믿는다.

그렇다고 내가 의도와 수용이 항상 반드시 부분적으로라도 일치해야 한다고 주장하는 것은 아니다. 그러나 문화의 교환에는 인지된 의도에 대한 암묵적인 이해와 반응이 있어야 하고, 오프라와 같은 문화행위자가 막강한 힘과 수단을 행사할 때에는 그녀의 의도가 분명한 기준틀을 만들어낼 가능성이 높기 때문에 이런 틀 내에서 그녀의 계획이 해석되어야 한다고 것이 내 생각이다.

하지만 '의도'를 재도입한다고 문제될 것은 거의 없다. 우리는 생산의 정황과 분리된 텍스트를 다루지는 않을 것이고, 다채로운 문화행위에서 작가의 입장에서 행동하는 강력한 문화 인물을 중심으로 한 텍스트를 다룰 것이기 때문이다.

더구나 다른 텍스트에 비해서 오프라의 텍스트는 무척이나 쌍방향적이다. 끊임없이 텍스트의 의도를 교환하고, 그 의도에 대한 시청자들의 해석까지 받아들이며 반응하는 형식을 띠기 때문이다.

제작자와 참여자, 그리고 시청자가 갖는 다양한 의미행위가 교차하는 점들을 풀어가기 위해서 나는 각기 다른 텍스트 분야에 속하는 네 가지 자료군을 사용했다.

첫째는 오프라 윈프리가 천명한 의도로, 그녀가 언론과 인터뷰하면서 그녀의 토크쇼에 공개적으로 부여한 의미이다.

둘째는 게스트가 토크쇼에 출연해 신상 이야기를 털어놓기로 한 동기로, 그 동기는 그 이야기의 주제에서 추론가능하다.

셋째는 토크쇼에 대한 시청자들의 반응으로, 방송이나 오프라 윈프리의 웹사이트에서 확인할 수 있다.

넷째는 대중언론의 기자부터 권위 있는 문화평론가에 이르기까지 이른바 문화전문가들의 토크쇼에 대한 반응이다.

나는 이 네 곳에서 발견할 수 있는 의미의 차이보다, 네 종류의 텍스트가 어떻게 시너지 효과를 일으키고 어떻게 공통된 해석의 틀 안에서 기능하는가에 초점에 맞추었다.

나는 '고통받는 자아' 라는 주제가 오프라의 미로 같은 텍스트에 들어가기 위한 입구인 하나의 '굵은 점' 이라 생각한다. 고통은 실제로 분명한 문화적 틀로서, 이 틀 안에서 문화전문가들은 오프라 윈프리의 의도를 해석한다. 게다가 이 주제는 토크쇼의 형식이기도 하기 때문에, 토크쇼에 기꺼이 참여하기로 결정한 게스트들의 동기를 설명하는 근거가 될 수 있다.

끝으로 이 주제는 오프라의 토크쇼와 이런 토크쇼를 탄생시킨 사회적 조건을 가장 설득력 있게 이어주는 끈이기도 하다. 달리 말하면, '고통'은 오프라와 게스트 사이의 관계, 즉 오프라가 게스트들에게 말을 건네는 스타일, 그리고 이런 스타일과 현대 미국 사회와의 관계를 가장 잘 설명해준다.

어떤 텍스트를 사용하는 의도와 스타일 및 동기가 체계화되는 명백한 틀을 설명할 수 있는 해석방법이 있다면, 그 방법은 철저하기도 하겠지만 더 포괄적이고 액면적인 타당성을 가질 것이기 때문에 우리는 당연히 그 방법을 신뢰해야 할 것이다.

오프라의 토크쇼를 제작하는 사람들의 의도에 즉각적으로 추론되는 명백한 의미는 이러저러한 이유로 곤경을 겪는 불행한 사람들에게 푸념할 기회를 주고, 그들을 비롯해 많은 사람이 불행을 겪는 이유를 속시원히 말할 기회를 주는 것이다. 얄궂게도 오프라 윈프리 북클럽에서 소개한 덕분인지 베스트셀러가 된 한 소설의 주인공도 오프라 쇼를 언급하고 있다.

나는 생각에 골똘히 잠겨 공항의 바에 앉아 있었다. 비행기 시간을 잊지 않으려고 애썼지만 텔레비전 토크쇼에 몰입되는 실수를 범하고 말았다. 그 토크쇼의 사회자는 서너 여자와 인터뷰하면서 그녀들을 말기 에이즈 환자라고 부르는 듯했다.

그들은 인터뷰를 하는 내내 울고 한탄하며 주먹으로 눈물을 훔쳤다. 꼭 끼는 로라 애슐리 드레스를 입은 그들은 텔레비전을 위해 편집된 신상 이야기를 하염없이 털어놓았다.

이 소설 《평범한 날에는 무엇이 미친 것처럼 보이는가》(*What Looks*

Like Crazy On an Ordinary Day)》의 여주인공은 '오프라 윈프리 쇼'가 이해되는 기준틀을 정확히 포착한 듯하다. '울고 한탄하다'는 오프라의 쇼가 주로 다루는 주제이다. 다른 문화평론가들도 이런 해석에 대체로 동의하는 편이다. 예컨대 바바라 에렌라이히(Barbara Ehrenreich)는 "대체로 토크쇼가 주로 다루는 주제는 가난과, 그 가난이 인간의 영혼에 가하는 폐해이다"고 말했다.

한편 『타임』은 오프라를 다룬 한 기사에서, "그 프로그램은 인간의 불행에서도 기묘한 구석을 가진 사건들에 초점을 맞춤으로써 큰 반향을 일으켰다"고 평가했다. '오프라 윈프리 쇼'를 비롯해 토크쇼를 연구하는 학자들이 고통이란 두드러진 주제에 주목하면서도 고통을 체계적으로 연구하지 않는다는 점은 무척 당혹스럽다. 고통이 피해자 문화, 즉 피해자가 특별한 지위를 누리는 문화의 징후로 폄훼되기 때문인 듯하다.

법학자 앨런 더쇼비츠(Alan Dershowitz)는 이런 입장을 강력하게 표명하며, "낮 시간대에는 텔레비전 채널을 어디로 돌리더라도 훌쩍이는 여인이나 실패한 삶을 변명하는 남자를 보게 마련"이라고 주장했다.

아프트(Apt)와 제쓸트(Seezsold)도 비슷한 맥락에서 '오프라 윈프리 쇼'를 포함해서 토크쇼가 고통을 주로 다루는 것은 분명하면서도 '불쾌할' 지경이다. 그들의 주장에 따르면, 관음증과 상업적 이용도 문제이지만 우리에게 가해자를 피해자로 착각하게 만들어 토크쇼가 무책임의 윤리를 조장한다는 점도 큰 문제이다.

비슷한 관점에서 예술평론가 로버트 휴스(Robert Hughes)는 "토크쇼는 고백문화, 즉 '고통의 민주주의'가 팽배한 문화에서 가장 두드러진 징후일 뿐이다. 모두가 부자이고 유명할 수는 없다. 하지만 모두가 고통을 겪는다. 토크쇼의 세계는 감정, 폭로, 무절제, 숙청의 세계이기 때문에 말까지도 놀라게 만든다"고 말했다.

휴스의 관점은 감상적인 연민을 혐오하는 지식인의 시각에 바탕을 둔 것이다. 지식인이 오프라 윈프리 쇼에서 고통이 다루어지는 것에 진지한 관심을 쏟지 않는 이유가 바로 이런 혐오에 있는 듯하다.

따라서 평론가들은 고통과 피해자를 동등한 위치에 놓으면서 오프라가 고통받는 자아에 관심을 기울이는 것에 찬사를 보내지만 이 주제를 진지하게 다루지는 않았다. 고백과 자책은 공공의 소비재로 부적절하지만, 고백과 자책이 사람들을 사로잡는 이유는 설명되어야 마땅하다. 고통이 오프라의 전기와 토크쇼 및 페르소나에서 빼놓을 수 없는 요소라는 점을 감안한다면 그 이유가 지금껏 제대로 간과되었다는 사실은 놀랍기만 할 뿐이다. 『뉴스위크』의 한 기자는 오프라의 문화행위를 다룬 기사에서 다음과 같이 지적했다.

> 오프라의 새 잡지는 그녀의 삶에서 새로운 이정표라 할 수 있다. 그녀는 어린 시절에 당한 성폭행부터 체중과 벌인 최근의 싸움까지 개인적 고통을 공적 페르소나의 일부로 삼아왔다. 1980년대에 방영된 텔레비전 토크쇼에서 오프라는 자신에게 집착하는 사람들을 다루었고, 그들에게 개인적인 비극을 고백해도 괜찮다는 기분을 안겨주었다.
> 게다가 1988년 저칼로리 다이어트로 체중을 현격하게 줄인 후에 실망스럽게도 다시 살이 쪘다는 자신의 실패담을 공개하면서 오프라는 실패가 꼭 부끄러워해야 할 일을 아니라고 세상에 알렸다.

위의 기사에서 '비극'과 '실패'를 뻔질나게 반복해 사용하는 오프라의 행태에 대한 기자의 경멸이 읽혀지지만, 오프라가 자신의 전기를 만들어가기 위해서 어떤 수법을 주로 사용했는지에 대해서도 알 수 있다.

실패와 고통은 그녀의 신상 이야기에서 빼놓을 수 없는 필수 요소이다. 오프라가 청중과 대화하는 주된 상징적 도구인 셈이다.

1990년대 중반에 엘레인 래핑(Elaine Rapping)은 회복운동에 관련한 연구에서 비슷한 논조로, 오프라 윈프리와 제랄도 리베라(Geraldo Rivera)가 "성폭행의 피해자, 수난자, 가해자로서 과거의 경험을 널리 알리고 그들의 토크쇼에서 빈번하게 언급하는 두 사람"이기 때문에 가장 인기 있는 텔레비전 토크쇼 사회라고 결론지었다.

따라서 고통에 유난히 집착하는 이유를 이해할 때, 오프라 윈프리가 현재 미국 사회에서 가장 중요한 이야깃거리 중 하나인 정체성의 문제를 주제로 삼는 이유까지 밝힐 수 있으리라 믿는다.

고통받는 사람들의 공통적 코드

다양한 분야에서 활동하는 전문가와 학자가 제기하는 문제점들이 '오프라 윈프리 쇼'에 대한 이야기에서 많은 몫을 차지한다. 이혼전문 변호사, 심리학자, 결혼 컨설턴트, 사회운동가, 의사, 판사, 영양학자는 이혼, 성폭행, 자기파괴, 신경성 식욕부진증, 치명적 질병 등과 같은 문제를 다룰 만한 권위를 지닌 사회적 인물들이다.

따라서 오프라 윈프리가 공들여 꾸민 프로그램은 사회적 고통의 '정상적인' 할당과 분배를 뒤집어서 평범한 이야기로 풀어낸다. 달리 말하면, 전문가들의 진료실이나 사무실에서는 흔히 들을 수 있지만 그들의 전문영역에 속하는 문제가 텔레비전 화면까지 침범한 것이다.

그러나 전문용어가 남발되거나 직업적인 시술까지 행해지는 것은 아니다. 이런 문제들이 텔레비전이란 작은 공간에서 '신상 이야기'로 전해진다. 전문가들의 합리적이고 규격화된 전문적 언어로 고통을 보여주는 대신에, '오프라 윈프리 쇼'는 특정한 이야기들의 다양한 면을 보여주는 데 그친다. 물론 그 이야기들은 정상적인 경우라면 전문가의 조언과 진료가 필요한 사례들이다.

이런 이야기들로 다루어진 주제를 대략 살펴보면 다음과 같이 분류될 수 있다.

실패한 자아: 여기에서는 사람들이 무능하지도 않은데 행복, 정신 건강, 자아실현 등을 이룩하지 못하는 이유를 다루었다.

이런 사례를 다룬 토크쇼 에피소드의 제목으로는 '나는 거의 굶어죽을 뻔했다', '너무 못생긴 것 같아 외출할 수가 없어요', '멈출 수가 없어요', '식욕부진증, 그 이후', '남성의 섭식장애', '여성이 범하는 열가지 바보 같은 짓', '당신은 당신이 생각하는 그런 사람이 아니랍니다' 등이 있었다.

폭행당한 자아: 이 주제에서는 타인의 무관심이나 폭행으로 사람들이 어떻게 건강을 해치고 행복을 상실하는지를 다루었다.

예로는 '왜 성폭행으로 발전하는가?', '아이들을 위한 오프라의 경고 -어린아이의 눈을 통해본 가정폭력', '아이들을 위한 경고 -소아성애증', '여성을 성폭행하는 운동선수들', '그녀는 딸을 죽이고 싶었다?', '임신기간 동안 성폭행당한 여인들', '교도소 강간 스캔들', '범죄로 흔들리는 삶', '해결되지 않은 범죄들', '가해자와 피해자 사이의 대결',

'내 아내가 강간당했습니다', '가해자와 결혼한 여인들', '가족 내의 성폭행', '강간범과 그 처리법' 등이 있었다.

파경에 이른 관계: 여기에서는 가까운 관계가 깨지거나 위협받으면서 비롯되는 갈등과 어려움이 다루어졌다.

예로는 '유명한 깨진 약속', '여성이 남자에게 버림받는 이유', '존 그레이의 재결합', '아이의 양도', '교도소로 간 가출부모', '남편을 기억하지 못하는 신부', '용서할 수 없을 때 어떻게 용서할 수 있을까?', '옛 남편에서 벗어나지 못하는 여인들', '전통적 결혼개념에서 벗어나지 못하는 사람들', '아이를 안아주기가 두려운가요?', '악마에게 영혼을 판 사람들', '십대의 딸 때문에 미치겠어요', '깨진 약혼', '당신 가족을 정말로 알고 있습니까?', '부부 사이의 문제', '가족의 재결합', '이혼한 부부의 아이들', '이중의 삶을 사는 남편들', '아버지가 없는 가정' 등이 있었다.

막다른 운명에서 비롯되는 불행: 이 주제에서는 타인의 악의가 아니라 상황적으로 불가피하게 닥친 불행이 다루어졌다.

예로는 '치명적인 질병들', '1995년 연민의 날', '에이즈를 위한 연민의 날', '연민의 날' 등이 있었다.

사회문제: 이 주제로 다루어진 에피소드로는 '사회사업가 –유죄인가?', '아이들을 위한 오프라의 경고 –아이와 총', '사회복지제도의 허

와 실', '10대의 미혼모', '인종편견', '매춘부의 삶', '알코올중독에 걸린 어른 아이들' 등이 있었다.

고전자유주의는 피해자를 '노동자계급', '여성', '소수민족' 등 제한된 범위 내에서 분류하지만 '오프라 윈프리 쇼'는 처음부터 문자 그대로 피해자의 범위를 완전히 열어두었다. 따라서 누구나 피해자의 행렬에 가담할 수 있었다.

그러나 자주 지적되듯이 '오프라 윈프리 쇼'를 비롯해서 대부분의 토크쇼가 사회적 낙오자에 유난히 관심을 보이기 때문에 텔레비전에 실제로 출연하는 사람만이 피해자인 것은 아니다.

토크쇼가 지향하는 정신세계와 가치관이 분명히 중산층을 겨냥하고 있지만 토크쇼에 비친 사람들은 성공한 중산층, 혹은 '옹골찬' 중산층을 뒤집어놓은 사람들이다.

실제로 토크쇼에 출연하는 사람들은 대부분 여성, 소수민족, 젊은이, 그리고 정상에서 벗어난 사람들이다. 바바라 에렌라이히가 지적하듯이, 투자 은행가들이 '롤론다'에 출연해 입씨름을 벌인다거나 '가브리엘'의 사회자가 흐느껴 우는 교수에게 적절한 치유법을 권하는 장면을 본다는 것은 꿈에서나 가능한 일이다.

거의 예외 없이 토크쇼의 게스트들은 이동주택 주차구역이나 빈민 아파트에서, 썰렁한 길이나 비좁은 방에서 데려온 사람들이다. 그들의 이야기를 한참 듣고 있어보라. 그럼 납부하지 못한 청구서, 사회복지제도, 12시간의 노동, 주야근무에 대한 이야기를 듣게 될 것이다.

맞는 말이다. 하지만 부분적으로만 맞는 말이다. 간혹 청구서와 장시간의 노동에 대한 이야기가 언급되는 것은 사실이지만 대부분의 경우에 파경을 맞은 가족, 실연, 실패한 자아가 주로 언급된다. 이런 이야기들이 미납된 청구서와 관련 있을 수는 있지만 그런 청구서와 동일시될 수는 없다.

'오프라 윈프리 쇼'에 출연한 게스트들의 발언을 분석할 때 나는 '게스트들이 자기가 이해하지 못할 뿐 아니라 통제조차 하지 못할 말을 한다'는 반대를 위한 반대에서 탈피하려 애썼다.

대신 나는 게스트들을 혼자 힘으로 선택하고 자신의 삶을 평가할 능력을 지닌 '인격체'로 보았다.

철학자 찰스 테일러의 정의에 따르면, 그런 인격체는 자아와 자신의 삶을 의식하는 행위자, 자신의 삶을 평가할 수 있고 자신의 삶을 위해 올바른 선택을 할 수 있는 행위자를 가리킨다. 사고나 불행을 겪어 이런 능력을 상실한 사람까지도 이런 잠재력을 지닌 종(種)에 속한다고 이해되어야 마땅하다.

따라서 나는 게스트들의 발언을 분석하면서 게스트들이 그런 평가를 할 수 있고 그렇게 평가한 이유까지 제시할 능력을 갖춘 행위자로 해석했다.

이런 접근법은 게스트가 능동적으로 사용하는 도덕적 틀과 문화적 성향에 관심을 둔다는 점에서, 미디어 연구에서 흔히 사용되는 이데올로기나 담론의 분석과 다르다. 토크쇼의 형식이 게스트들의 발언을 제약하기는 하지만 그들의 도덕적 의지와 평가가 토크쇼의 형식에 영향을 미치기도 한다.

따라서 나는 다음과 같은 의문을 제기해보려고 한다. 게스트가 토크쇼에 출연해서 말하는 경험에 담긴 뜻을 이해하기 위해서, 오프라와 게스트들이 동원하는 문화적 코드와 문화적 수단은 무엇인가? 그들의 이야기가 흥미롭게 들리고 공적 발언으로 적합한 이유는 무엇인가?

'실패'라는 질병을 이겨내는 힘

　라디오와 텔레비전 사회자는 뉴스, 토크쇼 등 그 프로그램이 갖는 독특한 담론을 체계화하고 표준화시키는 데 필요한 언어적 관습을 사용한다. 따라서 오프라 윈프리가 자신의 쇼에 대해 언급하는 말들은 신상 이야기, 게스트, 전문가 그리고 그들 사이의 담론적 관계를 미리 설정하는 제도적 관습의 결과일 수 있다.

　토크쇼가 시작되기 전과 토크쇼가 진행되는 동안에 관례화된 주된 담론적 관습은 스토리텔링, 특히 자전적 스토리텔링에서 볼 수 있는 관습이다. 이런 스토리텔링은 폭행당한 자아나 불행과 같은 핵심 주제를 중심으로 전개되고, 그 주제는 각 구성요소를 적절히 배열해서 총체적인 의미를 만들어내는 다양한 이야기 틀 안에서 구조화된다.

　'틀짜기(framing)'는 어떤 이야기의 주제가 갖는 특별한 사회적 의미를 청중에게 부여하는 문화적 도구이다. 예컨대 근친상간에 대한 이야기는 여성에게 피해를 주는 사회적 문제로 틀이 짜이고, 가족 사이의 폭력에 대한 이야기 혹은 친자식을 성폭행의 피해자로 선택한 충동의 심리적 원인분석도 마찬가지이다.

　게다가 틀짜기는 이야기에서 끌어내야 하는 감정을 억제한다. 예컨대 생존을 위한 이야기로 틀이 짜인 근친상간 이야기는 대체로 연민을 불러일으키지만, 사회적 문제로 틀이 짜이면 분노를 끌어낸다. 이런 관점에서 나는 '오프라 윈프리 쇼'에서 소개되는 이야기들의 이야기 구조가 문화적 주제와 감정을 청중에게 어떻게 전달하는지 살펴보려 한다.

　전기적 이야기는 삶에서 '의미 있는 사건'들을 선별해서 연결시키고, 그렇게 함으로써 그 삶에 의미와 방향성과 목적의식을 부여한다. 자전적 담론을 연구하는 학자들의 주장에 따르면, 이야기가 우리의 자기이해를 구체화시킬 뿐 아니라 타인과 상호작용하는 방법까지 구체화시킨다. 실제로 우리가 우리 삶을 이해해서 그 삶을 타인에게 전달하는 방법은 어떤 이야기의 형식을 선택하느냐에 따라 달라진다.

우리 삶에 대한 이야기가 갖는 형식은 희극, 비극, 로맨스, 풍자 등일 수 있다. 어떤 경우이든 우리는 그 이야기가 말로 표현될 때 알게 된다. 이야기의 줄거리는 그 구조에 함축되어 있다.

폴 리쾨르는 여기에 '자아의 줄거리 구성'이라는 이름을 붙였다. 즉, 보편적 주제를 담은 이야기 틀 안에, 한 사람이 겪은 여러 사건을 통합시킨 것이다. 자아의 이야기는 집단의 이야기와 가치관으로 발전하고, 집단의 이야기는 개인적 이야기에 사회적으로 중요한 의미를 부여한다. 개인의 이야기가 '문화적 핵심 시나리오'와 연계될 때, 그 시나리오는 개인의 이야기에 집단의 보편가치를 부여한다. 문화적 핵심 시나리오는 "사회적 행위에 의미와 진정성을 부여하는 구조적 가치"와 연결된다.

그럼 오프라 윈프리가 요구해서 만들어가는 신상 이야기들의 구조는 어떤 걸까?

이 이야기들은 더 광범위한 문화 이야기와 관계가 있을 뿐 아니라, 삶과 인물과 체험에 접근하는 데 적극적으로 활용되는 도구이기도 하다. 또한 이 이야기들은 다양한 문화적 코드가 잔뜩 들어 있는 보물창고로, 오프라와 게스트들은 이를 근거로 그들의 경험을 이야기하고 또 이야기한다.

요컨대 오프라에 의해서, 오프라를 위해서, 오프라와 더불어 행해지는 이야기들은 자아를 무대에 올려서 자아를 보여주기 위한 상징적 도구들이다. 그러나 이 이야기들은 자아가 위기와 혼돈에 대항해서, 의미 있는 자아를 추구하는 데 도움을 주기도 한다.

　먼저 "토크쇼의 게스트와 시청자, 그리고 웹사이트의 방문자가 누군가의 삶에 대한 이야기가 텔레비전을 통해 방송될 정도로 '가치' 있는 것이라 느끼게 하기 위해서, 그 삶의 이야기에서 어떤 사건이 있어야 하는가? 또, 이 이야기들은 우리 문화의 핵심 시나리오를 어떤 식으로 가리켜야 하는가?"라는 간단한 질문을 바탕으로 자전적 담론의 패턴을 찾아보기로 하자.

　오프라 윈프리의 이야기는 도덕적 규범이나 법적 규범, 혹은 성실한 자아와 관련된 규범의 위반으로 시작된다. '오프라 윈프리 쇼'에서 소개되는 이야기들은 관련된 도덕규범들, 예컨대 이야기의 주된 관심사가 당사자들에게 일어나게 될 사건에 있는 이야기 코드에서 별로 어렵지 않게 이해된다. 따라서 들을 만한 가치가 있는 이야기로 느껴진다. 딸에게 배신당한 어머니, 더 구체적으로 말하면 어머니의 남자친구와 오랫동안 관계를 가진 딸을 둔 어머니를 예로 들어보자.

오프라: 아주 흥미로운 문제로군요. 당신은 가장 믿었던 사람에게 배신을 당했습니다. 당신 친구였든 남편이었든 간에, 그 사람이 당신 남자와 잠자리를 함께 했으니 끔찍한 배신이 아닐 수 없습니다. 역시 당신이 누군지도 모르겠다고 말한 것도 흥미롭습니다. 당신이 진실이라고 과거에 믿었던 것이 이제는 진실이 아니니까요. 그 이유가 당신이 우리에게 말한 건가요, 페이?

페이: 예.

오프라: 그래서 당신이 믿을 수 있었던 사람을 더 이상 믿을 수 없게 되어서, 당신조차 더 이상 믿지 못하겠다는 거군요.

페이: 내 자신을 믿기도 겁나요. 내 판단을 믿기도 겁나고요.

오프라: 음….

페이: 아직도 이해가 되지 않거든요.

오프라: 뭣 때문이라고요?

페이: 마치 어제 일처럼 아직도 가슴이 아파요. 지금도 상처로 남아 있거든요.
당신이라도 그 상처를 쉽게 치료할 수는 없을 거예요. 심장을 꺼내서 치료할
수는 없잖아요.

이 프로그램의 끝 부분에서 다른 게스트는 '고통을 떨쳐내기가' 어려
운 이유를 설명하며, "너무나 큰 고통이었습니다. 너무 깊은 상처였습
니다. 당신이라도 그 고통을 떨쳐낼 수 없을 겁니다" 하고 말했다.

이런 이야기는 소급구조를 갖는다. 즉, 현재의 자아가 과거의 사건에
대해 간직한 관계에 대한 이야기이다. 여기에서 과거의 사건은 도덕률
의 위반과 감정적 관계이다. 줄거리의 구조가 향후에 일어날 사건을 예
측하는 미래지향적 구조가 아니다. 오히려 과거와 현재 사이를 왕래하
는 과거지향적 구조이다.

따라서 이 이야기는 탐색 이야기(quest narrative)의 구조를 갖지 않는
다. 탐색 이야기는 주인공들이 아직 갖지 못한 것을 찾아나서는 구조를
갖는다. 그것이 사랑이든 세속적 성공이든 살인자의 이름이든 상관할
바는 아니다.

하지만 여기에서 인용한 이야기는 딸과 어머니를 맺어주는 의무에
관련된 도덕률의 위반, 그리고 이야기하는 사람의 자아를 위협하는 위
반에 대한 이야기이다. 따라서 이 이야기에서는 두 가지 주제가 뒤엉켜
있다. 하나는 도덕적이고 규범적 코드(딸이 어머니의 남자친구와 성관계
를 가졌다)이고, 다른 하나는 치유적 코드(이 사건이 어머니의 심리적 건강
을 위협한다)이다.

규범적 행위에 속한 것과 자아에 관련된 것이 뒤엉키는 형식은 '오프

라 윈프리 쇼'에서 소개되는 이야기들의 차별적 특징이다. 도덕적 코드, 즉 도덕률이 우리를 타자와 결속시키는 규범과 의무를 가리킨다면 치유적 코드는 한 사람의 신상 이야기가 '건강한' 심리 모델과 어떤 면에서 다르고 어떤 면에서 일치하는가를 판단하는 기준이다.

예컨대 딸과 어머니의 관계를 규제하는 도덕률 때문에, 또한 섹스 파트너의 그런 교환을 금지하는 규범 때문에 딸의 배신은 '이야깃거리'가 될 수 있다. 그러나 이 이야기가 오프라 윈프리의 이야기까지 된 이유는 사뭇 다르다. 도덕률이 위반이 있으면서 자아가 그 자체로 문젯거리로 발전하며 또 하나의 이야기가 된 때문이나(어머니는 딸을 용서하지도 않고 행복하지도 못하다).

따라서 규범의 위반으로 자아가 타인이나 자신에 의해 상처받게 될 때, 도덕률은 치유적 코드를 만들어낸다. 오프라 윈프리는 자아가 그런 상처에서 벗어나 회복될 수 있느냐는 의문을 제기하며, 이런 이야기의 소급구조를 미래지향적 구조로 전환시키려 애쓴다.

치유적 코드는 이야기의 구조를 활짝 열어 그 사람에 어떤 일이 닥쳤고, 그 사람이 건전한 방법으로 처신했는가라는 질문을 시청자에게 던진다. 예를 들어보자.

오늘의 첫 게스트는 25세의 여자입니다. 그녀의 말에 따르면 남자친구가 먹고 살기에는 점잖지 못한 직업이라 생각한 것 때문에, 촉망받던 모델 일을 포기했습니다. 그후 3년 동안 그녀는 남자친구와 동거하면서, 남자친구가 거의 1시간마다 걸어오는 전화를 받아주는 일 이외에는 아무 일도 하지 않았습니다.

남자친구를 즐겁게 해줄 일이라면 어떤 짓이라도 했습니다. 남자친구에게 모든 것을 바친 까닭에 가족과 친구까지 잃었습니다. 그런데 남자친구가 그녀를 의심하기 시작했습니다. 개와 산책하는 것조차 의심하게 되었습니다. 남자친구는 낮에도 몰래 집을 들어와, 공원을 산책하는 그녀를 망원경으로 감시했습니다. 자, 페기 윌킨스를 소개합니다.

페기 윌킨스의 이야기는 여러 방향에서 틀짜기가 가능하다. 헌신적 사랑과 자기희생의 표본이라고 칭찬할 수도 있고, 소유욕에 가득 찬 폭력적 남성 문화의 사례로도 해석이 가능하다. 혹은 성적 쾌락이 소유당하고픈 마조히즘적 욕망과 상대의 의지를 무시하는 사디즘적 욕망이 뒤엉킨 흥미로운 이야기로도 볼 수 있다.

그러나 이 이야기는 이런 식으로 틀짜기가 되지 않았다. 오히려 자유로운 시민의식에서 요구되는 자아, 달리 말하면 평등과 친밀함을 자율권과 결합시키는 능력으로 이해되는 '건전함'을 성취할 수 있는 자아의 관점에서 이 이야기는 접근되었다.

오프라는 친밀한 관계에서도 자유와 자율과 존엄 등과 같은 규범을 지켜야 한다는 가정하에서 이 여인의 이야기에 접근했다. 이 이야기는 도덕적이면서 치유적인 가정에 바탕을 두고 있기 때문에 가치를 갖는다.

남자와 여자는 평등하고 모든 사회적 합의는 인간의 존엄성을 우선적으로 지켜야 한다는 관점에서 예측이 가능하기에 도덕적 가정이고, 광의로 해석되는 건전한 자아의 범주 내에 포함되기 때문에 치유적 가정이다.

도덕률의 위반이 자아와 자아의 건전성을 위협한다는 보편적 생각 때문에 커닝엄과 윌킨스의 이야기는 우리에게 의미를 갖는다. 자긍심, 감정의 교환, 자기이익의 보호는 침범받을 때 치유적 이야기, 즉 자기절제와 행복을 이루어낼 수 없는 자아에 대한 이야기를 자극하는 요인들이다.

치유적 이야기는 자아에게 중요한 것만이 아니라 자아에게 문젯거리인 것도 만들어내는 데 사용된다. 치유적 이야기가 자아의 전기적 이야기를 구체화시키는 방법 중 하나는 자아의 잘못된 형성과 관계된 심리적 고통에 '이름'을 붙이는 방법이다. 예를 들어보자.

오프라: 우리의 진정한 의도는 대다수의 사람이 스스로를 즐겨야 할 때 망설이며 움츠리는 이유를 찾아내는 것입니다. 예컨대 멋진 찻잔에 차를 마지막으로 마신 때가 언제입니까? 그러니까 우리가 좋은 그릇이나 물선을 사용하는 데 망설여야 할 이유가 뭐냐는 겁니다.

이 날의 토크쇼가 끝날 즈음에 많은 사람이 가구를 지나칠 정도로 아끼는 여러 방법을 살펴본 후, 오프라는 전문가의 입을 빌려 다음과 같은 조언을 남겼다.

오프라: 당신은 매일 열정을 갖고 사시나요? 이틀마다, 아니면 1주일에 이틀 정도 열정을 갖고 사시나요? 그러니까 즐거움을 만끽하며 살고 싶은데 당신의 그런 마음을 망설이게 하는 두려움을 과감히 떨쳐내고 살아가느냐는 겁니다. 가령 멋진 소파에 앉으면 소파가 망가질까 걱정할 수도 있잖습니까?
미즈 린(열정 전문가): 그렇죠. 멋진 드레스가 있는데도 입기가 망설여질 때가 많을 겁니다. 지금은 그런 옷을 입을 자격이 없다고 자기에게 말하는 셈이죠.
오프라: 그렇군요.
미즈 린: 하지만 그런 옷을 입어보십시오. 아이들과 저녁식사를 하려고 외출할 때도 그런 옷을 입어보십시오. 그럼 당신의 내면에게 "그래, 난 이런 옷을 입을 자격이 있어. 나도 예쁘게 보일 자격이 있다고. 내 자신에 대해서 기분 좋

게 느껴볼 자격이 있다고"라 말하는 게 됩니다.

　위의 예에서 예쁜 옷을 입느냐 마느냐 하는 사소한 문제가 '치유적 전기 이야기'로 틀짜기되는 더 큰 이야기로 발전하는 동기가 되었다. 그 사소한 문제가 자아의 기능부진, 즉 자아를 그 자체로 문젯거리로 만들어버린 것으로 이름을 붙임으로써 그런 확대가 가능할 수 있었다.

　따라서 '일상의 삶에 속하는 주제'는 어떤 것이라도 기능부진으로 틀짜기가 되고, 자아가 인정하는 동시에 관리하고 극복해야 하는 곤경에 부딪히는 이야기로 전환되면 흥미로운 이야깃거리가 될 수 있는 듯하다. 그 결과로 거의 무한수에 가까운 이슈가 '문제', 즉 서사학자들이 '귀찮은 문제'라 부르는 것이 될 수 있다.

　따라서 치유적 이야기도 거의 무한대로 만들어낼 수 있다. 치유적 이야기가 각 분야의 전문가들에게 주어지면, 그들은 인과관계의 틀과 원인, 향후의 계획을 제시하면서 이 이야기 식 담론을 규격화하는 데 한 몫을 한다.

　달리 말하면 치유적 이야기의 코드는 어떤 문제라도 이야기의 출발점이 되게 할 수 있다. 물론 자아가 그 자체로 특별한 문제가 되어 기능부진의 특정한 형태를 전문적으로 다루는 '전문가'를 동원할 구실이 되는 이야기에서 출발점 역할을 한다는 뜻이다. 요컨대 특정한 형태의 담론, 즉 치유적 이야기는 제도적이고 조직적이며 전문적인 수단들을 요구하는 동시에 동원한다.

　치유적 전기가 어떻게 '고통'에 초점을 맞추게 되는가는 어렵지 않게 알아낼 수 있다. 고통은 이야기의 중심 '매듭'이고, 이야기의 동기가 되는 것이며, 이야기가 전개되어 의미를 갖도록 도와준다. 이런 관계를 설명하기 위해서 다음의 예를 들어보자.

오프라: 스코트를 만나봅시다. 그의 아버지인 키트에 대한 걱정과 사랑 때문에 이 자리에 출연했습니다. 키트는 자기 지역에서는 꽤나 알려진 변호사입니다. 아내와도 무척 원만하게 지냈지만 몇 년 전에 30년 동안의 결혼생활을 청산하고 별거에 들어갔으며, 몇 개월 전에는 완전히 합의이혼하고 말았습니다. 스코트는 아버지를 상당히 걱정하고 있습니다. 아버지가 어머니를 잊지 못하고 있답니다. 그러니 어찌 미래의 행복을 계획할 수 있겠냐는 겁니다. 키트의 여자친구인 폴린도 이 자리에 출연해주었습니다. 몇 년 전부터 키트의 여자친구지만, 키트가 전 부인을 잊지 못해서 그들의 관계마저 원만하지 못하다고 하는군요. (방청석을 가리키며) 기드, 당신도 전 부인을 잊지 못해 괴롭지 않나요?

키트가 흥미로운 게스트로 여겨지는 이유는 무엇일까? 그는 성공한 사람이고 부자이기도 하다. 그가 '고통' 받는 유일한 이유는 이혼이란 흔하디흔한 일 때문이다. 그러나 그는 실패한 자아이기 때문에 토크쇼의 게스트로 안성맞춤이다. 치유적 코드에서 그의 이야기는 행복의 '거부', 요컨대 실패를 자초하는 이야기라 할 수 있다.

이 남자의 삶에서 평범한 부분이 실패한 삶이고 불행을 자초한 것이란 점이 시청자에게는 흥미롭게 느껴진다. 달리 말하면, 자아와 의지가 건강하지 못하다는 뜻이다. 따라서 치유적 스토리텔링은 본래 에두른 이야기인 편이다.

즉, 어떤 이야기를 하는 것은 병든 자아에 대한 이야기를 하는 것으로, 이 경우에서는 아들이 아버지의 이야기를 이런 식으로 꾸몄다. 미셸 푸코(Michel Foucault)가 《성의 역사(History of Sexuality)》에서 지적했듯이, 자아의 배려는 건강이란 의학적 비유에 사용될 때 교정과 변화가 필요한 '병든' 자아의 관점에 힘을 실어준다.

전기적 이야기의 치유적 틀짜기도 자아에 대해 이야기할 때 비슷하게 자아의 '질병'에 초점을 맞춘다. 이런 전제가 '오프라 윈프리 쇼'의 중추를 이루며, 오프라의 쇼를 만들어간다. 실패가 의지의 질병에서 비롯되는 결과라면 스스로 자초한 결과이다.

그런데 실패가 스스로 자초하는 것이라면 피할 수도 있는 것이므로 오프라 쇼의 존재와 그 쇼를 지탱해주는 치유적 기능의 존재 자체를 합리화시키고 존속시키는 역할까지 한다. 실제로, 치유적 이야기가 특히 흥미로운 점은 자아에 대한 이야기가 곧바로 '살아있는 이야기', 즉 자신의 문제를 이해하고 분석해서 극복하는 과정에 대한 이야기가 된다는 사실이다.

이런 전기적 이야기의 한 구성요소인 치유적 코드는 두 문화 영역, 즉 규범적이고 윤리적인 문화와 과학적이고 전문화된 문화 사이에 끼어든다. 심리상태에 대한 담론이 건강과 질병을 구분 짓고 정상과 일탈을 구분하면서 의학과 법의 담론을 기초로 삼았던 때, 치유적 이야기는 현대인 정체성을 분석할 때 중요한 이야기로 여겨졌다.

푸코가 1974년~1975년 콜레주 드 프랑스의 강연에서 밝혔듯이, 미치광이와 무도(無道)한 사람과 정상에서 벗어난 사람을 억압하는 합법적 도구로 '건강'이란 동인이 이용되었다. 그 결과로 '건강'이란 치유적 개념은 '평균' 시민에 대한 규범적 정의에서, 그리고 질병과 정상에 대한 의학적 담론에서 자연스레 도출된다.

따라서 '심리학적으로 건강한 사람'은 공공의 영역과 가정이란 사적인 공간 모두에서 '자율'이나 '자기결정', '자제'가 보편화된 자유로운, 사회의 유능한 구성원이란 뜻이다. 치유적 코드에서, 사적 공간에서의 자유와 평등과 존엄성을 자진해서 포기한다는 것은 '건강'을 포기한다는 뜻, 결국 자유로운 사회에서 유능한 구성원으로서의 위치를 포기한다는 뜻이므로 '이야깃거리'가 된다.

이런 전기적 이야기들은 '공정함', '정의로움', '인격체의 자율성' 등과 같은 규범에, 그리고 건강이란 의학적 모델에 바탕을 두고 있기 때문에, 오프라 윈프리는 시청자들에게 두 방향의 시청을 요구하는 듯하다. 달리 말하면, 시청자가 그녀의 토크쇼를 정상과 감동, 담론과 전기, 일반성과 개별성이란 이중적 관점에서 읽어주기를 바라는 듯하다.

이야기는 듣는 사람에게 특정한 주제나 문화의 흐름을 말해줄 뿐 아니라, 그 흐름에 특정한 감정이 배어 있다는 사실을 증명해주기도 한다. 반면에 그 감정은 기이츠가 '분위기' 혹은 '느낌'이라 칭한 것을 이야기에 안겨준다.

어떤 발화행위가 의미 있는 행위가 되려면 이야기는 듣는 사람에게 특별한 감정을 끌어내는 문화적 코드를 동원해야 한다. 따라서 이야기는 구조와 감정적 분위기를 동시에 가져야 한다. 이야기가 행해지는 이유는 듣는 사람에게 영향력을 행사하기 위한 것이다.

더 구체적으로 말하면 듣는 사람을 설득하거나 감동시키거나 자극하기 위한 것이다. 이런 점에서, 이야기는 실질적 의도를 갖는다. 오프라 윈프리가 이야기를 활용하는 실질적 의도는 특별한 감정을 불러일으키기는 데 있다.

이야기분석은 지금까지 감정의 역동성에 충분한 관심을 기울이지 않았다. 이야기적 담론에 의해 생성되고 그 담론에 내포된 감정의 역동성은 듣는 사람과 말하는 사람, 즉 이야기를 받아들이는 사람과 이야기를 생산하는 사람 사이에 끈끈한 관계를 맺어준다.

대중문화가 감정에 호소하기 때문에 저속한 것이라 비난할 생각이 나에게는 조금도 없다. 오히려 감정 사회학의 풍부한 연구를 근거로, 즉 감정이 규범과 가치관과 상징성을 포함하는 동시에 가리키므로, 감정은 이야기에 담긴 도덕적 의미를 명확히 하는 데 도움을 줄 수 있다.

감정이 우리 자신과 다른 사람들에게 우리가 누구이고, 우리의 도덕적 책임이 무엇인지 표현하는 데 중요한 상징적 도구이므로, 오프라 윈프리 쇼에서 소개되는 이야기들의 감정은 그 이야기들에 담긴 도덕적 구조를 제공해줄 수 있다.

시청자는 이른바 '도덕적 감정이란 특별한 감정에 의해 특정한 전기적 이야기에 끌려들어간다. 도덕적 감정은 가치 있는 행위나 거꾸로 비난받아 마땅한 행위에 대한 일련의 가정을 통해서 이야기하는 사람과 듣는 사람을 감정적으로 이어준다.

오프라는 분노와 연민이란 감정을 가장 흔히 사용한다. 이 두 감정은 활성화될 때 사회적 관계를 정상화시키는 의무와 권리에 대한 규범들을 암묵적으로 가리킨다는 점에서 도덕적이다. 정의에 대한 집단의 규범이 무시되었다는 인식이 분노를 불러일으킨다면 연민은 윤리적 규범이 무시된 탓에 고통받는 사람을 향해 주어진다.

따라서 이야기 형식은 게스트의 감정을 표현하면서 그의 감정을 구체화시키고, 시청자에게 특별한 감정을 불어넣기 위해서 수사적 도구를 사용한다.

슬픔은 어떻게 단련되는가

자아가 외부적 상황에 의해 속수무책으로 당한 피해자로 소개될 때 시청자는 분노하고 분개한다. 오프라 윈프리가 우리에게 도덕적 분노를 불러일으키기 위해서 이야기의 틀을 어떻게 짜는지 예를 들어보자.

권총과 어린이를 다룬 토크쇼에서는 "장난감 총알은 네 가지 소비자 안전기준을 통과해야 한다. 그러나 권총에 대한 소비자 안전기준은 없다"는 자막이 텔레비전 화면에 흘렀다. 이런 이야기는 범죄 행위처럼 도덕적 감정인 분노를 불러일으킨다. 세상에서 누구나 인정하는 도덕률이 더럽혀졌다는 느낌에서 불거지는 분노이다.

또한 이런 분노는 주로 타인을 대신해서 행해지는 감정이다. 한편 우리 자신이 그런 피해자가 되면 분노(indignation)가 화(anger)로 나타난다. 분노에는 연민이 포함될 수 있다. 그러나 연민은 고통받는 사람을 향한 감정이고 분노는 고통에 의해서, 혹은 도덕률을 위반했다는 사실만으로도 폭발할 수 있다.

따라서 X가 실제로 어떤 피해를 입지 않아도 Y가 X를 상처주려 시도했다는 사실만으로도 우리는 분노할 수 있다. 매스미디어는 분노를 공론화시키는 데 반해서 오프라 윈프리는 가족 관계의 범위 내에서 도덕적 분노를 주로 다룬다. 예를 들어보자.

오프라: 요즘에는 우리 쇼에 출연해서 이런 문제를 말해줄 사람을 섭외하기가 정말, 정말 어렵습니다. 이 문제는 남자들의 비밀클럽과도 같습니다. 운동선수는 우리나라에서 동경의 대상입니다. 그래서 우리는 그들을 영웅처럼 생각합니다. 실제로 영웅으로 대접받아야 마땅한 선수들도 적지 않습니다. 게다가 그들은 우리에게 섹스 심벌이고 역할 모델이기도 합니다. 하지만 그들이 인간관계에서 비행을 저질러도 모두가 침묵해버립니다. 최근 들어서는 1주일이 멀다 하고 운동선수가 여자를 폭행하거나 강간한 죄목으로 기소당했다는 소식이 들려옵니다.

오프라는 그녀의 토크쇼를 사회와 제도적 기관의 침묵과 뚜렷이 비교한다. 따라서 오프라는 이런 이야기들을 비난한다. 공공의 토론장이 탄생한 이후로 이런 식의 비난은 거의 관례화되었다.

비난은 이중적 성격을 띤다. 하나는 행위 자체의 비난이고, 다른 하나는 그 행위에 대한 침묵을 비난하는 것이다. 비난하는 사람과 듣는 사람들이 공통된 도덕적 가정을 가질 때에만 이런 종류의 발화가 가능할 수 있다.

> **오프라**: 그는 아내 펠리시아를 구타하고 목을 졸랐습니다. 일곱 살 난 아들이 911에 전화를 걸어 도움을 청했습니다.
>
> **제프리 문**(워렌 문의 아들): 아빠가 엄마를 때리고 있어요, 빨리 와주세요.
>
> **신원 미상의 911 직원**: 알았다, 곧 가마.
>
> **워렌 문**: 내가 큰 실수를 했습니다. 전적으로 내 책임입니다.
>
> **오프라**: 그러나 워렌 문은 무죄방면을 받았습니다.

여기에서 오프라 윈프리는 네 가지 비난을 동시에 행할 수 있다. 그 비난은 1) 특정 가족의 특별한 이야기, 2) 운동선수의 폭행에 대한 침묵, 3) 여자에 대한 남자의 학대, 4) 이런 유형의 폭력에 대한 사회와 제도권의 무관심을 설명하는 '메타이야기(meta-story)'에 관련된 것이다. 따라서 이런 비난은 특별한 것과 일반적인 것, 규범적인 것과 감정적인 것, 공적인 토론과 개인적 불행의 확인 등을 뒤섞는 특징을 보인다.

페미니스트 학자 사라 러디크(Sara Ruddick)의 표현을 빌리면, 가정사를 비난할 수 있는 대상의 범주에 포함시킴으로써 오프라는 "재분배와는 거의 관계가 없는" 공정성의 문제를 가족이란 공간에서 끌어내려 한다고 말할 수 있다.

달리 말하면, 오프라가 면밀히 조사해서 비난하는 가족은 이제 '사사로운' 안식처가 아니라는 뜻이다. 요즘의 가정은 공공의 장을 지배하는 규범과 절차가 지배하고 만들어낸 '미세한 공공의 공간'으로 변해가고 있다. 상호성, 평등, 자율이 가족을 평가하는 척도가 되었다.

한 개인의 곤경과 일반적인 규범이 이렇게 뒤엉키면서 분노를 공공의 감정으로 승화시킨다. 볼테르와 졸라는 바로 이런 식으로 '사건(affaire)'을 만들어냈다. 여기에서 '사건'은 집단의 규범과 이익을 지키기 위해서 특정한 개인(볼테르는 칼라스, 졸라는 드레퓌스)을 옹호하는 데 초점이 맞춰진 공공의 분노를 가리킨다.

그러나 선봉석인 공공의 장에서 '사건'은 정치의 장을 비롯해 다양한 공공 영역에서 반향을 일으키지만 오프라의 사례들은 다른 영역이나 미디어에 영향을 미치지 못한다. 그녀의 비난은 공적인 성격을 띠지만 그 이야기를 사적인 공간에 한정시키는 메커니즘을 통해서 게스트들의 개인적인 삶, 스튜디오, 텔레비전 시청자, 웹사이트 방문자의 개인적 삶에나 영향을 미칠 뿐이다.

분노의 유발은 연민의 노골적인 요구와 곧잘 뒤섞인다. 꼭 연민은 아니어도, 규범의 위반했다는 이유보다 특정한 사람과 그의 불행에 관심을 가지면서 유발되는 도덕적 감정을 노골적으로 요구한다.

연민은 그리스도교 식으로 말하면 형제애에 가깝다. 그러나 그리스도교인의 '아가페(agape)'는 악당과 성자, 부자와 빈자에게 차별 없이 주어지는 사랑인 반면에 연민은 도덕적으로 차별화된 감정이다.

따라서 정상적인 경우에는 악한이 아니면서 고통받는 사람에게만 주어진다. 분노는 피해자와 가해자들 뚜렷이 구분하지만 연민의 대상은 언제나 부당하게 고통당한 사람이다. 연민을 불러일으키는 가장 대표적인 유형의 이야기에는 잔혹한 증오심이 거의 필수조건이다.

오프라: 리사 브라이언트는 고등학교를 졸업할 때까지만 해도 가장 촉망받는 학생이었습니다. 리사는 치어리더의 반장이었고, 학급 부회장이기도 했습니다.

브라이언트 대령: 항상 더 나은 삶을 살려고 노력하고 생각하는 기특한 아이기도 했습니다.

브라이언트 부인: 내가 50회 생일을 맞았을 때 리사는 프린스턴에서 달려와 내게 50송이의 장미를 안겨주기도 했습니다. 이제 그런 선물을 더 이상 받지 못하겠지요.

오프라: 리사는 프린스턴을 우등생으로 졸업했고 하버드 법학 대학원에 입학할 예정이었습니다.

브라이언트 부인: 그래요, 우리 딸은 뭐든지 마음먹으면 해냈습니다.

오프라: 하지만 프린스턴을 졸업하고 한 달 후 리사는 그만 살해당하고 말았습니다. 그 남자, 군에서 훈장까지 받은 그 남자는 리사를 살해한 죄로 지금 교도소에 있습니다.

오프라 윈프리는 피해자의 장점을 부각시키는 식으로 이야기의 틀을 짜서, 범죄의 피해자를 대신해서 분노를 끌어내는 동시에 피해자 부모를 향한 연민까지 끌어낸다. 특히 피해자가 칭찬받을 만한 삶을 살았을 때에는 우리는 더욱 분노하고 안타깝게 생각하기 때문에 이런 식의 틀 짜기는 효과를 갖는다.

그런 불행은 부당하기 때문에 더더욱 비극적으로 여겨진다. 따라서 이런 이야기들이 갖는 감정적인 힘은 우리의 도덕적 풍토에서 비롯된다. 정치 철학자 주디스 슈클라(Judith Shklar)가 잔혹함에 대한 혐오증이라 이름 붙였던 것으로, 그녀는 이런 혐오감이 자유주의 제도의 초석이라 주장했다.

　연민이 중요한 역할을 하는 또 하나의 이야기 구조는 비극과 유사하다. 연민이 증오심 자체와는 크게 관계가 없고, 삶을 파괴한 초인적인 힘에 더 큰 관심을 둔다는 점에서 그렇다. 비극의 구조가 그렇듯이, 이런 이야기는 주인공이 어찌해볼 수 없는 힘과 맞서는 모습을 적나라하게 보여준다. 예를 들어보자.

오프라: 다음 게스트는 노숙자가 되리라고는 꿈에 생각지 않았던 사람입니다. 한때 그는 로스엔젤레스에서 가장 부유한 지역에서 살았습니다. 하지만 어느 날 무일푼이 되어 해변의 방파제에서 노숙하며 살아가고 있습니다. 브라이언 주코르는 월급으로 1만 5,000달러를 받던 성공한 건축가였습니다. 그런 세계가 한순간에 끝나리라고는 생각지도 않았습니다. 그는 졸지에 부자에서 가난뱅이로 전락하고 말았습니다.

　브라이언 주코르의 이야기를 '부자에서 가난뱅이로 전락한 사람의 이야기'로 틀을 짜고, 갑작스런 파산에 이야기의 초점을 맞춤으로써 오프라는 이 남자의 이야기를 비극으로 설정하며 연민과 공감을 끌어낸다. 이 이야기에서 오프라가 강조하는 것은 누구도 운명을 마음대로 조절할 수 없다는 것이다. 요컨대 누구도 거역할 수 없는 비극적 숙명이다.

오프라: 할리우드의 동화 이야기처럼 시작하는 이야기입니다. 잘 생긴 배우, 폴 마이클 글레이저는 '스타스키와 허치'로 인기를 얻었고, 학교 선생이던 엘리자베스 메이어는 수줍은 미소로 그의 마음을 얻었습니다. 둘은 결혼해서 아리엘과 제이크를 낳았습니다. 하지만 아리엘이 네 살이 되었을 때 갑자기 원인 모를 병에 걸리면서 동화 같은 이야기는 비극으로 치닫기 시작했습니다. 엘리자베스가 병원에서 에이즈에 감염된 피를 수혈받은 까닭에 두 아이

에게 그 비극의 씨앗을 전해준 것으로 밝혀졌습니다.

요컨대 이 이야기는 '인간의 운명과 도덕적 가치 사이에는 어떤 상관 관계도 없다'는 잔혹한 현실을 보여주고 있다.

문화사에서 이런 이야기 구조는 구약성서에 등장하는 욥의 이야기와 매우 흡사하다. 욥은 한때 행복했을 뿐 아니라 언제나 흠 없이 반듯하게 살아가지만 거듭해서 불행을 겪는다. 아내와 자식들이 죽고, 온 재산을 잃는다. 게다가 병까지 걸린다.

욥의 이야기에서 눈에 띄는 부분은 행운의 반전이다. 욥이 언제나 반듯하게 살아가기 때문에 이런 반전은 더더욱 이해하기 힘들고 인정하기 어렵다. 이런 점에서는 오프라도 비슷하다. 오프라는 게스트들이 반듯하고 훌륭하게 살았다는 점을 역설하면서 그런 이야기 속에 담긴 도덕적 모순을 강조한다. 그들의 이야기는 조지 스타이너(George Steiner)가 정의한 비극의 구조를 갖는다.

비극적 이야기에서는 이성, 질서, 정의의 세계가 지극히 제한된다. 과학이 눈부시게 발달해도 그 세계까지 확대시키지는 못한다. 여기에 악의적인 신, 덧없는 운명, 지옥의 저주, 인간의 동물적 본능의 야수적 격분 등 어떤 이름을 붙여도 좋다. 하여간 그런 것이 교차로에서 몸을 감추고 우리를 호시탐탐 노린다. 우리를 조롱하며 파멸로 몰아간다.

따라서 연민은 운명의 덧없음을 향한 것이기도 하지만, "미덕과 장점은 합당한 보상을 받아야 한다"는 우리 도덕적 세계의 전제를 향한 것이기도 하다. 앞에서 언급한 '에이즈의 비극으로 치달은 동화 이야기'를 예로 들어보자.

오프라: 최악의 상황은 어떤 것이었나요?

글레이저: 글쎄요, 최악은 우리가 지금 겪고 있는 상황일 겁니다. 그 질병과 싸우고 있습니다. 어린아이들에게는 의학적으로 어떤 현상이 일어나는지 확인하면서 말입니다. 치료법을 기대하지만, 조만간 치료법이 발명되지 않는다면 죽음을 기다릴 수밖에요. 너무나 힘듭니다. 언젠가 내 아내는 이렇게 말했습니다. 대부분의 부모는 자식을 대학에 보낼 계획을 짜지만 우리는 장례식을 준비해야 한다고요.

여주인공의 불행이 '달콤하게' 느껴져서 여주인공이 누구보다 정숙한 사람처럼 그려졌던 18세기 문학과 달리, 이 이야기에서는 고통이 부드럽지도 달콤하지도 않다. 교양 있고 세련되며 자상한 자아를 그리는 대신에 이 이야기는 평범한 도덕적 기준들의 붕괴를 실증적으로 보여주는 아픈 경험을 보여준다.

이런 이야기들을 반복적으로 소개해서 연민을 불러일으키는 기법을 문화평론가들은 '동정심을 극대화시키려는 싸구려 전략'이라 해석해왔다. 그러나 내 생각은 그렇지 않다. 오프라가 '행운(luck)'의 도덕적 문제, 즉 비극이란 장르의 중심축을 이루고 철학자들만이 아니라 보통 사람들까지 곤혹스럽게 해온 문제를 보통 언어로 보여준 것이라 생각한다.

철학자 버너드 윌리엄스(Bernard Williams)는 이 문제를 "특별한 권리까지 누리는 사람이 있는 반면에 기본적인 행복조차 박탈당한 사람이 있는 이유는 고유한 능력이나 결함 때문이 아니라 그들이 어찌해볼 수 없는 상황 때문이다"는 사실을 깨달아야 하는 문제라고 정리했다.

덧없는 숙명의 강압에 성공과 출세의 가능성을 빼앗겼다는 이야기는 그리스 비극 이후로 서구 문명과 언제나 함께 해왔다. 그러나 이런 이야기는 현대적 제도의 진정성을 지탱해준다는 능력 중심의 사회와 자기절제를 향한 열망을 반박하고 조롱하는 듯하기 때문에, 우리는 이런 이야기에 마음을 빼앗긴다.

연민으로 기록한 삶의 보관소

오프라 쇼는 고통을 표출할 터전을 제공한다는 뚜렷한 목표를 갖고 있기 때문에 쇼의 게스트들은 '정신적 외상(trauma)을 가진 피해자'라는 현대인의 원형(原型)을 구체적으로 보여준다. 외상의 이야기는 가족 이야기, 잔혹성에 대한 혐오, 그리고 우리에게 방해받지 않고 발전할 기회를 주어야 한다는 도덕적 요구 등을 집약적으로 보여주기 때문에 고통받는 자아의 비극적 이야기를 가장 구체적으로 보여주는 듯하다.

정신적 외상의 이야기를 시작하기 전에 욥의 이야기를 잠깐 살펴보자. 욥의 이야기는 부당한 고통에서 비롯되는 도덕적 혼란에 대한 두 가지 해석을 극명하게 보여준다. 하나는 욥의 친구들의 해석으로, 욥이 어떤 이유에서 어떻게 운명의 노리개로 떨어졌는가를 설명해주는 숨겨진 합리성을 찾으려는 시도이다. 반면에 욥은 자신의 고통에 따른 도덕적이고 신학적인 혼돈에 숨겨진 의미를 부여하기를 거부한다.

그런데 오프라 윈프리는 혼돈을 접근하는 세 번째 방법, 즉 철저하게 현대적인 방법을 제시한다. 오프라의 주된 이야기 기법은 게스트의 삶이 재앙으로 빠져든 순간, 또한 게스트와 시청자들이 세상에 대해 갖는 존재론적 신뢰가 무너지는 순간을 게스트와 시청자 모두가 생생하게 절감하도록 만든 데 있다. 예컨대 오프라는 매직 존슨의 아내와 인터뷰할 때, 존슨이 후천성 면역결핍 바이러스(HIV)에 감염되었다는 사실을 알게 된 날을 주제로 삼았다.

존슨 부인: 그가 집에 들어왔는데 이상하다는 느낌이 들었어요. 내가 그 사람을 잘 알잖아요. 그의 얼굴만 보고도 뭔가 잘못되었다는 걸 눈치 챘지요. 하지만 그는 '별일 아니야, 난 괜찮아. 건강하다고' 라고 말하는 듯하더군요.

오프라: 그래서 존슨이 당신에게 사실을 말했을 때 당신은 어디에 있었나요? 앉아 있었나요, 서 있었나요?

존슨 부인: 에, 텔레비전이 있는 방에 앉아 있었어요.

오프라: 흠.

존슨 부인: 우리 집 텔레비전 방이에요.

오프라: 그때 어떤 생각이 들던가요?

존슨 부인: 아무런 생각이 없었어요.

오프라: 누군가 죽게 된다고 생각했나요?

존슨 부인: 예, 바로 그거예요. 내가 바로 그렇게 물었어요. '우리 식구에게 무슨 일이 생겼나요?' 라고 물었어요.

오프라: 우후!

존슨 부인: 그이는 '아니!' 라고 말했어요. 그리고 내게 자초지종을 말했죠. 그 말을 듣고 기절하는 줄 알았습니다.

오프라: 뭐라고 말했기에?

존슨 부인: '후천성 면역결핍 바이러스 검사가 양성으로 나왔다는군.'

오프라는 존슨 부인을 남편의 고백이 그녀의 삶을 완전히 뒤바꿔놓은 순간으로 끌어가려고 온갖 시도를 해본다. 이야기는 과거, 즉 한 사람의 삶이 갑자기 바뀌는 순간에 멈추면서, 현재 시청자들에게 한 비극이 그들의 눈앞에서 전개되는 기분에 휩싸이게한다.

과거와 현재를 중첩시킴으로써 '자아'가 이 이야기에서 주된 주인공이 된다. 정신적 외상에 관련한 이야기는 과거 사건을 이야기하는 동시에 그 과거를 현재에서 재연한다. 따라서 과거의 사건이 현재의 자아에게 전하는 이야기라 할 수 있다.

예를 들어 설명해보자. 노숙자로 전락한 중산층 사람을 다룬 토크쇼에서 오프라는 한 여인에게 물었다.

"정신적 고뇌에 대해 말씀해주겠어요. 당신을 다룬 비디오테이프에서, 당신이 지금껏 한 자원봉사를 기록한 공책을 살펴보는 장면이 있던데요. 아, 울고 있군요. 왜죠?"

여기에서도 오프라 윈프리는 이 게스트의 이야기를 함께 만들어가고 있다. 따라서 이 이야기에서 우리는 과거와 현재를 중첩시키고, 그녀가 과거에 중산층으로 살던 삶을 떠올리고 이제는 노숙자로 전락한 신세를 한탄하며 눈물짓는 모습을 볼 수 있다.

이 이야기는 한 사람의 삶과 자아가 두 부분으로 분열되는 과정을 재현하는 데 중점을 두기 때문에, 가난을 고발하는 정치 이야기의 구조보다는 정신적 외상을 다룬 이야기의 구조를 갖는다. 따라서 자아는 두 부분을 하나로 '봉합'하는 방법을 터득해간다.

제도적 기관이 개인에게 가한 물리적 피해를 주로 다루는 인권조직과 달리, '오프라 윈프리 쇼'는 심리적 상처를 이야기 형식으로 다룬다. 회복의 문화는 자아를 고통의 형식으로 이야기를 전개시키는 데 큰 역할을 해왔다. 정신적 외상을 다룬 이야기는 과거와 현재를 자기인식의 형식으로 결합시킴으로써 자아를 '중심'에 두는 정체성의 이야기라 할 수 있다. 실제로 정신적 외상은 현대인의 정체성에서 주된 화두이다.

이런 점에서 '오프라 윈프리 쇼'는 이른바 '기억의 기술(arts of

memory)'의 부분적 재현이다. 이언 해킹(Ian Hacking)에 따르면, 현대인은 기억의 기술을 통해 과거의 뿌리와 기원을 탐색하고 발견함으로써 자아를 규정하고 있기 때문이다. 나는 고통을 중심축으로 한 이야기, 즉 오프라가 자아의 이야기를 만들어가는 도구로서의 비유가 기억의 기술에서 핵심 역할을 한다고 덧붙이고 싶다.

오프라 윈프리 쇼에서 가장 이상적인 이야기는 앞에서 언급한 네 가지 중요한 문화적 요소를 결합시키고 있다.

1) 건강한 자아, 2) 분노라는 감정으로 틀짜기된 규범의 위반, 3) 불행이나 증오, 혹은 인간의 한계를 넘어서는 힘의 피해자(이 피해자에게 우리는 연민을 갖는다), 4) 정신적 외상이다.

따라서 이상적인 게스트는 이 네 가지 요소가 점철된 삶을 산 사람이다. 다음의 예에서 소개되는 여자는 미디어에서 자주 언급되고, 자신의 시련을 기록한 자서전을 썼으며, 전국에 방영된 다큐멘터리 프로그램의 주인공이기도 했다. 오프라는 이 여인을 다음과 같은 식으로 소개한다.

오프라: 아기 같은 여자, 트루디 체이스는 건강하게 태어났습니다. 하지만 그 행복은 오래가지 못했습니다. 두 살 때 의붓아버지에게 무지막지하게 강간을 당했고 그 이후로 그녀가 16세에 가출할 때까지 강간이 계속되었기 때문입니다. 하지만 그녀의 악몽은 거기서 끝나지 않았습니다. 생각하기도 끔찍한 성폭행을 당하고, 인간으로서는 도저히 상상조차 할 수 없는 성폭행을 당하면서 트루디 체이스는 인격분열 증상으로 보였고 그 고통을 견뎌야 했습니다. 지금까지 검사한 바에 따르면 트루디의 마음속에는 무려 92명의 다른 인격체가 살아가고 있습니다. 그녀는 그들을 '군대'라고 부릅니다. 지금 진짜 트루디는 어디에 있을까요? 트루디 체이스, 진짜 트루디 체이스는 상당 기간 동안 치

료를 받았고 거의 완치가 되었습니다. 트루디는 자신처럼 성폭행당한 여자들이 언젠가 이해할 수 있기를 바랍니다. 그들만이 성폭행을 당한 외로운 사람이 아닌 것을! 이런 현실을 알리려고 오늘 이 프로그램을 준비했습니다. 트루디는 이 책 《토끼가 울부짖을 때(*When Rabbit Howls*)》에서 자신의 이야기를 처음 밝혔습니다. 그리고 어젯밤에는 ABC가 트루디의 삶을 다룬 텔레비전용 영화의 1부를 전국에 방영했습니다. 투루디, 두 살 때 이 모든 일이 시작되었다고 했나요?

체이스: 예.

오프라: 흠….

체이스: 그 기억들을 되살리기가 무척 어려웠습니다. 우리(그녀의 군대)가 필립스 박사와 시작하기는 했지만 우리 각자는 별로 기억할 것이 없었습니다. 우리 중 일부는 깊고 깊은 곳까지 파고들었지만 아주 하찮은 조각만을 기억해냈을 뿐입니다.

대통령이나 유명한 영화배우가 출연한 경우처럼 트루디는 토크쇼의 시간 전체를 혼자서 독차지했다. 오프라는 이런 식으로 트루디의 특별한 사정을 부각시켰다. 보충 설명도 없었고 반박도 허용되지 않았다.

트루디의 이야기는 시청자의 모골을 송연하게 만들었고, 그녀의 고통은 모두의 눈시울을 뜨겁게 만들었다. 92번이나 성폭행당한 여자에게 누가 반론을 제기할 수 있었겠는가! 물론 토크쇼을 비난하는 사람들이 줄기차게 지적하듯이, 성폭행과 정신적 외상의 피해자가 전쟁 영웅처럼 '생존자' 역할을 자임하고 있어 우리 문화의 주인공이 되었다.

그런데 트루디가 이상적인 전형으로 여겨지는 이유는 그녀의 자아가 극단적으로 부서지고 파괴된 후에 과거의 잔해들로 재구성되었기 때문이다. 불사조처럼 그녀는 산산이 쪼개진 조각들을 다시 짜맞추어서 그런대로 정상적인 자아를 회복시켰다.

트루디를 향한 오프라의 연민은 그녀의 눈물에서 분명히 드러난다. 정신적 외상을 다룬 이야기가 문화적으로 갖는 특별한 점은 어떤 반박도 허용하지 않는다는 점이다. 1970년대 페미니스트와 심리치료 전문가의 영향으로 '정신적 외상'이란 개념이 성폭행을 당한 아동에게 적용되었다.

이 이야기는 우리 문화에서 가장 성역이라 할 수 있는 어린아이를 도덕률로 조심스레 억눌러온 사회적 현상인 섹스와 결부시키기 때문에, 성폭행당한 어린이의 정신적 외상을 다룬 이야기와 그 가속의 관계는 홀로코스트와 정치사의 관계에 비유된다. 달리 말하면, 피해자가 단지 거기에 있었고 그 과정에서 살아남았다는 이유만으로도 극악무도한 악은 피해자에게 특별한 지위를 부여한다.

누군가가 이런 식의 이야기로 자신의 삶을 설명한다면 그 이야기는 그의 삶 전체를 설명하는 완전한 이야기가 되면서 사회에게 전폭적인 인정을 요구한다.

다른 예를 들어보자. 자서전과 자기계발서를 출간해서 베스트셀러 작가가 된 이얀라 밴전트(Iyanla Vanzant)는 오프라의 쇼에 출연해서 정신적 외상의 생존자와 엇비슷한 정체성과 이야기를 전했다. 그녀도 어린 시절 성폭행을 당했고 강간과 가정폭력을 겪었지만 그런 상황에서도 살아남아 '스타' 게스트가 되었던 것이다.

이 예에서 특히 흥미로운 점은 그녀의 신상 이야기가 약간의 표면적 차이가 있기는 하지만 오프라의 삶과 무척 유사하다는 사실이다. 그녀의 책《어제, 나는 울었다(Yesterday, I cried)》에서 밴전트는 할머니에게 당한 학대, 어린 시절의 성폭행, 가정폭력의 피해자, 두 번의 실패한 결혼, 네 아이의 출산, 이혼 등을 차례로 설명한 후에 대학을 졸업해서 변호사가 되고, 나중에는 자기계발서를 써서 베스트셀러 작가가 되는 과정을 자세히 설명했다.

트루디 체이스와 오프라 윈프리처럼, 이얀라 밴전트도 출판계와 오프라 윈프리 쇼에서 자신의 신상 이야기를 반복해서 사용했다. 특히 오프라 쇼의 단골 게스트가 되어 자신의 예를 반복해 소개함으로써 조언자, 전문가, 공동 사회자라는 지위까지 얻었고, 다른 게스트들에게 정신적 외상을 인정하고 극복하라고 가르쳤다.

오프라의 신상 이야기를 그대로 흉내 낸 듯이 밴전트는 자아가 공격받고 파괴되지만 회복되어 여러 미디어 산업에서 재활용되는 파란만장한 전기를 보여준다. 밴전트는 다른 토크쇼의 사회자가 되면서 그녀의 이야기는 약간 역설적으로 끝을 맺지만, 가족에게 학대받고 그 고통을 극복하는 이야기가 문화적 요구에 부응하는 동시에 문화적 요구를 창출하면서 재활용 가능한 상품으로 변해가는 과정을 잘 보여준 예라 할 수 있다. 또한 게스트와 사회자의 역할이 언제라도 바뀔 수 있다는 현실을 보여준 예이기도 하다.

따라서 '고통'은 정체성 이야기를 만들어가는 데 빠질 수 없는 요소이다. 전통적인 정치적 이야기를 대신해서 사회악을 집중적으로 다루는 정체성 이야기는 전기의 형태를 선호하고, 외적인 고통보다 내면의 고통, 즉 심리세계를 주로 조명한다. 예컨대 흑인 문제를 다루면서 오프라는 다음과 같이 말했다.

고통을 진정으로 인정하지 않는다면 뒤틀린 고통을 해결할 수도 없다. 고통은 당신 개인의 이야기나 상처와 다를 바가 없다. 그 상처를 치유하지 않는다면 피가 계속 흐르게 마련이다. 따라서 우리나라는 계속 피를 흘려대는 사람들의 나라가 되고 말 것이다.

여기에서 나는 많은 점을 지적하고 싶다. 무척 다채로운 이야기와 게스트가 소개되지만, 오프라의 토크쇼 뒤에는 분명한 문화적 스타일과 의도가 담겨 있다. 그 의도를 한마디로 요약한다면 '자아의 자존과 존엄이 훼손당한 전기를 폭로하고 치유하려는 욕구'라 할 수 있다.

'오프라 윈프리 쇼'는 말기에 이른 질병에서 다양한 신경질환과 아동의 정신적 외상, 그리고 이혼과 사별 등 삶을 좀먹는 슬픈 사연까지 파괴된 삶과 다양한 형태의 고통을 폭로해서 논의하는 공개토론장을 제공한다는 점에서 강력한 영향력을 지닌 문화의 한 형태이다.

게다가 이런 스타일은 개인의 심리세계가 겪은 파란만장한 역사와 그에 따른 감정적 부분들, 예컨대 자긍심의 상실, 두려움, 질투 등을 숨김없이 밝히는 전기적 이야기를 통해서 자아를 조직적으로 만들어가는 스타일로 정의될 수 있다. 따라서 '오프라 윈프리 쇼'는 '실패한 삶'의 기록 보관소라 말할 수 있다.

끝으로 오프라 쇼는 독특한 구성 덕분에 게스트의 삶과 사회자의 삶이 닮은꼴로 보이게 만든다. 따라서 둘의 입장이 서로 바뀔 수 있으며, 그로 인해 고통이 다양한 사회적 현상에 쉽게 적용될 수 있는 전기적 구조로 맞춰진다(이 점에 대해서는 5장을 참조).

표면적으로 오프라는 예전엔 사회적이고 정치적인 문제로 여겨졌던 문제들을 심리적으로 해석해서 '정신적 외상'이나 '고통'이란 범주에 포함시키며 탈정치화시키는 문화적 추세를 대변하는 많은 사람들 중 한 명에 불과한 듯하다. 지진, 정치적 대학살, 아동 성범죄, 이혼, 테러, 강간 등 모든 것이 동일한 범주로 동일한 전기적 이야기에 속하는 것처럼 이야기된다.

'회복 문화(culture of recovery)'라는 개념이 최근 들어 수많은 평론을 양산해내고 있지만, 이 개념으로는 회복된 자아의 전기적 이야기가 갖는 사회학적 복합성을 제대로 설명할 수 없다. 이런 이야기는 자아에 대한 치유적이고 개별화된 담론, 시민사회에 만연된 다양한 형태의 비난(페미니즘이 가장 현저히 눈에 띄는 예다), 그리고 자아와 제도 사이의 관계에 대한 도덕적 가정을 모두 걸치고 있어 더욱 복잡하게 보인다. 따라서 회복을 다룬 전기적 이야기는 '동정의 정치(politics of pity)'의 곁가지라고 규정짓는 것이 더 타당한 듯하다.

뤽 볼탕스키(Luc Boltanski)는 《혁명에 대하여》에서, 한나 아렌트(Hannah Arendt)가 '동정의 정치'와 '정의의 정치'를 구분한다고 말했다. 동정의 정치에서 관심을 두는 것은 정의라는 추상적 규칙이나 제도가 아니라, 특정한 개인의 특이한 불행이다.

가난한 사람은 계량화될 수 있지만 고통받는 사람은 계량화될 수 없다. 또한 가난한 사람들은 '가난'이란 개념으로 범주화될 수 있지만 고통받는 사람의 고통은 범주화될 수 있는 것도 아니다. 고통받는 사람은 각각의 특이성을 갖는다.

요컨대 고통받는 사람과의 관계는 시선으로 맺어진다. 이런 점에서, 동정의 정치는 자아와 '낯선 사람' 사이에 관계를 맺어주기 때문에 애처로운 장면에 근거한 정치이다. 따라서 오프라는 18세기에 처음 등장한 동정의 정치를 그대로 유지하지만 동정의 정치에 치유적 담론을 결합시키는 특징을 보인다고 말할 수 있다.

'오프라 윈프리 쇼'는 아렌트의 동정의 정치를 보여주는 전형이지만, 두 가지 점에서 크게 다르다. 아렌트가 언급한 고통받는 사람은 지진이나 정치적 격변의 피해자인 반면에 오프라 쇼에서 다루는 고통은 잘못된 인간관계에서 비롯된 자아의 고통이다. 한편 전통적인 동정의 정치는 제도와 개인 사이의 관계에서 비롯되는 고통을 기록하는 데 주안점을 두지만, 오프라 윈프리는 자아를 유지하면서 타인과 원만한 관계를 누리기 어려운 현실에서 비롯되는 고통을 주로 다룬다.

게다가 전통적인 동정의 정치는 고통받는 사람과 그렇지 않은 사람을 뚜렷이 구분한다. 누군가를 동정한다는 것은 우리와는 직접적 관계가 없는 고통을 받기에 동정하는 것이다. 따라서 어떤 어머니가 죽은 아들을 동정하지 않는 이유는 그 비극에 그 어머니가 직접 관계된 것에 있다.

반면에 오프라는 고통받는 사람과 그렇지 않은 사람 사이의 간격을 최소화시키려고 애쓴다. 따라서 오프라가 해석하는 동정의 정치에서는 고통받는 사람과 그렇지 않은 사람이 언제라도 교제될 수 있다. 나는 정체성 이야기를 오프라 쇼에서 가장 영향력 있는 프로그램 중 하나인 '북클럽'을 중심으로 살펴보려 한다.

북클럽-오프라 현상의 또 다른 뿌리

1995년 오프라 윈프리는 북클럽을 시작했다. 그런데 북클럽은 오프라 쇼의 처음 목적에서 벗어난 듯이 보인다. 오프라 쇼가 그때까지 인기 위주의 프로그램으로 편성되었다면 북클럽은 토크쇼에 품위, 심지어 고상함까지 더해준 프로그램이었다.

그러나 북클럽이 오프라의 위상을 단순한 연예인에서 도덕적 연예인으로 탈바꿈시켜준 것은 부인할 수 없는 사실이지만 나는 다른 방향에서 생각하고 싶다. 즉, 북클럽에서 선택된 책의 대부분이 토크쇼의 기존 주제나 이야기 형식, 특히 고통받는 전기라는 주제를 확대하고 강조하는 역할을 했다고 생각한다.

북클럽은 이 주제를 더욱 두드러지게 드러내며, 오프라의 문화적 행위가 갖는 상·중·하의 연속성까지 구체적으로 보여준다. 요컨대 북클럽은 고통의 전기화를 위한 연장선이라 해석된다.

북클럽의 특징은 소설에 초점을 맞추고, 오프라가 한 달에 한 권씩 직접 선택한 책을 토론하는 자리에 저자와 독자를 초대한 점이다. 오프라 윈프리의 북클럽에 선택된 책은 베스트셀러가 보장되었다. 따라서 북클럽의 놀라운 성공을 감안할 때, 오프라의 선택이 현재 미국 사회에서 화두거리인 자아에 대한 중요한 담론을 제기했다고 가정할 수 있다. 오프라가 선택한 책들을 보면 고급과 저급이 무원칙하게 뒤섞인 잡탕처럼 보인다.

예컨대 토니 모리슨(Toni Morrison)이나 조이스 캐롤 오츠(Joyce Carol Oates)과 같은 정통 문학가, 고급 문학잡지에서 장문으로 거론되는 외국 작가들이 북클럽에서 소개되었다. 그러나 많은 문화사회학자들이 주장하듯이, 시장지향적 조직에서 일하는 사람들도 문화의 파수꾼으로 행동하지만, 그들의 문화적 취향을 표출하는 동시에 대중의 기대에 부응할 수 있는 문화적 도식을 사용한다.

표면적으로는 오프라 윈프리가 선택한 책들에서는 공통점이 찾아지지 않는다. 각 소설이 독특하고 차별적인 줄거리를 갖는다. 한 여자가 학대받는 결혼생활에서 탈출하는 과정, 직접 조종한 비행기의 추락으로 사망한 남편을 안타까워하는 여인, 한 사람이 정신분열증을 겪는 쌍둥이 형제의 몰락, 선천성 정신지체아를 둔 어머니의 시련, 익사한 여동생을 기억하며 살아가는 젊은 여인, 에이즈에 걸린 후에 타인을 돕는 데서 삶의 의미를 찾는 젊은 여인 등을 다룬 소설들이었다.

줄거리가 이처럼 다양하다고 해서 놀랄 것은 없다. 오프라는 북클럽의 참신함을 유지하고 시청자의 관심을 계속 유도하기 위해서 소설의 선택을 다각화했기 때문이다. 그러나 오프라 윈프리는 독특한 아비투스를 지녔고(6장 참조), 청중의 욕구와 취향에 부응하는 데 주안점을 두었기 때문에, 일정한 기준과 세계관에 따라 책을 선택했으리라 가정해도 큰 오류는 없을 듯하다.

실제로 그녀가 선택한 책들에서는 뚜렷한 반복이 찾아진다. 문학 평론가 힐리스 밀러(Hillis Miller)가 지적한 바에 따르면, "어떤 독자가 읽더라도 소설처럼 긴 작품은 반복되는 현상을 찾아내고 그 반복을 통해서 만들어지는 의미를 찾아내는" 식으로 해석된다. 이런 지적은 오프라의 북클럽에서 선택된 일련의 소설들에도 그대로 적용될 수 있다. 실제로 이 소설들은 의미를 만들어내고, 오프라의 선택에 영향을 미치는 '취향'과 아비투스를 보여준다. 구체적으로 말하면 여섯 가지 공통된 특징이 뚜렷이 드러난다.

첫째, 월리 램의 《나는 알고 있다, 이것만은 진실임을(*I Know This Much Is True*)》과 베른하르트 슐링크의 《책 읽어주는 남자(*The Reader*)》를 제외할 때 내가 이 연구를 위해 읽은 북클럽의 소설들에서 주인공은 한결같이 여자였다. 게다가 어떤 주인공도 특별한 능력을 지닌 사람이 아니다. 부자도 아니고 아름다운 외모를 지니지도 않았다. 상류계급에 속한 사람들도 아니다. 주인공들이 부지런히 일해서 마을의 유지들에게 인정받는다는 줄거리를 가진 소설도 궁극적으로는 이 가족의 도덕적이고 사회적인 몰락을 그린 소설이다.

모든 여주인공이 중산층이나 하층계급에 속하고 질병, 가난, 정신질환, 심리적 스트레스 등 만성적인 무력함에 고통받는다. 따라서 북클럽에 선정된 소설들의 등장인물은 곧 오프라의 청중이기도 하다.

둘째, 이 소설들은 결혼생활과 사랑을 주제한 전통적인 여성문학을 크게 비틀었다는 공통점도 갖는다. 부르주아의 장르로서 감상적인 소설은 가정생활과 사랑을 주로 다루었기 때문에 '여성적' 장르로 여겨져왔다. 오프라 북클럽에서 선정한 소설들은 소설의 '여성적' 성격을 띠지만 한 가지 점에서 크게 다르다. 줄거리가 사랑을 찾는 데 중점을 두지 않는다. 오히려 여자 주인공은 조밀한 사회적 관계망의 일원이고 거기에 충실하다. 또한 대부분의 여주인공은 기혼자이다. 따라서 소설의 줄거리는 가정에 충실한 여주인공의 복잡한 심경을 풀어가는 식으로 진행된다.

사랑 이야기가 부차적 줄거리인 소설(예컨대 자넷 피치의 《하얀 죽엽도(White Oleander)》와 안나 퀸들렌의 《흑과 청(Black and Blue)》)에서 사랑 이야기는 여주인공과 그 여주인공과 다른 여자들과의 관계를 중심으로 전개되는 주된 이야기의 곁가지에 불과하기 때문에 낭만적 사랑은 비본질적인 것이라 말할 수 있다.

소설들의 주인공은 주로 어머니, 누이, 딸, 아내로 등장한다. 전통적인 로맨스 소설처럼 누군가를 애틋하게 사랑하는 여자가 아니다. 우리는 이미 완성된 가족 내에서만 이런 여성을 만날 수 있을 뿐이다. 또한 가족 관계라는 조밀한 관계망에서 어머니, 아내, 딸 등이 갖는 역할과 감정을 통해서 여주인공들의 행태를 이해할 수 있을 뿐이다. 그들의 삶은 가정생활에 대한 자세한 묘사로 소개된다. 한 가지 예를 들어보자.

코린은 무척 재밌는 사람이었다. 텔레비전에 등장하는 어머니처럼 코린은 가족이나 친척들, 친구들, 때로는 방금 만난 사람에게도 자신에 대한 이야기를 했다. 가정주부, 미국의 보통 가정주부인 것을 너무나 좋아한다고, 아이들을 너무나 사랑한다고, 다림질과 같은 허드렛일을 진심으로 좋아한다고 말했다. 하지만 다림질을 하는 중에도 그녀는 전화벨 소리, 관심을 가져달라고 애교를 부리는 강아지와 고양이, 칭얼대는 아기, 바깥에서 들리는 소리에 정신을 팔았다. 다림질판에서 딴 곳에 정신을 팔면 옷이 타는 고약한 냄새가 코를 찔렀다.

"그래요, 우리집 진짜 주부는 내 딸이에요. 버튼은 정말 다림질을 좋아하거든요."

위의 인용문은 조이스 캐롤 오츠의 스타일을 고스란히 담고 있지만, 오프라 윈프리가 선택한 소설들의 대다수는 일상적인 가정에 여성을 위치시키고 그런 여성의 모습을 세밀하게 묘사하는 공통점을 보인다는 사실을 증명해주는 대표적인 예이기도 하다.

대부분의 소설에서 공통적으로 찾을 수 있는 세 번째 요소는 가족 내에서 여성이 갖는 위치와, 자식과 남편의 관계가 원만하지 않다는 점이다. 어떤 의미에서 이 소설들은 전통적인 로맨스 소설과 완전히 반대이다. 전통적인 로맨스 소설에서 여자는 사랑과 결혼을 추구하고, 그 역할이 아내나 어머니로 제한되기 때문이다.

오프라의 북클럽에 선정된 소설들에서 등장인물들은 가족이란 경계 내에서 움직인다. 이 소설들이 에리카 종이나 아드리엔 리치의 글쓰기와는 확실히 달라 본격적인 '페미니스트' 소설이라 할 수는 없지만 가족을 묘사하는 시각에서는 페미니스트 혁명에 영향을 받은 것이 틀림없다. 거의 모든 소설이 가족 내에서 여성의 역할과 위치, 더 나아가서는 가족의 역할에 문제를 제기하고 있다는 점에서 그렇다.

넷째, 대부분의 소설이 가족에 대한 성실성이란 틀에서 여성을 소개하고 있지만 여성의 모성은 흔히 혼돈에 빠지고 불확실하다. 예컨대 대다수의 여주인공이 전통적인 의무를 저버리는 어머니들이다.

예컨대 《산파들(Midwives)》에서 여주인공은 시도 때도 없이 일하고 장시간 일하면서 딸을 완전히 남편에게 맡겨두며, 급기야 자연분만을 하는 산모를 소홀히 다루어 기소까지 당하는 산파이다. 《대양의 저 끝 (*Deep End of the Ocean*)》에서는 고등학교 학급 모임에 어머니가 등한 시한 까닭에 아들이 유괴당한다. 아들이 유괴당한 후 어머니는 우울증 에 빠져 다른 두 자식까지 절망감에 빠뜨린다.

《호흡, 눈, 기억(*Breath, Eyes, Memory*)》은 딸을 할머니에게 맡기면서 야기되는 어머니와 딸 사이의 불화를 그린 소설이다. 《지구, 여기에서 (*Here on Earth*)》에서는 어머니가 폭력적인 정부(情夫)와 파괴적 관계에 빠져 딸을 아버지에게만 전적으로 맡겨버린다. 《하얀 죽엽도》에서는 정부에게 집착해서 딸의 욕구를 등한시하는 어머니가 주인공이다. 더 정확히 말하면, 옛 정부에게 복수하려고 그 정부를 살해한 후 어머니는 투옥된다. 그 때문에 딸은 여러 가정을 전전하며 파멸의 나락으로 떨어 진다.

《멀바니 가의 사람들(*We Were the Mulvaneys*)》은 어머니가 강간당한 딸에 대한 수치심에서 남편을 구하려고 딸을 먼 친척에서 보내면서 일 어나는 가족의 해체를 그린 소설이다. 반면에 《보석(*Jewel*)》과 《흑과 청》에서의 어머니는 정반대이다. 즉, 두 소설에서 어머니는 자식의 행 복을 위해서라면 어떤 희생이라도 달게 받아들인다. 따라서 두 여주인 공의 정체성은 그야말로 모성으로 집약된다. 요컨대 두 소설은 모성을 거의 신화로까지 확대시킨다.

다섯째, 이 소설들에서 여주인공들은 다른 여성들, 즉 자매, 어머니, 친구, 할머니 등과 무척 유사하다. 그렇다고 그들과의 관계가 항상 원 만한 것은 아니다. 게다가 거의 모든 소설에서 여주인공의 삶에서 가장 중요한 인물은 여자친구들이다.

따라서 여주인공은 여성 사이의 우정이라는 긴밀한 관계 속에서 살 아간다. 남자들도 매력적이거나 낭만적이지 않다. 힘이 강한 것도 아니다. 오히려 여자에게 폭력적이고 불성실하다. 고딕 장르와 로맨스 소설에서는 남자가 무관심하고 냉담하며 잔혹하더라도 결국에는 사랑하고 배려하는 사람으로 그려지지만, 북클럽 소설들에서는 여자의 비극에 소극적인 방관자로, 여자를 보호하고 책임지지 못하는 사람으로 그려진다.

또한 일단 잔혹하고 무관심한 가면을 쓰면 끝까지 그 가면을 벗지 않는다. 적어도 이 연구를 위해 읽은 소설들에서 이성(異性) 사이의 관계는 그다지 중요하지 않다. 남자가 폭력적이지 않으면 여자를 보호하고 책임지려 하지만 그렇게 하기에는 힘이 턱없이 부족하고 매력도 없다. 한마디로 남자는 주된 줄거리에서 종속변수에 불과하다.

남자가 이야기의 전개에 끼어들지 않고 여자의 행동에 영향을 주지 못하며 이야기의 주된 흐름에서 벗어나 있다는 점에서 남자의 배려는 소설 전체에서 아주 미미한 위치를 차지할 뿐이다. 남자는 뒤에 물러서서, 여자가 스스로 위기를 극복하는 것을 지켜볼 뿐이다.

달리 말하면 전통적인 감상소설이 갖는 두 가지 특징, 즉 '여자를 보호하기 위해서는 무엇이든 할 수 있는 강한 남자'와 '사랑에 빠지는 남자'의 모습이 오프라 북클럽의 소설에서는 전혀 보이지 않는다. 물론 여자가 남자에게 도움을 청하는 것도 아니다. 오히려 낸시 초도로우 (Nancy Chodorow)의 이론을 증명이라도 하듯이, 남자와 여자가 모두 여자에게 기대려 한다.

오프라가 선정한 첫 소설인 재클린 미차드의《대양의 저 끝》을 예로 들어보자. 이 소설에서 여주인공은 유괴당한 아들 때문에 심각한 위기를 겪지만 여자친구들의 도움으로 '구원'을 받는다. 역시 북클럽의 초기에 선정된《흑과 청》도 다를 바가 없다. 여주인공에게 삶의 의욕을 북돋워주고 다른 사람을 신뢰하면서 산산조각 난 정체성을 회복하는 데 도움을 준 것은 여자친구와 우정이다.

북클럽 소설들의 또 다른 특징은 여자들이 '뚜렷이' 사랑에 빠지는 경향이 없다는 점이다. 여주인공이 분열되어가는 과정에 있는 현재의 정체성을 대체할 다른 정체성을 추구한다는 것이 줄거리의 중심축이다. 주인공의 사회적이고 개인적인 정체성이 자연스레 이야기 속에 내재된 19세기 소설과 달리, 북클럽 소설에서 여주인공들은 분열되어가는 자아와 씨름한다.

이 소설들은 여주인공의 의식이 과거로 역류하고 과거의 단편들이 현재의 의식에 끼어드는 형식의 이야기 구조를 갖는다. 이런 회귀적 이야기는 과거의 단편들에서 일관된 자아를 형성하기 어렵다는 점을 지적하는 데 큰 역할을 한다. 극소수의 예외가 없지는 않지만, 모든 소설에서 주인공들, 특히 '여성은 다른 사람들에게서 어떤 영향을 받았고, 인간관계에서 자아를 어떻게 실현해야 하는가' 등에 대한 의문을 품는다.

여주인공이 성공과 사랑, 육체적 매력을 어떻게 완성하는가에 대한 법칙은 이 소설들에서 기대할 수 없다. 이 소설들은 '가족관계, 학대, 치명적 질병, 죽음, 정신지체, 신경쇠약, 가난, 인종차별, 고통, 상실 등과 같은 시련을 자아가 어떻게 대처해야 하는가'라는 문제를 주로 다룬다.

가장 눈에 띄는 특징은 기본적인 줄거리이다. 주인공은 상실감, 고통, 재난 그리고 뒤이어 닥치는 자아의 분열을 겪으며 살아가며 그런 삶에 담긴 뜻을 찾아간다. 더 정확히 말하면 일반적인 비극과 달리 이 소설들은 여주인공이 장래에 겪어야 할 섬뜩한 불행을 향해 조금씩 진행되는 구조가 아니다.

적어도 이 연구를 위해서 읽어본 북클럽의 소설들에서, '비극'은 처음부터 시작되거나 '내레이터'가 이미 알고 있는 것이다. 따라서 독자는 "다음엔 어떤 일이 일어날까?", "앞으로는 어떤 불행이 닥칠까?",

"여주인공의 선택이 궁극적으로 어떤 파국적 결과를 가져올까?" 등과 같은 의문에서 소설을 읽지 않는다.

오히려 파국적 결말은 언제나 첫 부분에 있다. 이런 식의 배치는 독자에게 "등장인물이 파국적 결말에 어떻게 대처할까?"라는 의문을 풀어가는 식으로 소설을 읽게 만든다.

이쯤에서 욥의 이야기와 비교해보는 것도 무척 흥미롭다. 욥의 이야기도 비슷한 이야기 구조를 갖기 때문이다. 즉, 재앙이 처음에 시작되어 악의 세력과 고통에 맞서 싸우는 주인공의 영혼을 중심으로 전개된다. 오프라의 소설들에서도 불행은 처음에 일어나며, 독자는 불행에 맞서 몸부림치는 여주인공의 내면세계를 지켜본다.

그러나 커다란 차이가 있다. 욥은 모든 것을 잃는다. 재산, 재물, 아내, 사랑하는 자식까지 잃는다. 그러나 욥의 이야기에서 시련은 일종의 시험이다. 즉 욥이 꿋꿋한 의지를 증명해보이기 위해서 반드시 거쳐야 할 시험대이다.

따라서 그의 고통은 감수할 수밖에 없는 수수께끼 같은 신학적 성격을 띤다. 욥의 이야기는 개인적인 불행에 대한 연민이나 동정을 이야기한 것이 아니라 욥의 영혼을 두고 다투는 우주의 세력들을 이야기한 것이다. 욥은 시련을 이겨내면서 다시 결혼하고 자식들을 다시 얻는다. 새로운 가족, 새로운 자녀, 새로운 양떼… 따라서 그의 상실은 결코 회복될 수 없는 것이 아니다. 오히려 정반대이다.

욥의 이야기에서 특히 흥미로운 부분은 욥이 신성모독, 즉 하느님을 부당한 존재이거나 아예 존재하지 않는 분이라고 비난하고픈 유혹을 이겨낼 것이냐는 것이다. 시련은 통과한다는 것은 결국 '변하는 것은 없다'는 뜻이다. 요컨대 욥은 여전히 똑같은 욥이라는 사실에서 욥의 승리는 더욱 부각된다. 욥은 새 아내와 새 자녀를 얻어 기뻐하는 모습으로 독자에게 그의 강인한 의지와 정의로운 처신을 증명해 보인다.

오프라 북클럽의 소설들과 '오프라 윈프리 쇼' 자체는 이런 점에서 완전히 다르다. 이 소설들에서 독자는 고통의 심리세계를 목격하고, 여주인공이 고통을 경험하면서 겪는 변화를 지켜본다.

욥의 이야기에서 고통은 심리학적으로 변화를 유도하는 기능이나 교육적인 기능을 갖지 않지만 북클럽의 소설들에서 고통은 감정적 동인으로 이 동인을 통해서 여성의 삶을 이야기로 풀어가며 정체성을 요구한다.

또한 욥의 이야기에서 고통은 자기발견에서 별다른 역할을 하지 않지만 북클럽의 소설들에서 고통은 진정한 자아의 추구에 대한 담론과 밀접한 관계를 갖는다. 여주인공들은 사랑이나 성공, 성의 해방을 목표로 하지 않는다. 여주인공들은 현 시대를 짓누르는 재앙들(에이즈, 가정폭력, 정신지체, 성폭행, 강간, 이혼, 배신 등)로 야기된 정체성의 위협이란 심각한 문제에 부딪혀 있고, 그 결과로 자아의 의미를 재점검해서 새로운 자아를 발견해간다.

이런 점에서, 약간의 예외가 있지만 이 소설들이 대부분 1인칭으로 쓰였다는 점에 주목할 필요가 있다. 오프라가 이야기의 주관적 서술을 선호한다는 사실의 방증이기도 하다. 그러나 더욱 흥미로운 사실은 오프라 토크쇼 게스트들의 증언처럼 이 소설들도 항상 과거 회귀적이란 점이다.

대부분의 소설이 '내레이션의 현재(present of narration)', 즉 독자와 주인공이 동시에 참여하는 시점에서 전개되지 않고, 과거의 사건을 되돌아보는 내레이터가 과거의 사건을 설명하는 식으로 쓰였다. 또한 어린 시절을 돌이켜보는 성인의 관점에서 이야기가 서술된다. 등장인물들이 비밀을 감추며 고통스러워하는 것을 우리가 알지만 그 증거를 후반부에서야 확증하는 식으로 회귀적 이야기가 짜인 소설도 적지 않은 편이다.

과거로 순간적으로 회귀하는 장면, 과거의 단편들이 주인공의 현 상황에 대한 묘사와 복잡하게 뒤엉킨나. 게다가 토크쇼의 특징이라 할 수 있는 고백 구조를 갖고 있어, 토크쇼와 소설 사이에 연속성과 문화적 인접성을 읽을 수 있다.

그러나 이 소설들은 미스터리한 법이나 운명의 저주를 받아 자기파괴로 치닫는 개인의 불행을 이야기하는 것은 아니라는 점에서, 조지 스타이니가 정의한 비극과는 사뭇 나르나. 이 소설들에서 언급되는 불행은 여주인공에게 자신의 정체성을 재고하고 가족과의 관계를 재설정하라고 요구한다는 점에서 과거의 비극과 다르다.

《호흡, 눈, 기억》의 끝 부분에서 여주인공은 자신과 어머니를 이어주는 고통이란 끈이 있음을 깨닫고, "내 어머니는 결코 남을 위해 슬퍼하지 못한 여인이었습니다. 그러나 가슴 아파하면 그 아픔을 멈추지 못하는 여인이었습니다. 고통에 굴복하는 여인이었습니다. 나비처럼 살아간 여인이었습니다. 예, 내 어머니는 나와 같은 여인이었습니다"고 말한다.

여기에서 여주인공의 자기인식은 어머니를 잃고 그 고통스런 상실감을 겪은 대가로 얻어진 것이다. 따라서 고통은 모성, 사랑, 결혼의 의미를 재평가하게 만든다. 요컨대 북클럽의 소설들은 체험한 고통을 통해서 삶의 이야기를 다시 쓰려는 여인들에 대한 이야기이다. 고통은 자기반성과 자기이해를 위한 출발점이기 때문에 정체성의 형성에서 반드시 필요한 요소이다.

이런 해석은 이야기 구조에 의해서, 또한 오프라가 토크쇼에서 소설들을 논의하는 방식에서 재확인된다. 오프라 윈프리의 역할은 책의 선정에서 끝나지 않는다. 오프라는 독자를 위해서, 독자와 더불어 그 소설을 해석하면서 그 소설이 갖는 의미를 결정하는 데 능동적으로 참여한다. 몇 가지 예를 들어보자.

《나는 알고 있다, 이것만은 진실임을》에 대해서는,

책은 우리를 이어주고 우리를 더욱 가깝게 해줍니다. 정신질환자를 가진 많은 가족이 월리 램의 《나는 알고 있다, 이것만은 진실임을》에 대해 그렇게 말해줬습니다. 그들과 똑같은 상실감, 똑같은 고통과 좌절감을 겪는 가족이 많다는 사실을 몰랐다고 말입니다.

《흑과 청》에 대해서는,

《흑과 청》의 한 부분이 오늘 저녁에도 생생하게 재현되었습니다. 폭력적인 결혼생활을 결국 청산하면서 그 여자들이 겪는 두려움과 고통 그리고 고뇌에 우리는 공감하지 않을 수 없었습니다.

《지구, 여기에서》에 대해서는,

이번 달에 소개할 작가는 앨리스 호프먼입니다. 그녀는 지금까지 12권의 책을 썼고, 주로 상실감에 빠진 후에 회복해가는 여성을 주제로 글을 써왔다고 하는군요.

북클럽의 목적을 설명하면서 오프라는 독서와 고통의 관련성을 분명하게 제시했다.

고통받는 사람들이 세상에서 혼자라고 느끼고, 그들이 느끼는 고통을 누구도 경험하지 못했을 거라고 생각하는 것에 나는 놀라지 않을 수 없었습니다. 오늘 저녁 게스트들도 똑같은 경험을 했다고 말했습니다. 소득, 고향, 입은 옷은 달랐지만 이 자리에 오늘 앉았던 사람이 똑같은 아픔을 겪었다는 사실을 깨닫기 전까지요! 이런 것이 바로 책의 역할입니다.

북클럽에서 선정된 소설들의 주된 이야기 구조를 간략히 분석해보았다. '오프라 윈프리 쇼'와 소설들 사이의 관계가 확연히 눈에 띈다. 고통의 경험이 자아의 이야기가 쓰이는 결절점(nodal point)인 동시에, 정체성을 찾아가는 이야기의 출발점이 된다. 자전적 이야기, 스토리텔링, 고통이 합해져서 문화 모체를 형성하며 자아를 표현하는 강력한 수단으로 사용되는 셈이다.

슬픔과 고통이 피어낸 꽃

'고통', 혹은 '아픔'이란 애처로운 이야기가 오프라 윈프리에서 중심축이라면 그 의미가 무엇인지 살펴보지 않을 수 없다. 고통이 자아에 대해 말하는 강력한 수단으로 사용되는 이유가 무엇일까?

오프라 윈프리가 '피해자 문화'의 편이기 때문이라고 말하는 것으로는 충분하지 않다. 피해자 문화가 어떤 사회적 경험이나 문화를 가리키는지 설명하지는 못하기 때문이다. 고통에는 어떤 의미가 담겨 있고, 그 의미는 어떻게 고통을 자아의 이야기로 승화시켜 나아갈 수 있을까?

고통이란 서글픈 이야기는 우리에게 행운을 미묘하게 떠올려주기 때문에 강력한 힘을 갖는다고 주장하는 학자들이 있는 반면에, 고통이란 애처로운 이야기는 우리는 실질적인 고통, 심지어 상상의 고통에 대한 고뇌에서 해방시켜주는 도덕극이라 주장하는 학자들도 있다.

또한 우리가 고통이란 슬픈 이야기에 관심을 갖는 이유를 공격성의 다른 표출방식, 혹은 사회적으로 야기된 변태적 관음증이라 설명하는 학자들도 있다.

그러나 이런 설명들은 '고통'을 하나의 독립된 문화 범주, 즉 의미를 가진 텍스트로 접근하지 않는 단점을 갖는다. 따라서 나는 고통을 '충실한' 문화 텍스트, 요컨대 현대 미국 사회를 가장 충실하게 보여주는 텍스트의 하나로 파악함으로써 고통이 그처럼 강력한 힘을 갖는 이유를 설명해보려 한다.

어떤 문화적 가정에 반해서 고통의 표현이 우리에게 의미를 갖는 걸까? 크리스토퍼 래시(Christopher Lasch)가 말했듯이 "피해자가 우리 사회에서 도덕적 우월감을 누리게 된다"면, '그런 우월감이 어디에서 오는 것이고 무엇이 그런 우월감을 그들에게 주는 걸까?'라는 의문이 자연스레 제기된다.

역사를 돌이켜보면 약간의 모순이 발견된다. 기독교 교리는 그리스도의 희생을 본받고 속죄하는 방법의 하나로 고통을 찬양하고 신성화했으면서도 기독교 신자들은 그들의 정체성을 물리적이나 심리적 고통으로 규정하지 않았다. 고통은 견디어야 할 저주이거나 낙원에 들어가고 그리스도의 삶을 본받기 위해 치러야 할 대가이다.

여하튼 자아를 이루는 중심점은 아니다. 반면에 요즘의 세속 문화는 자수성가한 사람, 요컨대 아름답고 매력이 있으며 권력을 취하고 행복한 사람을 부각시키면서도 고통을 개인의 정체성을 규정하는 지표로 생각한다.

고통은 우리 삶을 우리 자신이나 다른 사람들에게 이야기할 때 빼놓을 수 없는 것이 된 듯하다. 현대인의 삶에서 자아를 갖는 것이 뜻하는 바가 고통에 집약되어 있기 때문이다. 고통, 혹은 고통에 대한 이야기는 자아의 '객관적으로' 어려운 조건을 반영하는 동시에 그 조건들에 의미를 부여하는 이야기를 포함하고 요약하기 때문에 현대 문화를 가장 충실하게 반영하는 텍스트이다.

배링턴 무어(Barrington Moore)가 주장하듯이 "개인의 불행에서 일정한 부분이 인간의 숙명에서 피할 수 없는 부분이너라도 내부분의 불행은 제도적 원인에서 비롯된다"면, 고통이란 주제에 대한 오프라의 편애와, 오프라가 무대에 올리는 고통의 원인인 제도 사이의 상관관계를 찾아낼 필요가 있다.

따라서 치유적 담론과 회복운동을 연구하는 분석가들이 대체로 이런 문화의 출현을 왜곡되고 과장된 자아예찬의 한 형태로 해석하지만 나는 이런 해석에 동의하지 않는다. 오히려 현대 정치조직이 자아를 옭아매는 고통의 실질적 원인이고, 따라서 회복운동이 다루어야 할 문제도 바로 여기에 있다는 사실을 대부분의 분석가들이 인식하지 못하고 있는 듯하다.

의미가 사회적 상황이나 문제에 대처하는 방법 중 하나라면 회복운동을 페미니즘이 그동안 거둔 성과를 약화시키려는 시도라고 일축해서는 안 된다. 오히려 회복운동이 어떤 문제를 해결하려는 것이고, 회복운동이 의미라는 특정한 틀에서 자아를 전략적으로 어떻게 만들어가고 있는지 이해하려고 애써야 할 것이다.

인류학자 아서 클라인먼(Arthur Kleinman)은 《정신분석학을 다시 생각한다(*Rethinking Psychiatry*)》에서, 타이완과 같은 나라의 예를 근거로 주요한 사회 변화가 있을 때 신경질환의 발병률도 상승한다고 말했다. 현대화와 전통적 공동체의 붕괴에는 알코올중독을 비롯해서 정신질환의 상승이 필연적으로 동반되는 듯하다.

자료는 정신건강 문제에서 실업, 직장에서의 인간관계, 스트레스를 주는 노동 조건의 역할을 심도 있게 다룬다. 사별, 이혼 등 스트레스와 관련 있는 상실감이나 위협으로 인식되는 삶에서의 변화가 있은 후에 정신질환이 발병하는 반면에 적절한 사회적 지원은 이런 문제에서 개인을 보호하는 데 큰 역할을 한다는 연구 결과가 있다.

클라인먼은 사회계급, 경제, 사회제도가 정신건강이나 행복을 결정하는 주된 요인이란 다른 연구 결과들에 동의하며, 현대성이 고통의 실질적 원인이라고 주장한다. 게다가 많은 학자가 주장하듯이, 현대의 제도는 문화적 일관성이 결여된 다양한 역할을 자아에게 부담시키면서 모순된 요구를 한다.

따라서 자아는 시지포스처럼 행동할 수밖에 없는 지경에 빠진다. 방향을 강력하게 인도해주는 문화적이고 도덕적 수단이 없을 경우, 자아는 끝없이 즉흥적으로 행동하며 나름대로 규칙을 만들어가는 수밖에 없다.

그러나 한 세계(예를 들면 시장과 같은 곳)에서는 유효한 기능을 발휘하는 규칙이 다른 세계(예컨대 가족)에는 악영향을 줄 수 있다. 따라서 우리는 정체성을 만들어가는 돌을 끝없이 굴려야 한다. 울리히 베크의 표현을 빌리면, 전기는 자기관찰과 자기분석과 자기이해를 통해 과거를 돌이켜보면서 스스로 완성해가는 프로젝트가 되었다.

달리 말해 끝없이 만들어가고 관리해야 할 프로젝트가 된 것이다. 근대 초기의 유럽은 기근과 싸웠고 만성적 기아와 질병에 시달렸지만 근대 후기의 서구 사회들은 자아에게 한꺼번에 지나친 요구를 하면서도 그런 요구를 만족시키는 데 필요한 도덕적 근거의 부족을 느끼게 만들어 다양한 형태의 심리적 고통을 안겨준다.

후기 근대사회의 복잡한 노동과 가족을 다루고 조율하는 데 필요한 과제들을 완수하지 못한 자아들은 현대성의 특징이랄 수 있는 고독, 스트레스, 우울증, 불안, 무가치하고 무의미한 존재라는 느낌 등과 같은 사회적 고통을 겪는 듯하다. 클라인먼의 지적처럼 이런 고통들은 현대화 과정의 산물이며, 주변의 시원이 없는 사람들에게서 흔히 목격된다.

"인간이 겪는 모든 유형의 불행은 가난하고 억압받고 누구에게도 도움을 받지 못하는 사람들에게 주로 닥친다. 대부분의 문제에서 가난하고 혜택을 받지 못하는 사람들이 차지하는 비율이 가장 높다."

실제로 '오프라 윈프리 쇼'에서 소개되는 고통스런 이야기들은 여성의 특별한 조건, 즉 가족 내에서 가족에 의해서 희생당하고 있을 뿐 아니라 자학으로 인한 고통이 더욱 큰 여성의 조건을 반영하고 있다.

이런 현상에서 희생자 예찬은 많은 문화평론가들이 지적하는 것처럼 나르시시즘에 빠져 한탄하는 사람들의 변덕스런 상상력의 결과가 아니라, 현대 후기사회가 우리에게 실질적이고 강력한 고민거리를 안겨주기 때문에 희생자 예찬이 만연된 것이라 추정할 수 있다.

이런 점에서 나는 푸코에게 영향을 받은 학자들과는 다른 관점에서 회복운동에 접근해보려 한다. 푸코에게 영향을 받은 학자들의 주장에 따르면 심리적 고통을 표현하는 언어는 담론의 네트워크를 통해서 정체성을 드러낸다. 언어는 사회적 조건을 이해하는 도구이기 때문에, 회복의 언어는 현대성이란 제도에 의한 자아의 실질적이고 강력한 공격을 제대로 드러내준다는 것이 내 생각이다.

그러나 이런 전제로도 오프라 윈프리가 토크쇼에서 소개하는 고통의 이야기가 그처럼 강력하고 대중적인 텍스트로 승화되는 이유를 설명하기는 어렵다. 달리 말하면 후기 근대성의 상황들이 자아의 아포리아(aporia, 해결의 방도를 찾을 수 없는 난관)를 다루는 언어의 출현을 용이하게 해주는 것은 사실이지만 오프라의 문화적 행위가 눈부신 성공을 거둔 이유까지는 설명하지 못한다.

6장에서 이런 의문을 부분적으로 해결해보려 하겠지만, 일단 여기에서는 "막스 베버와 클리포트 기어츠의 표현을 빌리면 가장 기본적이면서도 심원한 종교적 역할을 오프라가 해내고 있기 때문에, 즉 설명되지 않는 고통을 설명하고 있기 때문에 오프라 윈프리가 강력한 힘을 가진 텍스트로 성공한 것이다"고 가정해보려 한다.

흥미롭게도 기어츠도 설명되지 않는 고통을 설명하기 위해서, 내가 2장에서 오프라 윈프리의 장르에서 중심축으로 놓았던 것, 즉 '섬뜩한 것'이란 개념을 사용했다. 기어츠는 "정신적 스트레스를 받을 때에는 너무나 친숙한 것도 갑자기 해체되어 우리에게 두려움을 안겨줄 수 있다"고 말하면서 다음과 같이 덧붙였다.

이상하고 낯설고 섬뜩한 것은 설명되어야 한다. 우리는 자연과 자아와 사회의 일정한 면들을 이해하려 할 때마다, 또 모호한 현상들을 문화적으로 형식화할 수 있는 사실로 변형시킬 때마다 섬뜩한 경험을 한다. 문화적으로 형식화할 수 있는 사실은 우리를 만성적으로 불안하게 만들고, 그에 따른 상징적 징후들이 꾸준히 드러나기 때문이다.

이런 불안증은 현대성의 전반적인 특징이라 할 수 있다. 마르크스, 베버, 프로이트는 현대성을 본연의 자아에서 점점 멀어지는 과정이라 해석했고, 사회는 가정에 더 이상 어떤 것도 주지 않을 뿐 아니라 '섬뜩한 것'으로 변했다는 인식도 현대성의 한 특징이라 생각했다.

마르크스의 '소외'와 베버의 '각성'은 일상의 삶과 친근한 관계가 '섬뜩한 것', 즉 친숙한 것인 동시에 낯선 것, 친밀한 것인 동시에 위협적인 것으로 변하는 과정이다. 기어츠가 말했듯이 "실질적이고 일상적인 삶의 배경"으로 어렴풋이 자리 잡은 부조리한 것들이 우리의 기존 질서를 위협한다.

프로이트가 설명한 섬뜩한 것의 속성과 유사하게, 일상의 삶이 친숙하면서 낯선 것으로 변해갔다. 인간관계노 불확실성으로 채워졌다. 인간을 올바른 길로 인도하는 규범적인 규칙도 사라졌다. 그러나 사랑과 섹스와 육아가 있는 가정이란 세계에는 자아와 정체성의 문화적 재생산을 위해서 훨씬 더 중요한 역할이 떠맡겨졌다.

그 결과로 가까운 관계를 자아에게 중요한 것으로 만들어가는 사회력이 그 관계를 파괴하는 힘이기도 하다. 현대인의 삶은 이혼, 실업, 정치적 박해 등 위험으로 가득하기 때문에 안전한 관계를 맺으려는 욕구는 더 커진다.

그러나 이런 관계들도 위험에 시달린다. 따라서 가족이나 가까운 관계에서 경험하는 역경들은 종종 설명되지 않기 때문에 더더욱 어렵게 느껴진다. 게다가 현대성은 종교가 하지 않고는 할 수도 없었다.

달리 말하면 종교처럼 고통의 이유를 설명하며 고통을 정당화시킬 수 없다. 기어츠의 주장대로 문화의 주된 역할이 사악하고 도무지 이해할 수 없는 사건들로 인해 우리가 고통받는 이유를 설명하고, 우리 삶을 도덕이란 개념과 조화시켜 나아가는 방법을 설명하는 것이라면, 현대 미국 문화는 고통의 문제를 다룰 만한 역량을 지닌 문화의 장을 갖고 있지 못하다.

따라서 일상의 삶이 갖는 '섬뜩함'이 수행적 언어행위와 대중적 관례를 통해서 다루어지고 이해되어 완화되는 상징적 장이 무척 중요한 듯하다. 인류학자 피터 스트롬버그(Peter Stromberg)는 개종 이야기를 다룬 연구서에서 다음과 같이 주장했다.

어떤 사회에서나 이런 행위들에서 사회적 행위자들은 커다란 불확실성에 부딪히며, 불확실성은 관례화되는 경향을 띤다. 불확실하더라도 관례화되면 확신할 수 있고 안심할 수 있다. 따라서 관례는 통제력을 경계 밖까지 확대해서 삶이 가장 불안한 영역에서도 확신을 얻으려는 시도로 구조화될 수 있다.

내가 여기에서 주장하려는 것은 "오프라는 불확실성에 짓눌린 장을 다루면서, 그런 불확실성을 완화시키는 강력한 상징적 도구와 관례를 제공한다"고 간단히 요약될 수 있다.

오프라는 후기 현대 시대를 살아가는 자아를 심각하게 옥죄고 있는 혼란을 남다른 방식으로 무대에 올리고, 그런 혼란을 극복하는 방법을 제시해준다. 후버와 런드비의 주장대로라면 "미디어의 상징성, 아이콘, 가치, 역할에 종교적 의미를 필연적으로 부여하는 현대 사회·문화적 단면들이 미디어에는 내포"되어 있다.

종교의 정의를 확대해서 모순되는 강력한 상징성을 통합시켜 강한 믿음을 만들어낼 수 있는 상징체계라 한다면 오프라는 종교적 상징성을 구체화시켜 보여주고 있다고 말할 수 있다. 달리 말하면, 오프라는 "존재의 질서에 대한 그럴 듯한 신화"를 보여준다. 이 부분에 대해서 다음 장에서 더 자세히 살펴보기로 하자.

이런 해석은 오프라의 웹사이트를 방문한 사람들의 분석에서도 확인된다. 웹사이트의 방문자들은 혼란스런 경험을 이해해서 재정리할 필요성을 역설한다. 오프라의 웹사이트에서 '당신의 영혼을 치유하라'는 항목에는 그녀의 토크쇼를 시청하고 웹사이트를 방문한 익명의 독자들이 남긴 글이 게재되어 있다.

나는 신을 믿지 않는데 내 영혼을 찾을 수 있을까요? 내 어머니는 뇌의 퇴행성 질환으로 6년 전에 돌아가셨습니다. 어머니가 세상을 떠난 후부터 나는 신에 대한 믿음을 잃기 시작했습니다. 신은 자비로운 신이 아니었습니다. 우리를 돌보는 신이 아니었습니다. 고통을 진정시켜주는 신도 아니었습니다. 나는 죽어가는 아이들, 홀로코스트, 세상의 악에 대한 의문을 품기 시작했습니다. 그리고 내가 알고 있는 신의 개념에 맞춰 그 의문을 풀어보려 했습니다. 나는 여기에서 어디로 갈까? "믿음을 가져라"는 말은 귀가 따갑도록 들었습니다. 하지만 공허하게 들릴 뿐입니다. 한걸음이라도 앞으로 나아가려면 이런 불신을 종식시켜줄 무엇인가가 필요한 듯합니다. 내게 그 답을 주실 분은 없을까요?

이혼은 우리 삶에서 가장 결정내리기 힘든 일인 듯합니다. 이혼 과정은 너무나 슬프고 고통스럽습니다. 우리 마음과 영혼에 상처를 안깁니다. 이혼으로 인한 절망감을 이겨내지 못한다면 이혼은 우리를 철저하게 파괴해버릴 수도 있습니다. 우리가 자신을 다시 이해하는 데 도움을 줄 수 있는 일을 매일 한다면, 적절한 치유가 있고 시간이 흐른다면 이혼의 상처는 쉽게 아물 수 있을 겁니다.

이런 하소연도 있었다.

나는 10대의 두 자녀를 둔 어머니입니다. 1996년 12월에 나는 뇌종양 진단을 받았습니다. 수술조차 불가능하다더군요. 나는 방사능치료와 화학치료를 받았습니다. 지금도 석 달에 한 번씩 병원을 찾아 MRI를 찍습니다. 나는 지난 3년 동안 의기소침하게 살아왔습니다. 잠이 많아졌고 몸무게도 거의 35킬로그램이 늘었습니다. 그것마저도 충분하지 않았던지 올해에는 이혼까지 했습니다. 나는 변하고 싶습니다. 이제는 생산적으로 살고 싶습니다. 내 삶을 드리우던 구름이 깨끗이 사라진 것처럼 새로운 삶을 살 수 있는 방법이 없을까요? 조언을 부탁합니다. 내 생각이 얼마나 큰 영향을 미쳤던지 내 외모마저 달라지고 말았습니다. 나는 이런 충격에서도 벗어나고 싶습니다. 부디 훌륭한 조언을 부탁드립니다.

오프라 윈프리의 웹사이트를 방문해서 글을 남긴 위의 세 사람이 증언하듯이, '오프라 윈프리 쇼(텔레비전과 인터넷에서 방송되는 토크쇼)'는 고통과 싸우는 자아가 대중과 의견을 나누는 통로로 이용된다. 이런 점에서 오프라의 텍스트는 혼돈과 무의미한 삶을 극복하기 위한 문화적 수단으로 여겨진다.

북클럽에서 소개된 소설들도 불안한 삶에서 의미를 찾으려고 몸부림치는 사람들, 또한 삶을 변화시킬 수단을 찾는 사람들을 주인공으로 삼고 있다는 점에서 비슷한 구조를 갖는다. 예컨대 《나는 알고 있다, 이것만은 진실임을》에서 내레이터는 자신의 실패한 결혼생활과 정신분열증을 앓는 쌍둥이 형제를 떼어놓으려는 처절한 몸부림을 다음과 같이 요약하고 있다.

데사와 나, 이렇게 우리는 거의 1년 넘게 함께 지냈다. 우리는 정말로 싸운 적이 없었다. 싸웠다면 더 힘들었을 것이다. 싸웠다면 신이 너무 악해서 우리를 하나로 만들었다(데사의 주장)거나, 아예 신이 없다(내 주장)는 생경한 진리의 딱지를 뗐을지도 모를 일이다. 삶은 사리에 맞아야 할 필요가 없나! 내 결론이었다. 물론 조크였지만. 무슨 뜻인지 알겠는가? 가령 당신에게 쿠바에서 보낸 신호를 굴절시키는 머리핀을 꽂은 형제, 33년 동안 얼굴을 내민 적이 없는 생물학적 아버지, 유모차에서 죽은 아기가 있었을 수도 있다. 이런 것들이 견디기 힘들었다는 뜻은 아니다. 삶은 뿡뿡쿠션(앉으면 방귀 소리가 나는 고무 쿠션)이었다. 당신이 앉아 있을 때 획 잡아챈 의자와도 같았다.

폴 윌리스(Paul Willis)는 설득력 있는 미학론을 전개하면서, 대중문화는 일상의 삶에서 일어나는 문제들을 바탕으로 한 미학 또한 일상의 문제와 뒤엉긴 미학의 한 형태를 보여주는 것이라 주장했다.

나는 윌리스를 흉내 내서, 대중문화가 일상의 삶에서 비롯되고 일상의 틀 내에서 일어나는 문제와 딜레마를 표현하는 데 사용된다는 '근거 있는 윤리학'이란 개념을 제시해보려고 한다. 그러나 "고통의 이야기가 자아에 대한 처절한 이야기로 여겨지는 까닭은 무엇일까?"라는 질문에는 아직 대답하지 못한 듯하다.

이 질문에 적절히 대답하려면 현대성이 고통을 근절시키려는 욕망과 복잡하게 연결되어 있다는 사실을 기억해야 한다. 이제 모두가 알고 있듯이, 고통은 과학적인 합리성을 표방한 정책 뒤에 도사린 주된 문화적 근거 중 하나였다.

고통을 근절시키겠다는 약속은 미국의 자유주의 정책, 이성을 앞세운 합리주의, 전문 지식의 활용을 가능하게 해주었다. 따라서 의학, 심리학, 성에 관련된 지식들은 사회적 집단이 겪는 온갖 형태의 고통을 설명하고 달래며 완화시키고 제거하는 소명을 떠맡았다.

자유주의 문화는 '고통은 적절하고 합리적인 제도적 기관이 치유할 수 있다'는 이념에 근거를 두고 있다. 고통이 인간 조건에서 비롯된 치유 불가능한 질병이 아니라 사회구조의 문제라면 자유주의 문화에서 고통은 주요한 과제가 아닐 수 없다.

자유주의가 암묵적으로 정당화되는 이유가 고통의 근절에 있기 때문이다. 그러나 고통이 있다는 엄연한 현실은 우리 제도가 고통을 예방하고 퇴치하는 데 실패했다는 증거이기 때문에 고통은 견디기 힘든 것이 된다.

한편 자유주의의 전제에 따르면, 개인이 모든 족쇄에서 해방될 때 아름다운 삶을 누릴 수 있다. 따라서 행복과 고통의 문제에서 우리는 적어도 인간인 까닭에 행복하지는 않더라도 고통을 벗어날 자격은 있다. 이런 가정은 1960년대 이후의 세대에게는 당연하게 받아들여진다.

J. A. 아마토가 《제물과 가치(*Victims and Value*)》에서 주장했듯이, "1960년대의 반항자들은 고통 없는 세상이 가능하다"고 믿었다. 따라서 나는 현대의 제도에서 끔찍한 모순이 빚어진다고 믿는다. 즉 제도는 다양한 형태로 고통을 자아에게 가하고 있지만 고통 없는 삶을 살 개인의 권리와 자격을 강조하기도 한다.

예컨대 가족은 양성(兩性) 및 세대가 극심한 갈등을 벌이면서 새로운 형태의 고통을 잉태시키는 공간인 동시에 자기실현, 평온한 조화와 행복 등 유토피아적 열망이 숨쉬는 저장고라고 말할 수 있다. 현대의 제도가 빚어내는 객관적 형태의 심리적 고통과 행복해야 한다는 주관적 감정 사이의 이런 모순 속에서, 설득의 심리학자들은 크게는 문화 전반에서, 좁게는 오프라의 토크쇼에서 중요한 문화적 역할을 하고 있다.

치유적 설득, 특히 전문 심리학은 이런 문화적 모순에서 힘을 얻는다. 치유적 담론에 강력한 파급력을 안기는 문화적 가정들은 고통을 설명되어야 하고 근절해야 할 불합리한 것이라 설득하는 큰 역할을 한다.

실제로 치유적 담론은 현대인의 정체성을 정의할 때 빼놓을 수 없는 패러독스를 자아에게 그대로 덧씌운다. 고통 없는 삶을 살기 위해서 우리는 고통과 정신적 외상을 통해 우리 자신을 이해하는 수밖에 없다는 역설이다.

따라서 치유적 담론은 우리 삶에서 고통을 없애라고 요구하는 동시에 자아를 이해하기 위한 중요한 이야기 수단으로 '심리적 고통'을 언급한다. 정상과 건강한 심리세계의 모델을 되풀이해서 강조함으로써 치유적 담론은 심리적 고통을 미성숙하고 발달하지 못한 정체성의 징후로 분석하고, 고통을 일종의 결절점으로 해석한다.

더 정확히 말하면 심리세계, 가족, 사회적 관계 등이 고통이란 결절점을 중심으로 이루어신나. 그러나 고통은 심리학자늘의 지식에 진정성을 부여하고 자아에 대한 이야기를 만들어가는 중심축이므로 치유적 에토스마저 우리에게 고통을 통해 삶을 이해하라고 요구하는 것은 패러독스가 아닐 수 없다.

인류학자 리처드 슈웨더(Richard Schweder)가 날카롭게 지적하듯이, "어떤 종족과 고통의 인과관계가 그 종족에게 그 고통의 부분적 원인이듯이, 어떤 종족이 고통을 표현하는 방식은 그 종족이 표현하는 고통의 일부"일 수 있다. 요컨대 고통의 원인이 자아에 있을수록 자아는 고통을 통해 더 잘 이해되며, 자아가 '실제로' 질병을 앓을 가능성도 커진다.

치유적 담론, 인도주의적 담론, 자유주의적 담론이 결합될 때 고통(더 정확히 말하면 고통의 관리)은 정체성을 형성하는 중요한 요인이 된다. 요컨대 고통을 통해서 각 개인은 사회적 제도와 관계를 구축하고 사회적 제도에 적절한 권리를 주장한다.

국가가 대표적인 예다. 법과 도덕과 국가 조직은 고통의 부재가 보상이 아니라 권리라는 전제하에서 이루어지기 때문이다. 달리 말하면 고통받지 않을 권리는 제도의 정비를 통해 보장되어야만 한다. 치유적이고 능력 위주의 세계관에서 훌륭한 자아는 자기성취를 방해하는 무수한 내적인 장애물들을 극복하고 스스로 정의한 훌륭한 삶을 살아간다.

따라서 우리는 고통의 모든 근원을 뿌리 뽑아야 한다. 그런데 얄궂게도 고통의 모든 근원을 없애자면 고통을 우리 정체성의 중심에 두지 않을 수 없다. 고통을 어떻게 근절하느냐는 의문에서, 자전적 이야기는 계속될 수밖에 없다. 우리 모두에게는 빈곤에서 해방된 삶을 살 권리가 있기 때문에 고통과 우리의 관계는 섹스와 빅토리아 시대 사람들의 관계에 비유된다.

달리 말하면, 우리가 고통을 없애고 우리의 이상적 자아에서 고통을 떨쳐냄으로써 고통이란 단어를 금기시하는 순간에 고통은 우리 정체성을 형성하는 한 요소가 된다.

그러나 이런 식의 접근은 고통이 정체성의 담론에서 어떻게 그처럼 중요한 위치를 차지할 수 있는가를 설명할 수는 있어도 고통받는 사람이 '특별한' 도덕적 우월성을 누리는 이유까지는 설명하지 못한다. 일부 학자들이 주장하듯이 우리는 "피해자가 이상화되는 시대"에 살고 있다. 우리 문화의 대다수가 자립을 강조하는 마당에 고통이 이처럼 감춰진 빛을 얻게 된 이유가 무엇일까?

인류학자 비나 다스(Veena Das)는 "고통이 인간을 사회의 도덕적 구성원으로 만들어간다"고 말하며 설득력 있는 방향을 제시해주었다. 고통이 존재하는 사실은 고통을 완화시키거나 합리적으로 설명해주어야 할 사회 · 문화 시스템의 실패를 의미하는 동시에, 우리를 '사회적이고 도덕적인 주체'로 만들어간다. 고통받는다는 것은 우리가 징계 과정을 받아들였고, 육체적 고통이 빈발하는 사회까지도 인정했다는 뜻이기 때문이다.

몸에 가해지는 고통은 '개인과 사회의 공존'을 뜻한다. 다스는 한걸음 더 나아가, 개인은 일종의 가학적 입문식을 통해서 사회의 일원이

된다고 주장했다. 요컨대 도덕적 공동체로의 출입을 허락하기 전에 고통을 가하는 절차가 있다는 뜻이다. 한 사회가 그 구성원들에게 요구하는 것은 고통을 통해서 가장 분명하게 드러난다.

　종교적 고행과 금욕의 실천이 대표적인 예다. 이런 실천은 신자의 몸에 견디기 힘든 고통을 안기지만 그와 동시에 그에게 도덕적 위상을 부여한다. 다음 장에서 살펴보겠지만, 우리는 고통을 체험함으로써 도덕적 행위자가 될 수 있다. 현대 조직에서 사회적 행위자에게 요구되는 도덕적 권능을 가지려면 고통을 겪어야 하기 때문이다.

제4장

변화로의 의지가
당신의 삶을 치료한다

어떤 삶이든 격한 중심이나 차분한 중심으로 향해 달려간다.
모든 인간의 내면에는 하나의 목표가 존재한다.
- 에밀리 디킨슨

상업 텔레비전에서 고통의 문제를 자주 다루자, 많은 문화 전문가들은 "토크쇼가 이익추구를 위해서 인간의 불행을 이용하고 조작하는 냉소적 행위"라는 결론을 내렸다.

이런 관점에 따르면 게스트와 사회자의 상호작용은 사회자가 게스트를 교묘하게 조종하는 행위에 불과하다. 텔레비전에 출연해서 말을 하고픈 게스트의 욕구는 15분 동안 텔레비전 화면에 얼굴을 비치고 거짓으로라도 자기변화를 약속하며 텔레비전에 출연했다는 천박한 전율을 누리려는 왜곡된 욕망에서 비롯된다고 말할 수도 있다.

이처럼 왜곡된 미디어와 청중 사이의 관계는 그동안 흔히 '이데올로기'라는 이름하에 분류되어왔다.

이데올로기라는 개념과 그와 가깝고 먼 사촌들은 우리가 자신의 욕구와 관심사를 잘못 판단하는 이유를 그런대로 성공적으로 설명해왔다. 그런데 이상한 것은 사회분석가는 우리 욕구와 관심사를 잘 아는데 정작 우리 자신은 모른다는 점이다.

'헤게모니', '상징적 폭력', '감시'는 근본적으로 폭력적인 사회질서에서 우리가 어떻게 영향을 받는지 설명해주는 개념들이다. 이 개념들 사이에는 큰 차이가 있지만 이 세 개념은 사회분석가를 권력의 책략과 의식의 미혹화를 폭로하며 정치적 해방과 진실을 요구하는 사람으로 정의하는 데 유사한 역할을 한다.

사회분석가의 이런 역할은 '저항'의 발견을 통해서 꾸준히 이어져왔다. 실제로 '저항 연구(resistance studies)'는 이데올로기 지배라는 과제의 다른 이름이라고 할 수도 있다. 결국 저항의 문제는 사람들이 이데올로기를 어떻게 외면하고 왜곡하며 재확인하는지를 찾아내려는 것이기 때문이다. 분석가들은 권력자의 상징적 지배에게 저항하는 방법들을 관찰해서 설명한다.

이데올로기와 저항 사이의 진자운동은 문화연구에서 중요한 쟁점 중 하나였다. 권력과 저항이란 패러다임은 1970년대 말에 등장해서 문화연구를 혁신적으로 탈바꿈시켰지만 요즘에는 문화연구를 기계적으로 이분법화시키면서 절름발이로 만들고 있는 듯하다.

이데올로기가 포괄적 성격을 띠어 문화행위까지 결정한다는 가정은 '저항적 의미(resistant meaning)'의 개입으로 많이 약화되었지만, 그런 가정 때문에 문화행위에 대한 기술(記述)은 극히 미미한 수준을 벗어나지 못하고 있다. 실제로 '권력'이나 '이데올로기'와 같은 개념은 '불도저'식 개념이다.

다시 말해 상황의 복잡성과 의미의 세계를 하나의 원칙, 즉 사회적 행위의 전반을 설명하고 기술하는 데 목적을 둔 하나의 원칙으로 단순화시켜 버린다. 예컨대 권력을 다룬 문화연구는 다양한 사회적 상황과 문화적 의미를 하나의 결정원리, 즉 권력(혹은 권력에의 저항)에 맞춰 분석하면서 사회적 삶을 희한하게 단순화시켜 보여준다.

푸코는 '성의 해방(sexual liberation)'을 성의 억압만큼이나 의심스런 것으로 보았고, 체벌이나 공개처형은 전문지식을 동원한 죄수의 관리만큼 강압적인 것으로 보았다. 그람시(Gramsci)의 지지자나 프랑크푸르트학파도 크게 다르지 않다. 그들의 생각에는 편향된 시각으로 미국을 유리하게 다룬 전쟁 보도는 전체주의적 이데올로기의 통제와 억압과 다를 바가 없다는 것이다. 권력이 사회현상 전체를 망라해서 다루고 설명하려면 사회현상을 적절하게 분석하는 데 방해가 될 뿐이다.

빤한 소리지만 다시 반복하면, 권력을 축으로 다룬 연구들은 행위자의 자기인식을 무시하고, 심지어 폭력적 상황에서 작동하는 억압 메커니즘에 오염되는 '즐거움'까지 의심하기 때문에, 권력을 중심축으로 한 패러다임은 예컨대 강제포로수용소와 여름캠프의 차이조차 제대로 설명하기에 부적합할 수 있다. 둘 모두 명령에 따라 움직이고 체력단련을 전제로 하며 엄격하게 정해진 시간을 지켜야 한다는 공통점을 갖기 때문이다.

그렇다고 권력을 중시한 패러다임이 문화연구에 큰 기여를 했다는 사실까지 부인하는 것은 아니다. 또한 권력이 교묘한 형태와 전략을 구사한다는 사실까지 부인하려는 것은 아니다. 하지만 이상하게도, 권력을 사회의 동력이라 해석하는 학자들은 권력을 연구하게 된 동기나 충동, 즉 부정의를 고발하고, 평등하고 정의로운 사회가 이룩되지 못한 책임을 개인과 제도에 물으려는 욕구 자체를 사회에서 부인하는 모습을 보여준다.

문화연구 학자들만이 이렇게 주장하는 것은 아니다. 사회학계 전반에서 이런 주장은 어렵지 않게 찾아볼 수 있다. 미셸 라몽(Michele Lamont)이 개척자적 저작에서 밝혔듯이, 행위자들은 '지배'나 '권력투쟁'이란 항목에 쉽게 포함될 수 없는 도덕적 역량을 갖는다.

사회의 동력을 권력투쟁에서 찾는 관점은 긴장과 내적 모순, 사회적인 것의 '통렬함', 즉 제도가 갖는 강압적인 힘과 안정을 확보하는 역량 사이의 긴장에서 비롯되는 통렬함이 결여된 사회학적 이야기를 만들어 낸다.

사회적인 것의 이런 통렬함은 라몽의 저작에서 뚜렷이 드러난다. 라몽이 증명한 바에 따르면, 제도의 차이가 계급이나 종족을 경계지으면서 타자를 다른 식으로 배척하거나 포용하는 다양한 형태의 차별을 빚어낸다.

특히 막스 베버가 정의한 사회학의 소명에 따르면, 사회의 다양한 행로가 우리에게 요구하는 다채로운 행동과 대가의 다원성과 특이성을 찾아내는 것이 사회학의 소명이다. 그런데 권력에만 관심을 집중할 때 사회적 삶의 이런 다양함이 잊힐 수 있다.

그렇다고 내가 권력이 존재하지 않는다거나, 거꾸로 권력이 존엄과 자유를 무력화시키지 않는다고 주장하는 것은 아니다. 더구나 우리가 권력의 폐해를 역사적으로 추적할 필요가 없다는 뜻은 더더욱 아니다. 오히려 우리 행위는 모순되고 불연속적이며, 사람들이 권력을 포기하고 연민과 사랑, 정의를 요구할 권리 등으로 조절되는 상호작용을 중요시하는 순간들을 억제하는 듯하다.

요컨대 게스트, 시청자, 사회자의 도덕적 역량을 무시하기보다는 고려하는 입장에서 고통의 의미가 설명되어야 한다는 뜻이다. 이런 이유에서 나는 권력이란 개념을 미묘한 차이까지 고려해서 한층 신중하게 사용해야 한다고 생각한다.

달리 말하면, 문화분석은 어떤 행위에 담긴 의미를 설명할 때 그 행위를 한 사람이 속한 범주와 그의 자기이해를 고려하고 이해할 수 있어야 한다. 우리는 문화적 의미의 기술을 여기에서 끝내지 않더라도 자기이해에서 시작해야만 한다.

나는 《낭만적 유토피아의 소비》에서 낭만적 공식을 분석할 때 이런 방법을 사용했다. 물론 자기이해가 설명을 완전히 대체하는 것은 아니다. 그런데 자기가 사용하는 고통의 언어가 특정한 문화전통이나 제도적 장치에 뿌리를 두고 있다는 사실을 모르고 있는 사람이 있을 수 있다.

하지만 그가 '기능장애'나 '내적인 심리투쟁'이란 관점에서 자신의 삶을 되돌아볼 수 있다는 사실을 액면 그대로 받아들여야 한다. 문화구조가 그 구조를 사용하는 사람들에 의해서 유지되기를 바란다면 더더욱 그렇다. 사회적 행위자들의 자기이해를 바탕으로 문화분석을 시작하면, 권력을 중심에 놓은 문화연구에서 부족한 두 가지를 그런대로 완성할 수 있다.

첫째, 우리가 분석하는 사람들과의 윤리적 관계를 정립해서 그들의 행위를 이해하려는 우리 시도에서 그들을 완전한 파트너로 받아들일 수 있다.

둘째, 가정을 최대한 줄인 상태에서 문화를 설명하는 모델을 만들어 갈 수 있다. 이 모델에서는 행위자가 자신의 행위에 부여하는 의미와 관찰자의 해석 사이의 거리가 상대적으로 줄어든다.

고통이란 주제는 이런 전략을 설명하는 데 특히 적합하다. 프랑스의 사회학자 뤽 볼탕스키(Luc Boltanski)가 폭넓은 시각에서 쓴 혁신적인 저서 《멀리 떨어진 고통(Distant Suffering)》에서 주장했듯이, 고통의 표현이 '수용 가능한' 이미지가 되려면 복잡한 도덕적 '요구'를 충족시켜야 한다. 고통의 이미지가 상대에게 믿음을 주고 효과를 발생하려면 연민을 자아낼 수 있어야 한다.

그러나 이렇게 하기 위해서 고통받는 사람의 이미지는 내재된 도덕적 불안정을 '해소'해야만 한다. 그 이미지를 만들어내는 과정에 참여하는 세 요소와 관련해서 불확실한 점이 적지 않기 때문이다. 우리에게 고통을 보여주는 사람(예컨대 굶어죽는 아이들을 우리에게 보여주는 기자는 어떤 의도를 감추고 있는가?), 고통받는 사람(고통이 사실인가 거짓말인가, 아니면 과장된 것인가?), 고통을 시청하는 우리 자신(내가 멀리 떨어져 있더라도 다른 사람의 고통에 나는 어떻게 반응해야 하는가?).

이 세 요소가 갖는 도덕적 불확실성 때문에 고통의 표현은 일단 의혹의 대상이 된다.

따라서 "동일한 프로그램이 고통의 이미지를 매일 방영해서 막대한 부의 축적을 가능하게 해주었다면, 도덕적 인간에 대한 미국식 정의에서 중요한 상징과 가치를 이용함으로써 이 프로그램은 냉소적 착취라는 비난과 의혹을 덜어낼 수 있다"고 가정해보자.

나는 이런 가정하에서 이 글을 끌어가 보려 한다. 여하튼 간혹 오프라에게 이런 비난이 가해지기는 하지만 오프라는 시청자들에게 거의 전대미문의 신뢰와 충성도를 끌어냈다.

특히 최근 10년 동안에는 언론인과 문화평론가마저 오프라를 신뢰하는 모습을 보여주고 있다. 따라서 나는 다소 전통적인 비난, 즉 미디어, 특히 토크쇼가 고통의 이미지를 빈번하게 활용해서 고통을 상품화시키고 진부한 것으로 전락시켰다는 비판에서 벗어나고자 한다.

더 정확히 말하면 고통의 표현은 본질적으로 불안정한 것인데, 즉 선험적으로 의혹의 대상인데도 오프라가 고통의 표현을 무슨 이유로 어떻게 안정되고 설득력 있게 만들어냈는지 살펴보지 않을 수 없다.

오프라 윈프리는 고통의 이미지에 덧씌워지는 의혹을 극복하는 방법을 잘 알고 있었기 때문에 분노와 연민을 기초로 한 제국을 세워갔다. 따라서 오프라의 문화적 재능은 곧 도덕적 재능이라 할 수 있다.

달리 말하면 오프라는 착취라는 의혹과 비난을 벗어나기 위해서 우리 도덕성의 경계지대를 교묘하게 이용했다. 따라서 이 장에서 살펴볼 의문은 이렇게 요약될 수 있다.

오프라가 동원하는 사람들(시청자와 게스트)의 맹목성이나 제작자들의 냉소주의를 논외로 한다면 우리는 고통이란 이미지의 안정화를 어떻게 설명할 수 있을까?

또, 오프라의 청중과 게스트가 쉽게 속는 순진한 사람들이고 합리적 판단이 결여된 사회적 존재라고 가정하지 않는다면 우리는 오프라에게 주어지는 신뢰를 어떻게 설명할 수 있을까?

오프라 윈프리는 자기변화를 자신의 행위에서 합리적 근거로 삼고, 연민과 변화를 유도하는 프로젝트의 발판으로 토크쇼를 활용함으로써 고통의 표현이 갖는 도덕적 불안정성이란 문제를 거의 완벽하게 해결했다. 달리 말하면, 오프라의 토크쇼는 오락의 경계를 훌쩍 넘어서 도덕적 행위가 되었다. 오프라가 고통의 전기적 이야기를 변화의 이야기로 만들어간 덕분이었다. 그리고 이런 변화의 이야기가 현재 미국 시민이 자아에 대해 갖고 있는 도덕적 가정과 꼭 맞아떨어진 셈이다.

2장에서 말했듯이 오프라 쇼가 처음에 도덕의 여러 유형을 제기하며 뒤섞였다면, 개편된 오프라 쇼는 이런 개방성을 자기변화와 자기창조라는 이상(理想)에 맞춰 자아를 관리하고 변화시키며 개선해나가는 수단들을 보여주고 있다.

토크쇼에서 방영한 도덕적 가치들로 이런 개편이 원만하게 마무리되었다는 증거는 한 가지 사실에서 분명히 찾을 수 있다. '오프라 윈프리 쇼'의 역사가 도덕성에 근거한 평론가들의 비평에 대한 오프라의 역사라 해도 과언이 아니기 때문이다. 오프라는 토크쇼에 대한 도덕적 비판을 기꺼이 인정하며, 그런 비판을 수용해서 토크쇼의 구성을 바꾸며 도덕적 기준을 높였다.

이런 변신은 오프라 쇼의 역사를 언급할 때 빼놓을 수 없는 부분이다. 도너휴와 오프라를 비교할 때 이런 변신은 확연히 눈에 띈다. 1993년 도너휴는 평론가들의 비판에 "우리는 시청자를 끌어들이려고 봉급을 받는다. 시청자의 눈을 사로잡지 못한다면 우리는 어떤 대가도 받지 못할 것"이라고 반박했다.

그러나 오프라의 반응은 완전히 달랐다. 그녀는 "토크쇼라는 장르가 기능장애에 따른 넋두리와 불평과 하소연에서 벗어날 때가 된 것이다. 나도 지겹다. 그래, 나도 이제는 지겹다!"고 말했다.

오프라는 자신의 페르소나와 스타일을 도덕적 인물로 비추고 청중과 더불어 '도덕적 책임'을 공유하는 형식을 취함으로써 대중문화 분야에서 주목받는 스타가 되었다. 예컨대 오프라는 게스트와, 그녀의 발언을 비판하는 게스트들의 편지를 소개하는 데 토크쇼 전체를 할애하기도 했다(그녀의 체중감소에 대한 이야기를 토크쇼에 소개한 것도 그녀의 독단적 결정이었지 개인 요리사와 트레이너의 조언 때문은 아니었다).

또한 오프라는 토크쇼가 간혹 상스런 말로 더럽혀지는 경향을 띠기 때문에 도덕적 위상에 변화를 주어야겠다는 생각을 대중에게 숨김 없이 밝혔다. 게다가 토크쇼의 한 코너에 '가장 잊고 싶은 쇼'라는 자기변명적 제목을 붙이기도 했다.

여하튼 오프라는 토크쇼의 도덕적 품위를 향상시키기로 결정하면서 자신의 역할도 도덕적 행위자, 심리치유사 등으로 확대했으며, 자선행위에 참여하고 북클럽 프로그램을 시작해서 품위 있고 도덕적인 인물이란 인상을 대중에게 심는 데 주력했다. 오프라는 토크쇼를 도덕적 행위로 다시 자리매김하고, 비판을 일축하기보다는 인정했다. 또한 비판을 시장조사의 일환으로 이용하고, 자신을 도덕적 행위자로 만드는 능력을 발휘했다.

'오프라 윈프리 쇼'가 시작한 이후로 보여준 도덕적 기준의 향상은 장르의 변화로도 나타났다. 오프라는 개인적인 일탈자들을 부각시키는 대신에 관계의 문제에 중점을 두면서, 그 문제를 해결하기 위한 응급처치법을 소개하면서 치유자로서의 소명을 떠맡았다.

요컨대 오프라는 영적인 소명을 시작하겠다는 결심에 더욱 매진하며 게스트들의 삶을 '성공적'이고 '건강하게' 탈바꿈시키는 데 진력을 다했다. 오프라는 대중심리학과 뉴에이지풍의 영성을 결합시켜 자기계발을 독려하며, 모든 시청자에게도 참여하기를 권했다.

광고회사 루키 앤 코퍼레이션의 수석 부사장이며 미디어 담당 책임자인 린다 라운트리(Linda Rountree)는 "오프라가 특정 종교의 선전자라고 생각지는 않는다. 오프라의 쇼는 종교적 색채를 띠지 않은 까닭에 자기계발의 욕구와 자신감을 심어주는 프로그램이 되었다"고 진단했다. 정확한 지적인 듯하다. 지엽성을 탈피한 뉴에이지와 비슷하게, 오프라도 특정 종파적 냄새를 걷어냄으로써 인종, 연령, 성별, 성 지향성, 사회계급 등을 초월해서 모든 시청자를 포용할 수 있는 '자아의 종교'를 권유하고 있기 때문이다.

오프라의 쇼에 정기적으로 출연한 전문가들은 과학적 전문지식을 조언하고 영적인 방향을 제시하는 이중의 역할을 해왔다. 오프라는 특정한 주제나 문제를 다룰 때마다 그들을 단골손님으로 초대했다. 예컨대 수즈 오먼(Suze Orman)은 재테크의 조언자로, 필 맥그로(Phil McGraw)

는 자기계발 전문가이다.

달리 말하면 오프라는 전문가들에게 일정한 배역을 주고 고정적으로 출연시켜, 시청자들이 그들을 친숙하게 여겨 마치 심리학자에게 상담을 받듯이 그들과 안정된 관계를 이루어가도록 했다. 요컨대 오프라는 시청자들에게 연속성과 친밀감을 안겨주기 위한 구조를 만들어냈다.

오프라의 이런 노력은 토크쇼를 매개체로 활용해서 '엔젤 네트워크'와 '당신의 삶을 바꾸는 텔레비전'을 통해 자선활동을 주도한 점에서도 명백히 확인된다. 또한 오프라가 이타적인 자선활동을 적극적으로 벌이면서 그녀의 토크쇼는 시민의 삶과 사회적 환경을 개선하려는 많은 프로젝트의 선전장이 되었다.

오프라의 '엔젤 네트워크'는 자선활동과 자원봉사활동을 위한 수단이다. 가령 잔돈을 모아서 가난한 학생을 대학에 보내고, 가난한 사람들을 위해 집을 지어주는 해비타트(Habitat)를 지원하며, 지역학교에서 자원봉사를 하고, 노숙자들에게 무료식사를 제공하며, 다양한 '이유'로 고통받는 사람들을 지원하기 위해서 모금운동을 벌이고, 힘겨운 삶을 사는 사람들을 초대해서 감정치유를 받게 한다.

이런 변화로 오프라는 문화계에서 새로운 위치를 차지할 수 있었다. 오프라는 차별적인 세계관을 주도면밀하게 보여주고, 세상의 실상을 숨김없이 보여주면서 어떤 방향으로 바뀌어야 한다고 설명하며, 그런 당위성을 시청자들에게 권위 있게 심어주기 위한 관례와 물리적인 하부구조를 발전시켜 나아가는 점에서 다른 토크쇼 사회자들과 크게 달랐다.

오프라는 특정한 세계관을 제시하는 데 그치지 않고, 그 세계관을 완성해가기 위한 상징적이고 실질적인 도구까지 제시한다. 이런 점에서, 오프라는 '행위의 합리화(막스 베버)'를 유도한다. 즉, 오프라는 가치관을 제시하는 데 그치지 않고 그 가치관을 성취할 수 있는 수단까지 만들어내면서, 그녀와 전문가들이 제공한 가치관에 따라 행동과 처신을 합리화시키라고 게스트와 시청자에게 요구한다. 이런 세계관이 게스트들에 의해 어떻게 전개되는지에 대해서 아래에서 살펴보기로 하자.

변화 - 삶을 향한 끊을 수 없는 갈증

게스트가 토크쇼에 출연하려는 동기를 연구한 글에서 패트리셔 프리스트(Patricia Priest)가 내린 결론에 따르면, 게스트들은 메시지를 널리 확산시키려는 욕구에서, 그들의 생활방식을 합리화시키고 싶은 욕구에서, 혹은 유명해지고 싶은 욕구에서 토크쇼에 출연한다. 이런 동기는 다른 형태의 쇼에 출연하는 게스트들의 일부가 갖는 동기와 크게 다르지 않다.

그러나 여기에 다른 동기, 즉 토크쇼에 출연함으로써 그들의 삶과 인간관계를 실질적으로 바꿔보려는 바람이 덧붙여져야 할 듯하다. 고통과 마찬가지로 자기계발은 오프라 윈프리가 자신의 토크쇼에 부여한 중요한 의미 중 하나이다.

1995년부터 자기계발은 오프라 쇼의 구성과 편성에서 빠질 수 없는 부분이 되었다. 고통의 이미지에 수반해서, 타인의 무관심과 폭력에 피해를 입은 사람은 스스로 자초한 경우이든 외부의 행위자에서 비롯된 경우이든 기능장애, 곤경, 불행을 극복해야 할 자아의 이미지이기도 하다.

오프라의 토크쇼는 변화를 통해서 도덕적 합리화를 꾀한다. 예컨대 우울증으로 고생하던 티퍼 고어는 '오프라 윈프리 쇼'에 출연해서, "내가 『유에스에이 투데이』에 우울증을 앓는다고 고백한 이유는 우울증을 앓는 다른 사람들을 돕고 싶었기 때문이다"고 말했다.

고통의 고백은 이야기 구조와 도덕에서 한 가지 중요한 목표를 갖는다. 즉, 이야기를 변화의 완성으로 종결지으려는 목표이다. 예컨대 1998년 한 토크쇼에서 오프라는 지난해를 돌이켜보며 '최고의 게스트들'을 발표했다. 이 토크쇼에서 오프라는 '이상형'인 게스트와 이야기를 소개하면서, 그녀가 전달하고 싶은 자아의 모델을 집약해서 보여주었다.

특히 홀로코스드 기간에 강세 포로수용소에서 살아남은 여인은 그야말로 하이라이트였다. 그녀의 이야기는 대략 다음과 같이 틀짜기되었다.

그 게스트가 독일 강제 포로수용소에서 말로 표현할 수 없는 잔혹행위를 겪었다고 소개한 후, 거의 40년 전에 그녀가 당시 변호사(현재의 남편)에게 보낸 편지가 낭독되었다. 장래 남편의 반응, 그리고 토크쇼에 소개된 40년 전의 편지는 그녀에게 그 고통을 잊게 만들겠다는 약속이었다. 클라이맥스에 이르자, 오프라는 그 피해자가 남편의 지극한 사랑을 통해서 고통과 고뇌를 이겨내고 이제부터는 정상적인 삶을 살고 있다고 선언했다.

이 단편적인 이야기에 '오프라 윈프리 쇼'가 알리려는 도덕적 원칙이 집약되어 있다. 40년이나 묵은 편지를 소개함으로써 오프라는 그 여인의 고통받는 자아의 이야기에서 시퀀스 사이에 뚜렷한 선을 긋는다. 강제 포로수용소에서의 수난(발단), 불확실한 미래(귀찮은 문제), 그녀가 고통을 극복하도록 돕겠다는 장래 남편의 약속(치유), 약속이 이뤄지고 목표가 성취되면서 해결(종결)로 짜인다.

두 연인 사이의 사적인 대화였던 편지를 소개함으로써, 오프라는 '전쟁 이야기'를 '가족 이야기'로 교묘하게 대체하고 집단의 비극을 개인의 비극으로 바꿔놓았다. 방송중에 편지가 낭송되면서 우리는 그 부부의 내면까지 파고들어, 그 여인에게 정신적 외상을 안겨준 과거의 비극적 경험과 그 상처에서 회복된 현재를 구체적으로 목격하는 증인이 된다. 따라서 편지의 낭송은 과거의 정신적 외상과 현재의 회복을 중첩시킨 이야기, 요컨대 대규모 재앙에 대한 개인의 승리를 주제로 한 이야기를 만들어낸다.

『오 매거진』의 창간호에서 크게 다룬 주제도 비슷한 이야기였다. 잡지의 창간호가 시장에 그 잡지를 널리 알리는 데 중요한 역할을 한다는 점을 감안할 때, 이 '스타 인터뷰'가 잡지의 시장 틈새를 결정할 수 있었으므로 신중하게 선택된 것이고 심혈을 기울였을 가능성이 크다.

2000년 11월에 발간된 잡지에서 오프라는 20세기 대표적 서바이벌의 상징적 인물 중 하나인 엘리 비젤(Elie Wiesel)과 인터뷰했다. 비젤의 이야기도 자아에 대한 극단적 공격에 직면해서도 불굴의 의지를 보인 사람의 이야기로 구성되고 틀짜기되었다.

오프라: 인류의 역사에서 최악의 사태를 목격한 탓에 평범한 일에도 더 감사하게 되었나요?

엘리 비젤: 내게는 매 순간이 은총입니다. 누군가를 만나서 그의 미소 띤 얼굴을 볼 때마다 나는 진심으로 감사함을 느낍니다.

엘리 비젤은 20세기를 대표하는 피해자였기 때문에 오프라에게는 잡지의 창간호로 인터뷰하기에 이상적인 인물이었다. 실제로 윈프리보다 훨씬 앞서 엘리 비젤은 세상 사람들에게 자신이 극단적인 잔혹행위를 겪은 피해자였다고 말했고, 오프라처럼 그 이야기를 하는 과정에서 문화 산업의 '스타'로 변신해갔다. 요컨대 잔혹행위를 겪었지만 그 행위를 기꺼이 용서함으로써 비젤은 도덕적 의혹을 초월한 존재로 자신을 자리매김했다.

홀로코스트 이야기는 우리 문화의 다른 부분에서도 빈번하게 화제로 삼는다. 따라서 홀로코스트 이야기를 오프라만의 홀로코스트 이야기로 틀을 짜는 방법과 비교해보는 것도 무척 흥미로울 듯하다. 홀로코스트 전문가인 로렌스 레인저(Lawrence Langer)에 따르면, 전통적인 홀로코스트 문학은 '정신적 연대감을 상실한 언어'라는 공통점을 갖는다.

레인저는 "홀로코스트(대양학살)와 그에 따른 대규모 잔혹행위는 수난, 죽어가는 사람의 존엄성, 죄의식, 도덕적 고초, 회한, 악행 등 위안을 주는 어휘가 없는 세계에서 존재할 뿐이다. 문학의 비극에서는 이런 어휘가 피해자와 가해자를 뚜렷이 구분해준다"고 말했다. 이런 주장 덕분에 오프라의 홀로코스트 이야기가 갖는 특이성이 더욱 부각된다.

레인저의 주장과 달리 오프라의 홀로코스트 이야기는 '위안을 주는 어휘'로 가득하다. 오프라와 인터뷰한 홀로코스트의 한 피해자는 자기극복, 향상, 승리로 짜인 이야기의 주인공이 되었다. 자기변화라는 도덕적 승리와 참혹한 고통을 결합시킬 때, 불행과 고통은 자아가 이중의 영웅이 되는 이야기로 전환된다. 요컨대 자아가 악의적 세계에서 겪은 고통 때문에, 그리고 자아가 그 세계에 대한 궁극적 승리를 선언하기 때문에 이중으로 영웅이 된다.

오프라의 이야기에서 고통은 운명을 체념하며 받아들이는 식으로 혹은 인간의 악함을 인정하는 형식으로 끝나지 않는다. 오프라의 이야기에서 고통은 거의 언제나 변화를 통해서 종식된다.

인간혐오, 세상의 거부, 실패의 인정은 도덕적으로 선택할 것이 아니다. 이야기 구조에서도 선택되지 않는다. 자아가 굳은 결심과 자기인식을 통해서, 혹은 이타적 성향을 표출하면서 자신을 극복할 때 고통은 끝난다.

이타주의, 사랑, 자기희생 등과 같은 도덕적 미덕을 실천함으로써 이런 자기극복을 성취할 수도 있지만, 때로는 자기반성과 고백 그리고 대화 같은 치유적 기법을 통해서 때로는 두 방법의 결합을 통해서 자기극복을 이룰 수도 있다.

정신적 담론과 치유적 담론은 변화를 요구하며, 자아가 고통을 떨쳐 낸 상태로 향해 나아가도록 유도한다. 오프라가 면역결핍 바이러스에 감염된 의사와 인터뷰한 경우를 예로 들어보자.

오프라: 선생께 왜 그런 일이 일어났다고 생각하십니까? 선생 자신에게나 하느님께 틀림없이 이렇게 물었을 것 같은데요.

닥터 립시츠: 내 아내 주디는 어떤 일에나 이유가 있는 법이라고 말합니다. 하지만 내게 이런 악몽이 닥친 이유는 아직 모르겠습니다.

오프라: 음….

닥터 립시츠: 하지만 우리 같은 사람이 말할 기회를 얻어 다른 사람들을 도울 수 있다면, 그래서 이 나라 사람들이 공통된 목표를 위해 단결해야 한다는 사실을 깨닫게 된다면 여기 이 자리에 있는 분들 모두가 그 병의 피해자가 될 수도 있으니까요.

스타인 부인(비슷한 문제를 가진 다른 게스트): 이 병 덕분에 내가 어떻게 변했는지 아시죠? 예, 그 병은 내게 힘을 주었습니다. 정말로 그랬습니다.

닥터 립시츠: 맞습니다. 우리는….

스타인 부인: 굳건히 일어나 싸워야 합니다.

닥터 립시츠: 예, 100만 달러를 기부하고 그럴 필요는 없습니다. "그 병을 이겨 냅시다!"라고 말할 수 있어야 합니다.

일반적으로 죽음과 결부된 고통, 두려움, 불안이 여기에서는 정반대의 모습을 띤다. 힘을 준다! 따라서 에이즈라는 비극적 이야기가 자랑스러운 자기극복의 이야기로 전환된다.

토크쇼-변화의 촉매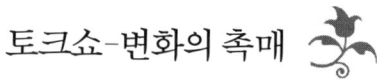

이우슈비츠의 생존자와 에이즈에 걸린 의사의 예에서는 변화가 토크쇼에 출현하기 전에 시작되고 토크쇼를 통해 감춰진 정당성을 확보한다. 그러나 대부분의 경우에 변화는 토크쇼가 진행되는 동안에 일어난다. 결국 변화의 이미지는 토크쇼와 밀접한 관계를 갖는다.

'오프라 윈프리 쇼'에서 자아는 하나의 이야기로도 변할 수 있는 무척 융통성 있는 인물로 비춰진다. 오프라 윈프리는 고통을 토크쇼 과정에서 일어나는 자기변화의 이야기에서 반드시 필요한 한 요소로 부각시키면서, 고통의 활용을 도덕적으로 수용 가능한 것으로 격상시켰다. 더 정확히 말하면, 변화는 고통을 말하고 보여주는 과정에서 일어나므로, 고통은 오프라가 토크쇼의 품위를 격상시키기 전에 이미 제기된 동기라 할 수 있다.

예컨대 1992년 오프라는 급우들의 조롱 때문에 거의 평생 동안 그 상처를 안고 살아온 사람들을 초대했다. 이 게스트들은 어린 시절에 어떻게 상처받았고, 그 상처를 어떻게 안고 살았는지에 대해 숨김없이 증언했다. 그야말로 가슴 아픈 증언이었다.

게스트들의 이야기가 끝부분에 이르자 분위기가 감정적으로 숙연해지고 토크쇼의 도덕적 합리화가 뒤따랐다. 즉, 악의적 조롱의 '피해자들' 이 '가해자들'과 대면하면서 게스트들의 이야기는 끝났다. 가해자들은 죄책감을 느끼고 후회한다고 말했다. 텔레비전을 통해서 생생하게 전달된 이런 고백은 게스트들의 아물지 않은 상처를 치유해주었고, 정상을 되찾은 삶을 더 즐겁게 살게 해주는 새로운 동기가 되었다.

물리적이고 감정적인 변화는 이야기에서 제기된 갈등을 해소한다. 형식적인 의미에서는 이야기가 끝났기 때문이고, 도덕적 의미에서는 상처 입은 사람이 회복되었기 때문이다. 또한 이런 회복은 상처를 치유하고 훼손된 관계를 복원시키는 데 도움을 주기 때문에 토크쇼의 도덕성을 합리화시켜주는 역할도 한다.

물론 이런 이야기가 홀로코스트의 이야기만큼 큰 도덕적 위력을 갖지는 못한다. 하지만 자아와 관계의 변화를 도모한다는 동일한 목적을 갖는다. 따라서 변화라는 주제는 다양한 형태를 띠면서 물리적 변화(화장, 의상, 헤어스타일), 다이어트, 가구, 건강, 재테크, 교육, 결혼, 노동의 성과, 정신 건강 등 다양한 분야에 적용된다.

이 모든 것들이 삶을 변화시키기 위해 무엇인가를 배워야 할 분야와 조언의 대상이 된다. 예컨대 '머리카락이 너무 긴 남자'라는 제목으로 방영된 2000년의 토크쇼에서, 오프라는 아들, 애인, 남자 형제, 남편의 몸에서 '털이 난 부분(콧수염, 턱수염, 머리카락)'을 바꾸고 싶은 여자들을 무대에 초대했다.

그 남자들은 처음엔 원래의 모습으로 무대에 소개되었고, 곧 분장실로 안내되어 변화된 모습으로 다시 무대에 나왔다. 현격한 변화가 있었고 당연히 외모가 눈에 띄게 달라보였다.

여기에서도 우리는 오프라의 스타일이 확인할 수 있다. '털이 난 부분'이 가정과 친근한 관계에서 대화거리, 곧 다툼거리로 소개되었다. 머리를 다듬고, 콧수염을 밀어버리는 행위는 남자에게 이중의 변화를 가져온다. 외모가 변하고, 가까운 사람과의 관계가 더 친밀하게 변한다. 오프라 토크쇼의 즐거움은 게스트들과 그들의 관계에서 물리적으로나 심리적으로 일어나는 즉각적인 변화에서 비롯되고, 그 변화는 그들의 관계를 더욱 돈독하게 만든다.

변화를 위한 몇 가지 방법들

오프라 윈프리는 스튜디오에 있는 참여자들에게만 변화를 요구하는 데 그치지 않고, 토크쇼를 시청하는 시청자들에게도 변화를 요구한다. 오프라는 집에 앉아 텔레비전을 보는 시청자들에게도 삶에서 변화를 일으키라고 독려하기 위해서 능동적 수법을 사용한다.

예컨대 성폭행당한 여자들을 다루고 그런 여자들이 곤경에서 벗어날 수 있는 방법을 다룬 토크쇼에서 오프라는 시청자들에게 이렇게 말했다.

"프로듀서인 수전에게 말했습니다. '오늘 우리는 사람들에게 도움을 주려 합니다. 그러니까 어떻게 탈출을 시작할 수 있는가라는 의문에 답을 주려 합니다'고 말입니다. 따라서 오늘 우리는 폭력적인 남자에게서 벗어날 수 있는 방법을 여러분에게 알려드리겠습니다."

오프라 윈프리의 전형적인 어법이다. 즉, 토크쇼의 제작팀을 언급함으로써 오프라는 자신과 시청자 사이에 신뢰할 수 있는 관계를 구축한다. 따라서 오프라는 집에 있는 청중에게도 일상적으로 대화하듯이 허심탄회하게 말할 수 있고, 그 덕분에 신뢰와 배려에 기초한 관계를 형성할 수 있다. 오프라는 시청자들에게 "폭력적인 남편은 버려도 괜찮다"

며 도덕적으로 정당화시켜주고, 그런 남편을 버리는 방법까지 알려준다. 이런 식으로 오프라는 여성이 삶에서 부딪히는 구체적인 상황까지 개입한다.

T. 모델스키(T. Modelski)는 멜로드라마를 분석한 논문에서 "많은 여성에게, 가족은 유일한 지지기반이다. 멜로드라마는 가족의 영속성을 보장해주는 듯한 분위기를 띤다"고 주장했다.

그러나 오프라 윈프리는 가족의 변덕스럽고 불확실한 면을 여성에게 부각시키면서, 여성이 유일하게 의지할 수 있는 '불변의 것'은 자아, 즉 건강하고 자립적인 자아뿐이라고 주장한다.

이런 생각은 오프라의 세계관을 이루는 중심축인 동시에, 오프라가 게스트나 시청자와 관계를 구축하는 방법의 열쇠이기도 하다. 자아에 대한 생각을 피력해가면서 오프라는 독창적이지는 않아도 잘 정돈된 세계관을 발전시켜 나아갔다. 오프라가 제시하는 중요한 생각 중 하나는 "모두가 위대해질 수 있는 힘을 갖고 있다. 오늘 시작하라! 당신을 다른 사람에게 아낌없이 투자함으로써 당신의 삶을 의미 있게 만들어 갈 수 있다"이다.

오프라가 자아를 정신에 두고 있다는 점을 고려할 때, 오프라가 자아에게 스스로를 조절할 수 있는 힘을 부여한다고 해서 놀라울 것은 조금도 없다. 이런 자기계발적 담론에 영적인 면이 덧씌워진다. 즉, 삶에서 의미와 목표의식을 추구하라는 조언이다.

오프라가 제시한 삶의 의미들은 뉴에이지 운동에서 흔히 찾을 수 있다. 뉴에이지 운동에 따르면, 영성은 전통을 통해 물려받는 것이 아니라 개인적으로 성취해야 하는 것이다. 뉴에이지에서 말하는 영성은 정반대의 것들을 통합시킨다. 즉, 우리를 더 큰 완전체에 연결시켜주기도 하지만, 우리에게 '내면에 깃든 자아'와도 긴밀한 관계를 가지라고 요구한다. 폴 힐라스(Paul Heelas)가 뉴에이지 운동에 대한 연구 논문에서 밝혔듯이, "뉴에이지는 믿음의 도약을 요구하지 않는다는 점에서 많은 사람에게 공감을 얻고 있다. 기본적으로 참여하기만 하면 장벽을 경험함과 동시에 가능성까지 몸으로 체득할 수 있다."

이와 유사하게 오프라는 우리에게 자아를 마음껏 경험하라고 요구한다. 그렇게 할 때 자아와 타자의 변화가 일어날 것이라며! 따라서 여기에서 나는 오프라가 이런 자기변화를 독려하기 위해서 사용하는 몇 가지 기법을 분석해보려고 한다.

스스로 변화를 찾아내게 하다

게스트들 사이의 대면, 게스트의 외모 바꾸기, 능동적 언어 이외에 오프라는 치유적 인터뷰라는 기법을 사용해서 심리적 변화를 꾀한다. 예를 들어보자.

레인: 더 이상 견딜 수가 없어요. 내 나이 이제 서른넷입니다. 내가 괜찮은 여자라는 것도 압니다. 감정도 풍부하고요. 언젠가는 내 사랑을 소중히 여겨줄 사람을 만날 겁니다. 내 사랑을 이용하지 않는 사람을요! 언젠가는 나도 정신을 차릴 테니까요.

오프라: 예, 당신은 잘 알고 있군요. 그 남자가 당신을 맘대로 조종하고, 당신을 이용하며, 당신에게 거짓말을 한다는 것도요. 그러니까 그 남자는 "거기에 있을 거야"라고 말하지만 거기에 없는 거죠.

레인: 그래요, 맞아요.

오프라: 당신은 기다리고 또 기다립니다. 하염없이 기다립니다. 그런데 그 남자가 문을 따고 들어오면, 당신은 모든 걸 잊어버려요, 그렇죠?

레인: 모든 게 원점으로 돌아가버립니다. 조금 전의 분노가 완전히 사라진다고요.

오프라: 대체 그가 집에 들어와서 뭘 하길래, 당신은 모든 고민과 고통을 잊게 되나요?

레인: 그냥 있을 뿐입니다. 그냥요. 그는 집에 와서 내게 한마디도 할 필요가 없어요. 그냥 있기만 해도 돼요. 그냥 있기만 하면.

오프라: 그걸로 당신은 구원받았다고 느끼는 모양이죠.

레인: 그렇게까지는 아닙니다. 다만 안도할 수 있을 뿐입니다. 그가 곁에 있는 것만으로도 기쁘니까요.

오프라: 그렇군요.

레인: 구원받았다는 기분까지는 아닙니다.

오프라: 하여간 그 남자가 집에 있을 때 당신은 나름대로 당신 시간을 즐깁니까? 아니면 "그가 곧 떠날 거야. 그럼 다시 고민에 빠지겠지"라는 두려움에 사로잡혀 시간을 보내지는 않습니까?

위의 예에서 보듯이 오프라의 치유적 인터뷰 기법은 게스트의 말을 되풀이하고 게스트의 자기인식에 은근히 반론을 제기하면서 게스트에게 자기반성을 요구한다. 또한 오프라는 게스트에게 어떤 감정을 실제로 느끼는지 명확히 하라고 촉구하고, 그런 감정들을 구분해서 그의 행동에 영향을 주는 감정이 무엇인지 찾아내도록 유도한다.

오프라는 이런 식으로 게스트를 자기반성의 과정으로 끌어간다. 요컨대 오프라는 게스트와 청중에게 그들의 감정과 가치관에 대해 돌이켜보기를 요구하면서 그들의 자아상을 전면에 부각시킨다.

오프라: 좋습니다. 여러분이 정말로 이렇게 해보았으면 좋겠군요. 텔레비전에 출연한 사람들에게 '이런 질문을 당신 자신에게 해보십시오' 라고 말하지만 실제로 그렇게 하는 사람은 별로 없으니까요. 하지만 진정으로 이런 질문을 여러분 스스로에게 던져보시기 바랍니다. 당신이 자신에 대해 갖는 이미지가 다른 사람이 당신에 대해 갖는 이미지와 일치하나요?

여자 1: 나는 무척 상냥한 편이라 생각합니다. 목적지향적이기도 하고요. 내가 뭘 하는지도 알고, 그 목적을 성취하기 위해서라면 어떤 일이라도 할 겁니다. 하지만 나는 말다툼을 별로 좋아하는 편이 아닙니다.

오프라: 방금 지분이 하는 말을 들었겠죠. 당신도 서분을 그렇게 생각하나요?

타미 슈스터(여자 1의 친구): 아니요, 전혀! 이 토크쇼가 끝난 후에도 그녀가 나와 친구이기를 바랄 뿐이에요.

오프라: 당신이 그녀를 그런 식으로 생각지 않기 때문인가요?

슈스터: 나는 그녀를 편집광이라 생각합니다. 속임수를 곧잘 쓰고 음흉한 편이기도 하고요. 아주 비열할 때도 있습니다.

현실에 대한 우리 인식이 그런 현실을 만든다는 전제하에, 오프라의 쇼는 자기반성을 통해 변하라고 가르친다. 위의 경우처럼 게스트가 게스트에게 자기반성을 강요하기도 한다. 가령 스타급 게스트 중 한 명(과거에 성폭행당해 중독에 빠졌지만 전문가로 변신한 이얀라)은 "따라서 그 남자에 대한 당신의 인식이 그 남자에 대한 당신의 생각을 만들어냅니다"고 조언했다.

한편 한 어머니와 그녀가 초대한 손님 사이의 갈등을 다룬 토크쇼에서, 필 맥그로는 그들이 서로 대화를 나누고 말다툼까지 벌이게 하며 관계의 변화를 유도했다. 또한 자기인식에서의 변화가 인간관계의 변화를 가져온다는 전제하에 어머니에게 말투를 반성해보라고 권했다.

그녀가 아들에게 '위압적인 말투'를 사용한다는 사실을 인식하고 그런 말투를 고치겠다는 어머니의 반성으로 토크쇼는 자기수행적 변화를 보여주었다.

그러나 심리 치유사들은 이런 식의 상호작용에 내재된 자기변화의 가능성을 일축하는 편이다. 프레더릭 손(Frederick Thirne)이 『심리학 저널』에 발표한 논문을 인용해서, 조지 마이어는 "전문가 게스트들이 제공하는 조언을 평가해보면 일부는 설득력이 없고 비현실적이다. 특정한 집단의 여자들에게 항상 적합한 것도 아니다. 검증되지 않고 부적절한 개념들이 감상적인 호소력을 가질 수는 있지만 과학적 근거가 희박해서 자칫하면 큰 피해를 안겨줄 수도 있다"고 말했다.

그러나 나는 이런 주장에 동의하지 않는다. 오히려 이런 주장이 맞다면 토크쇼만이 아니라 일반 심리학자들에게도 똑같은 지적이 있어야 할 것이다. 즉 토크쇼 밖에서 활동하는 전문가들의 조언들도 설득력이 없고 과학적 근거가 희박하며, 특정 집단의 여자들에게 적합지 않다고 말할 수 있어야 한다.

따라서 이런 비판이 맞다면 심리학 상담 전체에 주어져야 마땅하다. 게다가 내 생각에는 대중심리학이 공중된 상담자들이 갖춘 지식보다는 전문 심리학에 더 가까운 듯하다.

예컨대 가족 치유는 대화의 유도를 목적으로 하고 있어, 대화를 통한 배우자나 자식과의 상호인식을 통해 자기인식을 끌어낸다. 그러나 오프라 윈프리는 심리 치유사처럼 게스트와 시청자들에게 끊임없는 자기 반성적 관찰을 요구하며, 감정과 정체성을 전면에 부각시킨다.

"이 토크쇼에서 우리는 여러분이 자신에 대해 생각해보고, 현재 자신이 마음에 들지 않으면 자신을 변화시킬 수 있는 방법이 무엇인지 생각해볼 기회를 주려 합니다. 이제 모두가 스스로 몇 가지 질문을 해보십니다. '내가 누구인가?' 를 알아보기 위해서 말입니다."

우리 생각과 감정을 되살펴보라는 치유적 명령을 주면서, 오프라는 시청자들에게 미리 작성한 질문에 답하는 형식으로 과거를 돌이켜보라고 권한다.

"이 자리에 앉아 있는 사람들은 바로 1시간 전에 성격 검사를 받았습니다. 그들이 무슨 이유로 그렇게 행동하는가에 대해서 좀 더 정확히 알아보려고 말입니다. 이제 우리는 집에 계신 여러분에게 비슷한 검사를 하려 합니다. 몇 분만 투자하면 여러분은 자신의 성격에 대해 더 많이 알게 될 겁니다. 여러분이 자신에게 그렇게 애착을 갖는 이유, 또한 관계와 직업, 가족을 그렇게 사랑하는 이유도 알게 될 겁니다."

『오 매거진』에서도 유사한 치유적 권고가 보인다. 예컨대 필 맥그로는 한 칼럼에서, 관계가 틀어진 부부에게 잠자리에 들기 전에 '약속' 을 하라고 권한다.

"당신과 남편이 각자 간절히 바라는 것 40가지를 종이에 써보십시오. 머리를 맞대고 작성하지는 마십시오. 각자 바라는 것을 완성한 후에 서로 바꿔 읽어보십시오."

이 기법의 목적은 부부관계를 회복하기 위해서 그들이 삶에서 소중히 생각하는 것을 상대의 관점에서 재평가하는 데 있다.

치유의 기법을 다룬 수많은 책들과 논문이나 워크숍과 비슷하게, 오프라의 토크쇼도 반성적 자기인식을 통해서 감정적 성격과 행동을 변화시키는 데 목적을 둔다. 여성을 겨냥한 대중문화의 다른 영역들과 마찬가지로, 오프라 윈프리는 감정에 적절한 이름을 붙이기 위한 분석의 틀을 제시하면서 감정의 합리적 관리를 권고하고, 그 원인을 찾아내서 자기관찰과 자기이해의 과정에 결합시킨다.

전문 심리학과 대중문화 사이의 경계가 생각보다 경직된 이유가 바로 여기에 있다. 실제로 20세기 내내 심리학자들은 정신건강의 진작을 위해서 업무관계부터 가족에 이르기까지 다양한 사회 영역에 대한 의견을 피력하고 입법에 관여하며 판결까지 내렸다.

또한 그들의 세계관과 기법은 매스미디어를 통해서 널리 대중화되었다. 한마디로 심리학자들은 '정신건강'과 '건강한 관계'에 관련된 의학적 모델을 통해서 문화적 권위를 행사했다. 따라서 정신건강과 건강한 관계는 유능하고 가치 있는 자아를 정의할 때도 반드시 필요한 개념이 되었다.

'감정의 건강'은 데리다 개념에서의 '시니피에(記意)' 역할을 하기 때문에 강력한 문화적 주제이다. 데리다 개념에서의 시니피에는 수많은 '시니피앙(記標)'와 관계되는 의미를 가리킨다. '건강'은 어떤 것, 즉 모든 것일 수 있다. 많은 섹스 상대를 갖는 것일 수도 있고, 고등학교 시절의 애인과 결혼하는 것일 수도 있다. 일에 만족하는 것일 수도 있고 성공을 갈구하는 것일 수도 있다. 물론 겸손한 것일 수도 있고 거꾸로 독단적인 것일 수도 있다.

또한 사회적 규범을 준수하는 것이 '건강'일 수 있고, 사회적 규범을 깨는 것도 '건강'일 수 있다. 따라서 감정의 건강은 안정된 문화 범주가 아닌 듯하다.

오프라 윈프리가 이 주제를 거의 무한한 형태로 토크쇼에서 다루듯이, '감정의 건강'은 변화무쌍한 시니피에이며, 뚜렷한 의미로 고정될 수 없다는 사실에서 그 힘이 나온다. 삶에서 '느끼는 것'과는 다르다. 건강을 갈구하는 것 자체가 자아를 가치 있게 만든다. 스스로 회복되어야 하는 자아는 두 가지 조건을 만족시켜야 한다. 가까운 관계를 회복시켜야 하고, 그 관계는 자립적인 방법으로 회복되어야 한다. 따라서 오프라의 세계관에서 중심축으로 이루는 자기계발정신은 두 가지 문화

영역을 활용하고 결합시킨다. 하나는 감정의 건강에 속하는 영역이고 다른 하나는 자립의 영역이다. 미국 문화에서 후자, 즉 자립은 도덕적으로나 사회적으로 유능한 자아를 가리키는 핵심어이다.

자아를 이처럼 의지주의적으로 해석하는 관점은 자기계발정신을 강조하는 미국인들의 전통에 부분적으로 근거한 듯하다. 실제로 자기계발정신은 '자립'을 누구도 거역할 수 없는 신의 명령으로 받아들이는 엄격한 프로테스탄트 정신, 그리고 미국은 처음에 강력한 제도적 지원 없이 자력으로 일어났다는 사실에 뿌리를 둔다.

1장에서 이미 언급했듯이, 오프라 윈프리는 호레이쇼 앨서를 철저하게 모방하면서 자기계발의 의미를 여성화시켜 왔다. 오프라가 우리에게 바꾸라고 요구하는 것은 도덕적 기질이나 행동이 아니라 자아에 깃든 내면의 심리세계이다.

오프라가 19세기의 자기계발 방식을 어떻게 뒤틀었는지 살펴보려면, 새뮤얼 스마일즈(Samuel Smiles)가 1859년에 쓴 유명한 《자조론(Self-help)》과 오프라를 비교해보면 된다.

이 책은 미천한 신분에서 명성과 부를 거둔 사람들의 전기적 삶을 다룬 것으로, 빅토리아 시대에 요구된 개인의 책임을 훌륭하게 보여준다. 19세기 특유의 낙관적 사고방식을 보여주며 스마일즈는 "대중의 틈에서 우뚝 일어나 남들과 다른 모습을 보여주는 사람들의 역동적 행위"에서 자기계발정신을 찾았다. 그런 사람들은 고귀한 생각을 품고 있어 근면과 성실, '진정으로 고결하고 남자다운 성품'의 전범(典範)이라 할 수 있다.

스마일즈의 주장에 따르면, 자기계발의 힘은 각자가 스스로 성취하려는 힘이며, "가장 비천한 사람도 남에게 의지하지 않고 혼자 힘으로 열심히 노력하면 소중한 능력과 굳건한 명성을 얻을 수 있다"는 점에서 민주적이기도 하다. 오프라의 자기계발정신도 사회의 하층민들에게 근면과 굳은 의지로 일하면 높은 자리에 오를 수 있다는 희망을 심어준다는 점에서 민주적이라 할 수 있다.

그러나 오프라의 자기계발정신에는 과거에는 없었던 새로운 요소가 포함되어 있다. 스마일즈의 자기계발정신이 자아가 자본주의 시장에 뛰어드는 데 도움을 주는 목적이었다면, 자기계발을 요구하는 오프라의 담론은 이미 자본주의에게 버림받은 자아(실업, 스트레스, 과중한 업무, 공동체의 파괴,도덕적 무질서)에게 새로운 힘을 부여하는 데 목적을 둔다.

게다가 오프라의 자기계발정신은 노동현장이나 세속적 성공에 큰 관심을 두지 않는다. 오히려 오프라가 지향하는 목표는 자아가 노동에서 친밀한 관계, 섹스, 자긍심(가족 관계에서 특히 강조된다)에 이르기까지 삶의 모든 영역에서 올바른 기능을 회복하도록 돕는 데 있다.

19세기의 자기계발은 노동 세계에서 큰 성과를 내기 위해서 목표와 인내와 도덕을 강조한 반면에 오프라는 '정신건강'이란 이름으로 삶의 많은 영역에서 변신을 거듭하는 자아를 요구한다.

19세기의 자기계발정신은 명확히 규정된 도덕적 자질, 즉 궁극적으로 공동체에 도움을 줄 수 있는 자제심, 근면 등 도덕적 자질을 함양시키라고 요구한 반면에, 현대의 자기계발정신은 주로 여성을 겨냥하고 있다.

달리 말하면 여성에게 가깝지만 '건강한' 관계를 만들어가라고 요구한다. 끝으로 스마일즈의 자기계발정신은 정직, 의지력, 단호한 의지 등 도덕적 성품을 강조하지만 오프라 윈프리는 치유의 언어와 뉴에이지 심리학을 주로 사용한다. 상처받고 실패한 자아라도 전문가와 영적 지도자의 안내를 받으면 감정적 '힘의 부여'로 새로운 담론과 역동성을 낳기 때문에, 실패한 자아는 오프라 윈프리를 비롯한 전반적인 치유에서 주된 주제가 된다.

　개인적인 자기계발이란 청교도 전통에 뿌리를 둔 자기계발정신이 치유사들의 담론에 흡수되었고, 치유사들은 여기에 그들의 권위를 더해서 정신적이고 육체적인 건강의 함양을 요구해왔다. 특히 주목되는 현상은 영적인 지도자들이 특정 기존 종교와 아무런 관계를 갖지 않는다는 점이다.

　그런데 자기변화에 대한 19세기 해석과 현재의 해석 사이에는 또 하나의 큰 차이가 있다. 19세기 해석은 남성 중심적인 데 반해서 현재의 해석은 '페미니즘 문화'에 뿌리를 두고 있다는 점이다.

　"여성은 치유산업에서 상담, 약물치료, 자기계발 서적, 지원집단의 주된 소비자이다."

　그 이유는 무엇보다 과거 200년 동안 여성은 사회에서, 더 정확히 말하면 가정의 안팎에서 감정을 억제해야 하는 '감정노동(emotional work)'을 주로 맡아왔기 때문이다. 자기계발 운동을 연구한 웬디 시먼즈(Wendy Simonds)의 주장에 따르면, 여성은 영감과 위안을 얻고 설명과 자기확신을 찾으려고 자기계발 서적에 눈을 돌렸다.

　그러나 자기계발 운동이 여성에게 호응을 얻은 직접적인 이유는 자기계발 서적이 자기관리기법을 제시하고, 여성의 정체성을 만들어가는 데 필연적으로 부딪히는 갈등을 해소시켜줄 것처럼 보였기 때문이다.

　오프라의 자기계발정신도 여성에게 뜨거운 호응을 얻었다. 여성에게 주어진 두 문화 영역, 즉 자유와 자립이란 문화와 친밀과 배려라는 문화를 포함하며 결합시켰기 때문이다. 또한 오프라는 자기관찰과 감정조절을 통해서 자아가 감정의 독립을 이루어낼 수 있고, 감정의 독립은 더 강하고 더 나은 애정으로 발전할 수 있다고 주장한다. 자기계발정신의 이런 이중적 면모는 '오프라 윈프리 쇼'에서 유감없이 전개되면서 자립을 강조하는 동시에 상처받은 연대감을 회복시키고 있다.

삶을 변화시키려는 의지

오프라가 삶의 이야기를 자기계발 이야기로 다시 쓰고 자기관찰 기법을 가르쳐주기 위해서 흔히 사용하는 가장 흥미로운 기법 중 하나는 대중심리학에 대한 철저한 믿음이다. 오프라는 토크쇼를 처음 시작할 때부터 대중심리학을 철저하게 신뢰했다. 오프라는 자전적 이야기를 '다시 쓰고', 중심이 되는 텍스트로 구성되는 일시적인 이야기들을 만들어내기 위한 틀로 대중심리학을 활용했다.

오프라는, 쓰여진 텍스트(자기계발을 위한 조언서나 소설)을 중심으로 일시적인 공동체를 형성함으로써 자아가 자신의 이야기를 다시 쓰고 다른 사람들을 위해서 그리고 다른 사람들과 더불어 변화를 꾀하는 텔레비전 장르를 만들어냈다.

텍스트와 이야기가 서로를 만들어가는 방법을 보여주는 예로, 나는 로빈 노우드의 자기계발서 《너무 사랑하는 여자들(*Women Who Love Too Much*)》를 다룬 토크쇼를 분석해보려 한다. 역동적 심리학(dynamic psychology)에서 가장 널리 알려진 이론에 근거해서, 노우드는 "베풀지 않는 남자 때문에 불행한 여자는 대체로 그 남자를 지나칠 정도로 사랑하고, 충분히 사랑받지 못하던 시절인 불행했던 어린 시절을 재현한다"고 주장했다.

이렇게 감정적으로 학대당한 여자들은 사랑의 결핍증을 치유하는 데 도움을 줄 수 있는 관계를 갈구하며, 자칫하면 '중독증'에 빠진다. 결국 관계를 원하지만 그 관계는 완전한 사랑일 수 없고, 평등은 '중독'에 불과하다. 여기에서 로빈 노우드는 회복운동의 동어반복적 특징을 고스란히 보이면서, 단순하지만 강력한 문화적 모체를 제시한다.

달리 말하면, 불행하지만 낭만적인 이야기를 서술하고 설명하는 동시에 관련된 여자들에게 대안적 성격을 띤 자전적 이야기('중독을 이겨낸 이야기')를 제시해준다. 중세를 전공한 역사학자 브리이언 스토크(Brian Stock)의 말을 적절히 뒤바꿔서, 노우드의 책을 다룬 토크쇼에서 오프라는 텍스트와 감정을 뒤섞어 하나의 공동체를 만들었다.

즉, 주어진 텍스트(로빈 노우드의 책)가 일종의 틀이 되고, 그 틀을 중심으로 여자들이 감정적 전기를 만들어, 상상 속의 여성 공동체에게 유사한 전기적 이야기를 부여한다는 뜻이다. 오프라의 쇼는 여자들의 이야기가 재구성되는 상징적 도구이기도 하지만, 오프라 윈프리는 여자들의 이야기를 다시 쓰고 상상의 공동체를 만들어내기 위해서 이미 쓰여진 텍스트(주로 대중심리학을 다룬 텍스트)를 빈번하게 사용한다.

예컨대 로빈 노우드와 그녀의 책을 소개하면서 오프라는 "오늘 우리는 너무 사랑했던 여인들에게 말을 해보려 합니다. 오늘 이 쇼를 시청하는 여러분도 인생의 어느 시점에서 이런 경험을 했으리라 믿습니다. 물론 여러분 모두는 아니겠지만 대다수가 그런 경험을 했을 것입니다"고 말했다.

이런 틀짜기는 이야기 구조만이 아니라 상상의 공동체까지 만들어낸다. 상상의 공동체는 삶에 대한 이야기에서 의미를 찾아내서 그 이야기를 관리하려는 개인들이 받아들이고 공유할 수 있는 특별한 이야기 구조에서 만들어진다. 이 상상의 공동체는 여성이 남자 때문에 불행한 이유를 합리적으로 설명해주고 개인적 관계의 실패를 집단의 문제로 전환시키기 때문에 여성에게 힘을 북돋워줄 수 있다. 감정은 그 공동체의 구성원들을 결속시켜주는 '접착제'이다. 더 정확히 말하면, 감정을 이야기하는 방법을 공유함으로써 하나의 집단이 만들어진다.

그로부터 10년 후, '감성지능(Emotional Intelligence)'으로 일하기를 다룬 토크쇼에서 오프라는 아주 유사한 방법을 사용했다. 오프라는 대중심리학 책의 저자인 다니엘 골먼(Daniel Goleman)을 초대했고, 초대한 여자들의 신상 이야기들을 재구성하는 데 사용할 감정의 결합을 위해서 그의 텍스트를 이용했다.

> **셔메인**: 나는 직업훈련학교에 다니고 있었습니다. 그런데 누군가 내게 《감성지능》이라는 책을 주었습니다. 나는 그 책을 읽었고, 내 삶에서 변화를 추구하기 시작했습니다. 모든 것이 내게 유리하게 변했습니다. 개인적으로도 좋았지만 업무성과도 한결 좋아졌습니다. 나는 곧 승진될 예정입니다. 거기에 도달하려고 무척 열심히 일했으니까.
> **오프라**: 대단하십니다. 정말 멋집니다. 삶 전체가 더 나아졌군요.
> **골먼**: 셔메인 양은 운명의 수레바퀴를 바꿔놓았습니다. 문제가 생기자 그 문제가 무엇인지 깨달았던 겁니다. 그래서 달라지려고 그런 노력을 했던 겁니다.
> **오프라**: 그럼 감성적으로 영리하려면 자기인식이 있어야 한다는 뜻인가요?
> **골먼**: 자기인식이 첫걸음입니다.

이 이야기는 앞의 이야기와 동일한 구조를 갖는다. 그러나 핵심적인 문제는 달라졌다. 즉 이번에는 남자에게의 '중독'이 아니라 '감성지능'의 부족이다. 치유적 이야기가 자아의 문제를 서술해서 이야깃거리로 만드는 동시에 자아에게 특정한 '길(중독증에서 벗어나거나, 감성적으로 지혜로워져야 한다)'로 나아가도록 인도하는 식으로 치유적 이야기를 붙

잡아두는 역할을 하는 것이 바로 감성지능이다.

치유적 이야기는 고통받는 사람들을 하나의 공동체로 결속시켜주기도 하지만, 각자가 고유한 전기를 쓰고 만들어가는 데 도움을 주기도 한다. 이런 공동체는 특정한 책을 중심으로 이루어진다는 점에서 텍스트적 공동체라 할 수 있지만, 자아에 대한 이야기를 대중 앞에서 말한다는 점에서는 구술적 공동체가 된다.

고통과 고통받는 사람으로 이루어진 가상의 공동체를 만들어내는 오프라의 기법은 곳곳에 산재한 지원집단의 가세로 더욱 힘을 얻는다. 지원십난은 오쓰라식의 치유방식, 즉 자아가 그 곤경을 고백함으로써, 또 그 실패를 결코 비판적이지 않는 타인의 시선에 고스란히 드러냄으로써 힘을 얻을 수 있다는 치유방식에 참여한다.

게스트들은 토크쇼에 참여해서, 그들을 도와주고 싶다는 오프라의 주장을 곧이곧대로 받아들인다. 요컨대 게스트들은 그들에게 힘을 북돋워주려는 오프라의 자기선언적 의도를 액면 그대로 받아들일 뿐 아니라, 그 의도를 가슴에 품고 삶을 변화시키려는 의지까지 갖는다.

거울요법

감정의 건강을 향상시키려는 새로운 소명을 실천하면서 '오프라 윈프리 쇼'는 시청자의 삶과 가정에 파고들었다. 과거에는 유례를 찾아보기 힘든 현상이었다.

초창기에 오프라의 쇼는 가정의 영역을 텔레비전 화면에 끌어왔지만, 나중에는 토크쇼 자체를 가정으로 가져가 가정생활의 부속품처럼 만들어버렸다.

'오프라 윈프리 쇼'는 텔레비전이 정체성의 일부가 되어가는 과정을 잘 보여준다. 게스트들의 감정적인 삶은 테크놀로지, 매스미디어화된 이야기, 그리고 자본과 연계되어 가공되고 변형된다.

이런 변화를 유도하는 가장 독창적인 기법 중 하나는 텔레비전을 자아에 '접목' 시키는 데 있다. 달리 말하면, 변화를 능동적으로 유도하는 매개체로 텔레비전 자체를 만들어가는 방법이다.

텔레비전의 시각적인 특징이 회귀성을 유도하도록 꾸며진다면 이런 목적은 어렵지 않게 성취된다. 대표적인 예를 들어보자.

오프라: 에디 레이놀즈는 최근에 이얀라가 출연한 토크쇼를 보고 짙은 안개에서 벗어난 듯한 느낌을 받았다는 편지를 보내왔습니다. 이런 보람 때문에 우리가 이 프로그램을 만드는 것입니다. 에디의 편지를 더 읽어볼까요.

에디: 오프라 씨, 당신과 제작자 모든 분께 정말 감사드리고 싶습니다. 오늘 토크쇼를 보고서야 내가 고심하고 있는 줄도 몰랐던 문제를 깨달았습니다. 저는 3년 전부터 깊은 관계에 빠져 있었습니다. 그런데 당신의 토크쇼를 보고, 이제 그 관계를 정리해야 할 때라고 결심하게 되었습니다. 내 눈을 뜨게 해주셔서 감사합니다. 당신은 저를 큰 불행에서 구해주셨습니다. 누군가와 마주보고 앉아 스테이크를 씹으며 불행한 것보다는 혼자 수프를 먹더라도 행복한 것이 더 나을 테니까요. 이제 제 삶에 큰 변화를 주어야 할 때가 된 듯합니다. (오프라, 에디 레이놀즈가 앉아 있는 스튜디오로 돌아간다.)

이얀라: 예, 그래서 당신은 어떻게 했나요?

에디: 나는 그 토크쇼를 녹화했고 새벽 2시 30분에 다시 보았습니다. 그리고 기록까지 해가며 연구했고, 테이프를 되돌려보면서 연구하고 또 연구했습니다. 그 토크쇼 이후로 거울을 볼 때마다 내 모습이 달라지는 것 같았습니다.

그녀의 한 부분이 현재의 나더군요. 깜짝 놀랐습니다. 내 자신을 돌이켜보았습니다. 내가 어떤 짓을 하고 있는지, 그래서 그녀에게 어떤 영향을 미치고 있는지, 또 그녀는 내게 어떤 영향을 주고 있는지 돌이켜보았습니다. 남자라면 누구나 최고가 되기를 바랄 테니까요. 당신도 그렇게 말하지 않았습니까, 그게 중요하다고.

이얀라: 그렇습니다.

에디: 그런데 또 하나 중요한 것이 있더군요, 바로 가치였습니다.

(에디에게 일어난 변화에 대한 토론이 있은 후, 이얀라는 다음과 같이 결론지었다.)

이얀라: 결국 당신은 무엇을 해야 하는지 깨달았군요.

이 토크쇼는 몇 가지 점에서 주목된다.

첫째, 에디 레이놀즈를 인터뷰한 사람이 이얀라 밴전트라는 점이다. 이얀라는 과거에 약물 중독자였고 성폭행을 당한 경험이 있었지만 그런 실패를 문화상품으로 승화시켰다.

요컨대 오프라가 끊임없이 주장하는 자기극복의 이야기로 베스트셀러 작가가 되었다. 이렇게 함으로써 오프라는 마치 복제를 만들어내서 공중해주고 자신의 권위와 기법을 다른 사람에게 전수할 수 있는 일종의 제도로 변신한다.

한편 동일한 게스트를 여러 차례 출연시킴으로써, 진행중인 이야기를 통해 자기변화의 과정을 추적하며 회복의 이야기를 만들어간다는 사실도 중요하다. 따라서 오프라가 자신의 삶을 진행중인 볼거리로 바꿔놓았듯이, 게스트도 점진적으로 이야기를 풀어간다.

또한 테크놀로지와 자전적 담론의 결합되면서 레이놀즈의 삶이 우리 앞에 펼쳐질 수 있었다는 점도 간과해서는 안 된다. 위에서 인용한 대화에서는 네 겹의 텍스트가 차례로 포개져 있다.

1) 에디 레이놀즈가 여자친구와 실패한 관계를 말하기 위해서 초대된 첫 토크쇼, 2) 에디가 비디오테이프로 녹화해서 집으로 가져가 자기 관찰을 통해 내적인 변화를 꾀하는 '거울'로 사용한 토크쇼, 3) 토크쇼를 본 후에 제작팀에게 감사할 뜻으로 오프라에게 보낸 편지로, 이 세 번째 텍스트는 새로운 게스트와 새로운 토크쇼를 제작하는 실마리가 되었다. 4) 네 번째 텍스트는 앞의 세 텍스트에 대한 평가, 그리고 에디의 변화 과정을 다루고 추적해서 궁극적으로는 시청자에게 변화를 촉구하는 역할을 한다.

따라서 이 토크쇼와 텔레비전의 관계는 시퀀스와 영화의 관계에 비유되는 듯하다. 즉 한 사람의 이야기가 거듭해서 소개되면서, 동일한 인물이 등장하는 여러 에피소드들이 실시간으로 전개되는 신상 이야기라는 효과를 자아낸다.

삶에서의 '실제' 시간과 스튜디오에서의 시간이 결합되면서 카메라와 스튜디오가 게스트의 가정까지 침투한다.

예를 들어 '여성과 분노'를 다룬 토크쇼의 속편, 즉 같은 주제로 같은 게스트가 출연한 토크쇼의 속편에서는 반복되는 '분노'를 이유로 출연한 여자들이 토크쇼의 한 부분을 차지한다.

이 속편에서는 전편이 방영된 후 제작진이 그 여자들의 집을 찾아가 그들이 자연스레, 즉 일상에서 화를 터뜨리는 모습을 카메라에 담은 장면들이 비춰진다.

여기에서도 다른 텍스트들이 '실시간'으로 전개되듯 짜인다. 즉, 게스트들이 여러 시점에서 자신들을 관찰하는 식으로 시청자들에게는 보인다. 이런 수법은 거울 같은 복제를 통해 이야기의 연속성과 충실성을 더해준다.

따라서 이런 토크쇼는 일상의 '실제' 시공간과 텔레비전 스튜디오의 시공간이 만나는 접점이 된다. 가정에서 혼돈과 분노를 고스란히 보여 주는 게스트들이 바로 자신의 모습을 보는 시청자가 되어, 가정이란 실제 공간에서 그들 자신을 관찰하는 기회를 갖는다.

이런 '거울요법(specular therapy)'의 실효성에 대한 의혹을 줄이기 위해서 동일한 게스트들을 두 번째, 때로는 세 번째 토크쇼에도 초대해서 그들이 겪은 변화를 증언하게 한다.

이처럼 변화를 유도하는 토크쇼의 치유적 기능을 더 확실히 보여주기 위해서 오프라는, 다른 사람들이 분노와 싸우는 것을 시청하면서 삶을 변화시키게 되었나고 증언하는 시청자들의 편지를 소개한다.

변화를 유도하는 토크쇼의 힘이 실제 시간과 스튜디오 시간, 즉 가정이란 공간과 텔레비전을 결합시키는 거울효과, 더 정확히 말하면 실제 시간을 스튜디오 시간에 끼워넣는 거울효과를 통해서 게스트와 시청자에게 나타난다. 시청자는 치유되어 게스트가 되고, 반대로 게스트는 텔레비전에 비친 자신을 지켜보면서 시청자가 된다.

이런 현상은 2장에서 지적했던 것, 즉 '오프라 윈프리 쇼'의 특징은 토크쇼에 다양한 형식으로 참여하는 사람들의 위치를 주고받게 하는 데 있다는 점을 잘 보여준다. 자기변화의 이야기가 역할 구조에서 새로운 형태를 띠면서 토크쇼를 만들어가기 때문이다.

물론 오프라 윈프리가 텔레비전을 보통 사람의 일상과 가정에 밀어넣은 첫 사람은 아니었다. 또한 실제 삶의 '시간'을 텔레비전에 끌어온 첫 사람도 아니었다.

1970년대 말 영국 다큐멘터리 전문채널에서 시작된 트렌드를 모방해서 텔레비전은 '실시간'의 삶을 방영하기 시작했다. 즉 일상의 공간에서 사람들을 추적해서 그들의 삶을 실시간으로 보여주는 식이었다.

그러나 이런 다큐멘터리물은 일상의 삶을 신중하고 조심스레 보여주려 한 반면에 오프라와 그녀의 토크쇼는 사람들에게 과감히 변화를 요구하는 입장을 취했다.

오프라 윈프리의 토크쇼만이 아니라 그녀의 페르소나가 텔레비전을 혁신적으로 바꿔놓았고, 도나 해러웨이(Donna Haraway)의 용어를 빌려 표현하면 그렇게 바꾼 텔레비전은 '사이보그', 즉 자아와 정체성의 테크놀로지적 부속물이 되었다.

오프라가 무대에 올린 자아는 인간과 테크놀로지가 절반씩 섞였다는 점에서 사이보그적이다. 텔레비전을 비롯해 오프라가 사용하는 다양한 테크놀로지가 현대인의 자아와 정체성에 '접목'되면서, 자아를 표현하고 수행하는 동시에 변화까지 시킨다.

사이보그적 존재는 다른 시대에 활동한 문화의 전달자와 다를 바가 없다. 오프라의 사이보그적 자아는 문화의 다른 영역들에 존재하는 요소들, 즉 치유적 담론과 뉴에이지의 담론을 통해서 행해진다.

오프라는 거대한 문화구조에서 다양한 테크놀로지와 영역을 통해 정체성을 굴절시키는 동시에 강력한 설득력을 지닌 자기계발 이야기를 통해서 자아를 가공처리하기도 한다.

우리가 다양한 담론의 세계를 넘나들며 확정적인 의미를 갖지 못하는 '노마드적 주체'가 되어버렸다고 주장하는 포스트모더니스트와 달리, 오프라는 자기계발과 향상을 추구하는 이야기에서 자아를 다시 중심에 두었다.

자기계발을 위한 하이퍼링크

북클럽에서 선정한 소설들, '오프라 윈프리 쇼', 웹사이트, 『오 매거진』은 서로 결합되어, 변화를 실질적으로 유도하는 문화적 모체를 이룬다. 오프라는 텍스트와 실제 경험을 결합시키는 도구로 위의 네 가지를 사용한다. 텍스트와 경험의 이런 결합은, 자기변화를 추구하는 문화적 텍스트와 문화적 수행이라는 틀 안에서 오프라의 문화행위가 행해진다는 사실에서 가능하다.

뒤에서 좀 더 자세히 살펴보겠지만, 이런 '수행(performance)'은 북클럽에서 선택된 책들과도 깊은 관계가 있다. 소설의 줄거리와 등장인물이 도덕에서 일정한 해답을 제시하지 않듯이, 독자들에게도 그런 소설 형식을 그들의 삶에 능동적으로 반영하도록 요구한다.

웹사이트에 게재된 소설에 대한 평가들을 분석해보면, 독자들은 이야기에 도덕적 딜레마로 반응하는 듯하다. 남편이 비행기를 직접 조종하다가 추락해서 사망한 아내의 이야기인 《파일럿의 아내(*The Pilot's Wife*)》를 예로 들어보자.

보험회사는 전면적인 조사를 벌인 덕분에, 그녀는 남편이 딴 여자와 살림을 차린 것을 알게 된다. 그 여자가 런던에 살고 있어 남편이 번질나게 런던을 드나들었던 것이다. 오프라 윈프리의 웹사이트에 쓰인 독자들의 반응을 보면 "당신과 함께 살고 있는 남자를 얼마나 믿을 수 없는 존재인지 가르쳐주는 소설이다"라거나, 정반대로 "내 남편이 얼마나 훌륭한 남편인지 깨닫게 해준 소설이다"는 식이었다.

독자들은 등장인물의 도덕적 가치관과 결정을 논의하며 그들의 삶에 직접적으로 반영하는 듯했다. 캐서린이 남편의 이중적 삶을 전혀 눈치채지 못했을까? 남자는 첫 아내를 더 사랑했을까, 아니면 감춰둔 여자

238

를 더 사랑했을까? 뒤늦게야 안 비밀이 그녀의 결혼생활에 어떤 의미를 주었을까?

달리 말하면, 독자들은 북클럽에서 선정한 책들을 근거로 기본적으로 도덕적인 의문을 제기하고 그 답을 찾으려 했다. 따라서 북클럽의 책들은 독자들의 삶에 쉽게 적용될 수 있었다.

다른 예를 들어보자. 《대양의 저 편》에 대한 반응은, 가족을 불행의 나락으로 떨어뜨린 유괴된 아들의 어머니인 베스를 비난할 수 있을까라는 의문에 집중되었다.

나는 처음 35쪽 가량을 읽으면서 눈물을 하염없이 흘렸다. 그때 나는 둘째아이를 임신하고 있었고, 소설 속의 벤과 같은 나이인 아들 샘을 두고 있었다.

나는 이 소설을 내게 일어난 비극처럼 읽었고, '나라면 그런 상황에서 어떻게 했을까'라는 생각을 떨쳐낼 수 없었다. 나는 강해지고 싶었다. 다른 자식들을 위해서라도 강해지고 싶었다. 하지만 내가 베스처럼 행동했을지는 정말 의문이다.

위의 글은 독자들이 등장인물과 자신을 어떻게 동일시하며, 그들의 행동이 야기하는 도덕적 문제를 어떻게 받아들이는지 보여주는 좋은 예다.

이 책은 많은 생각을 하게 만드는 책이다. 나라면 벤을 찾았을 때 벤이 다시 가족의 일원으로 돌아가길 원하지 않았을 때 어떻게 반응했을지 생각하지 않을 수 없었다.

물론 정답은 있을 수 없다. 모두를 행복하게 해줄 방법은 없다. 몇 년 뒤에라도 후편이 쓰여지길 바란다. 이야기가 어떻게 끝나는지 알고 싶으니까.

위에서 인용한 글들이 명백히 말하고 있듯이, 소설들의 이야기 구조는 오프라 토크쇼의 구조와 무척 유사하기 때문에 소설들이 독자를 끌어당기는 듯하다. 실제로 오프라의 쇼는 뚜렷한 도덕적 관점을 제시하지 않고 다양한 관점을 무대에서 펼쳐 보인다.

이렇게 구조적 다의성 덕분에 독자들은 소설 속의 이야기를 일상의 삶에 반영해서, 그들이 제기하는 도덕적 의문을 통해 소설 속의 이야기를 사실처럼 받아들인다. 오프라가 제기하는 문화적 행위의 도덕적 다의성으로 인해 삶, 언어, 텍스트, 미디어 테크놀로지, 전기적 이야기 등이 복삽하게 뒤얽힌다. 앞 상에서노 보았듯이, 여기에서도 이야기의 구조를 결정짓는 도덕적 코드가 치유적 코드와 뒤섞인다.

독자들은 곧 고통받는 사람들이라 할 수 있다. 그들과 텍스트의 관계 또는 텍스트의 해석이 치유적 기능을 갖는다. 요컨대 게스트와 독자의 불행에 대한 내밀한 이야기들을 비춰주고 그들의 생각을 바꿔가는 데 소설들이 사용되는 것이다. 소설 《하얀 죽엽도》에 대한 반응을 예로 들어보자.

캐나다에서 고아 양육 시스템의 혜택을 입은 사람으로서 나는 아스트리드(소설의 여주인공)에게 닥친 문제에 대해 약간은 말할 수 있는 위치에 있다. 내 수양 어머니도 안타까운 현상이지만 돈 때문에 그 시스템에 참여한 듯하다.
그러나 진정으로 아이들을 돌보고 도와주려는 마음에서 고아 양육 시스템에 참여한 가정도 많다는 사실을 잊어서는 안 된다. 모든 수양 부모를 똑같은 식으로 판단해서는 안 된다는 뜻이다. 자네트 피치(소설의 저자)는 이 소설로 훌륭한 일을 해냈다. 앞으로 더 많은 사람이 이 소설을 읽기를 바란다.

《하얀 죽엽도》는 애인을 살해한 죄로 교도소에 수감된 여인의 딸에 대한 이야기이다. 따라서 딸은 이 집 저 집을 떠돌아다닌다. 이런 삶으로 인해 소설의 여주인공인 아스트리드는 미국 사회의 병폐를 한 몸에 집약시킨 아이로 성장하고, 미국 가정이 해체되는 과정을 눈앞에서 지켜본다.

내게 《하얀 죽엽도》는 독서 의욕을 다시 고취시켜주었다. 내가 개인적으로 성장하는 데도 예기치 않은 영향을 주었다. 고통스러웠지만 긍정적인 결과를 안겨준 영향이었다. 게다가 너무나 아름다운 문체로 쓰여졌다. 소설이 끝나는 게 아쉬울 지경이었다. 어디를 가면 이 소설의 저자와 향후의 계획에 대해 알 수 있을까?

이 독자의 글에서도 소설들이 여성의 자아에 깊이 감춰진 면들을 건드리고 있다는 사실을 짐작할 수 있다. 토크쇼와 더불어 소설도 일상의 삶을 되돌아보며 변화시키는 데 사용된다. 중산층 여성이 이런 유형의 소설에서 기대하는 바람, 즉 자신의 정체성을 되돌아보고 새롭게 만들어가는 또 하나의 장이라 생각하기 때문에 이런 식의 접근은 매우 효과적이다.

나는 《하얀 죽엽도》에서 깊은 감명을 받았습니다. 그래서 내 남편을 설득해서 우리도 수양부모제도에 가입하기로 결심했습니다. 가입 신청을 하고, 차례가 오기를 기다리고 있습니다. 내가 듣기로는 이 부분에 많은 도움이 필요한 듯합니다.
※추신: 이 책을 읽는 동안에 길 잃은 개를 데려다 기르고 있습니다. 내가 그 개에게 뭐라고 이름을 붙였을까요? 아스트리드라고 붙였답니다.

텍스트를 받아들이는 방법에서는 문학평론가 루이즈 로젠블래트

(Louise Rosenblatt)가 '원심적 거래(efferent transaction)'라 칭한 방법, 즉 "열중해야 할 것을 찾는 데 주로 집중하는 독서법"이 주로 사용된다. 심지어 소설에서 최소한의 교훈적 면을 찾아 읽으려는 독자도 있다. 달리 말하면 실질적인 지침이나 특별한 지혜, 요컨대 웨인 부스가 현실의 삶에 적용할 만한 유용한 '잔재'라 칭한 것을 찾아내려는 독자가 적지 않다.

오프라의 시청자와 독자, 웹사이트 이용자는 넓게는 토크쇼 전체, 좁게는 북클럽에 도덕적 딜레마를 안고 접근하기 때문에 그런 '잔재'를 애써 찾아내려 한다. 그들에게 방향을 제시해주어야 할 가치에 대한 의혹도 품지만 자기계발정신에도 투철하다고 말할 수 있기 때문이다. 즉 그들이 삶을 살면서 겪은 문화적 경험의 단편들로 그들의 삶을 만들어가야 한다고 믿는다는 뜻이다.

재니스 래드웨이(Janice Radway)가 '중간층'의 문학을 정의하면서 사용한 '뜨거운 열정과 과대망상적인 즐거움'을 이런 독자들이 보여주는 이유는, 소설 속의 이야기들이 토크쇼에서 펼쳐지는 자아와 정체성과 자기계발의 추구라는 전기적 이야기와 무척 흡사하기 때문이다.

이 소설들은 "인물들이 구체적인 형태로 삶을 살아가듯이 아주 명쾌하고 뚜렷하게" 독자에게 다가간다. 소설을 이런 목적에서 사용하는 것은 '고독한 독자의 이데올로기'와는 완전히 배치된다. 이 이데올로기에 따르면, 독서행위는 사회와 일정한 거리를 두고, 저작의 독특한 정신과 독자의 고유한 정신이 만나는 행위이기 때문이다.

그런데 오프라는 독서를 기본적으로 사회적 행위로 파악하는 듯하다. 책이 타인에 의해 읽혀진다는 점에서 이런 해석이 틀린 것은 아니지만, 독서가 우리로 하여금 과거를 되돌아보게 만들고 타인과의 끈끈한 관계에 변화를 주게 만든다는 점에서는 다소 색다른 접근이다.

오프라 윈프리는 개인의 정체성을 만들어가고 관계를 형성해가는 데 방향과 개선점을 제시해주는 도구로 소설과 자기계발 서적 모두를 사용한다. 따라서 우리에게 나아갈 방향을 제시해주어야 하는 가치관에 의문을 제기하는 도덕적 이야기에 치유적 이야기가 끼어들고, 이런 점에서 치유적 이야기는 토크쇼의 문화적 코드와 긴밀하게 결합된다.

소설의 사용은 형식주의자의 입장에도 정면으로 배치된다. 부르디외(Pierre Bourdieu)에 따르면, 형식주의자의 입장은 독서, 예술, 문화에 대한 중상층의 입장을 대변하는 듯하다. 문화 사용자가 감정적이고 도덕적 내용과 동일시한다는 점에서 부르디외는 노동계급의 문화를 '참여적' 문화라 보았다.

그러나 여기에서 여성은 소설의 감정적 내용에 동화될 뿐 아니라 그들의 삶을 통해서 또한 그들의 삶에서 텍스트를 문자 그대로 고스란히 받아들여 재가공하면서 그들 자신을 이해하며 변화를 꾀한다. 그런데 중산층을 겨냥한 북클럽이 형식주의자의 '지식인'식 독해보다 문학을 더 진지하게 받아들이는 듯하다.

북클럽의 독자 · 시청자 · 사용자는 소설에서 지적인 즐거움을 누리기도 하지만, 소설 속의 이야기를 실질적으로 활용해서 그들의 삶을 돌이켜보고 소설 속의 이야기를 그들의 이야기로 만들어가고 있기 때문이다. 따라서 이런 중간 계층을 위한 책의 활용은 예술 철학자 아서 단토가 고급 문학에 부여한 소명에도 부합한다.

이런 점에서, 그 거울의 도움이 없다면 우리가 몰랐을 단면을 문학 작품은 보여준다. 문학 작품은 자아에서 생각지도 못한 부분을 들추어내기 때문이다. 문학은 어떤 이미지를 소극적으로 되돌려주기보다는 독자의 자의식을 변화시키는 거울이고, 독자는 문학 속의 이미지와 자신을 동일시함으로써 현재의 자신을 인식한다.

이런 점에서 문학은 변화를 유도하고, 어떤 의미로는 허구와 진실 사이의 구분을 초월한다. 헤로도토스(역사의 아버지라 불리는 그리스의 역사학자)와 에드워드 기번(1737~1794, 《로마제국쇠망사》를 쓴 영국의 역사학자)에는 모든 삶이 담겨 있다고 말할 수 있다.

내가 알고 있는 모든 문학적 틀을 넘어서서, 오프라는 "허구와 진실 사이의 구분을 초월하는 방향"을 추구해왔다. 따라서 오프라는 자아를 되돌아보고 새롭게 만들어가기 위해서 책을 사용하고 신뢰함으로써, 감정과 텍스트를 중심으로 짜인 일련의 공동체를 창조해왔다.

북클럽에서의 토론은 한 권의 책과 한 게스트의 신상 이야기를 뒤섞고 중첩시키는 식으로 이루어진다. 몇 가지 대표적인 예를 들어보자.

《지구, 여기에서》는 자상하고 착한 남자와 결혼한 여자를 주인공으로 한 소설이다. 여주인공은 어린 시절을 지낸 마을을 방문하면서, 사춘기 시절 사랑했던 남자와 다시 사랑에 빠진다. 그들의 뜨거운 관계에 곧 먹구름이 닥치면서 그 관계는 폭력적으로 변한다.

오프라 윈프리는 이 소설을 스튜디오로 가져와, 소설 속에 담긴 다양한 관점과 시각을 통해서, 요컨대 결론이 없는 도덕적 구조를 제시하며 소설의 줄거리가 독자·시청자의 심금을 울리도록 토크쇼를 꾸몄다.

오프라: 당신이 이 소설에서 당신 모습을 보았나요?

로렐리: 내가 관심 있게 본 사람은 리처드였습니다. 내 남편이 리처드처럼 착한 남자거든요.

오프라: 지금 36세인 신시아에게 《지구, 여기에서》가 10년을 함께 산 남편을 떠난 이유를 되살려주었다고 하는군요. 편안한 삶과 아름다운 집보다는 더

깊은 사랑을 찾아서 말입니다.

신시아: 지금 이별을 앞두고 있는 상황입니다. 내게 상처를 남기겠죠. 하지만 그럴 만한 가치가 있었습니다. 아름다운 기억으로 남을 테니까요.

오프라: 멜리사는 지금 32세인 전업주부입니다. 그녀는 사랑을 찾던 때의 심정을 편지로 알려왔습니다. 멜리사는 편지에서 "한 남자의 아내로서 나는 우리가 데이트하던 때의 뜨거운 열정을 계속 간직하려고 필사적으로 노력했습니다"고 말했습니다.

오프라: 가장 어린 게스트는 25세인 아만다입니다. 이 소설에서 10대인 딸의 심정에 대해 말해주겠습니다.

아만다: 내 상황은 내 어머니와 무척 비슷했습니다. 내 어머니는 마치였고, 나는 '넌 어떻게 할 거냐?' 라는 의문을 갖지 않을 수 없었습니다.

오프라: 46세인 미첼은 가슴에 담긴 이야기를 긴 편지로 보내왔습니다. 이 소설에서 자신의 모습을 보면서 눈을 흘렸다고 했습니다.

오프라는 소설과 긴밀한 상호관계를 이루어냄으로써, 소설이 그들의 삶에 대해서 또 그들이 실질적으로 겪는 딜레마에 대해서 말하는 방식에 독자들이 깊은 관심을 갖도록 만든다. 오프라는 등장인물들의 다양한 입장과 경험을 흉내 내는 다양한 사람들로 이루어진 집단을 만들어냈다.

독자들은 소설의 줄거리와 소설의 주인공에 깊이 동화되는 경향을 보이기도 하지만, 그들의 삶에 일정한 틀을 주는 이야기로 소설과 그 주인공을 이용하기도 한다. 오프라 윈프리는 이 여인들의 다양한 삶과 소설을 교묘하게 짜맞춰서, 그들이 주인공의 행위에 대해 도덕적으로 다양한 관점을 보여주는 등장인물들을 본받도록 유도해왔다.

이쯤에서 도덕적 하이퍼텍스트가 작동한다. 삶과 텍스트를 거의 동일시하며 그 경계를 없앨 때 하이퍼텍스트의 실효성이 나타나고, 독자들이 소설의 이야기에 담긴 도덕적 입장에 자신들을 투영시킬 때 삶과 텍스트 사이의 경계가 허물어진다.

오프라는 '실제' 게스트와 소설 속의 등장인물 사이를 자유롭게 오갈 수 있다. 두 인물이 도덕적으로 동일한 위치에 있다면, 즉 동일한 기능장애로 인해 인간관계에서도 동일한 곤경에 처해 있다면 그들의 경계는 없는 것이나 마찬가지이다.

또한 독자들의 편지, 북클럽에서 선정한 소설, 게스트의 신상 이야기, 그 이야기에 대한 게스트들의 해석, 그 해석이 게스트들의 경험에 비춰지는 방법 등을 신중하게 짜맞추면서 오프라는 하나의 치밀한 문화구조를 만들어낸다. 즉 테크놀로지, 전기, 감정이 중첩되고 교차하며 정체성의 하이퍼텍스트를 만들어내는 문화구조이다.

자아는 몇 겹의 텍스트와 테크놀로지로 짜인 틀에서 굴절되어 표현되고, 여기에서 편지, 토크쇼, 소설, 토크쇼의 속편 등이 서로 결합되어 다른 자아들에게 영향을 미친다. 물론 다른 자아들도 기능장애적 관계에서 동일한 위치를 차지하고 있다는 점에서 원래의 자아와 유사한 자아들이다.

오프라가 토크쇼에서 자주 다루는 영화에서 다른 예를 찾아보자. 수전 서랜든이 위압적인 어머니 역할을 한 영화를 다룬 토크쇼에서, 오프라는 어머니와 딸 역할을 맡은 두 주연 배우만이 아니라 '평범한' 어머니와 딸까지 초대해서 그들의 관계에 대한 이야기를 나누었다. 따라서 우리는 여기에서 두 관계를 보게 된다.

하나는 서랜든이 이야기하는 영화 속의 모녀 관계이고, 다른 하나는 '평범한' 게스트들이 이야기하는 실제 모녀 관계이다. 게스트들의 발언에서는 영화에 대한 생각과 실제 그들의 관계에 대한 자전적 설명이 뒤섞인다. 요컨대 토크쇼는 허구의 창작물(문학이나 영화)을 보통 사람들의 실제 문제로 전환시켜 생각하려는 민주적이고 자연스런 충동에 따라서 구조화된다.

한 문화상품, 즉 영화나 책이 실제 삶에서의 관계와 이야기를 제대로 반영하면서 도덕적 딜레마를 다루고 있다면 그런 상품의 소개는 정당화될 수 있다. 또한 실제의 삶과 텔레비전 사이의 경계를 끊임없이 허물어뜨리려는 오프라는 서랜든의 남편인 팀 로빈스를 텔레비전 화면에 등장시켜 '어머니' 서랜든을 말해달라고 부탁하면서 시청자들에게 서랜든의 실제 양육법을 직접 목격할 기회를 준다.

이런 식으로 오프라는 세 축의 텍스트 구조를 갖는 토크쇼의 공식을 만들어낸다. 1) 토크쇼에 초대한 여배우들이 연기한 영화 이야기에 관련된 축, 2) 보통 사람들의 삶이 허구의 이야기를 반영하는 축, 3) 여배우가 보통 어머니라는 위치로 '내려가는' 축이다.

여기에서 우리는 여러 텍스트가 중첩되는 것을 볼 수 있다. 즉 어머니와 딸의 관계를 주제로 한 영화, '오프라 윈프리 쇼'가 진행되는 서랜든과 가진 인터뷰, 게스트들이 토크쇼를 녹화하기 전에 보았던 영화에 대한 해석, 게스트들이 어머니와 딸로서 갖는 실제 이야기, 그리고 스튜디오의 대형화면으로 소개된 서랜든의 남편과 서랜든 자신이 말하는 아이들과의 관계이다.

이처럼 치밀한 텍스트 구조는 '실제'의 삶과 허구적 삶을 거의 완벽하게 뒤섞고, 이 둘은 아주 유사하게 자아에 대해 말하고 있기 때문에 서로를 지탱해준다.

시청자, 게스트, 사회자 그리고 웹 사용자는 다양한 미디어 테크놀로지를 들락대며 그들의 자아에 의문을 제기하며 자아를 만들어간다. 오프라의 테크놀로지적 장치와 텍스트를 통해 나타나는 자아는 '다채롭고' 단편적이다. 자아는 변화를 향해 나아가는 동시에 다양한 형식의 카메라, 미디어 테크놀로지, 사회 영역, 허구적 등장인물 등을 통해서 반복해서 등장한다. 자아의 이처럼 복잡한 출현과 가공은 인터넷에 접속하는 자아들의 다양성과 다를 바가 없다.

이런 이유에서 셰리 커틀(Sherry Kurtle)은 "모방의 문화는 우리가 복합적이지만 일관된 정체성을 성취하는 데 도움을 준다. 이런 정체성의 융통성과 회복력이나 즐거움을 누리는 능력은 우리의 다양한 자아에 접근하는 데서 온다"고 주장했다.

오프라 윈프리, 자아를 치유하다

우리 시대에 치유, 특히 응급처치 방식의 치유가 범람하는 현상은 '거짓 위안'의 문화, '도덕적 위계의 붕괴', '감시'의 승리, 혹은 '소비 자주의'로 해석되어 왔다. 그러나 이런 비판은 전부는 아니더라도 대부분의 문화가 공공의례(public ritual)의 형식을 띠고, 이를 통해 자아가 수행되고 변한다는 사실을 망각한 것이다.

이런 점에서, 오프라가 무대에서 보여주는 변화는 치유의 의례적 시스템과 밀접한 관계를 띠는 것으로 이해된다. 확대해서 해석하면 고통의 수행과 자기변화의 수행 사이에도 밀접한 관계가 있을 수 있다. 오프라가 토크쇼에서 보여주는 고통은 치유를 의례화시킨 행위로 해석된다. 따라서 '오프라 윈프리 쇼'와 게스트들 사이의 관계는 종종 치유자와 고통받는 사람 사이의 관계로 비춰진다.

치유과정에 대한 고전적인 연구에서, 제롬 프랭크(Jerome Frank)는

"고통받는 사람의 고뇌에는 감정적 요소가 큰 부분을 차지한다. 감정적 부분은 주변 환경에서 오는 스트레스, 몸의 스트레스, 내적인 갈등과 혼란감, 그리고 평소 지원집단과의 불화와 그로 인한 소외에서 비롯된다. 설득하는 사람과 그의 지원집단은 포괄적인 세계관을 대표하며, 강력한 초인적인 힘을 보여준다"고 말했다.

오프라와 게스트들 사이의 감정 교환은 이런 치유과정의 성격을 띤다. 즉 게스트가 감정적 혼란감을 해소하고, 강력한 힘을 지닌 상징적 인물을 통해 그들의 경험을 다시 이야기하면서, 치유자와 그 집단으로부터 지원을 받는다. 이런 변화는 텔레비전 스튜디오 안에서, 실제로 혹은 허구로 존재하는 집단 내에서 일어난다.

전통적인 종교의 치유과정이 그렇듯이, 토크쇼에서도 치유과정은 카타르시스, 통찰, 상상, 기억 등이 결합되는 형식으로 일어난다.

예컨대 1999년 12월의 쇼에서, 필 맥그로는 딸의 죽음으로 깊은 슬픔에 잠긴 여자를 초대했다. 필 맥그로는 그 여자에게 딸을 머릿속에 떠올려 딸과 대화를 나누고 딸을 진정으로 사랑하기 때문에 '떠나보내는 것'이라 생각하라고 설득했다.

요컨대 필 맥그로는 그 어머니에게 죽은 딸의 영혼을 불러내서 '근원의' 장소로 되돌려 보내는 정신훈련을 해보라고 권한 것이다. 이런 권유는 귀신 들린 사람의 몸에서 악령을 쫓아내는 전통적인 굿과 유사하다. 실제로 필 맥그로가 그렇게 말한 직후, 시청자들은 그 여자의 몸이 변하는 것을 보았다. 심하게 동요하던 그녀가 차분하게 변하면서, 전에는 이해할 수 없었던 것을 알게 되었다고 말했다. 그리고 그녀는 슬픔을 완전히 떨쳐냈다고 말하면서 그 의식은 끝났다.

위안을 받고 눈물을 펑펑 쏟은 뒤에, 그녀는 슬픔을 떨쳐내며 딸을 보내주었다. 요컨대 딸의 죽음을 인정한 것이었다.

이 이야기는 인류학자 아서 클라인먼의 이야기, 즉 사망한 어머니를 정식으로 장례를 치르지 않는 탓에 병이 생겼다고 깨닫는 순간에 만성적인 병에서 완쾌되었다는 중국인에 대한 이야기와 비슷하다. '정식 장례식'이 문제였던 것을 깨닫는 순간 고통과 만성질환이 사라졌다.

결국 카리스마적 힘, 상상력 그리고 병에 이름을 붙이고 그 원인을 알아내서 다시 말하는 능력이 복잡하게 뒤섞이면서 치유가 시작된다는 사실을 재확인해주는 이야기이다.

클라인먼은 한걸음 더 나아가, 서구세계는 이원론적 치유 시스템(치유자와 환자)를 발전시켜온 반면에 나른 세계의 치유 시스템은 이원론적이지 않고 가족, 친구, 사회집단을 중심으로 이루어진다고 주장했다. 따라서 대부분의 문화에서 치유는 비밀스런 사건일 수 없고 공적인 사건이다.

또한 클라인먼도 지적하고 있듯이, 많은 사회에서 치유는 장기적인 사건이 아니고 일회성 사건이다. 달리 말하면 새로운 문제가 생길 때마다 반복되는 사건이다. 따라서 많은 학자가 골치 아파했던 문제, 즉 사람들이 개인적인 곤경을 기꺼이 공공연히 밝힌 이유가 여기에서 설명되는 듯하다.

그러나 중요한 것은 "치유가 대중 앞에서 행해지기 때문에 치유가 된다"는 점이다. 이런 점을 고려해서, 나는 오프라가 상징적 치유 시스템의 기법들을 사용하고, 그녀의 카리스마는 전통적 카리스마, 즉 다른 사람, 특히 병든 사회적 관계를 치유하는 힘과 유사하다고 생각한다.

인류학자 제임스 도우(James Dow)는 상징적 치유의 보편적 성격에 대한 분석에서, 치유자는 자신을 치유할 수 있어야만 치유자로 공인받는다고 말했다.

1장에서 살펴보았듯이, 오프라 윈프리가 이루어낸 가장 극적인 업적 중 하나는 자신의 전기를 치유의 과정으로 바꿔갔다는 점이다.

체중을 감정적 문제와 결부시킴으로써 오프라는 두 번씩이나 카리스마를 지닌 치유자가 될 수 있었다. 처음에는 몸의 변화를 통해서, 두 번째는 잇따른 감정의 변화를 통해서!

클로드 레비 스트로스(Claude Levi-Strauss)가 한 중요한 논문에서 주장했듯이, 상징적 치유의 두 번째 특징은 "치유에 앞서 있었던 사건들을 이야기 식으로 설명하는 데 있다. 무당이 아픈 여자를 설득해서 고통을 통해 처음의 상태를 그대로 다시 살게 하고, 아주 사소한 것까지 심리적으로 깨닫게 하는 것처럼 모든 일이 일어난다."

실제로 오프라가 사용하는 이야기 기법과 틀짜기가 바로 이런 방식이다. 실제로 앞 장에서 분석했듯이 오프라는 게스트에게 과거로 되돌아가 어려웠던 상황을 다시 떠올리게 하지 않는가! 치유과정의 세 번째 특징은 신화적 상징물들을 이용해서 '모순되고 변덕스런 고통'을 일관되고 이해 가능한 것으로 바꿔가는 데 있다.

오프라 윈프리의 상징주의는 자기변화의 강력한 신화를 고통과 결합시키는 방식이다. 끝으로 치유과정에서 가장 흥미로운 면은 의례적 치유가 흔히 '병든 관계', 몸이나 감정의 혼돈으로 변질된 깨진 사회적 유대감에 관련된 것이란 점이다. 이 점에서 대해서는 제임스 다우가 적절하게 지적한 바가 있다.

여하튼 이런 해석은 정신적 외상과 고통이란 문화적 요소를 통해서 현대의 혼란스런 사회적 관계를 무대에 올려 해결책을 찾아보려는 토크쇼라는 장르에 대한 내 해석과 일치한다. 전통적인 공동체에서 그랬듯이 치유는 자아와 타자 사이의 병든 관계를 치유하는 데 목적을 둔다. 이런 점에서 나는 토크쇼에서 행해지는 변화가 거짓이 아니라 사실이라고 감히 결론짓고 싶다.

토크쇼에 의해서, 또한 토크쇼가 진행되는 동안에 일어나는 다양한 형태의 변화는 강력한 힘을 가진 상징적 수단들의 결과이다.

첫째는 권위 있는 사회적 명사의 출연이다. 그들은 세상을 나름대로 해석하고 게스트의 곤경에 해결책을 제시해준다. 권위 있는 명사는 게스트에게 무대에서부터 변화를 시작하게 만든다. 밀그램(Stanley Milgram)의 순응과 권위에 대한 유명한 실험에서부터 전문학자들의 사회학에 이르기까지 많은 연구에서 증명되었듯이, 전문가는 보통사람들의 현실세계에 대한 해석을 좌우하는 힘을 갖는다.

현대사회에서, 치유하는 권위를 부여받은 사람은 전문가이다. 전문가의 힘은 카리스마를 가진 치유자의 존재에 의해서 배가된다. 오프라는 자신을 치유했을 뿐 아니라, 그런 힘을 가졌다는 구체적인 증거들을 사람들에게 보여주었다. 또한 공개적인 발언이 강력한 감정적인 힘을 창출하고, 그런 힘이 삶의 이야기를 구두로 전달하는 관례를 만들었다는 점도 간과할 수 없는 사실이다.

이런 관례화는 이야기의 공개적 발화에 '감정적 흥분'을 더해준다. 에밀 뒤르켐(Emile Durkheim)에 따르면, 감정적 흥분은 관련 집단이 발화한 개인에게 부여하는 '에너지'이다. 따라서 텔레비전이라는 세계화된 도구와, 국경을 넘어 전 세계에서 시청자라는 가공의 공동체를 만들어낼 수 있는 텔레비전의 능력은 예전에는 상상조차 할 수 없던 거대한 공동체의 힘을 자아에게 부여한다.

이야기하는 사람은 고통받는 사람들의 집단을 대신해서 발언하는 동시에 그 집단을 만들어내면서 토템이란 상징적 지위를 획득한다. 치유적 이야기의 구조가 자아에게 자기변화로 자전적 이야기를 끝맺으라고 요구할 때 이런 상징적 과정은 최고점에 이른다.

따라서 '자기변화'는 역설적인 면을 갖는다. 즉, 자기변화는 자아의 이야기를 완결하라고 요구하면서도 자아에게 끊임없이 변하라고 요구하기 때문이다.

오프라 제국의 영향력

　나는 오프라 식 변화와 전통적인 치유법의 유사점을 강조했다. 그러나 오프라 윈프리의 치유는 방대한 테크놀로지로 유지되고, 적어도 오프라에게는 꾸준한 자금원이라는 점에서 독특한 성격을 갖는다.

　게다가 오프라의 영향력은 개인들의 삶을 변화시키는 데 멈추지 않고 전국적 차원으로 확대되어, 개인의 삶을 변화시키는 속도로 제도와 조직에도 영향을 미친다. 따라서 오프라 윈프리가 주목되는 이유는 개인의 삶을 상품화시키는 데 있지 않다.

　이런 정도는 모든 토크쇼의 사회자가 해내고 있는 일이다. 오히려 오프라의 쇼가 개인의 자긍심과 자선행위에서부터 유가공산업과 아동학대에 대한 입법활동에 이르기까지 아주 다양한 사회 영역에 침투해서 변화를 유도하는 방법에 오프라 윈프리의 남다른 특징이 있다.

　오프라는 노숙자의 삶을 변화시키는 힘을 과시하기도 했지만 유가공산업과 출판산업 전체를 바꿔놓는 위력까지 보여주었다. 또한 오프라의 쇼는 다양한 사회 영역과 꾸준한 관계를 맺고 있어, 텔레비전의 프로그램으로는 아주 희귀한 사례이다.

　오프라는 게스트의 삶을 토크쇼의 소재로 사용하듯이 정치와 기업에도 개입해서 영향력을 행사하며, 텔레비전이 다른 사회 영역들과 복잡하게 뒤얽히면서 어떻게 영향력을 행사할 수 있는지 보여주고 있다.

예컨대 한 인테리어 전문잡지는 "유리, 도기, 목재로 만든 포터 알세서리, 식기류 등을 독점 생산하는 즈라이크 사는 오프라의 토크쇼에 소개된 이후에 판매량이 급증했다"고 보도하고 있다. 1996년 오프라가 토크쇼에서 프리토레이 사에게 저지방 감자칩을 생산하지 않는 이유가 뭐냐고 따졌을 때 프리토레이 사는 곧바로 저지방 감자칩을 개발하기 시작했다.

또한 "론다 라셴이 오프라 윈프리 쇼에 출연한 이후로 그녀 회사 사업이 번창하고 있다. 금주 전자상거래 시장에 뛰어들면서 론다는 경기 후퇴에 조금도 개의치 않았다"는 보도도 있었다. 이런 보도들은 오프라가 기업의 운명까지 좌우할 정도로 막강한 힘을 행사하고 있다는 사실을 잘 보여주는 예다.

그러나 오프라 윈프리가 경제에 미치는 영향은 시민사회와 마케팅, 자선행위와 시장전략을 혼란스러울 정도로 뒤섞을 때 가장 확연히 나타난다. 1993년~1994년 오프라가 창립한 '더 좋은 삶을 위한 가족(Families for a Better Life, FBL)을 예로 들어 설명해보자.

오프라는 빈곤한 가정 100곳을 선정해서 그들을 노동현장에 재투입시키고 정상적인 가정생활을 꾸려가도록 돕기 위해서 정부와 기업에서 자금을 후원받았다. 또 자선단체, 텔레비전, 시장을 복잡하게 결합시킨 경우도 있었다. 스타벅스는 오프라의 북클럽과 손잡고, 메리 맥개리 모리스의 《일상의 노래(Song in Ordinary Time)》를 1,200곳의 매장에서 쌓아두고 팔았다.

스타벅스의 슐츠 회장은 오프라 북클럽에 선정된 책을 팔아 얻은 수익금을 미국에서 문맹을 퇴치하는 기구에 기부할 것이라고 밝혔다. 자선행위가 판매를 신장시키는 데 도움을 주고 선전효과와 이미지 제고라는 잉여가치를 가지므로 오프라는 자선행위를 더 자주 베풀 수 있게 된다. 이런 이유에서 기업행위와 자선행위는 자유롭게 결합된다.

오프라는 애타정신과 자선을 세 차원에서 행사한다. 거시적 차원과 개인적 차원 그리고 텔레비전이 임의적으로 만들어내는 공동체이다. 예컨대 엔젤 네트워크는 가난한 사람을 돕고 장학금을 수여하며, 오프라가 내놓은 옷을 경매에 붙여 얻은 수익을 자선단체에 기부하고, 장애인 아이들에게 생일 선물을 하라고 주변 사람들에게 독려한다. 이 때문에 오프라의 자선행위는 널리 알려지고 전설이 된다.

F. 오스트로위는 박애정신에서 비롯된 기부행위에 대한 연구에서 자선(charity)와 박애(philanthropy)를 구분했다. 자선은 가난한 사람에게 주어지는 것인 반면에 박애는 부유한 제도적 기관에 주어질 수 있고 실제로 대부분의 경우에 이런 형태로 이루어진다는 것이다.

따라서 박애는 부자가 부자에게 주는 형태를 띤다. 오프라는 두 형태의 기부를 결합시켜서, 아이비리그의 대학이나 박물관 등과 같은 중상층 기관에 주어진 전통적인 기부행위에서 벗어나 가난한 사람이나 중산층의 흑인을 대리하는 기관들에 돈을 기부한다.

텔레비전의 경제적 영향력은 주로 높은 가시성에서 비롯된다고 이해되는 경향이 있다. 오프라가 거의 유례가 없을 정도의 가시성을 누리고 있는 것은 사실이지만, 오프라가 문화에 미친 영향은 질적으로 다른 성격의 것이라고 나는 말하고 싶다.

오프라는 전국적으로 혹은 지역적으로 자선행위와 자기역량 강화를 위한 노력을 기울임으로써 시민사회에서 공동의 협력 행위를 유도하고 만들어가고 있다. 오프라는 자신을 표본으로 제시하고 텔레비전을 가정에 접목시킴으로써, 자선행위와 경제적 이익을 결합시키고 텔레비전과 출판산업과 웹을 한 덩어리로 묶어 공동체를 만들어냄으로써 시청자들에게 실천을 요구할 수 있었다.

이런 의미에서 오프라의 자선행위는 '문화적(좁은 의미에서) 성격을 띠기보다는 '사회적' 성격을 띤다. 따라서 오프라의 행위는 "사회적인 것이 더 이상 인간을 배제하지 않고, 따라서 테크놀로지적인 것과 사회적인 것이 스스로 해체될 때 테크놀로지의 형성과 기술결정론에 대한 개념화는 불필요한 것이 되도록 사회적인 것도 재조정되어야 한다는 브루노 라투르(Bruno Latour)의 주장을 적절히 뒷받침해주는 듯하다.

오프라 윈프리가 자기계발정신을 활용하는 이유는 두 가지 방향에서 해석된다. 첫째, 오프라는 후기 자본주의라는 변질된 개념과 일치하는 진기의 징치힉을 제시한다. 한 평론가가 비유석으로 지적했늣이, 자본이 차이와 사랑에 빠졌다. '차연(差延, difference, 사회적 구조 내에서 분산되고 흩어져서 내재된 차이)'의 무한에 가까운 조작으로 구별과 계급화가 생긴다.

이런 현상은 포스트모던 시대를 사는 주체의 차별적 특징으로, 그 주체는 자신의 고유한 이야기에서 정체성을 찾는다. 그러나 이런 현상은 "사회와 같은 것은 이제 없다. 개인과 그의 가족이 있을 뿐이다"고 말한 마가렛 대처와 같은 인물로 대표되는 자본주의의 단호한 이미지와도 일치한다. 오프라 윈프리도 개인의 선택을 '도덕성의 본질(1987년 선거에서 대처가 사용한 선거구호)'로 받아들인다.

그러나 오프라의 행위는 연대의식과 박애정신, 애타정신을 끊임없이 설교하면서 스스로 실천해 보이거나, 다른 사람들에게 가까운 곳이나 멀리 떨어진 곳의 환경을 변화시키라고 요구하며 조직체를 만들어가고 있다.

오프라는 시민 사회에서 널리 확산되는 형태의 행동, 즉 기존질서 내에서 거짓 의식이나 타협하는 의식의 형태로는 이루어낼 수 없는 행동을 장려하는 듯하다. 사회를 변화시키고 개량시키며 고통을 완화시키려는 욕망은 도덕적 삶의 전제조건이고, 그 욕망이 상업 텔레비전의 후원으로 실현될 때에는 쉽게 포기될 수 없다.

오프라는 자기개선과 자제, 연대의식, 해방, 평등을 끊임없이 강조하면서 미국 사회의 핵심적 도덕을 다루었기 때문에 문화분석에 중대한 문제를 제기하고 있다. 오프라가 개인의 선택과 자수성가하는 삶을 강조하면서 자본주의 이데올로기를 긍정하고 있지만 오프라의 생각이 곧 자본주의 이데올로기라고 할 수는 없다.

오프라 윈프리와 그녀의 자기계발정신은 미국 시민사회의 근본적인 윤리의식을 포착하고 있어, 그녀의 쇼까지 합리화시키고 있다.

• 제5장 •

고통받는 사람들을 통해
우리의 모습을 투영하다

사건을 기록하고, 이른바 경험을 편집하며, 문학과 삶을 비교했다.
텍스트가 경험을 알려주듯이 남자와 여자는 텍스트에 생명을 주기 때문이다.
— 브라이언 스토크

'오프라 윈프리 쇼'는 많은 나라에서 방영되고 있다. 심지어 아프가니스탄, 바레인, 보츠와나, 차드, 중국, 슬로베니아, 싱가포르, 태국, 예멘에서도 방영된다. 거의 10년 만에 오프라 윈프리와 그녀의 토크쇼는 범세계적인 문화형태가 되었다. 또한 고백형식을 띤 토크쇼가 세계 곳곳에서 우후죽순처럼 생기면서, '오프라 윈프리 쇼'는 일반화된 현상의 한 부분이 되었다. 토크쇼라는 장르가 세계화되었다는 증거이다.

이 장에서는 고통을 무대에 올려 변화시키려는 오프라의 도덕적 프로젝트가 문화의 세계화와 갖는 관계에 대해 살펴보려 한다. 고통과 자기변화의 이야기가 어떻게 문화의 경계를 넘어서 쉽게 확대될 수 있었을까? 어떤 의미에서 '오프라 윈프리 쇼'는 범세계적인 문화형태의 하나라고 정의될 수 있을까?

이런 의문들에 접근하면서 나는 또 다른 차원에서 분석을 시도해보려 한다. 앞의 두 장에서 다루었던 치유적 전기가 여기에서도 논의되지만, 이 장에서는 오프라와 게스트들이 국경을 초월하는 제도적 틀로 구체화된 '심층적' 문화구조를 사용한다는 사실을 본격적으로 증명해보려 한다.

이 구조는 자전적 담론이 텔레비전 프로그램 형식으로 관례화되는 메커니즘을 설명하는 동시에, 역설적으로 그 형식이 아주 다양한 형태를 띠는 개인적인 이야기들을 어떻게 만들고 가공하는지를 설명해준다.

고통의 치료제를 온 세상에 퍼뜨리다

세계화를 연구하는 사회학자들은 좋은 삶과 행복의 정의를 확산시킬 능력을 갖춘 미디어가 곧 글로벌 미디어라는 생각을 견지한다. 예컨대 밥 코넬(Bob Connell)은 '사회학과 세계 시장 사회학'이란 논문에서 다음과 같이 말했다.

할리우드, 텔레비전 연속극, 광고, 유명인사의 소문, 대중문화의 주된 내용 등 상업용 판타지가 지배하는 매스커뮤니케이션 시스템이 글로벌화된 세상에 우리는 살고 있다. 또한 매스커뮤니케이션의 일반적인 내용이 거짓말이고 왜곡이며 계산된 판타지인 세계에 우리는 살고 있다. 지난 20년 동안 정당원의 수가 꾸준히 줄어들었고, 정치인에 대한 대중의 환멸이 깊어지고 시민의식이 붕괴된 것도 결코 놀라운 일이 아니라고 나는 생각한다.

많은 학자가 주장하듯이, 글로벌 미디어는 젊음, 아름다움, 매력, 풍요, 행복 등 동일한 아이콘을 전 세계에 확산시키는 동일한 소비 유토피아를 통해서 세계 전역에서 우리 눈과 귀를 사로잡고 있다. 이런 유토피아가 세계의식(Global Consciousness)으로 확산될 가능성을 최적으로 이론화한 학자는 아마도 아르준 아파두라이(Arjun Appadurai)일 것이다. 그의 주장에 따르면, 범세계적 문화는 상상력의 새로운 영역을 열었고, 그 결과로 환상은 범세계적인 사회·문화 활동에서 빼놓을 수 없는 부분이 되었다.

"오늘날 일상의 삶은 사물의 소유에서 동력을 받지 않는 것이 아니라, 미디어의 직·간접적인 언급 가능성에 의해서" 결정된다.

이런 관점에서 세계의식은 상상력, 한 사람의 삶에 대한 개방적인 해석, 범세계적인 광고로 국경을 초월한 환상, 영화산업, 출판산업에 의해서 결정된다고 말할 수 있다.

그러나 고통의 이미지는 범세계적인 공론장(public sphere, 公開場)과 세계의식(global consciousness)의 출현에서 결정적 역할을 했다. 오프라 윈프리는 고통이 국경을 초월해서 사람들을 연결시키는 주된 문화적 동인(動因)이었던 공간과 시간에 등장했다. 유토피아만큼이나 디스토피아도 범세계적 상상력을 만들어내는 데 주된 역할을 했다. 저녁 뉴스부터 토크쇼를 거쳐 멜로드라마에 이르기까지, 글로벌 미디어는 개인의 불행과 공공의 불행을 묘사한 장면들로 가득하다.

또한 영광의 아이콘만큼이나 고뇌의 아이콘도 범세계적 상상력을 자극하는 요인이다. 뒤에서 나는 오프라가 만들어낸 고통의 이미지와 그녀 토크쇼의 세계화 사이에는 어떤 관계가 있는 살펴보려 한다.

고통의 이미지가 역사적으로 공론장의 출현과 밀접한 관계가 있다는 사실을 추적해보는 것도 흥미로운 일이다. 하나의 역사적 사례만으로도 범세계적 단위에서 오프라가 고통을 어떻게 이용하고 있는지 살펴보고, 그 비교가 가능하리라 생각한다.

고통이 범세계적으로 처음 인식된 사례는 1755년 포르투갈 리스본에 닥친 지진에 대한 대중의 반응이었다. 지진 소식은 곧바로 프랑스 철학자들에게 알려졌고, 수십만 명의 피해자가 생긴 까닭에 과거에는 좀처럼 보기 힘들던 연민의 물결이 이어졌다.

사상사에서 처음으로, 철학자들이 인간 문제에서 신의 역할을 토론하는 기회까지 가졌다. 볼테르는 가장 신속하게 대응하며, 신과 고통의 관계에서 가장 불안한 해석을 시도했다. 《리스본의 재앙에 대한 단상 (*Poem sur le Desastre de Lisbonne*)》에서 볼테르는 다음과 같이 썼다.

"모든 것이 만족스럽다"고 외쳐대던 철학자들이 이곳으로 달려와, 폐허로 변한 현장을 지켜보았다. 무너진 건물, 시신들, 잿더미, 무너진 대리석 아래에 깔린 아이들과 여자들, 사지가 떨어져나간 사람들, 흙에 파묻힌 수십만의 불쌍한 사람들, 피범벅인 사람들, 온 몸이 찢겨진 사람들, 이런 와중에도 숨을 헐떡이며 살아있는 사람들, 무너진 지붕에 매장된 사람들… 그들은 아무런 도움도 받지 못하고 두려움과 고통에 시달리며 죽어갔다.

볼테르의 너무도 사실적인 묘사는 텔레비전 카메라의 '자연주의'를 미리 예고한 듯하다. 볼테르의 비난은 우리 문화에서 암묵적으로 인정하고 있는 도덕적 가정이 무엇인지 분명하게 말해준다. 자연 재앙은 세상을 살아갈 의미가 없는 사람들에게 벌을 내리므로 그들의 고통을 우리 이성과 도덕으로는 견딜 수 없게 만든다!

볼테르는 핵심을 찌르면서, 그 사건에 대해 용납할 수 없는 면을 분명하게 밝혔다.

피범벅이 되어 어머니의 가슴에 깔린 이 아이들이 대체 무슨 죄를 지었고 무슨 잘못을 저질렀단 말인가? 이제 폐허로 변해버린 리스본이 환희로 가득한 런던이나 파리보다 더 타락한 도시였단 말인가? 리스본은 폐허로 변했는데 우리는 파리에서 춤을 추어야 하는가?

볼테르는 동시대에 그러나 멀리 떨어진 곳에서 일어난 재앙에 대해서 철학자들에게, 그리고 일반 대중에게 직접 호소한 최초의 철학자였다. 더구나 그는 그 고통을 용납할 수 없는 것이라 역설했다! 따라서 볼테르의 대담한 발언은 고통을 숨겨신 쇠에 대한 싱벌이거나 그 뜻을 헤아릴 길이 없는 신의 명령으로 해석하기를 거부했다.

볼테르의 주장에 따르면, 재앙에 따른 고통이 어디에서 일어나더라도 인간의 이성으로 이해할 수 있어야 했다. 정의의 보편적 기준에 따라 해석되어야 했다. 이렇게 주장하며, 볼테르는 동시대의 철학자들과 의견을 달리하며 전통적 신정론(神正論, 고통은 언제나 공정한 것이지만 그 원인은 인간의 이성으로 이해할 수 없다는 이론)을 거부했다. 또한 눈물을 미덕과 동일시하고, 여주인공의 불행을 달콤하고 감상적인 장면으로 꾸며서 연민을 끌어내던 18세기 문학의 고통관과도 결별을 선언했다.

볼테르의 담론은 가정의 범위를 벗어나 범세계적인 차원에서 제안된 것이다. 공간적으로 멀리 떨어진 사람들의 고통에 관심을 갖는다고 우리가 나약해지는 것도 아니고 도덕적으로 우월해지는 것도 아니다.

그러나 신학이나 감상적인 문학에서 해방되는 순간부터 고통은 현재 눈앞에 있는 것, 즉 불명예스런 것이 될 수 있다. 죄 없는 사람들이 무의미하게 고통받기 때문에, 다른 사람들은 즐겁고 행복한데 그들은 고통받기 때문에 고통은 불명예스런 것이다. 멀리 떨어진 사람에게 닥친 고통에 철학자가 개입하면서 공간과 국가의 경계를 좁힌다.

리스본에서 일어난 일은 런던과 파리에서 일어난 일에 비하면 수치스런 것이다. 물론 그 반대일 수도 있다. 리스본에서는 수천 명이 흙에 파묻혀 죽어가는데 파리에서 춤을 추는 것은 불편할 수밖에 없다.

따라서 역설적이지만, 고통을 범세계적 차원에서 비난하는 것은 세상 방방곡곡의 조건을 같은 기준에서 잴 수 없다는 깨달음이기도 하다. 게다가 볼테르가 제유법을 사용하면서도 나라보다 도시를 언급했다는 점이 흥미롭다. 국가라는 틀을 넘어서 도시 사이의 연대를 호소한 것처럼 보인다. 세상 사람들에게 올바른 방향을 제시해주는 도덕적 지성이란 틀 안에서 리스본의 재앙을 분석하면서 볼테르는 두 가지 업적을 남겼다.

첫째, 볼테르는 최초의 범세계적 공론장을 창조해냈다. 즉 전 세계가 도덕적 일관성을 가져야 하는 문제에 대한 토론장을 열었다. 둘째, 리스본과 파리와 런던을 잇는 관계의 중심에 세계라는 내재적인 합리성의 문제를 두었다. 리스본은 파괴되었는데 파리에서는 춤판이 계속된다! 이런 불일치를 '도덕적 문제'로 제기하면서 볼테르는 이런 불일치를 수치스런 현상이라 주장했고, 그 수치스런 현상을 세계의식의 주된 이미지 중 하나로 지적했다.

결국 신의 양식과 정의에 의문을 제기하면서 세계 곳곳에서 불균형이 심화되고 그런 불균형이 합리적으로 설명되지 않으면서 불행에 대한 세계의식과 연대감은 더욱 커졌다.

이런 점에서, 리스본 재난에 대한 볼테르의 개입은 훗날 범세계적 공론장의 중심축의 표본이라 할 수 있다. 즉, 일부의 재난은 영토와 민족의 경계를 넘어서 다른 사람의 문제가 될 수 있다. 또한 '인류애', '합리성', '정의'처럼 모두가 공유하는 개념이 모든 장소와 모든 사람에게 균일하게 적용된다면 그 재난은 우리의 문제가 된다.

이처럼 고통을 공공의 공간에 공개하는 행위, 즉 상품화는 멀리 떨어진 사람과도 공유한 인류애를 전제로 한다. 더구나 멀리 떨어진 사람들은 추상적 이유로 이해되는 것이 아니라 상상과 연민 혹은 종교적이고 인종적인 의무로써 이해된다. 볼테르가 활용한 상상력은 감성과 인지, 정서와 이성을 결합시켰다.

또한 볼테르는 사람들에게 세계를 이루는 질서와 원칙을 돌이켜보라고 촉구하면서도 공감과 연민과 죄책감과 같은 감정, 철학적 토론을 동시에 진행시켰다.

이런 특이한 형태의 범세계적 공론상에는 처음부터 각기 다른 유형의 보편성을 목표로 한두 가지 언어행위가 시도되었다. 하나는 인간의 도덕적 실패와 운명 사이에는 관련성이 있으며, 이런 관련성의 부재는 설명되어야 하고 설명될 수 있는 것이란 합리적 욕구를 표현했다.

다른 하나는 18세기의 많은 철학자들이 상상과 연민과 동정의 보편적 힘이라 생각했던 것에 호소했다. 따라서 볼테르가 만들어낸 공공의 공간은 두 방향에서 영향을 미쳤다. 하나는 사람들에게 세계의 지성에 대한 합리적 토론에 참여하라고 촉구한 것이고, 다른 하나는 인류애라는 보편적 가치관을 토대로 멀리 떨어진 피해자에게도 공감하면서 연민을 가지라고 촉구한 것이다.

고통, 그리고 국경을 초월해 관계를 설정하는 고통의 역할에 대한 볼테르의 언급은 오프라 윈프리와 같은 문화형태를 발전시키는 주춧돌이었다. 고통을 드러내는 방법에서 오프라는 볼테르와 몇 가지 점에서 다르다. 볼테르가 당시 공공의 장에 고통을 드러낸 방법에서, 오프라라는 문화형태가 글로벌 미디어라는 공간에서 제도적 경계를 넘나들면서 전개되는 방법을 이해하는 데 적잖은 실마리를 찾을 수 있다.

첫째, 내려앉은 지붕에 깔린 어머니의 품에서 죽은 아이들이 무관심하고 폭력적인 부모에게 학대당한 어린 시절로 대체되었다. 도시의 파괴는 가족과 정신세계의 해체로 대체되었다.

볼테르는 인간의 삶에서 객관적으로 눈에 띄는 대규모 참사를 토론에 붙인 반면에, 오프라는 한 사람의 심리적 고통을 우리에게 보여준다. 따라서 그 고통은 내밀하고 주관적이며, 개인의 공간에 위치하는 고통이다.

둘째, 볼테르는 철학적이고 수사적인 어법으로 리스본과 파리의 도덕적 근접성을 파리에서 리스본까지의 물리적 거리에 나란히 배치했다. 신정론으로는 그 물리적 간격을 정확히 설명할 수 없다.

한편 토크쇼들은 즉각적인 실재(實在)와 친밀함의 원칙 그리고 게스트의 경험과 신상 이야기를 스튜디오의 청중, 시청자, 사회자가 공유한다는 원칙에 맞추어 구조화된다. 실제로 토크쇼에서는 모든 것이 행복한 사람과 불행한 사람 사이의 거리를 해소하고, 우리 모두를 '피해자'로 착각하게 만드는 식으로 꾸며진다.

셋째, 볼테르의 공론장에서는 고통받은 사람이 간접적으로 — 다른 사람의 말이나 관찰을 통해서 — 이해되지만, 토크쇼에서는 고통받는 사람이 직접적인 행위자 역할을 맡아 자신의 이야기를 직접 증언한다. 따라서 그의 발언과 감정이 갖는 극단적인 주관성이 우리를 끌어당긴다.

넷째, 볼테르의 발언은 '지시적(referential)', 즉 지리적으로 실제로 존재하는 곳에서 실제로 일어난 재앙에 대해 말하고 있는 반면에 토크쇼에서의 발언들은 기본적으로 '수행적(performative)'이다. 토크쇼의 무대에 올려져 언급되는 '사건'은 가족의 어두운 비밀을 대중 앞에서 밝히는 행위이다.

따라서 말하는 것이 곧 치유하는 행위이기 때문에 수행적이라 할 수 있다. 앞에서 밝혔듯이 '오프라 윈프리 쇼'는 어떤 감정을 드러내고 말하는 행위가 '해방' 감을 주고 변화를 유도한다는 공통된 믿음에 근거를 둔다는 점에서 치유적 장르이기도 하다.

다섯째, 볼테르의 피해자는 문자 그대로 '불합리한 재앙의 불합리한 피해자' 인 반면에 오프라의 피해자에게는 어떤 의미가 부여된다. 고통받는 사람은 무대에 초대를 받아, 그 고통을 정체성에 대한 이야기로 승화시키고 고통에 적절한 수단을 더해 고통을 의미 있는 삶에 녹여낸다. 따라서 피해자는 신성한 존재가 되고 고통은 특별하고 찬란한 빛을 띠게 된다.

끝으로, 볼테르는 죄 없는 사람에 무의미하게 고통을 안긴 신학적 혼란을 거론한 반면에 오프라 윈프리는 가족과 정체성에서 비롯되는 세속적 혼란을 주로 다룬다. 어떤 의미에서 이 차이가 가장 중요한 듯하다. 볼테르는 고통이 무원칙에서 흩뿌려지는 세상의 의미와 도덕적 일관성이 무엇인지 찾으려 한 반면에, 오프라의 토크쇼에서 주로 제기하는 질문은 미시적이다.

즉 가족, 사랑, 결혼이 정체성을 형성하는 데 더 이상 신뢰할 만한 근원이 아니라면 정체성과 심리적 일관성은 어떻게 구축되어야 하는가에 초점을 맞춘다. 앞에서 이미 지적했듯이, '오프라 윈프리 쇼' 는 가족에 원인을 두고 있어 가족 중 여성의 경험과 관점에서 관찰된 사회적 고통의 한 형태를 다루는 텔레비전 프로그램이다.

참으로 얄궂다. 서구 세계의 포토저널리즘(photojournalism, 대상이 되는 사실이나 시사문제를 사진으로 표현하여 보도하는 저널리즘 – 옮긴이)과 저녁뉴스는 전쟁, 기아, 자연재앙 등과 같은 비서구 세계의 이미지를 관례처럼 '수입' 해 보여주고 있지만 오프라의 토크쇼는 미국의 고통 문화를 전 세계에 '수출' 한 최초의 텔레비전 장르이다.

미국의 고통은 개인적이고 사적인 공간에 서 있으며 심리적 성격을 띠고 자아에 대한 문제라는 점에서 '수입된 고통'과 현격하게 다른 고통이다. 수입된 고통은 주로 시각적인 반면에 미국이 수출하는 고통은 주로 이야기 방식이다. 수입된 고통은 자원분배의 불평등을 우리에게 매일, 이제는 거의 관례적으로 떠올려주는 품목이 되었고, 수출하는 고통은 우리 모두에게 고통받는 사람의 공동체에 참여하라고 촉구한다는 점에서 민주적이다.

오프라 윈프리가 만들어낸 고통에는 피부색도 없고 계급도 없다. 문화적 특이성도 없다. 그러나 오프라가 보여주는 고통의 '보편성'은 아주 특별한 문화구조, 즉 치유적 담론이란 문화구조에 뿌리를 두고 있다.

그럼 오프라 윈프리를 어떤 점에서 범세계적 문화형태라고 말할 수 있을까?

첫째로 단순히 생각해서, 어떤 문화상품이 범세계적이라 말하는 것은 세계 어디에서나 그 문화상품을 발견할 수 있다는 뜻이다. 실제로 '오프라 윈프리 쇼'는 이 조건을 만족시키고 있다.

둘째, 오프라의 쇼는 자아가 겪는 문제와 곤경을 다룬다는 점에서도 범세계적인 성격을 띤다. 실제로 자아의 문제는 범세계적 현상이어서 정체성의 문화적 재생산이 심각한 도전을 받고 있지만 자아만이 그 문제를 해결할 수 있다는 것도 사실이다.

그러나 셋째로 오프라 윈프리는 자아의 곤경을 이용해서 자아를 치유적 담론의 이야기 구조, 즉 문화적 어법으로 재생산하고 있다는 점에서도 범세계적이다. 치유적 담론은 서구 세계 전역에 확산되어 확고히 자리 잡아가고 있기 때문이다.

쇼로 인생을 변화시키다

'오프라 윈프리 쇼'가 하나의 경제제국으로 발전하고 전 세계로 확산된 미디어 구조를 띠게 된 결정적 이유가 무엇일까?

내 생각에는 오프라가 토크쇼에서 방영된 신상 이야기의 공식을 끊임없이 쪼개고 개인화시켜 표준화시켰기 때문인 듯하다. 운동화에 자체의 로고를 심어넣은 나이키의 광고 전략이 그렇듯이 마케팅 전략이 특정 집단, 특히 개인을 목표로 삼는 것처럼 오프라 윈프리는 개인이나 삶의 이야기를 늘어놓이는 능력을 통해서 대규모 시장을 만들어냈다.

오프라는 토크쇼를 남달리 상품화시킴으로써 자아를 점검하고 만들어가는 능동적 도구로 텔레비전이라 매개체를 변형시킬 수 있었다.

오프라의 토크쇼는 다양한 문제를 다루면서도 계속해서 늘어나는 시청자들의 개인적 삶을 변화시키겠다는 도덕적 소명에도 충실했다. 오프라의 쇼는 더 이상 미국에만 머물지 않고 다른 지역으로 옮겨지는 문화구조가 되었다.

따라서 오프라의 쇼는 "소수의 문화 엘리트를 제외한 모두를 하나로 통합시키던 텔레비전의 문화적 힘이 이제는 사회적으로 계층화시킨 차별성을 갖게 되고, 그로 말미암아 소비자가 스스로 선택하는 쌍방향적인 전자 커뮤니케이션 네트워크와 사용자의 희망에 맞춘 매스미디어 문화가 공존할 수 있게 되었다"는 마뉴엘 카스텔(Manuel Castell)의 주장을 증명해 보인 예다.

이제 오프라 윈프리 자체가 범세계적인 제국이 되었지만 그녀는 토크쇼를 여전히 단편화시키고 개별화시킨다. 따라서 오프라는 텔레비전을 과거 어느 때보다 개별 가정과 접촉하는 테크놀로지로 만들어감으로써 텔레비전의 활용가능성을 혁명적으로 바꿔놓았다고 말할 수 있다.

'오프라 윈프리 쇼'는 웹사이트를 활용해 시청자들에게 토크쇼에 관련한 이야기를 올려달라고 요구하면서 더욱 쌍방향적 성격을 띠게 되었고, 토크쇼와 웹사이트까지 이야기와 전문가의 조언을 여러 기준에 따라 분류해서 나누었다(예컨대 수즈 오먼의 재테크 조언, '엔젤 네트워크', '당신의 영혼을 치유하라' 등).

북클럽도 이런 변화를 따랐다. 북클럽에서 선정한 소설들은 이렇게 분류된 고통의 유형들을 잘 보여주었다. 토크쇼에 소개된 소설은 결국 개인의 이야기이지만, 많은 시청자가 소설의 이야기와 크게 다르지 않은 그들의 이야기를 웹사이트에서 다른 사람들과 공유하면서 웹사이트를 활성화시킨다.

이렇게 웹사이트는 자전적 담론의 교환을 가능하게 해주며, 개인적으로 조언을 구하거나 개인적으로 조언을 해주는 이야기 마당 역할을 한다. 요컨대 전기, 즉 한 사람의 이야기가 표준화되고 제도화된 치유의 담론에 의해 교환("당신 이야기를 내게 해보시오. 그럼 내 이야기도 당신에게 해주겠소"), 협상("14세인 딸에게 화를 내도 되는 걸까요?"), 조언("정신자세를 바꾸면 잘못된 관계를 정상으로 돌려놓을 수 있습니다")의 대상이 되어 하나의 문화상품으로 변한다.

크게는 텔레비전, 좁게는 '오프라 윈프리 쇼'의 역할은 미국 사회에서 심리학과 심리학자가 떠안은 역할이란 맥락에서 이해될 수 있다.

제2차 대전 이후 미국 문화는 중대한 변화를 겪었다. 이때 심리학자들은 국가, 교육, 결혼, 기업, 군대 등과 같은 주요한 사회적 제도에 참여해서 갈등을 조절하고 조화로운 사회적 관계를 조성하는 데 도움을 주었다. 그 결과로, 끊임없이 도전받고 자기관리를 요구받는 자아를 위해 상업적으로 생산한 치유의 지침들이 산더미처럼 쌓였다.

하나의 페르소나이자 텔레비전 프로그램인 오프라 윈프리는 이런 치유 혁명의 산물인 동시에 매개체이다. 심리세계를 다루는 목적을 띤 이론과 언어, 조직이 혼란스러울 정도로 복잡하게 뒤엉킨 문화로 해석되는 치유 문화가 점점 하나의 언어적 형태를 갖추고, 심지어 이제는 자아, 고통, 치유는 그런 언어 형식을 갖추어야 한다고 강요하는 상태에 이르렀다.

치유적 지식에 대한 오프라의 믿음은 크게 세 가지 형태로 나타난다.

첫째는 존 그레이의 《화성 남자에서 온 남자, 금성에서 온 여자》에서부터 나니엘 골먼의 《감성지능》에 이르기까지 치유적 텍스트를 광범위하게 사용하고 있다는 점이다. 이 텍스트들은 서로 무척 다른 형식을 띠고 있지만, 다양한 방면에 활동하는 공인된 심리학자들의 지식에 근거해서 자아의 문제를 분석한다는 공통된 목적을 띤다.

'오프라 윈프리 쇼'는 치유를 위한 참고서적을 널리 알리는 동시에 치유를 시행하는 주된 통로이다. 전문적이면서도 대중적인 형식으로 짜인 치유방식은 감정적 자아에 대해 이야기하고, 그 이야기를 하는 과정에서 자아를 변화시키는 식으로 이루어진다.

치유 문화는 전자 텍스트와 문자 텍스트, 전문가의 지식 그리고 죄책감과 사랑과 두려움 등을 토로하는 개인적인 이야기의 구술이 결합된 형식이다. 이 형식은 '오프라 윈프리 쇼'의 주된 문화형식으로, 오프라가 게스트들의 감정에 대해 토론해서 그들의 삶을 바꾸기 위해 전문가들을 광범위하게 사용하는 데서 잘 드러난다.

둘째, 오프라 윈프리는 누구나 완벽해질 수 있고 정체성은 끈질긴 자기관리와 내적성찰로 이루어질 수 있고 마땅히 그렇게 이루어져야 한다는 치유의 기본 원리에 근거하고 있다. 이 원리는 소비시장의 구조적 특징과 일치한다. 치유 행위와 소비 행위는 끝없는 불만과 자아를 만들어가고 개선하려는 시지포스적 욕망에서 시작된다는 공통점을 갖는다. '오프라 윈프리 쇼'는 시청자이자 소비자를 불만과 자기개선이란 이원론적 역학관계로 끌어들인다.

끝으로 치유 문화는 언어를 내성적인 방향에서 사용한다. 즉 언어를 매개체로 사용해서 우리 자신을 변화시키고 타인과의 관계를 만들어간다. 오프라 윈프리의 문화 프로젝트는 고통을 주제로 한 자전적 이야기를 수행할 뿐 아니라 치유담론과 치유기법을 통해서 자전적 이야기를 다시 쓰는 것이다.

오프라의 다양한 문화영역을 포괄하며 하나로 결합시키는 듯한 심층적 문화구조를 바탕으로 '오프라 윈프리 쇼'는 다양한 이야기들을 선별해서 무대에 올려 재구성한다. 오프라의 전기, 북클럽의 소설들, 『오 매거진』, 웹사이트 그리고 텔레비전 토크쇼는 공통된 문화 모체(matirx)를 갖고 있으며, 나는 그 모체에 '치유적'이란 이름을 붙였다.

이 문화 모체는 공통된 이야기 구조를 바탕으로 다양한 이야기를 만들어내기 때문에 '모체'라 할 수 있다. 치유의 모체를 통해서 여성은 불행한 관계를 이야기 형식으로 풀어내도록 요구받는다.

이런 이야기 형식은 기능장애적 현상에 이름을 붙이거나("당신은 남자에게 중독되어 있다", "당신은 지나치게 종속적이다", "당신은 실패할 줄도 모른다는 강박증에 빠져 있다", "당신은 감성지능이 떨어진다"), 그런 현상을 서술한다("당신은 사랑받아야 행복하다고 생각한다", "당신은 다른 사람이 옆에 없으면 무가치한 사람이라 생각한다", "당신은 지금 누리는 행복을 누릴 만한 가치가 없는 사람이란 자괴감에 시달린다").

이런 식의 이야기는 기능장애 현상을 설명하고("당신이 남자중독증에 빠진 이유는 다른 사람에게 사랑받지 못하고 있다고 생각하기 때문이다"), 뚜렷한 목표를 가진 강력한 비유나 이야기를 통해서 변화를 유도한다("중독을 떨쳐내라", "당신부터 먼저 사랑하라"). 이런 이야기들은 다양한 형태로 나타나는 '실패한 자아의 이야기'를 설명하려는 목표를 갖고 있어, 다양한 영역에서 일어나는 전기적 담론을 예측 가능한 규격화된 패턴으로 가공한다. 특히 하나의 패턴이 주로 눈에 띄는데 네 가지 특징을 갖는 듯하다.

첫째, 우리 삶에서 의미 있는 사건이나 상태를 선택하는 기준을 제시한다. 이런 이야기에서 주로 선택되는 사건은 문젯거리로 인식되는 감정적 상태(예컨대 '자신감의 부족', '불안감', '무가치함')나 행동('친교의 거부')이다.

둘째, 기능장애에 이름을 붙이는 동시에 그 원인을 설명한다. 예를 들면 "사회적 불안은 자긍심의 부족이다", "남자중독증은 사랑받지 못하고 있다는 느낌에서 비롯된다"는 식이다.

셋째, 다양한 영역에 적용될 수 있어 다른 영역까지 확대되는 경향을 띤다. 따라서 "나는 나보다 권위 있는 사람들, 예컨대 상관, 아버지, 선생을 보면 자신감이 떨어진다"는 말을 흔히 듣게 된다.

넷째, "남자에 대한 관심을 버리겠어", "좋은 남자를 선택할 거야", "사람들 앞에서 자신 있게 말하겠어" 등의 목표를 설정함으로써 효과를 배가시킨다. 이런 이야기의 목표는 자아를 올바로 기능하게 만드는 데 있다. 따라서 자아의 다른 면을 지향하게 하는 식으로 고통받는 자아의 이야기에 종지부를 찍게 한다.

치유적 이야기가 강력한 효과를 갖는 이유는 패러독스에 있다고 말할 수 있다. 치유의 세계관에서, 고통은 정상적으로는 이해할 수 없고 제대로 관리되지 않은 갈등이나 믿음의 산물이다. 부적응, 기능장애, 실패 등은 어떤 형태로든 나타나는 과거로 회귀해 다시 읽혀지고, 그런 문제는 자아의 문제로 귀결된다.

하지만 자아의 문제는 적절한 치유를 받으면 얼마든지 해결될 수 있다는 식으로 전개된다. 이런 점에서 치유적 이야기는 자아를 기능장애적 요인으로 해석하는 관점을 관례화시키고 장려하는 셈이다.

그러나 고통은 감정적 혼돈, 인식의 실패, 왜곡 등에서 비롯되고, 이런 문제들은 이야기로 털어낼 때 해결될 수 있으며, 모순으로 여겨지지만 고통을 이야기하는 행위 자체가 고통의 막이 내리기 시작하는 순간이라는 가정에 치유의 근거를 두고 있다.

이런 치유적 이야기 구조는 오프라의 자전적 이야기만이 아니라 게스트들의 신상 이야기를 풀어가는 오프라의 이야기 방식에서도 흔히 발견되지만 북클럽에서 선정한 소설들에서도 어렵지 않게 찾을 수 있다. 따라서 이런 식의 이야기가 미국 문화에 전반적으로 팽배해 있다고 해도 과언이 아닌 듯하다.

북클럽에서 처음으로 선정한 소설,《대양의 저 편》을 예로 들어보자. 이 소설은 어린 아들이 유괴된 후에 붕괴되어가는 가족을 주제로 한 이야기이다. 이야기의 후반부, 즉 그 끔찍한 사건이 벌어지고 10년이 지난 후 유괴당한 아들을 다시 찾는다. 그러나 가족이 다시 행복한 삶을 꾸리면서 이야기가 끝나는 해피엔딩을 예고하기는커녕 유괴당한 아들의 기적적인 발견은 이야기를 더욱 복잡하게 만든다.

발견된 아들은 생물학적 가족의 품으로 돌아가기를 거부한다. 그가 사랑하는 가족은 바로 그를 유괴했던 가족이다. 가족은 '실제' 무엇으로 이루어지는가라는 의문과 도덕적 딜레마가 어머니 베스의 심리적 붕괴와 고뇌와 사투를 벌이면서 이야기가 진행된다.

따라서 줄거리는 어머니의 심리적 붕괴에서 유괴당한 아들의 형, 빈센트의 고뇌로 넘어간다. 빈센트는 가족을 사랑하는 까닭에 죄책감에 시달린다. 하지만 소설이 결말로 치달으면서 빈센트는 치유과정에 들어가고 '비밀'에서 궁극적으로 해방된다.

어머니는 빈센트에게 어린 동생을 잘 돌보라고 부탁했지만, 사소한 충돌로 빈센트가 동생의 손을 놓으면서 "꺼져버려!"라고 소리쳤던 비밀이었다. 따라서 전통적인 소설과 달리, 이 소설은 세속적인 성공, 부부관계, 상처나 상실의 보상으로 끝나지 않는다. 오히려 자기이해와 그로 인한 죄책감에서의 해방으로 끝난다.

긴 치료 후에 깨닫는 자기반성적 자기인식이 본인을 해방시키기도 하지만, 타인까지 간접적으로 해방시킬 수 있다는 문화적 코드에서도 이런 면을 분명히 찾을 수 있다. 따라서 이 소설은 자아와 가족이 해체되고 재구성되는 과정을 각 구성원이 자신의 심리세계를 깨달아가는 과정으로 풀어간 이야기라 할 수 있다.

이번에는 북클럽이 선정한 다른 소설, 조이스 캐롤 오츠의 《멀버니가의 사람들》을 예로 들어보자.

이 소설은 열렬한 그리스도인으로서 남자 지인에게 강간당한 후 죄책감에 휩싸인 채 그 남자의 정체를 밝히기를 거부해 가족에게 무력감을 안겨주며 가족을 수치심과 자책감에 몰아넣는 딸의 이야기이다. 여기에서도 억눌리고 감춰진 감정(죄책감과 수치심)이 가족을 파괴하는 주된 요인이며, 이로 인해 가족이 복잡하게 뒤엉킨 감정을 극복하고 이해하려고 몸부림친다는 문화적 코드가 이야기의 중심축이다.

월리 램의 소설, 《나는 알고 있다, 이것만은 진실임을》도 예외가 아니다. 이 소설은 쌍둥이 동생의 정신분열증 때문에 죄책감에 시달리는 남자의 복잡한 심경을 중심으로 줄거리가 전개된다. 긴 치유과정, 정확히 말하면 죄책감에 시달린다는 자기인식에 이르러 쌍둥이 동생과의 은밀한 상호의존성에서 해방된 후에야 그는 죄책감에서 벗어난다. 여기에서도 이런 식의 이야기를 가능하게 해주는 문화적 코드는 '치유'이다.

즉 '감춰진 감정에서의 해방' 이 이야기를 끌어가는 중심축이다.

이 연구를 위해 열독한 북클럽의 소설들 중 대다수가 이런 식이다. 주인공이 '뒤에 남겨진' 단편적 조각과 실마리를 근거로 사실을 찾아가는 추리소설이 남성 장르라면, 오프라가 선택한 소설의 장르는 여성적이며 치유적인 성격을 띤다. 대부분의 경우에 여주인공 가족이 해체되고 다시 회복하는 고통스런 과정을 거친 후에야 밝혀지는 '내면'의 심리적 진실을 찾아가는 줄거리이다.

달리 말하면 이 소설들은 오랜 시간이 걸리는 치유를 문학적으로 해석한 것이다. 따라서 이 소설들의 이야기 구조는 해체되는 가족과 씨름하면서 비밀스레 감춰진 감정을 훌훌 털어낸 뒤에야 가족과 다시 결합하는 주인공을 중심으로 짜인다.

오프라가 토크쇼에 초대한 손님들의 신상 이야기와 마찬가지로 이 소설들도 치유과정에 있는 자아의 심층적 문화구조를 근거로 삼는다. 오프라가 게스트들의 삶을 무대에 올려 틀짜기하는 주된 문화적 장치로 치유적 이야기를 이용하기 때문에 그녀의 토크쇼는 다양한 형태로 나타나는 특이한 경험을 가공하고 전문가 집단을 동원하며 다양한 테크놀로지를 통해 자아를 분석한다.

이런 치유 이야기 구조는 개개인의 특이한 경험을 추상적이고 범세계적인 치유언어와 결합시키는 강력한 문화적 장치이다. 게다가 이런 치유 이야기는 매일 흥미로운 이야기를 전달해야 하는 텔레비전의 특성상 안성맞춤일 수 있다. 치유 이야기는 다양한 형태로 나타나는 불행에 적절한 이름을 붙일 수 있고, 그런 불행은 새로운 이야기를 끝없이 만들어낼 수 있기 때문이다.

어떤 불행이라도 치유적 이야기의 출발점이 될 수 있고, 따라서 토크쇼의 주제가 될 수도 있다. 가령 너무 많이 먹는다거나 영양실조에 걸릴 정도로 충분히 먹지 못한다는 이야기, 섹스 파트너가 너무 많은 경우나 그런 파트너가 없는 경우, 감상적인 이야기나 정반대로 강퍅한 이야기 등 모든 것이 이야깃거리가 될 수 있다.

치유적 이야기는 제작비를 크게 투자하지 않아도 되고 다양한 신상 이야기에 적용될 수 있기 때문에, 또한 한결같이 새롭고 놀라운 사건이면서도 표준화되고 규격화된 이야기 구조로 쉽게 가공할 수 있으므로, 텔레비전 프로그램으로 무척 유리한 위치를 갖는다.

게다가 치유적 이야기는 온갖 형태의 불행에 적절한 이름을 붙이고, 그 불행을 설명하는 일정한 틀을 구축해서, 게스트들에게 불행을 극복할 수 있는 기법과 도구까지 제공하는 역할을 한다. 그러나 치유적 이야기가 갖는 가장 뚜렷한 특징은 토크쇼의 게스트와 그 밖의 참가자, 시청자, 웹사이트 방문자를 서로 연결시켜 공통된 문화 모체를 형성해서 삶을 표준화시킨다는 데 있다.

예를 들어 설명해보자. 1999년 12월, 오프라 윈프리의 웹사이트에서 laydi13이라는 아이디를 가진 한 여성이 오프라의 쇼에 단골로 출연하는 전문가인 필 맥그로에게 다음과 같은 편지를 보내며 조언을 구했다.

내 친아버지는 우리를 버렸습니다. 그때 내 나이는 겨우 다섯 살이었습니다. 아버지는 알코올중독자였고 어머니는 거의 매일 폭력에 시달렸습니다. 매 맞는 어머니의 모습이 아직도 내 기억에 생생하게 남아 있습니다.

그후 어머니가 재혼한 남자는 소아성애자였습니다. 그는 우리 사형제를 자식으로 받아들였고, 그때 나는 꽤나 성숙해서 그의 먹잇감이 되고 말았습니다. 알코올중독자를 아버지로 둔 까닭일까요? 나는 내 아버지를 닮은 남자를 남편으로 선택했습니다.

그러나 한 남자와도 좋은 관계를 맺어본 적이 없었습니다. 지금도 나는 그 정신적 이상에서 완전히 치유되지 못했습니다. 필 박사님의 책이나 비디오테이프를 구입할 경제적 여유조차 없지만, 도서관에서 훔쳐서라도 보고 싶습니다. 필 박사님에게 하느님의 축복이 있기를 빕니다. 나처럼 상처받은 영혼에게는 그분의 인도가 절실히 필요하니까요.

위의 여성은 '알코올중독자의 딸'과 남편의 선택을 주저 없이 연결시켰다. 이런 연계는 우리가 어린 시절의 산물이라는 치유적 전제를 이야기 형식으로 풀어낸 것에 불과하다. 자아를 구축해가는 치유 방법에 따라서, 그녀는 자신을 가족의 품에서 가족 구성원에 받은 상처의 피해자로 인식하고 있다.

또한 그녀는 그 사건을 훗날 일어난 사건, 즉 아버지를 닮은 남자를 남편으로 선택한 사건과 연계시키며 치유적 이야기를 한결 복잡하게 만든다. 그녀의 전기는 이런 정신적 상처를 중심에 두고 있지만, 그런 이야기를 고백하면서도 삶의 목표가 치유를 향해 한걸음씩 나아가는 데 있다는 사실도 분명히 밝힌다.

따라서 다른 여자들과 마찬가지로 이 여자도 시청자들에게 격려와 조언을 받는 동시에 시청자, 혹은 웹사이트 사용자의 신상 이야기를 끌어낸다. 그들도 똑같은 치유적 이야기를 공유하기 때문이다.

게다가 그들의 조언은 내용과 구조에서 필 맥그로의 조언과 놀라울 정도로 비슷하다. 치유적 이야기에서는 우리 모두가 고통받는 사람인 동시에 전문가이고, 서로에게 치유자이다. 치유언어가 삶의 행로와 자전적 담론을 규격화하기 때문이다.

2001년 3월에 발간된 『오 매거진』에 소개된 기사와 위의 이야기를 비교해보자. 묵상을 주제로 한 글에서 잡지 기사의 작가는 다음과 같이 글을 시작했다.

아버지가 우리를 버렸을 때 나는 겨우 네 살이었다. 내가 아홉 살이었을 때 어머니가 세상을 떠났다. 내가 열한 살이었을 때 아버지는 잠시 돌아왔지만, 자살을 시도하면서 정신건강에 심각한 타격을 입었고 그 이후로 정상으로 회복하지 못했다.

모든 것이 뒤집어진 기분이었다. 도무지 이해할 수 없는 상실감에 나는 이 집 저 집을 떠돌아다녔고 그때마다 버림받았다는 좌절감에 시달렸다. 삶에게도 버림받았다는 깊은 좌절감이었다! 복지기관 사람들이 나를 키워주었지만 누구도 내게 일어난 일을 허심탄회하게 말해주지 않았다.

그후 인정된 사랑이 나를 향해 소용히 나아왔지만 내게는 그런 사랑을 받을 자격이 없다는 기분을 지워버릴 수 없었다. 오히려 그런 자괴감은 더 커져갈 뿐이었다. 주체할 수 없는 슬픔과 분노와 혼란을 내면에 꼭꼭 감추고, 나는 '사랑받을 가치가 없는 여자' 라는 확신을 키워갈 뿐이었다.

이 고백에서 쉽게 찾을 수 있는 치유적 이야기 구조는 앞에서 인용한 이야기와 무척 유사하다. 물론 오프라 윈프리가 자신에 대해 끊임없이 되풀이하는 이야기의 구조, 또한 게스트들의 이야기가 갖는 구조와도 크게 다르지 않다. 버림받고 사랑받지 못한 까닭에 그녀의 '자아' 는 기능장애의 이야기에서 주체이자 객체가 되었고, 그녀의 자전적 이야기를 끌어가는 계기가 되었다.

끝으로 이런 이야기 구조는 오프라 북클럽에 선정된 소설들에서도 발견할 수 있다. 예컨대 오프라 북클럽에 소개되어 엄청나게 팔린 《하얀 죽엽도》는 살인죄로 감옥에 갇힌 어머니에게 버림받은 사춘기 소녀를 주인공으로 한 소설이다. 이 때문에 주인공은 수양 가정을 전전해야 했고 그곳의 남자들에게 성폭행을 당한다.

따라서 이 소설의 줄거리는 버림, 성폭행, 심리적 고통, 자기증오 그리고 주인공이 내적 성찰을 통해 자신을 이해하고 상처받은 자아를 극복하면서 자신을 사랑하는 법을 어렵게나마 조금씩 터득해가는 과정으로 요약될 수 있다.

두 가지를 분명히 해둘 필요가 있다. 오프라 자신의 자전적 이야기와 게스트들의 신상 이야기는 웹사이트, 『오 매거진』, 북클럽의 소설, 토크쇼에서 소개되는 자기계발 서적, 자아를 무대로 올린 토크쇼를 비롯해서 다양한 문화수단을 통해서 이야기 형식으로 매일 제공된다.

오프라가 사용하는 다양한 테크놀로지와 미디어에 소개되는 이야기들은 스타일과 의도가 놀라울 정도로 획일적이다. 치유적 이야기는 오프라의 문화적 행위에 면면히 배어 있는 안정된 문화형식이다. 여기에서도 오프라 윈프리의 놀라운 성공을 이해하는 단초가 되는 문화적 패러독스가 발견된다. 오프라는 특이한 고통을 말하고 개인의 목소리를 무대에 직접 소개하면서 각양각색의 이야기를 제공하지만 그 이야기들을 규격화된 문화형태로 가공해버린다.

존 톰린슨(John Tomlinson)의 표현에 따르면 '규격화된 친밀감'이라 할 수 있는 문화형태이다. 따라서 고통의 이야기는 이야기하는 사람의 이미지를 맥락에서 떼어놓는 수법으로 친밀감을 만들어간다. 고통의 이미지를 탈맥락화하는 데 특히 효율적인 다섯 가지 문화적 수법을 차례로 소개해보면 이렇다.

첫째, 스튜디오의 배치와 카메라가 만들어내는 토크쇼의 시각적 효과가 출연자들과 그들의 이야기를 문화적 특이성이라고는 조금도 없는 추상적이고 무색무취한 분위기 속으로 밀어넣는다. 얼굴에만 초점을 맞춘 듯이 얼굴을 자주 클로즈업시키는 기법도, 토크쇼를 탈맥락화하는 동시에 시청자에게 친밀감을 안겨준다.

다니엘 케이스(Daniel Keyes)가 지적하듯이, "제작자들은 생생한 삶의 모습을 무대에 올리고 그 흔적을 잡아내려 하지만, 프로그램을 전 세계에는 공급하지 못해도 전국에 보급하기 위해서라도 지엽적인 것들 은 지워내려 한다."

둘째, 기든스의 용어를 빌리면 토크쇼에서 사사로운 관계와 친밀감 은 시공간적 맥락에서 '제거' 되고, 마르크스와 짐멜이 화폐의 유통에 관련해 사용한 뜻에서 시각적이고 문화적 형식으로 가공된다.

화폐가 구체적인 가치(예컨대 보행을 위한 구두)를 추상적인 가치(그 구 두는 200달러이므로 비행기 항공권의 값과 같다)로 전환시키듯이, 토크쇼 는 어떤 사람의 구체적이고 특이한 경험을 탈맥락화시킨 고봉의 이야 기로 전환시켜 다른 특이한 이야기들과 똑같이 만들어버린다.

가령 성폭행의 피해자가 '감정적 폭행' 의 피해자와 동일시되고, 감정 적 폭행의 피해자는 감정적 무시의 피해자와 동일시된다. 토크쇼가 공 공의 장을 사적인 공간으로 만들어버렸다고 주장하는 많은 평론가와 달리, 나는 "오프라 윈프리 쇼는 친밀감을 탈맥락화시키고 추상화시킨 다"고 정반대로 생각하는 입장이다.

셋째, 치유적 이야기에서 가장 눈에 띄는 문화적 사례라 할 수 있는 정신적 외상에 관련한 이야기를 구조적으로 표준화시킨다. 정신적 외 상을 다루는 심리학은 그 현상의 특이점을 찾아내고, 그 외상이 특정한 시기, 정확히 말하면 세상에 대한 신뢰감이 무너진 때에 자아를 '얼어 붙게 만들었다' 는 사실을 인정한다. 그 외상적 시간(traumatic time)은 과거만이 아니라 현재와도 단절되어 있기 때문에 피해자의 의식에 고 스란히 남아 있다.

따라서 외상적 시간은 자아가 과거와의 인연을 끊고 미래까지의 확 대도 끊어버리며 '새롭게' 태어나기 시작하는 순간이 될 수 있다. 정신 적 외상의 원인이 성폭행, 강간, 배신, 지진 등 무엇이든 간에 외상적 시간은 시간에 영향을 받지 않기 때문에 외상성 심리학은 외상적 시간에 관심을 갖지 않을 수 없다. 따라서 외상성 심리학은 '기억 이야기'에 불과할지라도 역시 시간에 구애받지 않는 자아의 이야기를 만들어낸다.

넷째, 정신적 외상에 관련한 이야기는 워낙 자아의 추상적 이야기일 수밖에 없다. 따라서 그런 이야기는 '자신감의 부족', '불안감', '강박증', '자기파괴' 등과 같이 분석적이지만 규격화된 이야기의 틀에 자아를 끼워넣는다. 모순되게 들릴 수도 있겠지만 이처럼 규격화된 개념들이 문화적으로 수용되면서, 다시 말해 정신적이고 심리적인 건강의 규범과 모델을 기준으로 감정적인 삶이 규격화되면서, 오히려 개인적 이야기가 각양각색으로 포장될 수 있게 되었다.

다섯째, 치유적 이야기는 현대 사회에서 법과 국가기구를 통해 제도화된 개인이란 규격화된 개념에 크게 의존한다. 사회학자 존 메이어가 설득력 있게 주장했듯이, 개인은 복지국가나 시장과 같은 제도에서 추출해낸 추상적 각본에 그 모델을 두고 있으며, 반면에 제도는 '권리', '정신건강', '자기이익' 등과 같은 개념을 통해서 개인의 존재를 합리화시킨다. 치유의 담론은 대부분의 서구 세계에서 제도화되어왔으며, 정치적 담론은 개인의 자기인식과 삶의 행로를 합리화시키는 데 주력해왔다.

국가기구, 학문기관, 전문가, 글로벌 미디어, 요즘에는 인터넷을 통해 자아의 범세계적 모델이 구축되고 확산되면서 심리학이 점점 많은 나라에서 일종의 제도가 되었다는 사실이 이런 합리화를 가능하게 한다. 복지국가가 제공하는 사회보장제도에서도 심리학적 지식은 제도화되었다.

달리 말하면 심리학적 지식이 가족의 욕구를 채워주고, '커뮤니케이선'이란 이름으로 유사한 치유 모델을 제시하며 부모와 자식 사이의 관계나 부부 관계를 규격화시킨다. 심리학자들은 기업계에도 진출해서 산업과의 관계도 시도하고 있다. 또한 출판, 국가의 공공 서비스, 임상 치료 등을 통해 치유적 지식이 확산되면서 보통사람들까지 치유적 이야기를 사용해서 자신이나 다른 사람의 실패와 불행을 설명할 뿐 아니라 복잡한 현대 사회에서 나아갈 길을 스스로 찾을 수 있게 되었다.

예를 들어 1990년 6월 20일 ABC는 전기작가 조지 메이어가 약간은 빈정대듯이 요약한 오프라의 전기를 바탕으로 오프라 특집방송을 하면서 "이 프로그램은 오프라가 전 세계에 낙친 문제 대무문의 원인이라 진단한 것에 초점을 맞추었습니다. 오프라는 자긍심의 부족 때문에 사람들이 약한 사람을 폭행하는 것이라 믿었습니다. 또 그런 이유에서 전쟁이 벌어지고, 범죄가 저질러지는 것이라 믿었습니다. 오프라는 자긍심이 모든 사람의 행복에서 얼마나 중요한가를 설명하려 했습니다"라고 시작했다.

오프라는 삶의 여러 영역에서 제도화된 문화적 기준을 끌어들이기 때문에 자긍심을 어떤 영역에나 적용할 수 있었다. 치유적 이야기는 삶의 과정에서 겪는 실패를 거의 예외 없이 가공할 수 있기 때문에 실제로 인간의 모든 활동 영역에 적용되어, 다른 이야기를 이론적으로는 무한히 생산해낼 수 있다.

게다가 치유적 이야기는 많은 전문가에게 일거리를 주고, 그들은 거기에 답례라도 하듯이 텔레비전에 출연하거나 책을 출간해서 심리 문제를 진단하고 치유하는 데 적극 참여한다. 따라서 치유와 관련된 삶의 이야기는 전문가에게 일거리를 주고 미디어 산업을 활성화시키면서도 개별화된 문화형태를 유지하기 때문에 아주 유효한 상징성을 갖는다. 따라서 치유에 관련한 삶의 이야기는 '테크놀로지와 치유의 합작품'이라 해도 무방할 것이다.

치유적 이야기는 더글러스 켈너가 '기술 자본주의(techno-capitalism)'라 칭한 경제 상황에 특히 안성맞춤인 듯하다. 기술 자본주의의 세계는 자본의 급속한 이동, 정보기술, 전문적 지식이 한꺼번에 아우러지는 공간이다. 치유적 이야기는 실질적으로 생산비도 거의 필요하지 않을 뿐 아니라 후기 근대사회에서 해체된 주체를 가공하는 다양한 테크놀로지를 통해서 얼마든지 재사용할 수 있기 때문에 텔레비전에는 그야말로 주제의 보물창고이고 이익이 보장된 프로그램이라 할 수 있다.

테크놀로지가 더해진 치유적 이야기는 문화적으로 모순된 특징을 보여준다. 즉 그런 이야기는 자전적 이야기를 특별하고 개별화된 담론으로 만들어가는 데 도움을 주지만 동시에 그 담론을 규격에 맞춰버린다. 따라서 오프라 윈프리의 문화적 모체와 신상 이야기의 관계는 공장의 조립라인과 상품생산의 관계와 유사한 듯하다. 즉 개별 소비자의 특별한 욕구에 맞추어서 주문생산될 수도 있는 상품을 표준화해서 생산할 수 있는 효과적인 방법이란 뜻이다. 치유적 지식이 확산되고, 개인이 시장과 국가에서 제도화되고 표준화되면서 실제로 이런 이야기가 범세계적인 상품이 되었다.

오프라 윈프리의 문화행위가 세계적으로 확산되면서 각양각색의 지역 문화를 연결시키고 경계를 허물어뜨린 까닭에 오프라의 문화행위는 '공간도 없고', '맥락도 없는' 행위가 되었다. 그러나 오프라 윈프리 쇼가 세계를 하나로 포괄하겠다는 원대한 목표를 갖고 있지는 않다. 오히려 윈프리의 쇼는 개인의 경험을 탈맥락화시켜서 똑같은 것으로 만들어버린다는 점에서 범세계적이다.

앤서니 스미스의 표현을 빌리면, 오늘날 태동하는 세계적인 문화는 지역이나 시간에 얽매여 있지 않다. 맥락이 없는 문화이다. 그야말로 온갖 곳에서 끌어들인 잡다한 것들이 뒤섞인 문화이며, 글로벌 텔레커뮤니케이션 시스템이란 현대식 마차를 타고 질주하는 문화이다.

오프라 윈프리도 이런 식으로 온갖 것을 결합시켜, 일정한 거리를 두면서 친밀감을 주도록 개개인의 경험을 다시 정리하는 문화적 모체를 우리에게 제시한다. 이런 수법은 아르준 아파두라이의 '세계화(globality)'에 대한 이해와 일치한다. 아파두라이는 세계화를 "개인과 집단 사이의 심리적 거리와 소외감을 만들어내는 동시에 '전자적 근접성'이란 환상을 안겨주는 것"이라 해석했다.

결론적으로 치유적 이야기는 문화를 재생산하는 과제가 점점 어려워지는 상황에서, 그리고 자아에게 자기관리기법을 터득해서 스스로 그 과제를 이루라고 촉구하는 상황에서 태동된 문화도구이다. 고통을 치유하는 이야기는 개개인에게는 특이한 사례에 불과할 수 있지만, 글로벌 미디어화되면서 국경을 초월하는 사례가 되었다.

범세계적인 제도가 개인의 이야기를 표준화시키면서 치유적 이야기를 지탱해주기 때문에 치유적 이야기는 개인의 이야기를 세계화시킬 수 있다. 오프라는 '인프라 글로벌리제이션(infra-globalization)', 즉 '내부에서 시작되는 세계화'의 예를 보여주는 세계적인 문화형태를 창조해냈다. 달리 말하면 '성찰적 근대화(reflexive modernization)'의 공백과 모순에서 태동된 문화형태를 창조해냈다.

토크쇼에서 흔히 들을 수 있는 이야기와 발언의 패턴은 모순으로 가득한 삶의 균열과 간극에서 비롯되는 '움직이는 문화구조'이다. 울리히 베크의 진단에 따르면 가족과 시장, 국가와 개인 사이에 드러난 후기 근대성의 모순 때문에 전기는 우리에게 자기관리라는 어려운 과업을 직접 실천하게 만든다.

그런데 앞에서 지적했듯이, 자기관리는 규격화된 문화적 수단에 의해서 유지되는 듯하다. 오프라는 현대 미국 가정에 닥친 모순과 아포리아에서 그런 수단의 하나, 즉 고통받는 사람들의 초국가적 공동체를 만들어냈다.

따라서 미국 가정의 모순이 이제는 많은 다른 나라들의 가족 구조에도 영향을 미치고 있다. 오프라 윈프리는 이런 모순을 공공연히 토론하는 마당과 언어를 제시하며, 탈맥락화된 형식에서 그 모순의 의미를 찾으려 애쓴다.

고통받는 사람들의 공동체

오프라 윈프리는 텔레비전 테크놀로지를 잡지와 소설, 웹사이트와 결합시켰다. 따라서 시청자와 독자, 문화적 자료의 소극적인 사용자와 적극적인 사용자, 이야기를 하는 사람과 듣는 사람, 전문가와 보통사람을 구분하기에 어려워졌다.

또한 오프라는 다양한 문화 사이트, 테크놀로지 역할이 치유적 이야기를 통해 궁극적으로 서로 교환 가능한 것이 되는 거대한 구조를 창조해냈다. 즉, 누구나 전문가인 동시에 피해자가 될 수 있고, 게스트나 방청객이 될 수 있으며, 신상 이야기를 말하는 사람인 동시에 듣는 사람이 될 수 있는 세계를 만들어냈다.

앞 장에서 말했듯이 규격화된 고통의 이야기는 미디어에 기반을 둔 일시적인 공동체를 만들어낸다. 이 공동체는 '고통받는 사람들의 공동체'라 할 수 있다. 텍스트, 삶의 이야기, 감정이 한꺼번에 어우러져 형성된 공동체이다.

　그러나 이야기를 하는 사람들이 직접 자신의 조언자나 상대의 조언자로 행세하고, 전문가의 담론을 일반화시키고 추상화시켜서 이야기를 틀짜기하거나 이야기에 반응한다는 사실에서 이런 공동체가 형성된다는 점은 무척 흥미롭다.

　오프라 윈프리의 세계성은 전문가들의 언어를 빌려 이루어진다. 전문가들의 언어는 개인의 이야기에서 구체적이고 특별한 면을 해체해서 추상적이고 일반적인 차원으로 승화시켜 고통이란 문화적 재료를 규격화시키고 표준화시키는 네 노움을 순다. 고통받는 사람들이 이렇게 규격화된 문화재료를 통해 모이면서 하나의 공동체가 형성된다고 말할 수 있다.

　이런 현상은 여러 방향에서 분명히 드러난다.

　첫째, 전문가들이 개인의 이야기를 틀짜기하면서 그 개별적 이야기가 동일한 유형의 경험을 대표하는 것처럼 보이게 만든다. 따라서 '오프라 윈프리 쇼'는 특정한 개인의 이야기를 구조화시켜 무대에 올리는 것이라 말할 수 있다.

　특이한 이야기가 전문가에 의해서 일반적인 이야기로 변환된다(지나치게 사랑하는 여자, 옛 애인을 잊지 못하는 여자, 대인공포증에 시달리는 여자 등). 기능장애나 문젯거리라는 이름표 아래에서, 공통된 이야기 구조를 가진 사람들이 결집하며 가상의 공동체를 이루는 셈이다.

　둘째, 전문가는 일반적인 메커니즘과 법칙을 동원해서 개별적인 이야기를 틀짜기한다(자긍심이 없는 여자는 폭력적인 남편을 선택하는 편이다, 관계를 간절히 원하는 사람은 감정적으로 의존적이 된다). 이런 틀짜기는 자연과학의 인과관계를 모방해서 일종의 법처럼 행해진다.

　끝으로, 전문가는 법적 판결을 내리듯이 치유법을 처방하기 때문에 이런 치유법은 특이성과 개별성을 포괄하면서도 초월한다(거울을 보고 '너는 대단한 사람이다!' 라고 열 번을 외쳐라). 따라서 유사한 규범적 목표 (자신감의 회복, 아니라고 말할 수 있는 힘, 내 몸을 사랑하리라)을 가진 이야기들은 그 공통된 목표 아래 사람들을 결집시킬 수 있다.

오프라의 토크쇼에서 주제로 다루기도 했던 우울증은 오프라의 웹사이트에서도 뜨거운 공방이 벌어졌다. 이 사례를 바탕으로 가상공간에서 치유의 공동체가 어떤 식으로 모였는지 살펴보자.

내 경험을 여러분과 같은 사람들과 공유하는 것만으로 내 기분이 훨씬 나아지는 듯합니다. 내게 일종의 치료처럼 느껴지니까요. 나는 최근에야 대인공포증 같은 것이 있다는 것을 깨달았습니다. 전에는 아무런 이유도 없이 두려운 것이라 생각했습니다.
하지만 그런 문제를 겪는 사람이 나 혼자만이 아니라는 사실을 알고서는 너무나 놀랐습니다.

이 글에 달린 많은 댓글 중 하나를 소개해보면 이렇다.

당신이 대인공포증에 시달린다고 솔직히 고백해줘 정말 고맙습니다. 그런 공포증을 이해하는 사람의 글을 읽어 너무 반가웠고요. 나는 학교에 다닐 때 항상 그 문제로 지적을 당했거든요. '과거의 사건이 당신의 삶에 영향을 미친다' 는 당신의 글에 전적으로 공감합니다. 내가 요즘에도 그런 문제를 겪고 있는 이유를 잘 밝혀주었으니까요.

위의 두 글은 토크쇼의 주제였던 치유 개념, 즉 '대인공포증' 이 고통받는 사람들의 공동체를 형성하는 데 어떻게 이용되었는지 잘 보여준다. 다른 치유 개념과 마찬가지로, '대인공포증'도 기능장애를 통해 과거를 이해하는 성찰적인 틀로 사용되었다. 따라서 이 기능장애는 다양한 형태로 나타나는 사회적 경험에 이름을 붙이고 동격화시키고, 이런 경험들이 공유되면서 실체가 없고 일시적이긴 하지만 하나의 공동체가 형성된다.

종속관계갱생회나 알코올중독방지회와 같은 집단에 대한 최근 연구는 기능장애와 회복에 관련된 이야기를 공유한 사람들이 만들어낸 공동체와 개별성 사이의 관계를 밀도 있게 살펴보았다. 하지만 그 연구에서도 공동체와 개별성이 서로 교체될 수 있는 이유가 전기적 이야기의 규격화에 있다는 사실은 밝혀내지 못했다.

고통으로 점철된 삶과 그 고통을 말로 표현해서 극복하려는 전기적 이야기는 독자와 웹사이트 방문자에게 중요한 매개체 역할을 한다. 그들이 토크쇼에 반응하며 '토크쇼가 끝난 후의 토크쇼'를 웹에서 계속하기 때문이다.

오프라 윈프리의 웹사이트를 구성하는 항목들에는 개인적 고통과 파괴된 삶을 고백하며 사회적 지원을 바라는 글이 많이 실려 있다. 북클럽의 독자, 텔레비전 시청자, 웹사이트 방문자가 바로 이런 동기에서 가상의 공간에 만들어진 고통받은 사람의 공동체에 모이는 것이다.

예컨대 오프라의 '엔젤 네트워크'에는 '기도가 필요한 사람들'이란 세부항목이 있다. 이곳에는 무력감을 느끼며 다른 사람의 도움을 갈구하는 이유를 밝힌 슬픈 이야기들로 가득하다. 이 항목은 사람들에게 기도해달라고 부탁할 뿐, 심리적 조언을 크게 바라지 않는다는 점에서 다른 항목과 다르다.

오프라 윈프리의 웹사이트에서 이 항목에 2001년 2월에 실린 글을 분석해보면 두 가지 주된 고민거리가 보인다. 하나는 의학적 문제이고 다른 하나는 경제적 문제이다.

　　남편과 나는 다시 노숙자가 되었습니다. 이 때문에 나는 많은 스트레스를 받고 있으며 부부 관계에도 문제가 적지 않습니다. 우리는 한 친구에게 그의 집에 잠시 기거해도 좋다는 허락을 받았지만 이 시간이 오래 지속될 것 같지는 않습니다. 일자리를 구하기도 쉽지 않았습니다. 전화가 끊겼다가 오늘에야 재개통되었으니까요. 2001년 3월 5일까지는 일자리를 구하고 일정한 거처를 정해야 합니다.

　　내 딸은 여섯 살 난 딸을 둔 미혼모입니다. 여러분의 기도가 필요합니다. 내 딸은 일요일을 제외하곤 하루도 쉬지 않고 매우 열심히 일합니다. 하지만 편안히 지낼 만큼 많은 돈을 벌지 못하는 듯합니다. 그래서 월세와 그 밖의 청구서를 해결하는 데 필요한 900달러를 마련하지 못해 다시 노숙자가 될 처지에 놓이고 말았습니다. 여러분의 기도가 간절히 필요합니다.

　　해결하기 어려운 사회적 환경이나 이웃이든 국가든 지원조직과 네트워크의 부족을 한탄하는 글들이 적지 않다. 대다수의 불평과 하소연이 경제적이고 문화적인 박탈감과 관련된 사회적 문제에 직접적 원인이 있는 듯하다.

　　그러나 이 글들이 더 많은 글을 양산해낸다는 점이 무엇보다 흥미롭다. 그 글을 쓴 사람들이 다른 사람들에게 그들의 이야기에 공감해달라거나 조언을 해달라고 강요한 것도 아닌데 말이다. 특히 치유를 목적으로 한 항목들에서는 전기적 이야기와 조언을 주고받는 사람들끼리 가상의 공동체를 형성하는 빈도가 훨씬 높다.

　　오프라의 전기와 토크쇼, 북클럽, 『오 매거진』, 웹사이트는 "요즘의 매스미디어는 모든 메시지를 하나의 공통된 인식 패턴으로 귀결시키는 특징을 보인다"는 마뉴엘 카스텔의 진단을 극명하게 보여주는 예다.

오프라 윈프리는 오락, 뉴스, 교육, 영성, 뉴에이지, 전문가의 조언, 지원집단, 독서 클럽, 일반 대중의 저항 등을 뒤섞어서 삶의 고통을 관리하는 치유적 전기라는 공통된 인식 패턴으로 귀결시키기 때문에 요즘의 매스미디어를 대표하는 전형적인 예가 아닐 수 없다.

요컨대 오프라 윈프리 왕국은 텍스트적 성격을 띤 다양한 테크놀로지가 동일한 고통의 이야기를 유통시키는 문화적 모체 역할을 한다. 성폭행, 이혼, 비만, 신경성 식욕부진증은 오히려 새로운 삶을 만들어가는 게기가 될 수 있으며, 나라 안에 뜻을 함께 하는 여러 공동체를 조직하고 전통적인 국경과 영토 개념을 넘어서 다른 나라 사람들과도 새로운 관계를 맺는 기회가 될 수 있다.

이런 현상은 이처럼 파괴된 삶을 다루는 많이 인터넷 사이트들에서 이미 증명된 것이기도 하다. 알코올중독방지회, 과식중독방지회 등과 같은 국제 조직처럼 고통을 다루는 공동체도 완전히 제도적 기구로 발전할 가능성은 얼마든지 있다.

'오프라 윈프리 쇼'처럼 이 공동체적 조직은 고통, 삶의 이야기, 치유를 통한 자아의 관리를 복합적으로 다루고 있다. 사회적 고통을 공유하기 위해 조직된 이 공동체는 지금까지 국가와 전통적인 비정부기구가 어렵사리 파악해서 취급해온 고통의 문제를 본격적으로 다루고 있다.

공통된 치유적 이야기를 근거로 일시적으로 형성된 이런 공동체는 데이비드 헬드의 '숙명의 공동체(community of fate)'로도 생각해볼 수 있다. 헬드는 전통적인 정치적 경계선을 무시할 뿐 아니라 계급, 인종, 국가 등을 전통적으로 구분하던 선까지 초월하는 공동체를 '숙명의 공동체'라 칭했다.

따라서 고통의 공동체는 국민 국가의 아래에 존재하는 동시에 그 위에 존재한다. 그럼 이런 공동체는 아르준 아파두라이가 '아래로부터의 세계화'라 칭했던 흐름을 더욱 가속화시킬 수 있을까? 모두가 알고 있 듯이, 아래로부터의 세계화는 기업이나 미디어의 힘에서 비롯되는 세 계화가 아니라, 새로운 형태의 세계의식과 사회운동이 전 세계적으로 전개될 때 가능할 수 있는 세계화 운동이다. 그렇다면 이런 고통의 공 동체가 '세계의식'에 걸맞은 걸까?

특이성과 지역성을 지워버리는 테크놀로지를 사용하고, 그 대신에 추상적이고 규격화된 심리 언어를 사용해서 시청자와 사회자와 이야기 하는 사람 사이의 간격을 뛰어넘은 까닭에 '오프라 윈프리 쇼'는 다른 텔레비전 프로그램과 달리 시청자와 이야기하는 사람 사이의 감정적이 고 정치적인 간격을 크게 좁혔다. 그 결과 오프라의 토크쇼는 하나의 동질적인 공간을 만들어냈고, 그 공간 내에서 자전적 이야기들이 자유 롭게 교환된다.

그러나 세계화를 연구한 개척자적인 사회학자인 롤랜드 로버트슨은 "세계화가 세계의 압축인 동시에, 하나의 세계라는 의식의 강화"라고 말했다. 이 장을 처음 시작하면서 언급한 볼테르의 비난을 적절히 재정 리한 정의가 아닐 수 없다. 그러나 오프라 윈프리가 시각적으로나 언어 적으로 강력한 영향력을 지닌 기법을 사용해서 세계를 압축시킨다고 인정하더라도 세계의식을 의도적으로 조장하지는 않는다.

오프라의 쇼는 문화의 표준화와 동질화를 꾀하지만, '하나의 세계'에 서도 고통과 행복이 다양한 형태로 전개된다고 뚜렷이 의식하지는 않 는다. 요컨대 오프라의 문화행위는 토크쇼와 전 세계의 시청자를 공간 적으로 떼어놓는 거리를 줄이고 있지만 '하나의 세계'라는 의식을 내 세우지 않는다는 점에서 '불완전한 세계적 문화행위'라 할 수 있다.

이런 공동체는 공간적 거리만을 지워버리기 때문에 볼테르와 같은 도덕성을 기대하기 어렵고, 그 때문에 우리는 고통이라는 불명예스런 현상, 즉 고통과 행복이 공존하는 현상을 똑바로 보지 못한다.

심리적 고통을 함께 나누는 공동체는 세계화될 수 있다. 그러나 그 공동체의 궁극적 목표는 해체하는 것이기 때문에 세계의식을 주장할 수가 없다. 이런 공동체에서 성공한 사람은 곧 공동체를 떠나는 사람을 뜻하기 때문이다.

오프라 윈프리의 힘은
어디에서 출발하는가

흑인이 건드리는 것은 무엇이나 각을 이룬다.
흑인 무용수들을 지켜본 사람이면 누구나 똑같은 현상에 매료된다.
몸짓 하나하나가 다른 각을 이루기 때문이다.
— 조라 닐 허스턴

고통과 자기변화는 '오프라 윈프리 쇼'에서 보여주려는 두 가지 중요한 목표이다. 따라서 고통과 자기변화는 오프라의 방대한 문화적 행위와 텍스트를 이해하기 위한 출발점이라 할 수 있다. 또한 이 둘은 토크쇼의 구조, 토크쇼 사회자의 의도, 토크쇼에 참여한 사람들의 동기, 그리고 토크쇼가 수용되고 해석되는 방향을 한꺼번에 설명해줄 수 있는 근거이기도 하다.

그 의도와 동기는 오프라 자신의 삶에 대한 이야기와 게스트들의 규격에 맞춘 듯한 이야기를 글로벌 미디어라는 상품화된 공간에 끼워넣게 만드는 심층적 문화구조에서 찾을 수 있다. 이 문화구조는 북클럽에서 선정한 소설에서도 예외 없다. 그 소설들이 현대 미국 문화에서 중심축을 이루는 자아의 이야기에서 한 치도 벗어나지 않기 때문이다.

그러나 문화분석이 텍스트의 의미를 설명하는 것에서 끝날 수는 없다. 진정한 문화분석이라면, 어떤 행위자가 새로운 의미를 만들어낼 가능성이 높은 조건이 무엇이고, 또한 그가 처한 환경이 그런 의미를 만들어내는 이유는 무엇인가라는 의문을 품어야 마땅하다.

2장에서는 오프라가 토크쇼의 장르를 수정해서 재창조해낸 방법에 대해 살펴보았다. 여기에서는 오프라가 고통과 자기계발이란 문화적 코드를 그처럼 구사하는 이유가 무엇이고, 그 코드가 미국인들에게 그처럼 큰 반향을 일으킨 이유가 무엇인지 살펴보려 한다.

고통과 자기계발은 어떤 사회적 경험에 근거를 두고 있는 걸까? 오프라가 만들어낸 의미는 아프리계 미국 여성이라는 오프라 윈프리의 사회적 정체성과 아비투스를 어떻게 반영하고 있을까? 또 그 의미는 미국인의 자아에서 중요한 부분들을 어떻게 풀어가고 있을까?

나는 이런 의문을 넘어서, '오프라 윈프리 쇼'의 의미와 미국 사회 전반이 갖는 관계를 추적해 오프라의 전기를 만들어낸 사회적 조건까지 살펴보려 한다.

부르디외가 "주관적으로는 개인의 정체성과 취향으로 경험되고 전달되며, 객관적으로는 계급화된 문화·경제 자본에서의 위치로 결정되는 습관, 생각, 기질의 합"이라 정의한 아비투스는 문화의 사회화가 이 세상에서 살아가기 위한 재능과 수단을 어떻게 제공하는가를 이해하는 데 반드시 필요하다.

아비투스는 예술과 테이블 매너를 평가하는 분야에 전통적으로 적용되었고, 사람들이 사회구조 내에서 자신의 위치를 어떻게 결정하며 취향과 말하는 방법 등을 어떻게 습득하는가를 설명하는 데 활용되었다.

아비투스는 한 개인이 물려받은 성향을 가리키는 동시에, 그 성향이 강화되거나 사장(死藏)되고 때로는 줄어드는 이유도 말해주기 때문에 역동적인 면도 갖는다.

오프라의 아비투스를 재구성하려면 단순히 그녀의 '습관과 스타일과 재능'을 찾아내는 것에서 그치지 않고, 그녀가 문화적으로 주어진 재능을 이용해서 전략적 이점을 어떻게 활기차게 추구하고 있는지도 보여줄 수 있어야 한다.

그러나 사회구조가 어떻게 우리 취향과 몸에 스며드는가를 아비투스로 잘 설명할 수 있지만, 그런 구조를 사용하는 과정에서 일어날 수 있는 변화를 설명하려면 아비투스로는 부족하다.

달리 말하면 아비투스는 장기적인 행동 전략을 개념화하는 데 도움이 되지만, 문화자원과 문화구조가 전개되는 과정에 어떻게 변할 수 있는가를 설명하지는 못한다. 구조와 수단 사이의 관계를 밝힌 윌리엄 스웰 주니어(William Sewell Jr.)의 주장이 여기에서 필요한 듯하다. 스웰의 주장에 따르면, 문화는 '자원(resource)'과 '도식(schema)'의 상호작용이다.

자원은 정치적이고 경제적인 힘을 유지하거나 획득하는 데 도움을 주고, 도식은 우리가 세상을 이해하는 데 필요한 생각의 도구를 가리킨다(비유, 이원적 대립, 이야기, 가정 등). 도식은 우리 사회적 경험을 추상화하고 범주화시킨 것이다. 따라서 '세계관'이나 '이데올로기'와 달리 도식은 일관성 있는 명제들의 합이라기보다는 생각의 기본적인 도구이다. 게다가 스웰에 따르면 도식과 자원은 상호관계를 갖는다.

도식은 자원의 결과이고, 자원은 도식의 결과이다. 문화적 행위를 이해한다는 것은 둘 사이의 긴밀한 상호작용을 이해하는 것이다. 끝으로 도식은 내재화된 법칙으로 게임의 법칙을 바꾸기 위한 자원, 즉 힘의 근원으로 사용될 수 있다.

따라서 도식과 아비투스는 사회구조와 행위자의 문화적 소양간에 의미 있는 결합점을 찾아내려 하는 반면에, 스웰의 도식은 어떤 가능성, 즉 행위자가 근거로 삼는 문화적 코드가 일정한 상황에서 힘의 근원이 되어 결국 최초의 문화구조를 변형시킬 수 있는 가능성의 여지를 크게 남겨준다.

이 장에서 나는 오프라의 문화적 스타일을 기술하고 설명하는 데 도움을 줄 수 있는 문화적 아비투스를 중점적으로 다루려고 한다. 또한 오프라의 스타일을 특징짓는 도식이 강력한 문화행위로 변모되는 메커니즘도 살펴볼 것이다.

오프라는 현대의 자아가 겪는 불행을 대중에게 보여주기 위한 매개체로 자신의 토크쇼를 이용했고, 아프리카계 미국인들이 지난 200년 동안 억압에 대응하기 위해서 문화적 전략으로 발전시켜온 도식까지 동원했다.

2장에서 말했듯이, 대중적 텍스트는 인구, 경제, 문화 등 거의 모든 분야에서 어려운 상황을 다루기 때문에 대중적이다. 달리 말하면, 해결되지 않은 사회적 모순을 다루고, 이런 모순 속에서도 자아가 나아갈 방향을 결정하는 데 도움을 준다. 오프라 윈프리는 아프리카계 미국인 공동체의 축적된 경험에서 본질적인 부분이며, 혼란에 빠진 자아에게 방향을 제시하는 그들 나름의 수단이었던 상징적 도구와 전략을 미국 문화에 도입했다.

그러나 오프라는 그런 도구와 전략을 현대의 자아에 적용했고, 현대 미국 사회의 모든 여성이 겪는 모순과 곤경에 반응하기 위해서는 자신의 아비투스를 전략적으로 사용했다. 아비투스가 권력과 사회구조에서 비롯된 결과의 축적물이라면, 그 결과는 한 집단이 사회적 조건에 반응하고 대처하는 방법과 전략에서 흔히 나타난다. 이렇게 변형시킨 아비투스 개념은 스위들러(Ann Swidler)의 '행동을 위한 전략', 즉 이 세상을 돌아다니며 도전적인 상황에서도 올바른 방향을 결정하는 방법과 유사하다.

오프라 윈프리는 행동을 위한 전략적 도구로 문화를 사용하면서 우리에게 대중문화를 다시 생각하는 기회를 제공하고, 우리가 '행동 전략'을 결정할 때 도덕적 기준으로 활용할 수 있는 수단의 하나로 문화를 생각하라고 역설한다.

아프리카계 미국 문화의 뿌리

아비투스가 '취향'으로만 표현되는 것이 아니라, 세상을 도덕적 관점에서 설명하고 자아에게 닥친 문제를 찾아내며 반복적으로 일어나는 문제에 대처하는 해결책을 고안하는 데 사용되는 범주로도 표현된다고 생각한다면, 아비투스 개념에 포함된 문화적 성향을 좀 더 깊이 이해할 수 있으리라 여겨진다.

반복적이어서 우리에게 익숙한 상징적 패턴으로 사회적 조건에 대처해서 그 의미를 파악하는 방법은 결국 아비투스와 관련된 것들에서 결정되게 마련이다. 미학적 이해 못지않게 그 상징적 패턴도 아비투스의 일부이기 때문이다.

다음 분석에서 보듯이, '오프라 윈프리 쇼'가 문제를 한정하고 그 문제를 해결하기 위한 전략을 구상하려고 사용하는 상징적 패턴은 아프리카계 미국인 공동체의 문화적 역사에 뿌리를 두고 있다.

아프리카계 미국 여성들의 뼈아픈 고통

　종종 지적되듯이 오프라는 어떤 연예인보다 미국 여성의 마음을 사로잡는다. 현대 여성이 직면한 문제를 정밀하게 다룬 오프라의 토크쇼가 아프리카 미국 여성의 사회적 경험에 뿌리를 두고 있다는 점이 특히 흥미롭다. 그들의 사회적 경험이 백인 여성의 사회적 경험만큼이나 다양하다는 것은 구태여 말할 필요도 없을 것이다.

　하지만 오프라 자신이 아프리카계 미국 여성에게 흔히 닥치는 가장 어려운 상황 중 일부를 직접 겪었다는 사실을 감안할 때, 오프라가 최하층 흑인 여성의 문화적 특징을 부분적으로 동원했다고 가정해도 큰 무리는 없을 듯하다.

　여기에서 나는 이런 사회적 경험이 무엇이었는지 개략적으로 살펴보려 한다. 이런 시도에는 아프리카계 미국인 문화의 내용에서 정수를 추려내서 구체화시키는 위험이 따르지만, 오프라의 아비투스와 그녀의 토크쇼에서 유난히 눈에 띄는 문화적 패턴을 찾아내기 위한 노력의 일환으로 이해해주기 바란다.

　사회학자 줄리어스 윌슨(Julius Wilson)은 별거율과 이혼율에서 흑인 여성이 백인 여성보다 높다는 사실을 확인했다. 1980년대, 즉 오프라의 토크쇼가 전국에 방송되던 시기에, 흑인 미혼모의 수가 현격하게 증가했다. 이런 추세와 더불어 미혼 흑인 여성의 비율도 늘었다.

　윌슨의 분석에 따르면 미혼 흑인 여성은 빈곤과 의존의 장기 순환 때문에 교육을 받지 못해 빈곤에 떨어질 가능성이 가장 큰 집단이었다. 1993년의 조사에 따르면, 흑인 여성이 가장인 가정의 절반이 빈곤선 이하에서 살았다.

　흑인 부부가 가장인 가정은 12퍼센트만이 빈곤선 이하였다는 점에 비추어보면 우려할 만한 수치가 아닐 수 없었다. 게다가 세계화와 정보 기술의 급성장으로 미숙련 노동자의 일자리가 크게 줄어들면서 흑인 노동자 계급이 큰 타격을 받았다.

'오프라 윈프리 쇼'가 인기를 끌면서 미국 대중문화의 중심으로 발돋 움한 시기에, 흑인 가정은 가혹한 경제력 압력에 시달렸다. 또한 복지 예산의 대폭 감소도 흑인 미혼모 가정을 빈곤과 사회문제의 악순환으 로 몰아넣는 데 적잖은 역할을 했다.

이런 악순환은 아프리카계 미국인 공동체에서 이미 만연되어 있던 양성 사이의 갈등을 더욱 부추겼다. 패트리셔 힐 콜린스(Patricia Hill Collins)의 지적에 따르면 "아프리카계 미국 남성과 여성 사이의 긴장 관계는 흑인 페미니스트 사상에서 해묵은 논란거리"였다.

양성 사이의 이런 갈등은 흑인 남성과 여성의 서로에 대한 부정적 평 가에서 극명하게 드러난다. 구타와 같은 사회적 문제도 흑인 여성에게 새삼스런 일이 아니다. 『로 리뷰(Law Review)』에 실린 한 논문에 따르 면, 구타는 44세 이하의 흑인 여성에서 가장 높은 사망 원인 중 하나이 며, 강간과 자살시도와 아동살해로 이어지는 원인이기도 하다.

오프라가 와해된 가족이란 문제와 그런 가족 내에서 일어나는 위해 와 폭력을 주제로 즐겨 다루는 이유는 흑인 여성의 가족에 대한 부정적 경험에 뿌리를 두고 있는 듯하다. 어쩌면 그런 현상을 고스란히 드러내 고 싶은 욕구일 수도 있다. 이런 점에서 오프라의 쇼는 오락물이란 형 식을 띠고 있지만 흑인 가정의 실질적이고 해묵인 사회적 문제를 반영 하고 있다고 말할 수 있다.

그러나 '와해된 가정'이 일반 대중의 마음을 사로잡는 이유는 이런 와해가 가난 이외에 다른 이유로 지금도 모든 사회계층과 인종집단에 서 쉽게 확인되기 때문이다. 그런데 근래 들어 백인 중산층 가정도 점점 위험한 지경에 빠지고 가정 내에서 남자의 권위가 도전받고 있다.

따라서 흑인 가정과 똑같다고 할 수는 없지만 백인 가정에서도 가족이란 친밀한 관계가 혼돈에 점점 빠져들고 있다. 성의 역할 경계가 무너지고, 적어도 그 역할에 의문이 제기되면서, 여성은 남성에 맞서 싸우고 자식은 부모에게 도전하기에 이르렀다. 백인 여성의 가정생활이 흑인 여성의 해묵은 경험과 점점 유사해지고 있다는 방증이다. 물론 그 경험을 만들어가는 사회력이 다르기는 하지만 말이다.

그럼 오프라는 흑인 여성의 와해된 가정의 모습을 미국 텔레비전에서 방영했던 이유는 무엇일까?

안정된 가족을 형성하고 유지하는 것이 백인 중산층과 중하층 가정에게 중요한 문제의 하나로 제기되기 전부터 아프리카계 미국인에게는 '문화적 소양'을 위해 없어서는 안 될 부분이었기 때문이다.

가족과 관련해서 유사한 도식이 현대 중산층 미국 문화에도 존재한다. 오프라가 북클럽에서 선정한 소설의 대부분이 해체 과정에 있는 가족의 이미지를 보여주고 있다는 점이 그 증거다. 가족의 삶이 폭력적이고 억압적인 것으로 묘사되고, 여성은 남성에게 소외당해서 자식과 친구에게 매달리며 결혼이란 법적 연고에 근거를 두지 않는 사회적 연고를 재창조하려 한다.

다른 어떤 문화행위자보다 오프라 윈프리는 해체 상태에 있는 가족을 체계적으로 보여주었고, 지난 30년 동안 다양한 형태로 나타난 새로운 유형의 가족을 정당화시키려 애썼다.

가족의 기능장애를 보여주는 동시에 그런 문제를 껴안고 살아가거나 변화시키는 방법을 제시하는 문화행위자는 시청자에게 두 방향에서 영향을 미치는 듯하다.

하나는 그들의 가족이 비정상적인 문제를 겪고 있다는 느낌을 덜어주며 정상적 삶을 회복하도록 도와주는 효과이며, 다른 하나는 사회적으로나 도덕적인 우월감을 안겨주는 효과이다.

희생당한 집단의 일상

벨 훅스(Bell Hooks)가 지적한 대로 "여성이 성차별적 억압에 대부분 희생당한 집단"이라면, 흑인 여성은 과거에도 그랬지만 지금도 가장 억압당하고 있는 집단이다. 따라서 여성의 사회적 경험이 대체로 정상과 폭력이 혼란스럽게 뒤섞여 구조적으로 뒤죽박죽인 상태라고 한다면, 흑인 여성의 경우는 더더욱 그렇다. 자주 지적되고 있듯이, 흑인 여성의 일상은 종속과 관례화된 야만적 학대의 연속이다.

백인 인종차별주의자와 성차별주의자의 억압도 있지만, 흑인 남성의 학대도 무시할 수 없는 정도이다. 얄궂게도 흑인 남성이 백인 인종차별주의자에게 억압받는다는 사실은 차치하더라도, 백인과 흑인 남성에 의한 흑인 여성의 학대는 눈에 띄기도 하고 띄지 않기도 하지만 거의 관례화된 현상이다.

흑인 페미니스트 학자인 패트리셔 힐 콜린스의 표현을 빌리면, "흑인 여성에 대한 흑인 남성의 물리적이고 감정적인 폭력은 정당화되고 관례화된 폭력에서 큰 부분을 차지"한다. 따라서 흑인 여성은 두 걸음을 내딛기 위해 한 걸음을 후퇴할 '공간' 마저 없었다는 점에서 이중의 피해자였다고 말할 수 있다.

달리 말하면 흑인 여성은 가정과 공공의 공간 모두에서 억압받고 있기 때문에, 그들에게 억압은 만연된 것이고 눈에 띄지 않는 것이며 혼란스러운 것이다. 강간과 근친상간이 '아프리카계 미국 여성의 글에서 공감을 끌어내는 주제' 라는 사실이 이런 현상을 방증한다.

또한 이런 주제가 '오프라 윈프리 쇼' 에서 흔히 다루어질 뿐 아니라, 일반 대중이 오프라의 토크쇼와 페르소나에 관심을 갖게 된 주된 원인이었다는 사실도 크게 놀랄 일은 아니다.

억압의 두 형태, 정치적 억압과 가정의 억압은 정체성과 자신에 대한 믿음을 발달시킬 가능성에 악영향을 미친다. 이 때문에 백인 여성에 비해 흑인 여성이 자신의 외모를 싫어하는 편이다. 여기에는 백인을 기준으로 한 아름다움의 기준이 아프리카계 미국인의 피부색, 머리카락의 결, 이목구비를 조직적으로 지워버리거나 폄훼해온 것도 큰 몫을 차지한다.

몸은 자기인식에서 근원적인 역할을 하기 때문에, 검은 머리카락과 검은 피부가 '아름답게' 여겨지지 않는 문화에서 산다는 것은 정체성과 자긍심의 확립에 큰 위협이 아닐 수 없다. 따라서 흑인의 외모에 대한 백인 문화의 조직적인 공격에서, 오프라가 자신의 외모를 바꾸려고 노력한 이유만이 아니라 토크쇼에서 육체와 정신의 변화라는 주제를 집요하게 다룬 이유를 해석하는 중요한 실마리를 찾을 수 있을 듯하다.

오프라 윈프리가 '외모' 라는 주제를 집요하게 다룬 이유는 무엇일까?

백인을 기준으로 한 아름다움의 기준과 날씬한 몸이 곧 '건강한 몸' 이라는 기준에 의해 몸과 외모가 불합리하게 폄훼된 흑인 여성의 사회적 경험과 관련된 사회적 도식에서 비롯된 듯하다. 이런 가정은 오프라의 쇼에서 다루어지는 주제의 천박성("화장하지 않고 외출할 수 있는가?", "몇 킬로그램이나 살이 찌면 기분이 어떨 것 같은가?" 등)을 새로운 관점에서 해석하게 만든다.

이런 주제는 천박하다기보다는 외모에 대한 흑인의 강박증을 보여준 것이라 할 수 있다. 게다가 이런 강박증은 자기애(自己愛)적 성찰이 아니라 억압의 결과이다. 따라서 오프라가 자신과 다른 사람의 외모 변화에 집착하는 것도 흑인의 몸은 '문젯거리'라는 문화적 아비투스에 뿌리를 두고 있다.

급격한 몸의 변화는 흑인의 자기인식에 남몰래 잠재해 있는 문화적 환상이다. 따라서 오프라의 자기변화는 억압에서 유발되었지만 부를 거머쥐면서 실현한 그 문화적 환상의 부분으로 여겨질 수 있다.

얄궂게도 흑인 여성의 몸에 대한 자기혐오는 후기 근대사회에서는 모든 여성의 고민거리가 되었다. 다시 말해 광고, 텔레비전, 영화 등을 통해서 소비자 문화가 끊임없이 자극하는 이상적인 아름다움에 도전받아 모든 여성이 자신의 몸을 불만스레 생각하며 자기비하에 빠졌다.

수십 년 전부터 신경성 식욕부진증이 급격하게 늘어난 것도 그 증거이다. 실제로 신경성 식욕부진증은 오프라도 큰 관심을 기울이는 주제이다. 게다가 현대 백인 여성이 이상적인 여성의 아름다움을 억압적인 것으로 느끼는 것도 사실이다. 흑인 여성의 자기 몸에 대한 부정적 인식이 이제 모든 여성을 지배하는 상황으로 변했다.

앞에서 말했듯이 광고, 텔레비전, 영화가 제시하는 아름다움의 기준이 많은 여성에게 몸에 대한 불만을 증대시켰기 때문이다.

흑인 여성의 정체성에 대한 공격은 외모에만 국한되지 않고, 사회적 실존을 위한 다른 면과도 관계가 있다. 도시거주 지역의 차별, 노동의 차별, 빈곤 등이 복합된 결과로 아프리카계 미국인 공동체는 온갖 사회적 문제로 몸살을 앓고 있다.

만성적 실업, 열악한 주거 조건, 정신질환, 학대. 대체로 아프리카계 미국인은 경제와 문화의 생산에서 주류에서 벗어나 소외당하고 있고, 특히 여성은 일상의 삶에서도 구조적으로 학대받고 있기 때문에 심리적 장애가 흑인 남성보다 흑인 여성에게 더 빈번하게 발생하는 것으로 밝혀졌다.

흑인 여성의 사회적 경험에는 정상과 비정상, 고통과 삶의 기운을 북돋워주는 관계, 억압과 사랑 등이 혼란스러울 정도로 뒤섞여 있다. 안드레아 드워킨(Andrea Dworkin)의 표현을 빌리면, "여성의 학대와 여성의 정상적인 이용이 구별되지" 않는다. 흑인 여성의 경우는 더더욱 그렇다. 중하층과 노동자계급의 여성에게 일상의 삶은 당연한 것으로 여겨지지 않는다. 오히려 불리한 환경을 딛고 어렵게 성취한 것으로 여겨진다.

달리 말하면 흑인 여성이 일터와 가정에서 정상적으로 기능하는 자아와 정체성을 발전시킬 가능성은 그들의 사회적이고 경제적 조건에 의해 위협받았다. 2장에서 밝혔듯이, 이런 문화적 조건이 오프라 윈프리의 장르가 갖는 고유한 특징이다. 앞에서도 말했듯이, 일상의 삶은 '오프라 윈프리 쇼'가 전개되는 터전이며, '오프라 윈프리 쇼'에서 일상의 삶은 힘겹게 쟁취해야 하는 이상향으로 소개된다.

백인 중산층 여성의 삶은 중산층이나 하층계급 흑인 여성의 삶에 비해 훨씬 안정적이지만, 그들도 지금까지 당연하게 여기던 것의 붕괴에 직면하고 있다. 백인 여성도 불안, 우울증, 신경성 식욕부진증, 신경성 식욕항진증 등과 같은 심리적 장애의 주된 피해자로 전락해가고 있다. 실제로 정신건강센터, 정신병원, 외래 환자 전문병원을 들락대는 성인 중 65퍼센트는 여성이다. 게다가 개인적으로 심리치료를 받는 환자의 84퍼센트가 여성이다.

현대 사회는 그야말로 온갖 형태의 고통에 짓눌려 있다. 그런 고통은 자본주의에 의해 삶이 전격적으로 와해된 탓이지 경제적인 문제가 아니다. 오히려 그런 고통은 독립적이고 가치 있는 자아를 구축하는 능력과 관계가 있기 때문에 심리적인 문제라 할 수 있다.

실제로 산업자본주의와 후기 산업자본주의의 주된 차이는 다른 식으로 이해되어야 한다. 즉, 산업자본주의는 경제적 고통을 크게 양산해낸 반면, 후기 산업자본주의는 우리에게 물질적 풍요를 주었지만 온갖 형태의 심리적 고통을 안겨주면서 자아의 도덕적이고 정신적인 근거를 심각하게 위협하고 훼손시켰다.

남성에 비해 여성이 모순된 역할을 더 많이 강요받기 때문에, 또한 가부장제도가 여전히 여성의 사회적·경제적·도덕적 근거를 억압하기 때문에 여성이 남성에 비해 심리적 장애의 피해자가 될 가능성이 훨씬 높다.

다른 어떤 문화적 명사보다 오프라는 여성이 정체성을 구축하고 문화의 재생산에 참여하는 데 어려움을 겪는다는 현실을 솔직히 인정하는 편이다.

희생의 삶을 뛰어넘어

노예제도가 인정되던 시기에는 물론이고 현재까지도 아프리카계 미국인, 특히 여성은 백인 가족의 욕구를 만족시켜주려고 존재한 것처럼 여겨지지만, 그들의 사회경제적 조건도 안정된 가족을 형성하는 데 적잖은 걸림돌이었다. 여기에서 가족은 경제적 생존과 자식의 양육을 목적으로 한 제도적 틀로 이해하면 된다.

따라서 흑인 여성은 부족적 가족 구조를 고스란히 유지하기도 어려웠고, 19세기와 20세기의 경제에는 안성맞춤이었던 백인 가정의 패턴을 흉내 내기는 더더욱 어려웠다. 하지만 흑인 여성은 주로 가정부로 일했기 때문에 백인 가정의 풍습과 관습에 익숙해질 수 있었다. 따라서 내 생각에는 아프리카계 미국인들이 가족제도를 유지하는 규칙에 더 관심을 기울이는 아비투스를 발전시켜온 듯하다.

2장에서 말했듯이 오프라 윈프리의 스타일에서 가장 핵심적인 면은 일상과 가족의 해체이다. 특히 흑인 가정에서 뚜렷이 나타나는 문화적 도식들을 자주 도입하고, 오프라는 그 문화적 도식을 중심으로 가족을 다룬다. 패트리셔 힐 콜린스가 말했듯이, 아프리카계 미국 여성은 "백인 사회의 가장 은밀한 비밀 중 일부에도 관여"해왔다. 아프리카계 미국 여성은 가정의 일을 거의 도맡아 처리했기 때문에 가족의 비밀을 관찰하는 데 문화적 '전문기술'을 습득하게 되었다. 콜린스가 '내부의 국외자'라는 위치라고 표현했듯이 아프리카계 흑인 여성은 외부와 내부에 동시에 있는 존재들이었다.

오프라 윈프리가 만들어낸 장르도 가족의 내부와 외부에 동시에 있는 위치를 차지하면서 사적인 공간과 공적인 공간의 경계를 넘나든다. 역사적으로 흑인 여성은 자신의 가족과 백인 고용자의 가족간에 분열된 존재였다. 그 결과로 그들은 외부인의 시각에서 백인 가정의 삶을 속속들이 관찰할 수 있었다. 흑인 작가 준 조던(June Jordan)은 이처럼 특이한 정신적이고 문화적인 도식을 아주 적절하게 표현해주었다.

나는 한 흑인 여성이 구석으로 발걸음을 떼는 것을 보았다. 그녀는 구석에 서서 집으로 가는 버스가 오기를 기다렸다. 그때도 여전히 남의 집에서 빨래를 해주는 흑인 여성이 있었고, 남의 집에서 환자나 노인을 돌보는 흑인 여성이 있었다. 그리고 그들은 아무런 감사 인사도 받지 못하는 자기 집으로 돌아가 외롭게 허드렛일을 해야 했다.

완전히 다른 가정을 오갔기 때문은 흑인 여성은 가족을 지탱하는 규범과 규칙에 동화되어 익숙해질 수 있었고, '관찰자'의 위치를 차지할 수 있었다. 이런 위치는 오프라가 택한 입장이기도 하다. 참고삼아 말하면 오프라의 친어머니는 남의 집에서 빨래해주는 일을 했다.

흑인 문화가 전통적인 가족에 대해 '해체적' 입장을 취하는 듯이 보이는 이유는 또 있다. 벨 훅스가 지적했듯이, 아프리카계 미국인 가정에서는 생물학적으로 관계 있는 여성과 그렇지 않은 여성이 번갈아가며 아기를 처음 돌보는 역할을 했다.

"이런 형태의 육아는 혁명적이었다. 부모, 특히 어머니는 아기를 낳은 사람이어야 한다는 생각과 완전히 대립되는 육아법이었기 때문이다."

다시 말해 19세기에 이미 아프리카계 미국인 공동체는 현대 가정의 특징이라 할 수 있는 생물학적 역할과 사회적 역할을 분리하고 있었다. 나는 오프라가 이런 환경에서 영향을 받아 가족을 해체하면서도 가족을 자아의 논의에서 중심점에 둔 것이라 생각한다. 오프라는 "당신이 태어난 곳이 당신 가정이 아닌 때가 많습니다. 당신은 가족을 만들어갈 수도 있습니다. 당신을 받아들이는 세상 사람들의 품에서 가족을 발견할 수도 있습니다"고 자주 말하지 않았던가.

'오프라 윈프리 쇼'에서 자주 거론되는 흑인 가정의 또 다른 특징은 백인 가정에 비해 '공개적'이란 점이다. 콜린스가 설명하듯이, 19세기 흑인 가정은 집을 사적 공간으로, 일터를 공적 공간으로 엄격하게 나누지 않았다.

"살아남기 위해서 흑인 가정들은 제한된 자원을 공급하는 비용을 분담해야 했다. 인종차별로 대다수의 흑인 가정이 지독히 가난했기 때문에 아프리카계 미국인 가정은 사적 공간과 공적 공간의 경계가 뚜렷할 수가 없었다."

따라서 사생활문화, 즉 가족을 외부 사회의 시선에서 감춰지고 보호받는 안식처라는 인식이 흑인 가정에는 심어질 틈이 없었다. 요컨대 공적 영역과 사적 영역의 경계를 넘나드는 오프라 윈프리의 수법은 아프리카계 미국 문화의 아비투스에서 본질적인 부분이다.

일반적으로 사적 영역과 공적 영역 사이의 경계는 아프리카계 미국인 공동체에서 훨씬 유연한 이유는 다른 곳에서도 볼 수 있다. 즉 페미니스트 운동이 일어나기 훨씬 전에, 아프리카계 미국인은 정치에서 경험과 개인을 숭요시하자는 급진적 수장을 내세웠다. 준 조던은 흑인 여성을 대표해서 정치성과 개인성이 복합된 삶을 다음과 같이 표현했다.

내 삶도 누구나 겪는 투쟁적 모습에 점점 길들여가는 듯하다. 우리는 한구석에서 가족과 자식과 더불어 시작한다. 그후 우리는 '우리 민족'이라는 사람들에게 눈을 돌린다. 그리고 농지개혁으로, 흑인 영어로, 앙골라로 눈을 돌리고 마침내 우리 침대로 돌아온다. 침대에 홀로 누워, 우리는 평화롭게 살 자격이 있는지, 신뢰받고 사랑받을 자격이 있는지, 자유를 누릴 자격이 있는지 생각에 잠긴다. 그리고 모든 것이 우리에게 되돌아온다.

정치성과 일상의 삶을 절묘하게 결합시킨 위의 글은 '오프라 윈프리 쇼'의 문학판이라 말할 수 있다. 흑인 여성에게 가정은 사생활을 보호받는 안전한 피난처가 아니었다. 백인 여성의 경우와는 달랐다. 흑인 여성에게 가정은 처음부터 정치적 처신을 요구받는 공간이었다.

가난, 아프리카 식의 양육, 백인 여성 가정에서 일해야 했던 흑인 여성의 처지, 정치와 개인의 흐릿한 경계, 이 모든 것이 백인 중산층 문화에 비해 아프리카계 미국인 공동체, 특히 가난한 사람들에게서 사적 영역과 공적 영역 사이의 경계가 불분명한 이유를 설명하는 데 필요하다. 또한 오프라 윈프리가 가정에서 텔레비전으로, 거꾸로 텔레비전에서 가정으로 오가면서 사적 공간과 공적 공간의 경계를 어떻게 그처럼 능숙하게 허물어뜨릴 수 있었는지도 설명해준다.

요컨대 흑인 가정은 백인 가정과 객관적 거리를 두면서도 백인 가정을 속속들이 알고 있었고, 생물학적이고 사회적인 입장이 결합되어 정의되었으며, 공적 영역에도 속했다는 세 가지 특징을 갖는다. 오프라가 가족을 해체하는 데 남다른 문화적 재능을 보여준 이유도 이런 특징들에서 설명될 수 있다. 여하튼 이 특징들은 아프리카계 미국인 문화를 특징짓는 '정신적 도식'이며, 오프라가 갖는 문화적 아비투스의 부분인 동시에 오프라 쇼의 차별성을 드러내주는 부분이다.

후기 근대사회의 가족은 시대의 변화에 따라 규범과 규칙을 만들어 간다는 특징을 보여준다. 다시 말해 부모와 자식, 남자와 여자는 일과 허드렛일, 의무와 권리에 대해 끝없이 협상하는 과정에 있다. 따라서 규칙과 규범이 계속해서 만들어지거나 개선된다. 그 결과 가족의 규범적 구조는 그 구성원들에게 언제나 논의의 대상이다. 따라서 현대 가족의 구성원은 자신의 가족을 외부인의 시각에서 관찰하는 능력을 키울 수 있었다.

치유의 담론도 이런 시각을 제도화시키는 데 한몫을 했다. 이런 시각에서 우리는 가까운 지인과의 관계를 만들어가는 규칙을 관찰하고, 궁극적으로는 가족의 안과 밖에 동시에 존재하는 사람이 되었다. 게다가 국가와 시장은 백인 가정에도 서서히 침투해 들어갔다. 즉 자율, 평등, 공정함 등 공적 영역의 담론들이 백인 가정에서도 전개되면서 공적 영역과 사적 영역의 경계가 점점 희미해지고 있다. 끝으로 재생산의 테크놀로지가 발달하면서 가정의 뿌리라 할 수 있는 생물학적 규범도 크게 흔들렸다.

이제 백인도 가족을 정의하던 생물학적 구속을 극복할 수 있게 되었고, 그로 말미암아 가족의 개념은 자유의지로 선택할 수 있는 아프리카계 미국인의 가족과 엇비슷하게 변했다. 이런 변화로 백인 가정도 흑인 가정과 유사하게 변하면서, 두 가정 모두가 갈등의 터가 되고 공적 영역화되면서 생물학적으로 관계된 사람과 그렇지 않은 사람이 뒤섞인 공간이 되었다.

'흑인' 이라는 이름의 고통

고통이 아프리카계 미국인 공동체에서 사회적 경험과 문화적 도식의 중심추인 까닭에, 오프라 윈프리의 문화적 행위에서 고통받는 자아가 주된 역할을 하는 것은 당연한 귀결일 수 있다. 노예, 가난, 인종차별은 오랫동안 지속되면서 두 가지 결과를 낳은 듯하다.

첫째, 정체성을 형성하는 역량 자체가 현대성의 문제로 부각되기 전부터 그 공동체에서는 해묵은 문제였다. 둘째, 아프리카계 미국 문화는 고통과 싸워야 한다는 '치밀한' 문화적 전략을 발전시켜왔다.

아프리카계 미국 공동체가 낳은 위대한 철학자, 두 보이스(Du Bois)는 아프리카계 미국인 공동체를 괴롭히는 자아와 고통에 관련된 도식을 본격적으로 연구하기 위한 초석을 놓았다. 그의 주장에 따르면 흑인은 '이중의식'에 시달린다.

이중의식은 타인의 눈을 통해 자아를 관찰하고, 즐기는 듯한 경멸과 연민으로 지켜보는 세상의 잣대로 자신의 영혼을 측정하려는 의식이다. 누구나 이런 이중성, 즉 미국인이며 흑인이라는 이중성을 느낀다. 두 영혼, 두 생각, 결코 화합하지 못하는 두 욕망, 두 모순된 이상이 검은 몸 안에 도사리고 있다. 이런 갈등에서 산산이 부서지지 않으려면 끈질긴 투쟁이 있어야 한다.

두 보이스의 지적에 많은 연구가 뒤따랐다.

첫째, 그가 지적한 대로 일관된 정체성을 형성하려는 문제는 적어도 남북전쟁 이후로 아프리카계 미국인에게 사회적 실존을 위한 중심 과제였다. 아프리카 문화가 부족적 사회조직과 단절되어 그 의미를 상실하고 부자연스런 가정, 즉 '당연한 것으로 여겨졌던 가정' 이란 개념을 상실한 가정이 되면서 모순된 내적 갈등을 경험하고 의식하게 되었다.

실제로 두 보이스의 지적에 따르면 아프리카계 미국인의 정체성은 낯선 것, 즉 그들 자신의 문화와 그들의 문화를 억압한 문화에 대한 이중의 생소함에서 비롯된 성찰이란 특징을 갖는다.

이처럼 자신의 자아에 대한 생소한 느낌은 외부자의 눈으로 자신을 끝없이 점검하는 결과를 낳는다. 자아와 문화에 대한 이런 성찰적 거리는 대부분의 이민자에게서 발견되는 특징이다. 그러나 아프리카계 미국인의 경우에는 이런 성찰적 거리가 인종차별, 폭력, 노예, 만성적 빈곤에 의해 더욱 악화되었다. 아프리카계 미국인 공동체의 구성원들은 '자기비하의 잣대' 로 자신들을 평가해야만 했다.

그들의 문화, 외모, 심지어 인간이란 속성마저 지배 문화로부터 대대적으로, 또 조직적으로 모독당했기 때문이다. 따라서 아프리카인은 아메리카 대륙에 노예의 신분으로 강제로 끌려왔기 때문에 존 롤스(John Rawls)가 '자존심의 사회적 기초(social basis for self-respect)' 라 칭한 자질과 사회적이고 도덕적인 환경과 유기적 관련성을 구축함으로써 정체성을 형성해가는 가능성이 심하게 훼손당했다고 말할 수 있다.

혹인 문화와 혹인의 종교적 해석이 신정론에 특히 집착하는 이유도 이런 관점에서 설명될 수 있다. 노예의 주인들은 기독교의 사랑과 정의와 공정함을 가르쳤지만 노예들은 매일 야만적 학대와 착취를 당해야 했다. 따라서 복음의 가르침과 일상의 현실간에 모순이 있다는 사실이 그들의 머릿속에 깊이 각인되었다. 홈스(J. A. Holmes)의 말을 인용하여 소개하면 이렇다.

혹인 종교와 혹인 민속주의가 결합하기 시작한 때부터, 선하고 자비로우며 전지전능한 하느님이 지배하는 우주에서 어떻게 부당한 고통이 있을 수 있느냐는 당혹스런 의문이 제기되었다. 혹인들은 사랑과 정의와 연민이란 기독교 정신을 배우면서도 야만적으로 착취당하는 독특한 위치에 있었기 때문에 신정론의 핵심이라 할 수 있는 모순을 목격하면서 힘겹게 살 수밖에 없었다.

따라서 혹인 문화는 고통에 대해 독자적인 입장을 발전시켜 나아갔다. 즉 그들의 자유와 인간다움에 대한 조직적인 부인과 노예에게 가해지는 폭력으로 인해, 육체적이고 정신적인 고통이 실존의 객관적 조건이 되었다.

그러나 혹인 신학은 고통을 거부하고 희망과 해방을 강조하며 정치적 행위를 낳았다. 그리고 고통과의 투쟁과 희망은 혹인의 정신세계에 각인된 문화적 패턴의 특징으로 발전하기에 이르렀다. 신정론을 거부하려는 아프리카계 미국인들의 투쟁은 정치적 행위로 구체화되면서 신학과 정치의 경계를 무너뜨렸다.

예컨대 혹인 교회의 지도자들은 혹인 공동체의 정치적 문제에 적극적으로 개입했다. 헨리 하이랜드 가네트(Henry Highland Garnet)와 헨

리 맥닐(Henry McNeal) 등과 같은 19세기 흑인 신학자들은 하느님의
계획을 연구하기도 했지만 흑인 해방을 꿈꾸었다.

여기에서도 오프라의 문화적 스타일과 아프리카계 미국인 공동체의
문화적 도식간에 긴밀한 관련성이 나타난다. 우리 삶이 고통의 순간을
올바로 이해할 때 의미 있게 변하고, 정체성은 삶에서 필연적으로 겪는
어려운 순간에서 벗어나려는 끝없는 노력의 결정체라는 오프라의 주장
은 아프리카인이 미국에서 겪은 사회적 경험에 뿌리를 두고 있다.

오프라 윈프리는 다양한 형태로 나타나는 고통에 집요하게 관심을
기울일 뿐 아니라, 고통의 도덕적 의미를 파악해서 자기변화와 해방을
위한 프로젝트에 고통을 포함시키려 애쓴다.

고통에 대한 그녀의 문화적 감성이 아프리카계 미국 사회의 신학을
지배해온 신정론의 문제, 결국 영성과 정치를 결합하는 아프리카계 미
국인의 문화 패턴과 크게 다르지 않다는 뜻이다.

1장에서 언급했듯이, 흑인 정치는 교회 활동에서 시작되었고 종교의
원칙과 형제애, 그리고 고통받는 사람과 하느님의 관계, 인간의 고통에
대한 보편주의적 견해를 결합시켰다. 오프라 윈프리가 선언한 대로 그
녀가 추구하는 아프리카계 미국인의 유산은 정치를 별도의 특수한 행
위 영역으로 생각하지 않는다.

개개인의 영성과 도덕성이 사회적이고 개인적인 문제를 해결하는 방
책이라 생각하는 '영성화된' 정치를 추구한다. 오프라 윈프리의 문화
패턴은 위기적 삶과 심리적 고통을 극복할 수 있는 모델, 즉 상징적 비
결을 제시하는 동시에, 흑인의 사회적 행동주의가 갖는 차별성이라 할
수 있는 정치와 종교성의 결합을 고스란히 보여준다.

이처럼 특별한 사회적 경험은 현대화에서 비롯된 고통의 형태와 유
사하기 때문에 대중문화에서 큰 환영을 받았다. 얄궂게도, 자본주의는

물질적 풍요와 안정을 가능하게 해주었지만 아프리카계 미국인 공동체가 과거부터 줄곧 겪어온 사회적 병폐와 고통을 낳았다. 현대화된 제도가 자아의 형성에 필요한 기초를 공격하고 위협했다. 행복지수가 꾸준히 떨어지고, 우울증과 정신질환의 발병률이 꾸준히 증가하는 것이 그 증거이다.

하지만 심리적 고통이 다양한 형태로 증가하면서 사람들은 과거 어느 때보다 행복할 권리가 있다고 느낀다. 자유주의 사회가 공공연히 천명되면서 고통의 체험은 더욱 견디기 힘들어진다. 따라서 아프리카계 미국인 공동체에 가해졌던 고통과, 행복까지는 아니더라도 안정감을 주어야 하는 제도 자체에서 비롯되는 고통은 유사하다고 말할 수 있다.

내친 김에 좀 더 말해보자. 오프라 윈프리는 자아와 자아의 불행을 무대에 올렸다. 이때 오프라는 아프리카계 미국 문화에서 중심축을 이루는 장르, 즉 "노예의 시련을 자세히 말하고 폭로하며 호소하고 기억하는 행위"로 요약되는 노예 이야기에 근원을 갖는 표현 방식을 따랐다.

노예의 시련을 알리려는 행위로서 노예 이야기는 백인 문화를 넘어서서 노예의 목소리를 '엄격하고 도덕적인 목소리'로 만든다. 따라서 노예 이야기는 흑인을 주체로 인정하는 동시에, 즉 흑인을 상품화시키려는 모든 시도에 저항하면서, 이야기를 하는 행위 자체로 말하는 사람에게 목소리를 부여한다.

노예가 고유한 세계를 만들어갔던 식으로 오프라는 텔레비전을 매개체로 이용했다. 노예는 노예 이야기를 흑인 문화와 백인 문화 사이의 경계를 뛰어넘는 매개체로 사용했고, 노예 이야기를 통해서 개인과 집단에게 완전한 목소리를 주려 했다. 정신적 외상에 관련한 이야기는 한 사람의 시련을 '기억'하고 중개인을 요구하면서도 자신의 목소리를 유지하며 공공의 장에 소개된다는 점에서 노예 이야기와 상당히 비슷하다.

심리적 방황과 다르지 않는 야만적 폭력

　고통받는 자아를 무대에 올리는 오프라 윈프리의 방식은 아프리카계 미국 문화의 문화적 도식에 뿌리를 두고 있다. 얄궂은 일이지만, 아프리카계 미국 문화의 문화적 도식은 현대 중산층이 정체성을 구축하는 데 겪는 곤경이나 모순과 무척 유사하다.

　그렇다고 노예의 삶이 백인 주부의 삶과 똑같다는 뜻은 아니다. 다만 정체성의 재생산을 와해시키는 경향을 띤 사회적 조건이 특히 여성을 유사한 형태로 궁지에 몰아넣고 있다는 뜻이다. 아프리카계 미국인은 고통을 오랫동안 경험했기 때문에 특별한 형태의 경험에 대처하는 문화적 도식을 발전시켜왔다. 그 특별한 경험이 후기 근대사회의 '노숙'과 동일하지는 않지만 완전히 동떨어진 것은 아니다.

　현대의 정체성은 울리히 베크가 '개별화(individualization)'라 칭한 현상에서 비롯되는 다양한 형태의 고통으로 가득하다. 베크에 따르면, 현대 사회는 '개별화 과정', 즉 시장과 국가에 의해 개개인의 삶이 끊임없이 분열되는 현상이 지배한다. 전통적인 생활세계는 자본주의에 의해 파괴되었지만 개인의 선택으로 기록되었다.

　베크는 "개별화는 먼저 산업사회의 생활방식이 해체되고, 그후 새로운 생활방식으로 대체된다는 뜻이다. 새로운 생활방식에서 각 개인은 자신의 전기를 직접 만들어내고 무대에 올려 수정해간다"고 말했다.

　국가와 시장이 우리에게 자율적이고 경쟁력 있는 행위자가 되라고 끊임없이 요구하기 때문에, 각 개인은 자신을 돌아보면서 미래의 선택을 위한 규칙과 근거를 만들어가야 한다. 달리 말하면, 우리를 이어주는 끈이 만들어지면서 그와 동시에 그 끈이 문젯거리로 대두된다. 행위자는 기존의 법칙과 규범에 의존해서는 사적인 삶을 보장받을 수 없다.

끝없이 즉흥적으로 대처해야 한다.

베크의 표현을 빌리면, "가족, 결혼, 부모, 성징, 사랑이 무엇을 뜻하고 무엇을 뜻해야 하며 무엇을 뜻할 수 있는지 구속력 있게 말하는 것은 이제 불가능하다. 개인에 따라서, 관계에 따라서 이런 개념들의 실체, 예외, 규범, 도덕성" 등이 달라진다.

따라서 문화의 한 장르로서 오프라 윈프리 토크쇼는 '성찰적 근대화'의 핵심인 것을 훌륭히 수행해내고 있는 듯하다. 베크, 기든스, 래시는 현대성이 해체와 상실과 새로운 위험 등과 같은 자체의 창조물이 빚어낸 결과에 직면하고 있다는 뜻으로 '포스트모던'이란 용어보다 '성찰적 근대화'라는 용어를 택했다.

성찰적 근대화는 자체를 돌이켜보고, 그 파괴성의 결과를 성찰한다. 베크가 분명히 지적하듯이, '위험 사회(risk society)'에서 직접 만드는 전기는 거의 순식간에 와해의 전기가 된다. 일터, 결혼, 사회적 네트워크에서는 무엇보다 자기관리가 중요하기 때문에 혼란스런 상황에서 자기관리는 더 막중하게 다루어져야 한다.

'오프라 윈프리 쇼'는 성찰적 근대화를 확연히 보여주는 문화적 장르이다. 이 토크쇼는 현대성이 개인의 관계에 미친 결과를 성찰하는 동시에, 우리가 행동과 감정에서 마땅히 취해야 할 규범에 대한 토론을 끊임없이 전개한다.

이런 점에서, 오프라의 쇼는 현대화로 인해 개인 사이의 관계에서 상실된 부분을 토론하고 숙고하는 성찰적 문화제도라 할 수 있다. 한편 토크쇼의 진행 과정에서 빠지지 않는 말다툼과 대립과 감정의 폭발은 하나의 문화적 형태로, 여기에서 자아와 관계의 저항적이고 변덕스러우며 타협적인 특징에도 문화적 형태가 부여되고 그 특징이 성찰적으로 검토된다.

　이쯤에는 나는 "후기 근대사회에서 제도로서의 가족은 흑인 가정과 무척 유사한 방향으로 변해갔다"고 제안해보려 한다. 전통적인 가정의 기초를 이루던 성의 역할과 분할이 와해되고, 전통적인 남성성이 가족이란 울타리 내에서 위협받는다는 점에서 이런 제안은 충분한 타당성을 갖는 듯하다.

　더불어 여성들 사이의 관계, 여성과 자식 사이의 관계가 여성의 사회적 정체성을 결정하는 무척 중요한 위치를 차지하게 되었다.

　여성은 남자보다 훨씬 많은 부분에서 새로운 역할을 맡아야 하기 때문에 자아의 관리와 관련된 담론과 기법에서 주된 대상이 되고 있다. 치유적 담론으로 가장 잘 설명되는 듯한 '자아의 테크놀로지'는 다수의 역할을 무리 없이 처리하는 동시에 위험과 불확실성으로 가득한 시대에 적절한 관계를 수립할 수 있는 전략을 제시한다. 여성은 현대성을 두 방향에서 경험해왔다. 즉, 그들은 사회와 규범에서 전통적인 틀에서 떨어져 나왔고, 그 때문에 여성으로 이루어진 지지집단을 구축해야만 했다.

　어떤 의미에서 아프리카계 미국인은 현대적인 면을 오래 전부터 경험해왔다고 말할 수도 있다. 실제로 역사학자 로렌스 레빈(Lawrence Levine)이 지적한 바에 따르면, 남북전쟁 전의 흑인은 일반적으로 현대성의 본질로 여겨지는 현상을 몸으로 겪어야 했다. 즉, "다양한 사회체로 동시에 참여"해야 했다.

　19세기부터 흑인의 정체성은 동시대의 백인에 비해서 훨씬 불안정하고 변화무쌍했다. 또한 그때부터 자아를 뚜렷이 의식하며 성찰적인 삶을 살았다. 따라서 19세기 말부터 아프리카계 미국인은 거의 무(無)에서 그들의 전기를 만들어가야 하는 문제에 부딪쳤고, 20세기에 들어서는 그들의 정체성을 구축하려는 역량 자체를 억누르는 주변 환경을 극복하기 수단을 내면에서부터 찾아야 하는 문제에 부딪혔다.

인구학적 분포에도 불구하고, 흑인 가정은 현대 가정 혹은 초현대적 (hypermodern) 가정의 확대판이라 할 수 있다. 요즘의 가정에서는 여성이 점점 자립해서 다양한 역할을 소화해내고, 다른 여자에게서 감정적 지지를 구하는 경우가 잦아지고 있기 때문이다.

따라서 나는 오프라의 쇼가 두 문화구조의 접점이라고 제안하고 싶다. 즉 아프리카계 미국인의 사회적 실존에 강요된 조건에서 비롯된 구조와 '위험 사회'의 다양한 상황이 흑인과 백인 여성 모두의 자아와 정체성을 훼손하고 억압하는 후기 근대사회의 문화구조가 만나는 접점이란 뜻이다.

그렇다고 후기 근대사회에 확산된 심리적 '방황'과 흑인에게 야만적으로 가해진 착취가 크게 다르다는 사실을 부인하는 것은 아니다. 정확히 말하면, 아프리카계 미국인에게 닥친 지리적이고 문화적인 전위(轉位)에 대한 반응으로 발달한 정신적 도식이 현대 미국인의 자아에 닥친 곤경을 이해하고 해결하는 데 활용될 수 있다는 것이 내 주장이다.

'오프라 윈프리 쇼'를 특징짓는 이런 두 문화구조에서, 오프라가 자아에 가해지는 다양한 형태의 고통을 포착해낼 수 있는 이유가 설명될 수 있을 것 같다.

오프라는 현대 자아의 곤경을 다룰 뿐 아니라, 그녀의 도식을 문화적 자원으로 변형시키고 토크쇼에서 그 자원을 효과적으로 사용하기도 한다. 스웰이 지적했듯이, 특정한 상황에서 도식은 힘의 근원인 자원으로 바뀔 수 있다. 오프라 윈프리의 아비투스는 후기 근대사회의 자아에게 닥친 혼돈 상태를 그대로 반영하면서 혼돈에 빠진 현대성을 극복할 수 있는 상징적 도구와 수단을 제시해온 덕분에 막강한 힘을 휘두르고 있다.

아프리카계 미국인들은 문화적 환경의 단편들로 자아를 구축하려고 오랫동안 씨름해왔기 때문에 현대 미국 여성에게 닥친 곤경을 해결할 수 있는 상징적 도구까지 개발할 수 있었다.

오프라 윈프리의 자기계발정신이 바꾼 문화

혹인 문화를 연구하면서 질스 군(Gilles Gunn)은 케네스 버크 (Kenneth Burke)의 《문학 형태의 철학(*Philosophy of Literary Form*)》을 인용하며, 민속 형태를 비롯해서 비판적이고 상상력이 더해진 형태는 그 형태가 처음 나타난 상황이 제기한 의문에 대한 응답으로 주어진 것이라 주장했다. 그러나 그런 형태는 단순하게 응답된 것이 아니다.

일정한 양식에 맞추어서 고안된 전략적인 응답이다. 달리 말하면 그런 형태는 상황에 대한 응답이기도 하지만 그런 상황이 제기한 의문을 비판적으로 포용할 의도까지 내포한 응답이기도 하다. 따라서 버크는 상황과 전략을 구분했다. 상황은 전형적인 문제의 골치 아픈 경험을 뜻한다.

반면에 전략은 그런 상황에서 비롯되는 문제를 판단하고 상황을 적절히 작은 단위로 분석하며, 상황에 대한 암묵적 태도까지 포함하는 식으로 상황을 총체적으로 규정함으로써 그 상황을 해결하는 방법을 가리킨다. 이때 암묵적 태도에는 본질적으로 해석의 관점이 감춰져 있는 것으로 여겨진다.

버크가 사용한 의미에서, '상황'은 우리 의도와 계획에 저항하고 대항하는 세상의 방식을 뜻한다. 한편 '전략'은 우리 의도에 대한 세상의 저항에 대응하고, 그 저항의 뜻을 헤아려서 극복하고 수용하는 일정한 방식을 가리킨다.

물론, 도식이 전략을 결정하는 중요한 요인이다. 도식이 상황에 감춰진 뜻을 이해하는 동시에 상황에 능동적으로 대처해서 상황을 변화시키는 방법이기 때문에, 오프라는 아프리카계 미국인의 아비투스를 이루는 단편들인 '대처 전략(coping strategy)'을 사용해왔다. 이런 대처 전략 중 일부는 '오프라 윈프리 쇼'에서 이미 관례처럼 사용되고 있고, 오프라는 그 전략들을 후기 근대사회에서 곤경을 겪는 자아의 조건을 해결하기 위한 문화적 자원으로 승화시켰다.

첫째, 토크쇼는 즉흥적인 성격이 짙고, 대화와 대담을 위주로 한 구두적 성격을 띤 장르이다. 오프라 윈프리는 대본을 미리 준비하지 않고 토크쇼를 대화 형식으로 끌어감으로써 대화로 진행되는 텔레비전 프로그램에 새로운 자극을 주었다. 즉흥적인 말솜씨로 대화 위주의 텔레비전 프로그램을 끌어가는 능력은 오프라의 가장 돋보이는 재주 중 하나이다. 예컨대 22세에 볼티모어 텔레비전 방송국에서 뉴스 앵커로 활동할 때, 그녀는 프롬프터에 쓰인 대로 읽기를 거부했다.

따라서 그녀의 화법은 그 시간대에 일반적으로 허용되던 화법에 비해 훨씬 자유분방했다. 이런 특징은 아프리카계 미국 문화에서 물려받은 것이다. 아프리카에서부터 가져온 풍부한 전설과 애초부터 글에 접근하기 어려웠기 때문에 흑인은 대체로 말솜씨가 뛰어난 편이었다. 이런 말솜씨는 오프라 윈프리의 문화적 행위 전반에서 확인된다. 역사학자 로렌스 레빈이 《흑인 문화와 흑인의 의식(*Black Culture and Black Consciousness*)》에서 주장한 핵심을 소개하면 다음과 같다.

그들의 설화, 아포리즘, 격언, 일화, 조크에서 그렇듯이 그들의 노래에서도 아프리카계 미국 노예들은 아프리카 문화의 관례에 따라 '말하는 법(spoken art)'를 중요하게 여겼고, '말의 즉흥성'을 장려하고 권유했으며, 그들의 표현 문화에서 '참여적 성격'을 유지하고, 전통적 가치관과 집단의 결속을 보존하기 위해서만이 아니라 비판적 목소리를 권장하기 위해서도 '말하는 법'을 소중하게 여겼다.

위의 글에서 분명히 드러나듯이, 아프리카 문화는 스토리텔링과 구두성이란 특징을 갖는다. 오프라는 이런 점에 탁월한 능력을 가졌다. 아프리카계 미국인들이 애초부터 글을 알지 못했지만 많은 설화를 안고 미국 땅에 왔기 때문에 '말'은 아프리카의 문화와 기억을 유지하는 데, 또 백인 문화의 억압적인 면에 저항하는 데 중요한 역할을 했다.

예컨대 노래와 음악은 회복력과 저항정신을 유지하려는 목적에서 발달되었다. 흑인 문화의 주된 형태인 이야기는 집단 기억의 주된 전달수단이다.

오프라는 '흑인 영성(black spirituality)'이란 것에서 직접적인 영향을 받은 듯하다. '흑인 영성'은 기본적으로 구두로 전해지는 이야기 형식, 즉흥성, 특정한 답을 제시하지 않는 융통성 있는 커뮤니케이션 방법에 근거를 둔다.

따라서 흑인 영성은 아프리카계 미국 문화의 전형적 형태라 할 수 있다. 예컨대 마이클 잭슨이 거둔 문화적 업적을 다룬 글에서, 흑인 평론가이며 학자인 마이클 다이슨(Michael Dyson)은 "잭슨의 콘서트는 '부름과 응답'으로 이루어진다. 잭슨의 라이브 공연은 아티스트와 청중이 번갈아 노래를 부르면서 말을 교환하는 의식구조의 표현이라 할 수 있다"고 표현했다.

오프라 윈프리의 토크쇼도 번갈아 주고받는 식이다. 부름과 응답으로, 또한 청중과 공연자 사이의 의식적 상호작용으로 구조화되어 있다.

패트리셔 힐 콜린스의 주장에 따르면 대화는 '흑인의 인식 세계', 즉 흑인이 세계를 파악하고 이해하는 방법에서 필수 요건이다. "아프리카계 미국인의 세계에서 '부름과 응답' 방식의 화법이 광범위하게 사용되는 현상은 대화의 중요성을 방증해주는 예다. 이런 대화 식의 네트워크를 끌어가는 기본적 조건은 모든 개인의 적극적인 참여이다. 어떤 생각이 검증받고 인정받기 위해서는 모든 구성원이 참여"해야만 한다.

소설가 게일 존스의 표현대로 "흑인 문화에는 언제나 듣는 사람을 중요시하며 의식"한다면, 오프라 윈프리가 중심인물과 대화를 나누면서도 게스트들 사이의 관계, 게스트와 전문가 사이의 관계, 시청자와 게스트 사이의 관계를 틀짜기한다고 해서 놀라울 것은 없다.

대화 식으로 꾸며지는 토크쇼의 구조는 현대 사회에서 큰 부분을 차지하는 구어적 조건과 맞아떨어진다. 공식적 관계이든 사적인 관계이든 모든 사회적 관계가 다툼의 원인이 되면서 대화가 현대 사회조직에서 중심 역할을 한다. 그 결과로, 현대 사회조직은 기본적으로 대화 형식을 띤 조절 메커니즘을 두고 있다.

상호이해에 도달하기 위해서 의견차이가 있으면 대화에 참여하라는 너그러운 요구는 '오프라 윈프리 쇼'를 지탱하는 문화적 동인이다. 따라서 오프라의 토크쇼는 대인관계의 중심에 조직적인 대화를 두는 상징적 구조를 보여준다.

두 번째는 아프리카계 미국인 문화의 특징은 이성과 감정의 혼합이다. 요컨대 이성과 감정을 구분하지 않는 데 있다. 로렌스 레빈의 표현대로라면 흑인의 설교 방식은 '흑인의 감정 폭발'이다. 흑인 목사들과 그들의 설교는 내세의 진리나 행복을 갈구하라고 말하지 않는다. "흑인 목사들은 성경 이야기를 정교하게 다듬어서 전해주며 신도들의 감정을 건드려 그들에게 기쁨의 눈물을 쏟고 마음껏 외치도록" 만든다.

오프라 윈프리는 남부지역의 교회 문화에 깊은 영향을 받았고, 그 문화에 뿌리 내린 수사법을 배웠다. 학자들은 흑인 설교에서 어조와 감정의 중요성을 강조했다. 따라서 오프라는 감정을 드러내고 대화중에 감정을 끼워 넣는 능력을 아프리카계 미국인의 '말하는 법'에서, 즉 감정을 중요시하는 문화 스타일에서 배운 것이라 할 수 있다.

거듭 말하지만 이성과 감정의 결합이 현대인의 정체성에서 중요한 문화적 특징이 되었고, 오프라는 감정적 화법과 전문가의 조언을 교묘하게 결합시켜 이런 특징을 토크쇼에 잘 반영하고 있다. 20세기 내내 여성은 감정적 삶에 의해 정체성이 규정되기도 했지만 감정 조절을 위한 일반적 규칙을 결정하는 전문가들의 담론에 의해서도 정체성이 결정되었기 때문에 오프라의 토크쇼 형식은 여성의 상상력과 심리를 사로잡을 수 있었다.

전문가가 사적인 삶에 개입하면서 잉태된 감정문화로 인해 감정이 정체성을 결정하는 중요한 요인이 되고, 여성에게 감정을 적극적으로 되살펴보고 감정의 정체를 파악해서 내적인 삶의 진정성을 회복하라고 촉구한다는 점에서, 감정문화는 모순되는 면을 갖는다. 그러나 정치계, 과학계, 경제계 등 남성이 주도하던 영역에 들어가면서 여성도 이런 제도권의 합리성을 받아들이는 식으로 자신의 정체성을 다시 정의하게 되었다.

셋째, 유구한 역사를 가진 구어적 장르(스토리텔링, 대화, 설교, 대담, 토론, 실질적인 조언 등) 이외에도 '오프라 윈프리 쇼'는 책에 대한 경외심도 유감없이 보여주었다. 출판계의 대표들이 주장하듯이, 미국 문화에서 책에 대한 경외심에 비길 것은 거의 없는 편이다. 그런데 책에 대한 이런 경외심도 아프리카계 미국인 공동체에 뿌리를 두고 있다. 억압받은 집단이 흔히 그렇듯이, 아프리카계 미국인들도 책과 학습에 대한 깊은 경외심을 물려받았다. 글의 해독이 자유를 안겨준다는 19세기에 만연된 믿음 때문이었다.

살비노(D. N. Salvino)에 따르면, "초기 미국인들은 글을 읽고 쓸 줄 아는 능력과 교육을 가장 중요하게 여겼다. 특히 글을 읽고 쓸 줄 아는 능력은 신세계에서 보편적인 것"으로 여겼다. 따라서 "흑인 노예들은 글을 읽고 쓸 줄 하는 능력에 대한 백인들의 믿음을 물려받았다. 남북전쟁 이후에 흑인들이 교육에 정성을 기울인 것"이 그 증거이다.

오프라 윈프리는 책에 대한 사랑을 여러 차례 밝혔고, 마야 안젤루나 소저너 트루스와 같은 흑인 여성작가에게 큰 영향을 받았다고 수없이 말했다. 잡지 『타임』에 실린 한 기사에 따르면, "어린 오프라는 대부분의 시간을 도서관에서 보냈고, 집에서 빈둥거릴 때에는 노예 소설을 읽으며 시간을 보냈다. 그때 윈프리는 남북전쟁 전후를 살았던 한 흑인 여성의 삶을 그린 소설로 마가렛 워커가 1966년에 쓴《환희(Jubilee)》와 제임스 웰던 존슨이 운문 형식의 민담을 모아 1927년에 발표한《신의 트롬본(God's Trombones)》을 즐겨 읽었다"고 한다

실제로 오프라의 심층 인터뷰에서도 책에 대한 사랑이 유난히 강조된다. 특히 한 인터뷰에서 오프라는 "책은 삶에 여러 가능성이 있다는 사실을 내게 가르쳐주었습니다"고 말하면서 "독서는 내게 희망을 주었습니다. 내게 독서는 열린 문이었습니다"고 덧붙였다.

이런 독서열은 흑인 문화에서 핵심적인 속성이다. 랩을 하나의 문화 형태로 연구한 학자 에릭 다이슨(Eric Dyson)은 "랩은 노예시절에 문맹이 법적으로 강요되기 시작한 때부터 아프리카계 미국인 공동체의 특징으로 자리 잡은 글과 말에 대한 집착을 극명하게 보여주는 예"라고 결론지었다.

글과 말을 적절히 결합시켜, 고통과 희망이 아우러지는 이야기로 만들어내는 오프라의 방식은 흑인 문화의 독특한 특징이며, 북클럽을 끌어가는 힘이기도 하다. 지식을 전달하는 방법에서나 도덕적 역량을 규정할 때 문자를 최고의 수단이라 생각하는 사회에서 식자(識字) 능력은 무엇보다 중요하다. 글을 읽고 쓰는 힘은 미국 사회에서 능력 있는 사람이라 평가받기 위해서 기본적으로 갖추어야 할 능력이다.

게다가 재니스 래드웨이가 로맨스 소설을 분석한 글에서 밝혔듯이, 중산층과 중하층 여성은 즐거움만이 아니라 '정보'을 얻기 위해서 책을 읽는다. 이런 결론은 지식을 통해 자신을 계발해야 하는 중산층의 정신세계와 일치한다.

넷째, 아프리카계 미국인의 문화는 과거에나 지금이나 선과 악의 문제에 집착한다는 점에서 무척 도덕적이다. 그러나 기독교의 도덕관과 달리, 그들의 문화는 선과 악의 범주를 구체적으로 명시하지 않는다. 레빈에 따르면 "노예의 도덕적 이야기에서는 종교적 메시지가 전혀 없었다. 대다수의 이야기가 일상적인 인간관계를 주제로 한 것"이었다.

실제로 아프리카계 미국인 공동체의 도덕은 신학보다 인간관계에 초점을 맞추었다는 점에서 '갓 시작된' 현대성을 보여준다고 말할 수 있다. 예컨대 악을 인간의 선천적 특질이라 생각하지 않고, 죄가 인간의 영혼을 결정짓는 조건이라 생각하지도 않는다. 게다가 아프리카계 미국 문화의 도덕적 성찰은 기본적으로 이야기 식이지, 무엇을 하고 무엇을 하지 말라는 식의 이분적 공식이 아니다. 따라서 도덕적 문제에 유연하면서도 복합적으로 접근한다.

요컨대 도덕성 여부는 일반적 원칙에 따라 결정되는 것이 아니라 구체적 상황에 따라 달라진다는 것이다. 실제로 억압받은 많은 집단이 그렇듯이, 아프리카계 미국인 문화도 표준에서 벗어난 사람에게 도덕적 가치를 부여한다. 영악한 토끼 브레어 래비트와 같은 협잡꾼이 주인공으로 등장한다. 이런 인물들은 공인된 길을 따르지 않고, 세상에 대처하는 가장 좋은 방법이 융통성 있는 처신과 지혜라는 것을 증명해 보인다.

이런 이야기들은 '오프라 윈프리 쇼'의 두 특징과 일맥상통한다. 즉, 오프라는 비정상적인 것과 다양한 형태로 나타나는 도덕적 딜레마를 선호하고, 판단을 내리기 어려운 상황이나 이야기를 좋아하는 편이다. 일반적이고 평범한 행동을 지배하는 원칙에 대한 체계적인 검증과 스토리텔링을 근거로 오프라가 제기하는 의문은 도덕성 여부를 선뜻 결정내리기 이렵다.

이런 점에서 오프라의 문화적 특징은 다양한 입장을 제시하며 판결을 거부하는 포스트모던적 윤리와 유사하지만 도덕적 딜레마에 내재된 양면성을 인정하려는 차이를 갖는다.

다섯째, 아프리카계 미국인 문화의 아비투스에서는 연대의식도 무척 중요하며, 미국 사회 전체에서 비길 것이 없을 정도이다. 연대의식은 아프리카계 미국 여성의 모성애에서 비롯되었다고 말해도 과언이 아니다. 특히 19세기의 흑인 여성은 자식을 항상 곁에 두고 첫 양육자가 되려는 경향이 강했고 자식의 아버지와 빈번하게 결별했기 때문에 자립심을 키울 수밖에 없었고, 자식을 돌보는 데 도움을 주는 여자들과 끈끈한 관계를 맺었다.

그러나 남자들과의 관계는 긴장관계였다. 이런 사회적 환경이 강한 모성애로 이어졌다. 흑인 가정은 어머니 중심의 가정이 되었고, 따라서 의사결정을 내리고 경제적 생존을 위해 싸울 때나 다른 여성의 도움을 받아 자식을 키울 때도 여성의 입김이 강하게 작용했다. 게다가 생물학적 어머니는 종종 다른 어머니에게도 도움을 받아가며 자식을 키웠다.

따라서 흑인 여성은 '어머니와 할머니와 그 밖의 다른 여자들'과 접촉하는 빈도가 잦을 수밖에 없었고, 그 여자들이 가족을 부양하는 유일한 책임자이거나, 가족의 생존에 큰 역할을 하는 사람들이었다. 이런 양육방식은 아프리카의 전통에 뿌리를 두고 있지만 남성 노동력이 조직적으로 착취당하면서 더욱 심화되었다.

19세기 이후, 흑인 여성은 백인 여성에 비해 남자에게서 훨씬 독립적이었고 다른 여성과의 관계도 훨씬 밀접했다. 배려와 양육은 사적 공간과 공적 공간의 구분이란 이데올로기와 무관했고 고정된 사회적 역할과도 무관했기 때문에 여성의 사회적 관계를 지탱하는 중요한 요인이 되었다.

흑인 여성의 '뒷바라지' 윤리정신은 오프라 윈프리 쇼에서 개인적인 가치관, 감정이입, 감정의 두드러진 표현 등으로 끝없이 반복해서 드러난다. 패트리셔 힐 콜린스가 설득력 있게 말했듯이, 백인 여성이 사회적 관계를 통해서 감정과 표현과 배려를 소중히 생각하게 되었다면 흑인 여성은 교회, 확대된 가정, 아프리카계 미국인의 전통 등과 같은 제도적 지원을 받아 그런 가치관을 습득했다.

여성을 남성과의 대결구도로 몰아가는 개별화 과정 때문에 양육과 조언에서 다른 여성에 대한 의존도를 높여갈 수밖에 없는 현대 여성의 조건을 오프라가 남달리 이해할 수 있었던 이유는 이런 관점에서 설명되어야 할 듯하다. 이런 문화적 모델은 북클럽에서 선택된 책에서도 여실히 드러난다.

앞에서 이미 언급했듯이 북클럽의 소설들은 여성 사이의 관계를 강조하고, 모성애를 여자에게 주어진 가장 큰 짐의 하나로 묘사한다. 게다가 책을 중심으로 공동체를 형성하고, 토크쇼의 범위를 넘어서 사회적 연대를 독려하는 오프라의 탁월한 능력은 연대의식을 생존에 필요한 기본 정신이라 강조하고 자원을 공동의 것으로 재편하는 아프리카계 미국인의 문화에서 비롯된 것이다.

끝으로 흑인은 자기계발정신을 꾸준히 키워왔다. 앞에서 인용한 두 보이스의 지적에서 추측할 수 있듯이, 인종차별에서 비롯된 사기저하를 극복하기 위해서는 정신적이고 도덕적인 자원을 최대한 활용해야 했다. 갈가리 찢겨지지 않기 위해서는 힘이 있어야 했고, 그들은 그 힘을 정신과 도덕에서 찾았다. 이른바 삶의 교훈을 주는 처세서가 있기 훨씬 전부터 아프리카계 미국인 공동체는 강력한 자기계발정신을 키워갔다. 자기계발정신은 그들에게 가혹한 착취를 이겨내기 위한 유일한 자원이었다. 역사학자 로렌스 레빈은 흑인 선설을 번안한 19세기의 시를 인용해서 그들의 자기계발정신을 요약했다.

한 번, 두 번 실패하더라도
노력하라, 다시 노력하라
마침내 승리를 거두더라도
노력하라, 또 노력하라
모두가 할 수 있을
끈기만 있다면 너라고 못할 이유가 있겠는가
이 법칙을 잊지 마라
노력하라, 또 노력하라

이런 자립정신의 기원은 여러 곳에서 나타난다. 하나는 아프리카계 미국 가정의 남다른 회복력이다. 대체로 흑인 가정은 사회의 요구에 적응하는 응집력이 떨어진다는 속설을 반박하며, 제임스 플로이드(James Floyd)는 "한 가정의 회복력은 수 세대 동안 위기를 맞아 대처한 능력에 따라 평가되어야 한다"고 주장했다. 플로이드는 불행과 변화를 다루는 능력을 '가족이 지닌 힘의 표출'이라 정의했다.

흑인 가정의 특이한 역사와 구조는 백인 문화에서는 필적할 것이 없는 자립정신과 불행 앞에서도 참고 견디는 문화를 만들어냈다. 게다가 흑인 페미니스트 학자들이 주장하듯이, 흑인 여성은 남성의 보호와 지원을 받을 수 없었기 때문에 흑인 어머니는 어디에서나 써먹을 수 있는 재주를 유난히 강조했다.

페미니스트 혁명이 확산되기 훨씬 전부터, 흑인 여성은 자립심을 키워갔고 다른 여성과 연대하는 데 온 힘을 다했다. 이렇게 그들은 여성의 자아에서 새로운 이상(理想)이라 할 수 있는 것을 창조해냈다. 텔레비전 토크쇼의 여느 사회자와 달리, 오프라 윈프리는 자아의 형성을 위해서는 우정과 밀접한 관계의 중요성을 강조하는 동시에 어떤 역경 앞에서도 견딜 수 있는 신속한 회복력과 자기계발정신이 필요하다고 역설한다.

개인의 개성을 강조하는 아프리카의 전통도 자기계발정신이 아프리카계 미국인 문화를 지배하는 이유 중 하나이다. 콜린스의 표현을 빌리면, "아프리카 휴머니즘 전통에 따르면 각 개인은 온갖 생명체에 깃든 공동 정신, 공동의 힘, 공동 에너지의 독특한 표현"이라 여겨졌다. 따라서 오프라 윈프리는 아프리카계 미국인 문화, 특히 고통의 의미를 깨닫고 견디는 데 도움을 주는 세계관을 기초로 인내, 자기계발, 자아의 완전함을 집요하게 주장하는 것으로 받아들여진다.

노예들이 물려받은 아프리카 문화에 팽배하던 정신은 모호한 개념을 거의 사용하지 않았다. 삶은 우연한 것이 아니었다. 모든 사건에는 의미가 있었다. 모든 사건에는 원인이 있었고, 인간은 그 원인을 추측하고 이해할 수 있었고 그 원인에서 교훈을 얻을 수도 있었다. 인간은 그들을 둘러싸고 그들에게 영향을 미치는 현상을 읽어낼 수도 있었다. 인간은 만물의 질서와 동떨어진 존재가 아니라 그 일부이기 때문이었다. 생물과 무생물, 정신, 눈에 보이는 것이나 보이지 않는 것까지 모든 물질을 결속시키는 '하나'의 일부이기 때문이었다.

이처럼 전체론적 입장에서 의미를 찾으려는 세계관은 흑인 영성의 중심축이다. 모든 사건에 감춰진 의미를 부여하던 아프리카 전통 이외에, 아프리카계 기독교인의 문화에서는 "흑인의 고통에는 소중한 무엇이 있다", 혹은 오프라가 틈나는 대로 말하듯이 "모든 불행에는 교훈이 있다"는 속죄적 고통을 강조하는 생각도 있었다. 따라서 흑인 문화의 이처럼 다채로운 구성 성분이 아프리카계 미국인의 자아에 자기계발정신을 심어주는 데 큰 역할을 한 듯하다.

오프라 윈프리가 집요하게 강조하는 자립정신은 평범한 것에도 의미가 부여되어야 한다는 요즘의 자기계발적 담론에서도 크게 벗어나지 않는다. 정신과 몸의 내밀한 구석이 자아를 만들어가는 중심지가 되었다. 결혼, 성, 정체성 등 모든 것이 누구에게나 가능하기 때문이고, 우리는 사회·정신·심리, 심지어 생물학적 운명까지 스스로 선택해서 만들어가라는 요구를 끊임없이 받고 있기 때문이다. 회고적인 삶이 정상적인 삶이 되었다.

요컨대 회고적인 삶은 삶의 모든 부분, 모든 단계에서 성취해야 할 프로젝트가 되었다. 이런 이유에서, 스스로 만든 전기가 다양한 자기계발적 담론이 되었고, 그런 담론은 나름대로 다양한 문화적 근원을 끌어내서 자기합리화에 나섰다.

따라서 청교도 전통, 경제 자유주의, 심리치유이론, 뉴에이지 등이 합리화의 근거로 내세워졌다. 모든 사건에는 의미와 목적이 있다는 아프리카계 미국인의 믿음은 "고통에는 의미가 있고 우리는 그 고통에서 자기인식과 심리적 성장을 대가로 얻는다"는 심리학 이론과 연계되었다. 이런 연계에서 우리는 오프라 윈프리의 자기계발정신이 미국 문화에서 큰 반향을 일으킨 이유를 이해하는 중요한 실마리를 얻을 수 있다.

세상을 바꾸는 또 다른 힘

오프라 윈프리가 사용하는 문화적 전략은 '흑인의 인식 세계'에 뿌리를 두고 있다고 말할 수 있다. 콜린스의 개념인 '흑인의 인식 세계'는 축적된 경험과 그 경험에서 의미를 찾으려는 문화적 도식에 근거해서 세상을 이해하고 깨닫는 방법을 가리킨다.

콜린스에 따르면, 이런 흑인의 인식 세계를 규정하는 것은 형식적인 지식보다 지혜에 근거해서 세상에 접근하려는 태도이다. 지혜는 단순한 지식이 아니라, 성차별과 인종차별, 계급차별을 이겨내는 데 도움을 주는 지식이다.

모든 사람이 억압적이고 구속적인 사회구조에서 생존하는 길라잡이로 자신과 다른 사람의 경험을 이용하기 때문에 지혜라는 개념은 사회학자에게 상당히 중요한 개념이다.

부르디외는 '마지못해 하는 것을 자진하여 하는 것처럼 꾸미기 위해서' 혹은 마음대로 처분할 수 있는 다양한 자본을 증식시키기 위해서만 경험이 축적될 수 있다고 믿었기 때문에, 부르디외의 아비투스에는 지혜라는 개념이 끼어들 여지가 없었다. 그러나 아비투스처럼 지혜라는 개념에도 세상에 대한 습관적인 반응에서 얻는 세상에 대한 암묵적인 지식, 결국 구체적 경험에 근거해서 얻는 지식이 포함한다.

또한 지혜는 경험과 역동적 관계를 이루고, 전략적으로 처신하는 법을 터득하기 위해서 경험을 성찰하는 능력까지 키워간다. 게다가 경제적 위치의 불평등을 반영하며 재생산해내는 아비투스와 달리, 지혜는 예측하기 힘든 변덕스런 힘에 맞서야 하는 사람들에게서 특히 발달되는 듯하다.

블룸필드(M. W. Bloomfield)와 던(C. W. Dunn)이 지적했듯이, "실질적인 지혜는 우리에게 세상과 조화롭게 살아가는 방향을 선택하고 그렇게 행동하도록 도움"을 준다.

앞에서도 언급했듯 '오프라 윈프리 쇼'는 아프리카계 미국 문화의 도덕적 전통에 하나를 더 덧붙여 그들의 지혜에 뿌리를 두고 있다. 오프라는 전통 사회의 지혜를 지닌 사람의 속성과 미디어계 유명인물의 속성을 뒤섞어놓은 듯한 페르소나를 갖고 있다. 따라서 블룸필드와 던의 표현을 빌리면, 오프라의 쇼는 '초기 사회에서 시인이 맡은 역할'을 한다.

달리 말하면 지혜를 전달하는 역할을 한다. 여기에서 지혜는 "이전 세대에서 물려받은 일상의 철학이다"라고 개략적으로 정의될 수 있으며, "실질적인 지혜는 슬기로운 세계관, 즉 우리가 행복하기를 바라면 반드시 지켜야 하는 규칙과 질서를 가져야 한다는 생각, 또 모든 것에는 그에 합당한 시간과 장소가 있다는 생각에서 비롯"된다.

2장, 3장, 4장에서 보았듯이 오프라 윈프리가 현대인의 삶에서 섬뜩한 조건과 그런 조건에서 야기되는 고통에 의미를 부여하고, 그 고통을 치유와 자기계발의 이야기로 가공하는 상징적 도구를 제공한다는 주장이 옳다면, 우리는 지혜를 근거로 행동하고 이해하면서 "변덕스런 것과 이례적인 것을 통제할 수 있다"고 말할 수 있다.

블룸필드와 던에 따르면, 지혜는 초기의 합리적 사고법이다. 지혜는 세상을 질서 있게 만들어 의미를 부여하고 예측가능하게 만들려고 애쓴다. 따라서 전통적 지혜와 연계될 때 대중문화는 무질서를 질서 있게 만들려고 애쓰는 '합리적 사고'의 한 형태라 할 수 있다.

이런 지혜관에 따르면, 많은 포스트모더니스트가 주장하듯이 대중문화가 불협화음적이고 카니발적인 성격만을 띠는 것은 아니다. 오히려 대중문화는 현실세계에 대한 의미 있는 성찰을 제시하고, 그 현실을 관리하고 바꿔가려는 시도라 할 수 있다. 따라서 지혜처럼 근래의 대중문화도 악에 대해서, 실패한 삶을 어루만지는 기술에 대해서 거듭해서 반추한 형태를 띤다고 할 수 있다.

이런 주장으로 내가 대중문화의 비평가와 옹호자 모두에게 반론을 제기하는 것은 아니다. 단순히 의식화산업으로 매도되든지 아니면 '즐거움'과 '저항'을 생산하는 공간으로 재평가되든지 간에, 대중문화는 합리적 사고와 대립각을 이룬다고 평가되기 때문이다. 결국 비평가와 옹호자 모두가 인정하듯이, 대중문화는 우리에게 도덕적 성찰을 강요하지 않으며 강요할 수도 없다.

따라서 나는 대중문화를 이루는 많은 부분이 현대 사회조직의 정치적이고 철학적인 가정을 '심사숙고'한 산물이며, 미디어 비평가나 옹호자의 주장과는 달리 대중문화에서 애매한 부분도 철학자들의 이론에서 명쾌하다는 부분보다 훨씬 이해하기 쉽다고 감히 말하고 싶다.

대중문화는 기존 질서와 불협화음을 이루지만, "자율적 자아가 된다는 것은 무슨 뜻인가?", "우리는 서로에게 무엇을 빚지고 있는가?", "왜 우리는 고통받는가?" 등과 같은 철학적 의문을 분명히 다루고 있다. 달리 말하면 대중문화가 우리에게 즐거움, 기호학적 독창성, 놀이 등을 안겨주려 할 때에는 진지하게만 다루어질 이유가 없다.

그러나 대중문화가 철학 전문가들만의 특권이 아닌 의문을 다룬다면 당연히 진지하게 다루어져야 한다. 철학 연구가 형식주의적인 추론과 논증에 따라 진행된다면 대중문화는 이야기, 도덕극, 아이콘, 공연 등 '역동적인 상징체'를 통해 사회적 현실과 도덕적 코드에 의문을 제기한다.

그러나 일부 철학자가 주장하듯이 보통 언어, 이야기, 놀이, 비유도 철학적 의미에 의문을 제기하는 강력한 수단이 될 수 있다. 문학과 미술처럼 대중문화도 현대적 자아와 포스트모던적 자아에게 중요한 의문 중 일부를 분명히 다룬다. 자율을 얻는 대가가 무엇인가? 개인과 제도 사이의 관계는 무엇이고 무엇이어야 하는가? 현시대에 남성과 여성에게 결혼과 섹스는 어떤 의미를 갖는가?

물론 대중문화를 이런 식으로 이해하는 접근법은 현재의 패러다임에서 벗어난 것이다. 그러나 피터 버크, 나탈리 제몬 데이비스, 로버트 단턴, 심지어 로렌스 레빈과 같은 역사학자들이 제시한 근대 이전의 대중문화에 대한 설명과는 일치한다. 그들은 각기 다른 방향에서, 대중문화가 질서와 가치와 정의라는 문제를 무척 도덕적 관점에서 다루고 있다고 평가했다. 그러나 요즘의 사회학자들은 대중문화의 이런 면을 간과한 채 대중문화의 도덕적인 면을 중산층 헤게모니의 대용품쯤으로 생각했다.

예컨대 로렌스 레빈은 셰익스피어의 문화적 위치가 역사적으로 어떻게 오락거리에서 지식인 고급문화로 변해갔는가를 추적했다. 그러나 레빈의 분석은 셰익스피어를 19세기에 '대중화' 시킨 요인이 무엇인지 분명히 보여주었다.

레빈의 분석에 따르면, 셰익스피어의 작품이 그 시대의 가치관과 정확히 맞아떨어지며 옳고 그름을 판단하는 도덕적 담론에 녹아들어간 덕분이었다. 셰익스피어의 비극은 그 시대의 멜로드라마와 감정의 노골적 표현, 무엇보다 그 시대의 도덕관에 힘을 실어주었다.

"셰익스피어가 미국에서 공연될 때 그 언어와 표현양식이 무계획하게 사용되지는 않았다. 가치관을 심어주고, 올바른 생각과 자세를 알리기 위해서 셰익스피어가 활용되었다. 처음부터 셰익스피어를 미국에 소개한 팬들과 기획자들은 셰익스피어가 남다른 도덕성을 지닌 극작가라고 소개"했다. 셰익스피어를 이렇게 전용(專用)한 까닭에 셰익스피어는 '대중화'되었고, 이런 과정은 훗날 셰익스피어가 고급문화로 전용되는 과정과 뚜렷이 구분된다.

도덕이 좋은 삶과 관련해서 제시되는 의견들이 충돌하는 이유에 의문을 제기하는 것이라면 오프라 윈프리는 도덕적 장르를 제시한다고 말할 수 있다.

이런 점에서, 오프라는 대중문화의 핵심적 요소를 되살려냈다. 마이클 왈저(Michael Walzer)가 《평론가들(The Company of Critics)》에서 지적한 바와 같이, "일상의 세계는 도덕적 세계이다. 일상의 삶을 벗어나 보편적이고 초월적인 견해를 찾는 것보다 일상의 삶에 내재된 규칙과 격언, 관습과 이상을 연구하는 편이 더 나을" 것이다.

문학과 고급 예술은 이런 식으로도 해석되어왔다. 실제로 문학이 도덕적 삶에 대해 우리에게 많은 것을 가르쳐준다고 주장하는 철학자가 점점 늘어나고 있는 추세이다. 나는 이런 주장을 대중문학까지 확대시킬 필요가 있다고 생각한다. 대중문학이 그런 담론에 끼어들기에는 너무나 비좁고 제약된 공간을 다루고 있더라도 말이다.

텔레비전은 이런 도덕적 목소리를 둔화하기는커녕 도덕적 목소리를 적극 활용하고 있으며, 우리에게 도덕적 의문을 품게 만들면서 폭넓은 지지기반을 구축해가고 있다.

• 제7장 •

오프라를 제대로 비판하라

사람들은 자기가 자유롭다고 생각하지만 '정말로' 자유로운 사람은 없어.
행복하다고 생각하는 사람은 있어도 '정말로' 행복한 사람은 없어.
이제 사회를 철저하게 비판하기란 불가능해.

− 조나단 프란젠

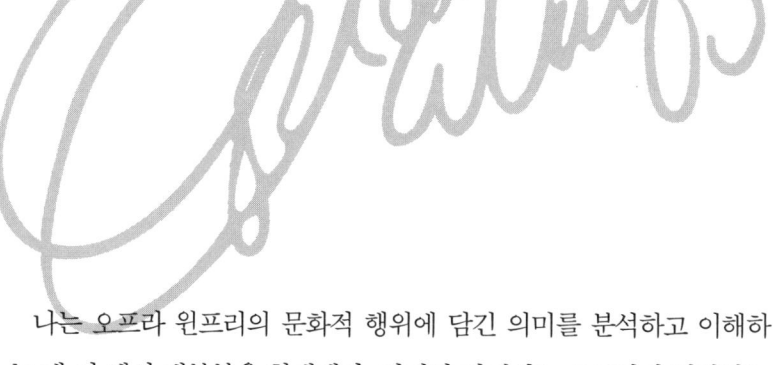

　나는 오프라 윈프리의 문화적 행위에 담긴 의미를 분석하고 이해하는 데 이 책의 대부분을 할애했다. 마지막 장에서는 오프라가 비판받는 이유를 따져보고, 그녀의 문화적이고 도덕적 행위를 내 나름대로 비판해보려 한다.

　비판과 이해는 서로 모순되는 지적 행위이다. 이해한다는 것은 관점을 연구대상의 관점을 파악하기 위해서 그와의 거리를 가능한 한 줄이는 것이다. 이런 점에서, 우리가 연구하는 관점을 이해하려 할 때에는 그 관점을 지지하는 것이라는 위험이 항상 도사리고 있다. 또한 어떤 사회체와 우리를 양립시키려는 '행복한 의식(happy consciousness)'에서 그 사회체와 그 사회체의 결점을 지지하는 위험도 있다.

한편 비판한다는 것은 다른 관점을 연구대상에 적용하는 것이다. 따라서 비판에는 연구대상의 내적인 의미와 기능을 간과하고 무시하는 위험이 있을 수 있다. 테오도르 아도르노(Theodor Adorno), 막스 호르크하이머(Max Horkheimer), 레오 뢰벤탈(Leo Lowenthal)과 같은 비판 이론가들은 해방이란 오만한 담론을 핑계로 대중문화에 대한 혐오와 몰이해를 감춘 엘리트주의자라는 비판을 받았다. 따라서 비판은 사회적 관습의 의미를 이해하지 못하는 데 그치지 않고, 그런 관습에 언어 폭력까지 가할 수도 있다.

겉으로 볼 때 문화에 대한 포스트모던적 접근은 이런 딜레마에서 벗어난 듯하다. 갬슨의 분석은 어떤 관점을 인정하기도 거부하고 비판하기도 거부하는 '조직적 양가성(systematic ambivalence)'을 지향하는 포스트모던적 비평의 대표적인 예로 여겨질 수 있다.

갬슨의 말을 인용해보면, "실제로 여기에서는 중요한 것은 조작된 볼거리와 민주적 공개 토론 사이의 선택이 아니다. 타인이 없으면 누구도 존재할 수 없는 수수께끼 같은 상황, 그리고 그 상황이 섹스의 다변성과 전쟁중인 사회에서 어떤 의미를 갖는지 분명히 파악해야 하는 과제가 있을 뿐"이다.

한편 재니스 래드웨이는 북클럽의 소설들을 분석한 《책에 대한 느낌(A Feeling for Books)》에서, 중간층을 위한 장르에 매료되었지만 그 장르에 함축된 이데올로기에는 비판적일 수밖에 없다고 고백하면서 연구 대상에 대한 모순적 입장을 견지했다.

정치적이고 도덕적인 견해를 지키는 역할을 자임하는 전통적인 평론가들에게, 이런 양가성은 후기 자본주의 시대의 문화 주류인 포스트모더니즘의 가장 파괴적인 폐해 중 하나로 여겨진다. 후기 자본주의는 모순된 욕망을 다루고 모든 것에 대해 왈가왈부하며 다양한 관점을 동원하기 때문에, 일관되고 한결같은 평론 자체를 무력하게 만들고 끊임없이 차이를 과시하면서 우리에게 당혹감을 안겨주며 깊은 좌절에 빠뜨린다.

다양한 삶과 문화적 표현을 존중한다며 자유로운 문화가 전제되면서 포스트모더니즘이 문화평론가가 특권처럼 사용하던 의자를 치워버렸기 때문에 이제는 평론하기도 어려운 시를 만난 셈이다. 다양성이 존중되는 시대에 특정한 도덕관을 선호하거나 옹호하기가 어려워진 것이다.

그러나 사회학자의 역할은 비판하는 것, 즉 어떤 사회구조와 의미가 인간의 창의성과 자유를 함양시키고, 혹은 거꾸로 무력하게 만드는가라는 의문에 깊숙이 개입하는 것이기 때문에 비판을 포기하라는 포스트모더니즘의 요구에는 수긍할 수가 없다. 하지만 비판 행위를 가능하게 해주던 메타담론(meta-narrative)이 심각한 도전을 받고 있어, 우리는 문화비평에 더 이상 '천진난만하게' 끼어들기 힘든 지경이다.

달리 말하면 텍스트가 무엇을 어떻게 말해야 하는지 미리 알고 있다는 식으로 접근할 수 없는 지경에 이르렀다. 요컨대 하나의 텍스트가 어떤 범주에 속한다고 단정적으로 어렵게 되었다. 이런 제약이 주어줄 때 비판에서 남는 것은 무엇일까?

불순한 비판을 향하여

좌파적 비판이든 우파적 비판이든 간에 전통적 비판의 특징은 '순수함을 향한 열망' 이었다. 많은 평론가가 문화를 중요시하는 이유가 무엇일까?

문화가 아름다움, 도덕, 정치 등에서 이상적인 모습을 표현할 수 있고 표현해야만 하는 세계이며 가치 있는 자아를 만들어갈 수 있는 세계라 생각하기 때문이다. 토크쇼, 특히 오프라 윈프리 쇼에 가해지는 다양한 비판을 감안할 때 이런 가정은 충분한 타당성을 갖는다.

보수적 평론가들의 주장에 따르면, 문화는 예절과 도덕성을 함양시키기 위해서라도 충동을 억제하는 자제력을 가르쳐야 한다. 따라서 토크쇼가 "억제보다 충동, 실질적 성취보다 유명세, 규칙 준수보다 규칙 파괴, 예절보다 선동적 발언을 찬양"하는 듯한 모습에 보수적 평론가들이 우려를 표명하는 것은 조금도 놀라운 일이 아니다.

윌리엄 베네트(William Bennett)는 문화를 이런 시각에서 해석하는 가장 대표적인 인물 중 하나로, 토크쇼가 '문화의 부패'를 극명하게 보여준다고 비난했다. 즉, 토크쇼가 추잡한 폭로를 위험할 정도로 미화시키고, 죄책감이나 수치심을 버리라고 선동하며, 정상과 일탈을 뒤섞어버린다는 비난이었다.

이런 유형의 비판에 따르면, 문화는 도덕적 판별 능력을 우리에게 가르쳐야 한다. 문화가 이런 역할을 하지 못한다면 문명 전체가 위협받을 수 있다는 것이다. 문화가 '정선된' 생각과 가치를 표현할 때만 사회가 질서와 규율과 헌신을 시민에게 가르칠 수 있기 때문이란 논리이다.

그런데 문화적 보수주의자의 판단에 따르면, 생산된 문화가 '천박'하기 때문에 위험한 것이 아니라 가치 있는 것과 천박한 것의 구분이 점점 어려워지는 현상이 위험하다는 것이다. 따라서 문화의 분류(선과 악의 구분, 고급문화와 저급문화의 구분)가 도덕적 판단력을 형성하고 강화시킨다는 암묵적인 가정, 그리고 문화의 분류가 와해되면 도덕과 미덕마저 사라질 것이란 가정에서 보수적 비판이 출발한다고 말할 수 있다.

결국 토크쇼가 문화적 대상의 분류를 애초부터 거부하기 때문에,『유에스에이 투데이』는 사설을 통해 토크쇼를 '천박한 늪지'라고 혹평했던 것이다.

진보를 자처하는 자유주의자도 문화는 '고상한' 사명을 가져야 한다는 생각에 동의한다. 공적 영역은 하찮은 것보다 의미 있는 쟁점을 제시해야 하고, 이렇게 하기 위해서는 공평함과 공정함이란 규칙을 지켜야 한다.

표현의 자유를 우선시한다는 원칙의 천명에도 불구하고, 공적 영역에 대한 자유주의자의 모델은 공익에 관련된 문제만이 주목받을 가치가 있다는 가정에 근거하고 있다. 요컨대 사소한 문제와 중요한 문제— 사적 영역과 여성에 관련된 문제는 사소한 문제이기 십상이다—를 구분해야 한다는 암묵적 전제가 있는 셈이다.

사소한 것과 중요한 것이 뒤섞인 공적 영역은 곧 흥미를 상실하고, 『뉴 리퍼블릭』지에 실린 사설의 표현을 빌리면 '어리석은 문화(idiot culture)'로 전락해버린다. 따라서 자유주의 평론가들도 보수주의자들만큼이나 토크쇼를 호의적인 눈으로 보지 않는다. 그들이 보기에, 토크쇼가 정치적 담론으로 중요한 것과 그렇지 못한 것을 구분할 능력을 심각하게 훼손하고 있기 때문이다. 달리 말하면 토크쇼가 판단력과 식별력을 크게 해치고 있기 때문이다.

이처럼 내용과 정치적 색채는 달라도 이런 비판들은 하나의 공통점을 갖는다. 즉 문화는 우리 정신을 함양시키고, '예절'과 '평등'과 '공정함' 등과 같은 도덕적이고 정치적인 가치를 구현해야 한다는 생각을 공유하고 있다.

나는 이런 비판을 '순수 비판(pure critique)'이라 칭하려 한다. 순수 비판은 문화에 대한 보수적 접근과 자유주의적 접근 모두를 가리키며,

두 접근법의 공통분모로 그 특징이 요약될 수 있다.

첫째는 '오락'과 문화의 관계에 관련된 것이다. 대부분의 평론가에게, 오락은 교육·예술·정치·도덕적 목적을 지닌 문화형태와 별개의 것일 뿐 아니라 저급한 것이다.

문화는 공익을 위한 노력과 생각 및 교육으로 우리의 정신을 함양시켜주는 반면에 오락은 우리에게 지적인 탐구나 도덕적 행위를 거의 요구하지 않는다는 점에서 가치가 떨어진다.

예컨대 오프라 윈프리 북클럽을 평가하면서 문화 평론가 마사 베일스(Martha Bayles)는 "북클럽이 초베스트셀러를 내야 한다는 강박관념에 시달리고, 그 문화에 중심이 없다거나 중심을 나쁜 사람들에게 양보해야 한다는 고약한 기분에 사로잡히더라도 '정신을 함양시키는 것'을 제공해야 한다"라고 제안했다. 책은 노력이 필요하고 진지한 것이며 사회적으로 유용한 것이라 여겨지기 때문에 단순한 오락거리가 아니다.

문화 자료가 현실을 왜곡할 때는 오히려 유해하다는 주장도 이런 가정과 밀접한 관계가 있다. 유명한 예를 들어 설명해보자. 황금시간대의 텔레비전 프로그램을 연구한 거브너(G. Gerbner)와 그로스(L. Gross)는 풍부한 자료를 바탕으로 "텔레비전 오락물이 경찰과 범죄자를 과장해서 표현하고, 따라서 세상을 '폭력과 비열함'이 난무하는 곳으로 부정확하게 그려내면서 현실을 왜곡하고 있다"라고 주장했다.

이 연구에는 문화 자료가 인간과 사회를 진실되게 표현해야 한다는 주장이 함축되어 있다. 이런 입장은 소수자(minority)와 미디어 사이의 관계를 연구한 논문에서도 흔히 확인된다. 특히 미디어의 프로그램이 소수자의 인구비를 정확히 반영하고 있는지, 소수자의 표현이 인종과 성에 대한 이미지를 고착화시키는 것은 아닌지 등에 대한 연구에서 특히 이런 입장이 분명히 드러난다.

　세 번째 가정은 문화가 공익에 유리한 도덕적 기준에 따라야 한다는 것이다. 그 기준이 종교적 전통을 존중하든, 모든 사회계급의 평등을 앞세우든, 공적 영역의 활성화를 최우선하든 공익에 초점이 맞춰져야 한다. 이런 관점에서 보면, 문화는 훌륭한 정치를 반영해야 하고 훌륭한 정치를 이루는 데 일익을 담당해야 한다. 따라서 문화는 미덕과 가치를 강조하면서, 정치적으로나 도덕적으로 의미 있는 공동체를 만들어가는 것을 궁극적 목표로 삼아야 한다.

　이 가정은 문화비평에서 기본적인 가정으로, 비판 이론만이 아니라 공동체주의 문화비평(communitarian critiques of culture)에서도 기본 원칙을 삼고 있다. 즉 문화는 '좋은 사회'를 만드는 데 도움이 되는 가치를 표현해야만 한다는 것이다. 보수주의자나 마르크스에게 영향을 받은 문화평론가 모두가 좋은 사회를 나름대로 정의 내리고 있지만 좋은 사회가 문화를 비판하고 생산하는 방향을 제시해야 한다는 점에서는 궁극적으로 의견을 같이한다.

　이런 평론가들에 맞서 대중문화를 옹호하는 시도의 대부분도 "대중문화는 정치와 도덕의 이상을 추구한다"고 주장하며 비슷한 가정에서 출발한다는 점이 무척 흥미롭다. 예컨대 이런 시도들이 새로운 형태의 민주적 공개 토론회를 개최한다는 점에서 토크쇼가 간접적으로 정당성을 부여받는다.

　토크쇼가 상징적으로 존재조차 않던 성적 소수자(sexual minority)의 정책을 바꿔놓으면서 비록 간접적이기는 했지만 그들의 정치적 입지를 향상시키는 데 공헌했다고 평가한 갬슨의 분석이 이런 현상을 잘 보여준다. 한 페미니스트 작가가 제시한 예에 따르면, 토크쇼는 "1980년대의 보수적 분위기 때문에 억제되었던 1960년대의 성혁명과 변화를 가시화시켰다"는 평가를 받는다.

따라서 토크쇼의 비판이나 옹호는 보수주의 진영이든 자유주의 진영이든 모두 정치 연대를 거론하고, 정치적 이야기 형식을 띤다.

정치적 입장은 문화를 관찰하고 문화연구의 '전문가'로서 우리 권위를 행사하기에 유리한 위치를 제공한다. 게다가 테리 이글턴(Terry Eagleton)의 표현대로 문화비평의 주된 과제가 '모든 형태의 전제주의에 맞선 투쟁'이라면, 순수문화비판은 이런 과제를 담당하기에 더할 나위 없이 안성맞춤이다. 그러나 이런 식의 접근이 점점 문제에 부딪히고 있다. 나는 그 이유를 간략하게 살펴보려 한다.

첫째, 대중문화를 정치 영역의 부속물로 전락시킴으로써, 대중문화가 해방을 시키거나 억압하는 수많은 방법들, 쓰레기나 보물을 뱉어내는 수많은 방법들을 헤아리는 것으로 우리 분석이 그칠 위험도 적지 않다.

바바라 존슨(Barbara Johnson)의 표현을 빌리면, "비판은 놀람의 여지를 남겨두어야 한다. 누군가가 혹은 무엇인가가 당신을 놀라게 하면서 당신에게 '비켜! 나도 말하고 싶어!'라고 말할 수 있어야 하기 때문에" 우리 분석이 빈약해질 수도 있다. 그러나 텍스트가 우리를 놀라게 하려면, 텍스트를 세상에 대한 정치적이거나 도덕적인 입장을 분명히 전달하는 역할로 축소시키는 우리 행위를 중단해야만 한다.

순수비판이 '전체주의적' 관점만을 요구한다는 점이 바로 두 번째 약점이다. 가령 내가 어떤 텔레비전 프로그램이 여성의 이익에 유해하다고 주장할 때 경제 · 정치 · 가정 등 거의 모든 면을 감안해서 그렇게 주장하는 것이다.

달리 말해 한 문화 영역이 경제 · 정치 · 가정 등 다른 사회 영역들을 반영하고 만들어가며, 더 차원 높은 사회 논리를 통해서 기능적으로나 변증법적으로 그 영역들과 관계를 갖는다고 가정할 때 순수비판은 완성된다. 이런 입장에 따르면 여러 영역이 서로 투명한 관계에 있다. 즉

한 영역이 다른 영역들의 가치와 역동성을 그대로 비춰 보인다. 문화가 사회의 모든 영역을 감안해서 분석되어야 한다는 가정, 결국 문화와 사회의 관계는 부분과 전체의 관계라는 가정은 비판 이론의 초석이다.

그러나 나는 사회 영역들간에는 연속성도 없고 투명성도 없다고 생각한다. 달리 말하면, 우리는 상징체와 가치가 사회·정치·경제의 영역에서 어떻게 '행동' 하는지 미리 알 수 없다는 뜻이다. 막스 베버가 분석했듯이, 의도하지 않는 결과라는 문제 때문이다. 한 영역(예컨대 종교)에서 발생한 행동, 생각, 가치의 원리는 처음에 의도했던 것과는 상당히 다른 것을 다른 영역(경제)에서 배어나게 할 수 있다. 간단히 말하면, 한 영역에서 퇴보하는 것이 다른 영역에서 발전할 수 있다.

정치비평에 근거해서 문화분석을 시도할 때 부딪히는 또 하나의 문제는 문화와 정치가 다른 언어를 사용한다는 점이다. 따라서 문화와 정치는 필연적으로 서로 충돌할 수밖에 없다. 정치인은 길을 내거나 전쟁을 벌이는 등 구체적인 세계를 가리키고, 세율을 올릴 것이냐 낮출 것이냐는 등 '현실' 에 대해 분명한 입장을 취하면서 지시적인 방향에서 언어를 사용한다.

반면에 시나 영화는 현실을 구체적으로 지시하지 않으며, 현실을 비틀어 표현해도 책임을 면할 수 있다. 실제로 시나 영화는 커뮤니케이션 규범을 위반하지 않는 범위 내에서 현실을 비틀어 표현한다.

예컨대 개인주의와 공동체주의, 사랑과 의무 등 모순되는 두 개를 동시에 찬양하는 식이다. 또한 정치인은 진실을 말하고 근거가 확실한 주장을 펼쳐야 한다. 물론 거짓말을 할 수도 있고 실수할 수도 있지만 그런 경우에는 책임을 져야 한다.

반면에 시나 영화는 지나치게 사실적이거나 충분히 사실적이지 않으면 비난의 화살을 맞기 십상이다. 그러나 시나 영화가 '거짓말' 을 했다는 이유로, 혹은 실업문제나 인플레이션을 다루지 않았다는 이유로 비난하기는 어렵다. 같은 이유에서 대중문화를 평가하면서 정치적 기준을 사용하는 것은 결코 올바른 접근법이 아니다.

대중문화 텍스트는 때때로 의도적으로 모호하게 표현되고 때로는 빈정대고 자기모순적이며 역설적이고 성찰적으로 표현되기도 하기 때문이다. 이 모든 것이 텔레비전을 비롯해 문화적 창조물의 속성으로, 적어도 전통적인 정치 영역을 넘어선다. 요컨대 문화가 우리 사회적 관계의 연장인 것은 틀림없지만 정치적인 것에 의해서 구속받거나 정치적인 것에 포함되는 것은 아니다.

문화를 정치에 포함시킬 때 부딪히는 마지막 문제는 평론가에게 초연한 입장을 취하라고 구박하는 것이다. 문화민주주의가 지배하는 시대에는 결코 지지하기 힘든 비난이다. 아도르노가 재즈를 거부한 예는 문화가 샘솟는 구체적인 경험세계와 의미세계에 무관심하고 초연한 태도를 취한 대표적인 예다. 비록 실수였지만!

비평은 평범한 행위자들의 구체적인 문화행위에 대한 이해에서 출발할 때 가장 강력한 힘을 갖는다. 따라서 순수주의와 '타협'을 하는 수밖에 없다. 그러나 선택에 의한 것이든 필요에 의한 것이든 간에 후기 자본주의 시대에 문화평론가는 비판하려는 상품화된 장(場)에서 벗어날 수 없기 때문에 타협적 비판 방법이 더더욱 필요하다.

19세기 지식인은 자본주의를 비판하면서, 자본주의 세력이 미치지 않은 곳에 위치할 수 있었다. 하지만 현대의 평론가는 자본주의 제도와 조직의 세력 범위에서 벗어나기가 거의 불가능하다. 그렇다고 자본주의가 모든 사회 영역을 지배한다고 체념적으로 인정해야 한다는 뜻은 아니다.

그러나 우리가 저항하려는 시장의 힘만큼이나 영리한 해석 전략을 발전시켜야만 한다는 뜻이다. 대상에 대한 철저한 이해가 있을 때 설득력 있는 비판이 가능하다. 지난 10년 동안 발표된 최고의 평론이 비판과 이해를 겸비한 것이란 사실은 결코 우연이 아니다. 폴 윌리스(Paul Willis)와 재니스 래드웨이는 이른바 '불순한 비판(impure critique)'의 정수를 보여주었다. 둘 모두 비판과 이해를 거의 완벽하게 전개하고 있기 때문이다.

'불순한 비판'은 내 분석대상에도 꼭 들어맞는 듯하다. 오프라 윈프리가 도덕적 리더십, 오락, 심리, 자본주의적 기업가 정신, 영성의 추구, 희극적 공연 그리고 문학의 집점에서 활동하고 있기 때문이다.

물론 하나의 정치적 관점 혹은 하나의 도덕적 관점을 고집하며 오프라의 텍스트에 접근하기는 어렵다. 따라서 나는 비판 자체로 끝나지 않고 문화가 평등, 해방, 가시성 등 어떤 정치 의제를 진작시키는 '방법들을 헤아리는 수준'에 그치지 않는 비판을 해보려 한다. 데이비드 헬드가 설명했듯이 이런 욕심은 비판 이론 자체의 목표와 일치한다.

비판 이론의 방법이나 절차는 내재적 비판이다. 내재적 비판을 통해 발달해온 사회 이론은 '발전 과정에 있는' 사회체의 단면들을 조사하는 데 관심을 갖는다. 따라서 한 대상의 개념적 원리와 기준에서 시작해서 그 원리와 기준에 내포된 의미와 결과를 설명한다. 말하자면 비판은 '내부에서' 시작하고, 그로 인해 비판의 개념들이 그 대상을 평가하는 데 부적절한 기준을 부가하는 경우를 피하려 한다.

안타깝게도 비판 이론가들이나 그 추종자들이 비판대상의 '밖'으로 너무나 자주 뛰쳐나갔기 때문에 비판 이론의 원칙은 충분히 지켜지지 않은 듯하다.

'내재적 비판'의 모델은 정치 철학자 마이클 왈저가 가장 충실하게 발전시켰다. 왈저는 《정의의 영역(Spheres of Justice)》에서, 사회 영역에 따라 적용되는 정의의 원칙이 달라져야 한다고 주장했다.

예컨대 시장과 가정에 적용되는 정의의 원칙이 달라야 한다는 뜻이다. 각 영역이 다른 식으로 분배되는 다른 종류의 상품(예컨대 사랑 혹은 돈)을 지니기 때문이란 것이다. 왈저는 다른 정의의 영역, 즉 사회 영역에 따라 무엇이 가치 있고, 그 상품을 얻기 위해 필요한 자원을 어떻게 공평하게 분배하느냐를 결정하는 원칙이 다르다는 생각을 주장해서 유명세를 얻었다.

그후 발표한 두 권의 책인 《평론가들》과 《평론과 가치》에서 왈저는 논의를 비판 행위까지 확대해서, 문화행위를 비판하기 위해서 문화평론가는 연구대상인 공동체 내에서 인정받는 도덕적 기준을 사용해야만 한다고 주장했다.

유사한 맥락에서 내가 제시하는 '불순한 비판'도 가능한 범위 내에서 분석하려는 대상의 의미, 전통, 기준에 내재된 평가 기준을 개발하자는 뜻이다.

이런 식의 비판방법은 새로운 것이 아니다. 실제로 이런 비판방법은 정신분석학의 중심축이다. 잘 알려진 바와 같이, 전통적인 정신분석의 목적은 환자의 내면세계를 이루고 있는 가정과 이미지와 비유에 의문을 제기함으로써 환자를 감춰진 의식세계에서 해방시키는 것이다.

그러나 환자가 살고 있는 의미세계를 치유자만이 아니라 환자까지도 깊이 이해할 수 있을 때 그런 해방은 가능하다. 따라서 정신분석학자의 해석방법은 환자의 협조와 환자의 자기이해에서 비롯되는 환자에 대한 깊은 이해와 환자 자신의 발언에서 얻을 수 있는 습관적인 생각과 느낌에 의문을 제기하는 비판을 결합시키는 것이다.

더 정확히 말하면, 이런 비판은 비유의 가능성을 열어두고 환자와 대화를 나눌 때 가능하다. 특히 이런 비판은 환자 자신의 말에 언제나 근거한다는 점이 중요하다. 정신분석학자의 권위와 환자의 자기이해가 약간이라도 교감을 나누면 자기점검과 자기변화의 과정을 유도할 수 있다. 무관심하고 초연한 관점을 취하는 한 이런 과정은 기대하기 힘들다.

또한 이런 과정은 전체주의적 관점에서도 기대하기 어렵다. 문화비평은 구조에서 비슷해야만 한다. 즉, 사회학자나 정신분석학자의 비판적 이해는 현실을 내부인의 시각에서 이해하면서 현실에 의문을 제기하는 치밀한 교감에서 일어져야만 한다. 또한 문화비평이 섬열을 거무하고 고상한 것과 타협하기를 거부하고, 대신 텍스트나 행위자의 주장과 의미를 회복시키려 노력한다면 한결 나은 문화비평이 될 것이다.

비판 ① - 토크쇼 대 이상적 공론장: 이제부터 나는 토크쇼에 대한 다양한 비판을 살펴보고, 그런 비판들이 순수비판이었기 때문에 그 대상을 잘못 이해한 채 평론가의 도덕적이고 미학적인 기준을 관례적으로 재확인하는 데 그쳤다고 주장해보이려 한다. 요컨대 그런 비판들이 신중한 분석이지 못했다는 뜻이다. 예를 들어 시작해보자.

오프라: 오늘 우리는 사형수 감방에 있는 18세 이하의 청소년들과 얘기를 나눠보려 합니다. 다음 게스트는 세 명을 살해했습니다. 어머니와 의붓아버지 그리고 편의점 직원을! 그의 변호사는 그가 악마에게 씌워 살인을 저질렀다고 주장하며, 그를 사형에서 구해내려 했지만 성공을 거두지 못했습니다. 그는 1987년 7월에 사형이 집행될 예정입니다. 션 셀러스를 만나봅시다. 션, 어서와요. 부모를 살해하던 날 밤에 어떤 일이 있었는지 말해주겠어요?

션: 지금 당장 말하기는 무척 힘들 것 같습니다. 오프라에겐 그렇게 말했습니다. 죄송합니다. 『피플』지의 실비아 톰킨에게도요. 모든 이야기를 다 했어요.

(인터뷰가 끝날 쯤)

오프라: 판결을 받을 때 법정에 있었나요? 판결이 내려질 때 당신은 어디에 있었나요?

션: 예, 법정에 있었습니다.

오프라: 사형당한다는 것을 알았을 때 기분은 어땠어요?

션: 무서웠습니다. 정말 무서웠습니다.

공론장의 전통적인 모델로는 위의 글에서 찾을 수 있는 다섯 가지 요소가 설명되지 않는다.

첫째, 생각이라기보다 감정에 가까운 두려움이 공적 담론을 차지한다.

둘째, 일탈한 사람이 '정상적'인 사람과 같은 공간에 살며 똑같이 말할 '권리'를 갖는다.

셋째, 일탈된 사람을 대신해서 말할 자격을 전문가가 끼어들지 않고 이 남자가 우리에게 직접 말한다.

넷째, 이 젊은이는 자신의 도덕적 잘못에 대해 합리적으로 성찰하지 않고 두려움으로 우리 감정에 호소한다.

다섯째, 오락물이 사형이라는 심각한 문제와 결부되어 있다.

공론장의 전통적 모델이었다면 우리는 사형을 기다리는 젊은이의 오싹한 통계수치를 고발하는 보도를 들었을 가능성이 더 높았다. 또한 우리가 청소년에게 기대하는 도덕적 책임감에 대해 전문가로서 조언하는 심리학자의 목소리, 자유방임한 문화가 부추기는 파괴적 분위기에서 어린이를 보호해야 한다고 역설하는 보수주의자의 목소리도 끼어들었을 것이다.

달리 말하면 많은 전문가가 청소년 수감자에 대해 반향 없는 발언을 우리에게 해댔을 것이다. 즉, 청소년 수감자에 대한 발언일 뿐, 청소년 수감자에게 말하는 것은 아니다. 청소년 수감자가 우리에게 말하는 목소리는 더더욱 듣지 못했을 것이다.

전통적인 공론장에서, 전문가는 우리에게 다른 사람에 대해 말한다. 그러나 주체, 더구나 그 주체가 가난한 사람이라면 청중에게 직접 말할 권리는 거의 보장되지 않는다. 오프라는 이런 공론장의 원칙을 깨뜨렸다. 그녀가 제기한 문제의 성격 때문이 아니라, 그녀가 이런 문제를 제기하는 화법(話法)의 독특함 때문이었다.

그러나 일방적 발언(intransitive speech)이 공론장 모델에서 필수적인 부분을 차지하는 이유가 무엇일까?

발언은 이성적 행위, 즉 어느 쪽에도 치우치지 않은 발언이어야 한다는 주장에 공론장 모델이 근거하고 있기 때문이다. 전통적인 민주주의 이론에서 공론장은 참여자에게 합리적 담론에 동참하고, 감정이나 특정한 이념에 사로잡히지 않은 중립적 태도로 생각을 논의하게 해주는 공간이다.

따라서 전문가의 일방적 발언으로 채우면 이런 목표는 어렵지 않게 성취된다. 자유주의의 핵심이라 할 수 있는 공론장에서, 자유 사회의 가장 중요한 목표는 서로 생각이 다르지만 중립적 관점을 취할 수 있는 사람들의 의사 교환을 보장해주는 토론의 규칙을 세우는 것이다.

브루스 액커먼(Bruce Ackerman)의 표현을 빌리자면 '대담(conversation)'의 규칙을 세우는 것이다. 요컨대 참여자들이 서로 의견이 달라도 공익을 위해서 초연한 입장에서 말할 수 있다는 가정에 공론장이란 개념은 근거하고 있다.

'오프라 윈프리 쇼'가 이런 구조에서 크게 벗어나 있다는 것은 의심할 여지가 없다. 한 가지 점 이상에서, 오프라의 쇼는 자유주의 정치철학, 이성, 객관성, 중립성이란 '순수한' 범주의 상징적 오염을 보여준다.

오프라는 눈물, 가슴 아픈 해후, 병에 걸린 몸, 해체된 가족, 중독, 자기파괴적 행동, 억제할 수 없는 충동, 분노, 복수, 간통 등을 공론장으로 옮겨왔다. 이 모든 것이 가족을 토론의 주체이자 객체로 만들며, 비판적 이성과 편견 없는 발언으로 진행되어야 할 공론장의 이상을 여지없이 파괴해버린다. 이런 것들이 발언의 원칙에서 일탈되기 때문에 토크쇼는 문화적 규범과 숭고한 목표를 위협하는 것으로 인식된다.

예컨대 〈필, 샐리, 오프라의 후안무치한 세계: 텔레비전 토크쇼와 사회의 해체〉라는 논문에서, 압트와 시스홀츠는 "텔레비전 토크쇼는 공적 영역과 사적 영역의 경계를 무너뜨리면서 사회적 관심사를 사유화시켰다"고 말했다. 그러나 나는 이런 결론에 반대하며, 오히려 공적 영역에서 경계의 지탱 여부는 주제에 따라 결정되는 것이 아니라 문제를 누가 제기하고 어떤 유형의 언어를 사용하느냐에 따라 결정된다고 말하고 싶다.

공론장에 대한 하버마스적 설명에 반해서 나는 공론장은 처음부터 두 유형의 발화, 즉 감정적 발화와 중립성을 목표로 한 발화를 인정했다고 생각한다. 공론장의 목표는 우리에게 흐릿하게 나타나는 부정의와 고통을 깨닫게 해주고, 상상력과 연민 및 피해자와의 동일시를 통해서 고통과 관계를 맺게 하는 데 있었다.

5장에서 간략히 살펴보았듯이, 18세기의 공론장은 합리적 행위자를 위한 하버마스 식 토론장이었을 뿐 아니라, 감정이입과 연민과 죄의식과 같은 감정을 불러일으키고 여기에 철학적 토론을 더해서 세상이 돌아가는 원칙과 질서에 대해 사람들에게 성찰해볼 기회를 주었다.

따라서 공론장은 처음부터 두 언어를 사용했고, 두 언어는 각각 다른 유형의 보편성을 목표로 하는 것이었다. 즉 하나는 냉정한 이성의 언어였고, 다른 하나는 18세기 철학자들이 상상력과 연민과 동정 등 누구나 갖고 있는 능력이라 생각했던 것에 호소하는 언어였다. 하여간 둘 모두 궁극적으로는 특정한 사람을 목표로 한 언어였다.

이런 점에서, 공론장에서 필요한 상상력은 인지적인 만큼 감정적인 것이기도 하지만 절차적 자유주의(procedural liberalism)와 관련해서 요구되는 중립적 담론과는 거리가 멀다. 따라서 나는 "오프라 윈프리가 연민과 감정을 집중적으로 사용하는 현상은 공론장의 전통적인 관습에 어긋나는 것이 아니라, 고통받는 사람을 다룬 공론장의 모순에서 비롯된 결과이다"고 결론짓고 싶다.

한걸음 더 나아가서, 볼테르와 졸라의 열정적 발언이 전통적인 공론장에서도 수용 가능했던 이유는 그들이 문화 계층에서 최정상에 있는 남자들이었기 때문인 듯하다. 남자가 비난하고 남성이 관련된 쟁점 — 유대인 장교 드레퓌스는 프랑스 군을 배신했다고 부당하게 기소당했다 — 으로 비난할 때, 그 비난은 자동적으로 공론장에 들어간다.

그런데 한 여자가 주먹을 휘두르는 남자들에게 가정 폭력을 자행하는 이유가 무엇이냐고 물을 때, 이런 발언은 선정적 인기 영합으로 해석된다. 여자가 그런 발언을 하고, 그 발언이 가정사에 관련된 것이며, 발언의 주관성에서 가해자와 피해자를 동일시하고 있기 때문이다.

비판 ② – 관음증: 토크쇼가 흔히 비판받는 두 번째 이유는 이른바 '관음증(voyeurism)'과 관련되어 있다. 앞에서 언급한 예가 보여주듯이, 토크쇼는 시청자를 몰래 엿보기를 즐기는 관음자(觀音者)로 만들어버린다.

요컨대 한나 아렌트의 표현대로 '내실의 어둑한 세계'에 있어야 할 것을 시청자들에게 노골적으로 보여주며, 심지어 시청자에게 그런 장면을 보며 즐기게 만든다. 보수주의자는 이런 관음증을 손쉬운 방종문화에서 비롯된 것이라 주장하는 반면에 자유주의자는 미디어 산업의 생명줄인 이익을 추구하려는 얄팍한 상혼에서 비롯된 것이라 해석한다.

한편 장 보드리야르(Jean Baudrillard)는 '커뮤니케이션의 엑스타시'란 개념을 동원해서 다른 식으로 해석했다. 보드리야르는 현대 문화의 외설성을 '눈에 띄는 것, 지나치게 눈에 띄는 것, 필요 이상으로 눈에 띄는 것'으로 정의했다. 보드리야르에게 외설은 과도한 표현이었다. 그런데 보드리야르가 표현의 부재 혹은 절제와 대립시킨 과도한 표현은 토크쇼의 특징인 동시에 토크쇼에 걸맞은 속성이 아닌가!

그러나 관음증을 근거로 한 비난은 두 가지 이유에서 부적절한 듯하다. 관음증은 우리의 사적 공간과 타자의 사적 공간 사이에 가져야 할 적절한 거리를 넘어섰다는 뜻이다. 따라서 관음증은 공적 공간과 사적 공간간에 적절한 거리를 유지함으로써 두 공간에 부여되어야 할 품위를 훼손시킨다.

그러나 관음증은 다른 도덕적 문제도 갖는다. 즉, 관음자가 사적 공간과 공적 공간 사이의 경계를 넘어섰을 뿐 아니라, 그렇게 하면서 즐거움까지 누린다는 것이다. 하지만 고통은 성적 관음증과 약간 다른 문제를 제기한다. 섹스와 고통은 철저하게 사유화되었지만, 섹스 장면과 달리 고통의 장면은 어떤 경우에도 즐거움을 허락할 수 없다(반면에 우리는 사적 공간에서는 섹스를 즐길 수 있고 즐길 수 있어야만 한다).

따라서 고통의 장면을 즐긴다는 것은 개인의 사생활, 결국 개인의 존엄성을 침해한 것이기 때문에, 또 부적절한 짓이기 때문에 이중으로 부도덕한 짓이 된다. 요컨대 고통은 다른 종류의 도덕적 반응, 즉 연민이나 분노를 끌어내야 하는 것이다.

그러나 관음증을 이유로 한 비판은 적극적인 관음증이 여러 문화 영역, 그것도 평론가들이 예컨대 18세기 감상주의 문학에 빗대어 칭찬하는 문화 영역에도 상존하고 있다는 사실을 외면하고 있다. 역사학자 카렌 할투넨(Karen Halttunen)은 "감상주의 문학은 타인의 고통을 바라보는 문제를 윤리로 승화시킨 문학적 시나리오에 기반을 두고 있다"며, "처음부터 감상주의 문학은 관음증을 적극적으로 빌려왔다. 이런 문학, 즉 즐거움과 고통에 큰 관심을 가졌던 감성의 시대였던 18세기 문화에서는 즐거움이 고통과 쉬이고 고통이 즐거움과 뒤섞이는 형태를 띠었다"고 덧붙였다. 실제로 리처드슨(Samuel Richardson)의 《파멜라(Pamela)》와 루소의 《쥘리, 혹은 신 엘로이즈(Julie ou La Nouvelle Heloise)》와 같은 고전 소설에서, 여주인공의 불행과 눈물은 미덕의 상징이었다. 따라서 이런 장르는 고통이 도덕성을 함양시키고 감정적 기운을 되살려주는 기분을 독자에게 안겨주었다.

이런 이유에서, 관음증이 도덕적으로 적절한 반응이라는 뜻은 아니다. 다만 '고급' 문화도 고통의 장면과 미학적 즐거움을 결합시키고 있다는 점에서 고급문화에도 관음적 요소가 적지 않다는 점을 지적하려는 것이다. 그러나 대중문화와 달리, 고급문화에서의 관음증은 비난받는 경우가 극히 드물다.

내친 김에 덧붙여 말하면, 즐거움과 불행의 결합은 고급문화에서는 미학적 경험으로 해석되어왔다. 예컨대 문학 장르에서도 최고의 '고급문화'로 여겨지는 비극은 공포와 즐거움의 교묘한 결합이다. 아리스토텔레스에 따르면 비극을 지탱하는 두 요소인 연민과 두려움은 예술의 형태로 가공될 때에만 카타르시스가 된다.

비슷한 맥락에서, 레싱(Gotthold Ephraim Lessing)은 미학을 다룬 유명한 논문에서, '라오콘'으로 알려진 유명한 조각(뱀이 칭칭 감고 있는 한 남자와 그의 두 아들)을 다루었다. 여기에서 레싱은 '라오콘'을 미학적 위업이라 평가받는 이유를 "조각가가 관찰자의 눈을 즐겁게 해주려는 미학적 욕망과 라오콘의 고통과 두려움을 조화 있게 표현하는 법을 알았기 때문이다"고 설명했다.

레싱이 이 논문에서 탐구한 유명한 문제는 "관찰자가 예술품에서 눈을 돌리지 않고 그 아름다움을 즐겁게 감상하도록 하기 위해서는 고통이 어느 정도까지 표현되어야 하는가?"라는 의문이었다. 여기에서도 고급문화는 고통과 즐거움을 혼란스러울 정도로 결합시키고 있지만, 그 결합이 미학이라는 이름으로 승화되어 관음증으로 인식되지 않는다.

관음증을 이유로 한 비난에 대한 마지막 반론은 그런 비난이 대중문화의 중요한 요소를 간과하고 있다는 점에서 찾아진다. 고통과 즐거움의 문화적 결합은 전통적인 치유에서 필수적인 요건이다. 인류학자 캐롤 래더먼(Carol Laderman)과 마리나 로즈먼(Marina Roseman)은 치유적 수행을 다룬 책에서, "거리를 떼어두는 미학적 기법은 선뜻 확신하지 못하는 의혹에 근거를 두며, 즐거움과 고통을 결합시킨다. 이 방법은 긴장을 완화시키는 동시에 사회적 신분, 계급, 종교, 정치, 양성 사이의 관계에 대한 비판적 평가를 제공하는 희극적인 에피소드를 섬뜩한 장면에 끼워넣은 수법에서 확인된다"고 말했다. 즐거움과 고통을 도덕적 이유에서 구분해야 한다며 이런 결합을 비판하는 것은 이야기의 치유 기능을 올바로 이해하지 못한 탓이다.

특히 오프라 윈프리에 대해서는 흑인 문화가 역경 앞에서도 웃음과 유머와 희망을 잃지 않으려는 정신자세와 고통의 융합이란 특징을 갖는다는 점을 잊어서는 안 된다. 요컨대 흑인 문화에서 유머와 고통의 결합은 긴장을 완화시키는 치유적 웃음의 문화적 형태라 할 수 있다.

비판 ③ – 감정의 상품화: 텔레비전 프로그램 전반에 가해지는 세 번째 비판은 텔레비전이 문화를 상품화한다는 것이다. 이런 비판은 사회학자에게 가장 익숙한 비판이기도 하다. 이런 비판은 인간의 고통은 다른 형태로 재생산되어서는 안 된다는 도덕적 제도에 뿌리를 두고 있다.

요컨대 인간의 고통은 '흥미로운' 이미지나 교훈적 이야기로도 재생산될 수 없는 것인데 하물며 미디어의 상품이 될 수 있겠느냐는 비판이다. 사형을 기다리는 젊은이의 예로 다시 돌아가보자.

감옥이란 오싹한 공간이 텔레비전 화면에 비춰지고 섬뜩한 살인 이야기가 전해지는 동시에 우리는 텔레비전 토크쇼라는 상업적 공간으로 내던져진다. 과거 이야기를 해달라는 요구에 재소자는 잡지사에 자신의 이야기를 이미 팔았다고 대답하면서 소름 끼치는 장면을 떠받치는 상업적 환경을 노골적으로 확인시켜준다.

이런 게스트의 신상 이야기는 오프라 윈프리를 부자로 만드는 데 큰 역할을 한 피와 살이다. 따라서 우리 시청자는 원칙 없는 불행의 상품화, 요컨대 개인의 불행이 광고와 거래되는 현장을 묵인한 공범자가 된다.

미디어가 고통을 무감각하게 사용하는 현실에 많은 학자가 우려하는 것은 사실이다. 예컨대 인류학자 아서 클라인먼은 "고통의 세계화는 현시대에 문화가 바뀌고 있다는 우려할 만한 징조 중 하나이다. 경험이 상품으로 사용되고 있다는 점에서 우려하지 않을 수 없다. 고통이 하나의 문화상품으로 표현되면서 인간의 경험이 개작되고 무가치해지며 왜곡된다"고 말했다. 클라인먼은 고통의 경험이 질적으로 다른 것, 즉 오락거리와 고통의 미화로 변하면서 자본주의의 수탈적 상업화에 편입되는 것을 우려하고 있다.

이런 비판 뒤에는 우리가 타인의 경험에서 상업적 이익을 노려서는 안 되고 상업주의와 감정, 이익과 열정을 구분해야 한다는 클라인먼의 도덕적 원칙이 감춰져 있다. 따라서 토크쇼에 출연하는 대다수의 게스트가 사회적으로나 경제적으로 소외된 사람이란 점에서, 고통의 상품화는 더더욱 우려하지 않을 수 없는 실정이다.

이런 비판은 오프라 윈프리의 경우에도 그대로 적용된다. 오프라는 텔레비전의 어떤 사회자보다 많은 부를 축적했기 때문이다. 그녀의 주요 상품, 즉 게스트들의 신상 이야기는 그야말로 '공짜'이기 때문에 착취적인 냄새가 짙다. 달리 말하면 생산비가 거의 들지 않는다. 따라서 이익이 엄청나다. 상품화를 반대하는 사람들은 이런 현상을 두 가지 면에서 비난할 수 있다.

첫째로는 이야기의 '저자'가 아무런 보상을 받지 못한다는 것이고, 둘째로는 불행의 이야기가 재사용되어 상업적 오락물로 큰 이익을 창출하는 데 쓰인다는 점이다.

그러나 내 생각에는 이런 주장이 생각만큼 설득력이 없는 듯하다. 첫째, 고통과 개인의 삶을 상품화시킨 진정한 주역은 텔레비전이나 오프라 윈프리가 아니라 프로이트였다. 전통적인 치유관계는 일종의 금전 거래라는 사실이다. 따라서 텔레비전 광고 시간대의 논리에 따라서 치유 시간이 결정된다.

요컨대 매매되는 것은 시간이다. 더구나 전문가의 치유가 효과적인 이유는 전문가의 조언이 '치유 시간'이라고 엄격히 정해진 시간, 즉 돈과 교환된 시간 내에서 진행되기 때문이다. 따라서 토크쇼 못지않게 치유 시간은 시간과 서비스의 상품화라는 자본주의 논리에 정확히 들어맞는다.

토크쇼가 정말로 치유적이냐 그렇지 않으냐는 중요하지 않다. 여기에서 흥미로운 점은, 상류층 사생활의 상품화는 전문가와 제도적 기관에 의해 충분히 합리화되기 때문에 거의 문제시되지 않는데 하류층 사생활의 상품화는 거의 언제나 비난의 대상이 된다는 것이다.

둘째, 게스트가 이야기라는 노동을 하고도 아무런 보상을 받지 못한다는 것이 상품화인지 아닌지는 불분명하다. 오히려 내 생각에는 사람의 이야기에 금전적으로 보상하는 것이 도덕적으로 문제인 듯하다.

현 상황은 우리 규범에서 가장 중요한 원칙 중 하나, 즉 개인의 삶, 감정, 고통은 금전적 교환 논리에서 벗어나야만 한다는 원칙을 지키고 있다. 게스트의 전기는 돈으로 대가가 지불되지 않고 선물로 대신한다는 원칙 때문인 듯하다. 오프라의 게스트는 시카고까지 왕목하는 비행기표와 호텔 숙박권을 지급받는다. 게스트의 사회계급에 따라서 어떤 차등도 두지 않고 똑같이 대우한다. 따라서 게스트에게 금전적 보상을 하지 않는다는 사실이 오프라의 빠른 축재(蓄財)를 설명해주는 중요한 요인이지만, 신상 이야기에 가격표를 달지 않는다는 점에서 상품교환과 스토리텔링 사이의 경계를 유지해주는 요인이기도 하다.

실제로 모니카 르윈스키와의 독점 인터뷰권을 확보하려던 잊지 못할 전투에서도 오프라는 르윈스키에게 출연료를 지급하지 않겠다는 원칙을 굽히지 않았다. 다른 프로그램이나 방송국의 정책과는 완전히 상반된 태도였다. 얄궂은 일이지만, 이런 태도는 오프라가 미디어를 '탈상품화' 시키는 것처럼 보일 수 있다. 노벨상 수상자부터 실업자에 이르기까지 게스트 중 누구에게도 유명도에 따른 가격표가 붙지 않기 때문이다.

오프라 윈프리는 게스트의 삶을 이야깃거리로 삼으면서도 그런 신상 이야기를 금전적 가치로 평가하지 않고, 그에 따라 게스트를 등급화하지 않겠다는 단호한 의지를 보여준다. 결국 게스트가 금전적 보상 때문이 아니라 감정적 이유로 토크쇼에 출연한다는 암묵적 협약 때문에 오프라의 토크쇼는 시청자의 마음을 사로잡는 것이다.

그렇다고 토크쇼를 제공하는 미디어가 수탈자라는 뜻은 아니다. 미디어가 토크쇼에서 거두는 경제적 이득 그리고 프로그램과 게스트 사이의 관계를 지탱하는 규범적 원리는 별개의 것이라는 뜻이다.

끝으로 전통적인 지혜에 따르면 매개체가 상업적 성격을 띨수록 가장 '기본적인' 본능으로 이해되는 최소 공통분모에 기대게 마련이다. 하지만 나는 다른 생각, 즉 "뚜렷한 답을 내리지 않고 여러 가능성을 제시하는 텔레비전의 내용은 다양한 청중을 포섭하려는 상업적 욕구에서 비롯된 것"이라는 철학자 알렉산더 네머스(Alexander Nehemas)의 주장에 전적으로 동의하는 편이다.

상업적 목적을 띤 포용성 때문에 텔레비전 텍스트는 자유롭게 답을 선택할 수 있는 도덕적 구조를 띠면서 다양한 관점을 제시한다. 또한 이런 개방성 덕분에 사람들은 텔레비전 텍스트의 의미를 파악할 때 도덕적 의미까지 찾아보려 애쓰게 된다. 오프라 윈프리가 창조해낸 장르에는 이런 해석이 적용되어야 마땅하다. 오프라가 무대에서 보여주는 도덕적 반추와 도덕적 딜레마가 그녀 쇼의 상업적 유비쿼티를 지탱해주기 때문이다.

시장의 초도덕성이 모순되기도 하는 다양한 관점을 제시하고, 여기에 자유주의적 성향의 비틀기가 더해지면서 우리 도덕적 상상력의 지평까지 확대된다.

비판 ④ - 정의와 고통: 공론장에서 야기되는 연민이 문제라는 문화평론가의 생각도 토크쇼가 비판받는 한 원인이다. 이런 비판의 선봉에는 로버트 휴스가 있었다. 그는 《불만의 문화(*The Culture of Complaint*)》에서, "고백 문화의 천박함은 어안이벙벙할 지경이다. 섹스와 폭력에 근거한 공격성의 천박함은 예전부터 줄곧 있었다. 이제 미국의 대중문화는 200년 전에는 꿈도 꿀 수 없었던 치유의 천박함까지 갖게 되었다"고 말했다.

휴스는 공론장이 개인적 느낌의 표현을 억제하고, 공적 영역과 사적 영역 사이의 중요한 경계는 유지되어야만 한다는 견해를 취했다. 그 밖에 그는 추가로 우리에게 익숙한 비판을 제기하기도 했다. 즉 토크쇼가 넋두리 문화를 부추기고 합리화시킨다는 비판이었다. 그는 '피해자의 주상'이 미국 문화에 스며드는 것을 안타깝게 생각했다.

이런 관점에서, 고통의 표현은 우리를 자기만족에 젖어 지나치게 관대하게 만든다. 고통은 이제 즐거움의 부조리한 형태가 되었다. 그 결과로, 우리는 자신의 행동에 더 이상 책임을 지지 않는다. 법학자 앨런 더쇼비츠(Alan Dershowitz)도 이런 해석에 공감을 표하며, 오프라가 배심원들을 사회사업가처럼 가해자와 피해자에게 접근하게 만들었다고 비난한다. 이런 관점의 흐름을 추적한 질먼과 브라이언트는 "오프라 윈프리 쇼가 배심원들을 너그럽게 만들어 궁극적으로 '이해'와 정의를 혼돈하게 만들어버렸다"고 주장했다.

페미니스트도 정당한 정치적 주장과 피해자 의식을 구분하려는 생각에서 벗어나지 못했다. 예컨대 일레인 쇼월터(Elaine Showalter)는 히스테리의 역사를 추적하면서 페미니스트적 입장에서 '자기결정, 행동, 책임'에 관련된 폭행에 대한 비난과, '희생시키는 행위와 고발'에 관련된 비난을 명백히 구분했다.

피해자 의식이 분수에 벗어나는 보상과 특권을 주기 때문에 사람들이 피해자인 것을 남몰래 즐긴다는 생각이 '피해자 문화', 특히 '오프라 윈프리 쇼'에 가장 빈번하게 가해지는 비판의 하나이다. 법의 도움으로 피해자가 제도권에 금전적 보상을 요구하는 빈도가 늘어나고 과거와 현재의 고통에 대한 배상금을 요구한다는 사실도 이런 비판의 부분적인 원인이다.

여기에서 다시, 피해자가 대중 앞에서 자신의 슬픈 이야기를 즐기듯이 털어놓는다는 주장은 두 가지 이유에서 신중하게 재검토해보아야 한다. 첫째, 요즘의 자전적 이야기에서 고통이 주된 위치를 차지하게 된 근원의 하나는 정신분석학의 이론과 실제에서 찾을 수 있다. 실제로 프로이트에 관련한 글을 쓰면서 피터 게이(Peter Gay)는 "환자의 고통이 치유 과정에서 한 동인(動因)이다"고 말했다.

또한 바로 이런 이유에서, 프로이트도 부다페스트에서 열린 학회에서, "잔인하게 생각되더라도, 환자의 고통이 너무 이르게 끝나지 않도록 조절해야만 한다"고 말했던 것이다. 따라서 정신분석학이 정체성을 만들어가는 과정에서 고통에 긍정적 의미를 부여한 최초의 문화운동이었다고 말할 수 있다.

피해자 문화에 대한 비판이 예상만큼 설득력이 떨어지는 두 번째 이유는 우리 문화에서 실패는 거의 이야기거리가 되지 않을 뿐 아니라 보상은 더더욱 없다는 사실과 관계가 있다. 리처드 세넷(Richard Senett)이 《인격의 침식(Corrosion of Character)》에서 말했듯이, "실패를 받아들이고 우리 삶의 한 부분으로 일정해야 한다는 생각이 내 머릿속을 떠나지 않지만 다른 사람과 이야기를 나누는 경우는 없다."

토크쇼의 시대가 도래하기 전까지 실패가 공론장에서 논의된 적은 없었다. 따라서 오프라 윈프리는 대중의 이런 '침묵'을 깨뜨리고, 실패와 고통을 자아에 대한 공개된 이야기로 받아들이게 만드는 데 큰 역할을 했다고 할 수 있다. 피해자 의식의 공개로 인해 감정적 고통과 심리적 고통이 정치화되면서 법, 금융, 정치의 자본을 만드는 데도 사용되기에 이르렀다.

그러나 고통의 공개화에 대한 가장 흥미로운 비판은 철학자 한나 아
렌트의 글에서 찾을 수 있다. 일부에게만 알려진 책,《혁명에 대하여
(On Revolution)》에서 아렌트는 고통을 공론장에서 거론하는 것을 반대
하는 입장을 취했다.

피해자와 고통받는 사람의 모습이 필연적으로 우리와 억압받는 사람
사이의 비대칭을 보여주게 될 것이란 우려 때문이었다. 아렌트의 최고
권위자 중 한 명인 캐서린 캐노번(Catherine Canovan)은 "우리는 억압
받는 사람과 착취당하는 사람에 접근할 때 그들을 우리와 똑같이 존
엄성을 지닌 파트너를 인정할 수 있어야 한다"고 말했다.

아렌트는 동정보다 정의를 요구했고, 감정보다 원칙과 '미덕'을 중요
하게 여겼다. 고통의 표현은 우리가 진정한 연대감을 구축하는 데 필요
한 미덕을 계발하기를 등한시하게 만들고, 고통의 표현 자체를 훨씬 파
괴적인 것으로 감춰버리게 만들 수 있다는 것이다. 캐노번은 이런 문제
를 다음과 같이 요약했다.

고통받는 사람과 직접적으로 공감하는 동정과 달리, 연민은 끝이 없다. 연민
은 불행한 사람들을 속이고 그들을 먹고 살며, 고통으로 배를 채우고 고통을
잔혹한 짓의 변명거리로, 혹은 권력을 좇는 사람의 가면으로 둔갑시킨다. 공
공의 무대에 개인의 감정을 드러낼 때에는 그 감정을 왜곡시킬 수밖에 없다.
로베스피에르처럼 연민을 일반화시키는 사람들은 그들의 정책에 피해입은
사람들에게는 연민조차 주지 않는 듯하다. 안타깝게도 아렌트는 "진정한 인
간의 감정은 곡해되지 않는 한 널리 알려지는 것을 견딜 수 없으며, 따라서 대
중 앞에서 선함을 보여주려는 모든 노력은 결국 정치의 장에서 범죄와 반도덕
적 행위로 나타날 수밖에 없다"고 결론지었다.

그러나 아렌트의 비판은 두 가지 이유에서 오프라 윈프리에게는 쉽게 적용될 수 없는 듯하다. 고통을 공론의 장에서 사용하고 연민을 끌어들이는 데 대한 아렌트의 의혹은 정치의 장에는 틀림없이 적용된다. 정치의 장에서, 고통받는 사람은 자기 모습을 드러내고 때로는 시위까지 벌이면서 정치적 주장을 내세우며 일정한 이득을 취하려 한다.

반면에 오프라는 고통을 이용하지만 정치의 장이 아니라 일시적으로 형성된 공동체에 기댄다는 점에서 다르다. 이런 공동체는 시민사회와 겹칠 수도 있고 그렇지 않을 수도 있지만 조직화된 정치와는 뚜렷한 관계를 갖지 않는다. 고통받는 사람은 언제나 개별화되어서, 아렌트의 시나리오처럼 '대중'이 아니기 때문에, 정치적 목적에서 사용되는 경우는 극히 드물 수 있다. 게다가 공론장에 대한 아렌트의 생각은 도덕을 근거로 할 수 있다는 가능성을 인정하지 않는다.

오프라는 공론장의 다른 '여성적' 모델을 제시했다! 비록 상상력에 기반한 것이지만 다른 사람의 불행에 대한 동정과 감정이입이 멀리 떨어진 타자를 '만나는' 주된 동인인 모델이다. 캐롤 길리건(Carol Gilligan)의 '다른 목소리'와 전통적인 도덕주의자들이 도덕적 이성의 성격을 규정하는 데 흔히 언급하던 '고결한 원리'가 지닌 모든 특징을 보여주는 공론장이다.

길리건은 "정의라는 관점에서 초연함은 성숙한 도덕적 사고의 전형으로 여겨지며, 냉정하게 판단하고 공평한 입장에서 증거를 비교하는 능력을 뜻하며, 타자와 자아의 주장에서 균형을 잡는 힘이기도 하다. 그러나 배려의 관점에서 초연함은 도덕적 문제"라고 말했다. 도덕적 정신자세를 독려하기 위해서라도 도덕적 감정은 무시하기보다는 격려되어야 한다. 역시 페미니스트인 헬드도 "감정이입, 타인을 위한 배려, 부푼 희망, 잔혹행위에 대한 분노 등과 같은 감정은 도덕적으로 적절한 입장을 발전시키는 데 없어서는 안 될 중요한 요인"이라고 말했다.

따라서 오프라는 담론이 아니라 '목소리'가 지배하는 공론장 모델을 제시했다고 말할 수 있다. 문학평론가 데이비드 모리스(David B. Morris)는 "고통이 아직 약간은 접근하기 어렵기 때문에 목소리가 중요하다. 목소리는 지금껏 침묵당했고 억압당했으며 착취당했고 부인된 것이었다. 기껏해야 외계의 언어로 번역되는 것이 최선이었다. 마치 의사가 환자의 고통을 질병분류기호로 기록하듯이 말이다"고 설명했다.

달리 말하면, 목소리는 침묵의 반대일 뿐 아니라, 중립성이 최고의 도덕이라는 가정에 근거한 발언 형태로 서부하는 섯이다. 목소리의 공론장에는 여러 목소리가 난무하고 일관된 주장이 있을 수 없기 때문에 그 공론장은 필연적으로 시끌벅적할 수밖에 없다. 사형을 기다리는 죄수, 결혼식날 약혼자에게 버림받은 여인, 성폭행을 당한 아이는 정의라는 추상적 관점에서가 아니라 개인적이고 특별한 경험을 근거로 한 구체적인 관점에서 고통과 폭력과 부정의를 표현하기 때문에 그들은 모두 목소리이다.

세일러 벤하비브(Seyla Benhabib)는 "현대 사회에서 억압에 대한 모든 투쟁은 과거에 '개인적'이고 공적인 것이 아니며 비정치적인 쟁점으로 여겨지던 것을 공공의 관심사, 정의의 문제, 담론적 정당화가 필요한 권력으로 재정의하는 것으로 시작된다"고 말했다.

공론장에서 다루어지는 주제의 범위가 제한되어서는 안 된다. '정치적 투쟁'의 의미가 바뀌었기 때문에 더더욱 그렇다. 목소리를 갖는다는 것은 민주화 과정에서 필수적이다. 그 목소리가 예상외로 높겠지만, 그렇지 않았다면 우리에게 들리지도 않았을 목소리이다. 그러나 우리가 도덕적 상상력과 제도적 상상력의 한계를 넓히려 한다면 그 목소리는 반드시 들려야만 한다.

비판 ⑤ - 고통과 책임: 레싱에 대한 유명한 강론에서, 아렌트는 공론장에서 동정의 거론을 반대하는 입장을 분명히 밝혔다. 아렌트의 사상에 따르면, 동정은 정치적 연대에 필수적인 것을 무력화시킨다!

그녀의 표현을 빌리면, '중간에 존재하는 것(in-between)', 즉 세상에 대한 담론과 대화가 흐를 수 있는 거리를 없애버린다. 그러나 동정은 고통받는 사람과의 즉각적인 동일화에서 비롯되기 때문에 담론적이지 않다. 동정은 세상에 대한 동정이 아니라, 우리와 세상 사이의 거리를 최대한 좁히자는 것이다.

동정은 고통받는 사람들, 혹은 고통의 형태들을 차별하지 않는다. 동정은 즉각성과 강도에서 다양하게 표현되는 동일화, 즉 일체감에만 존재한다. 아렌트에 따르면 동정은 사람들 사이의 거리를 좁히기 때문에 공론장에서 배제되어야 하는 것이다. 그렇다면 심리적 고통도 당연히 배제되어야 한다.

그런데 심리적 고통은 눈에 보이지 않아 논의조차 되지 않을 수 있기 때문에, 그래서 당사자만이 자신의 정신적 외상을 고민해야 한다면 정신적 외상은 대화나 토론으로 발전할 여지가 없어진다.

흥미롭게도, 인류학자 아서 클라인먼은 동정의 탈정치적인 면을 우려하면서도 정반대의 비판을 전개했다. 공론장에서 동정의 유발 여부는, 관찰자와 고통받는 사람 사이의 실질적 거리가 '가깝다는 착각'으로 발전하느냐에 달려 있다고 클라인먼은 말했다. 어쩌면 클라인먼은 '가깝다는 착각'이 아예 '실질적인 근접함'으로 바뀐다고 말하고 싶었을지도 모른다. 먼발치에서 고통을 지켜보면 우리는 타인에 대해 별다른 책임감을 느끼지 않는다.

클라인먼의 주장에 따르면, 텔레비전과 미디어는 우리를 소극적인 방관자로 만들어 고통과 잔혹행위를 무덤덤하게 지켜보게 만들고, 관음증을 습관화시키며, 지엽적이지만 도덕적인 목소리를 끌어낼 기회를 좀처럼 제공하지 않는다.

고통의 장면은 거리를 줄이며 '합리적'이고 '이성적'인 토론을 요구하지 않는다. 다만 동정심이 깃든 이해를 요구할 뿐이다. 고통은 그 자체만으로 우리를 당혹감에 빠뜨리며 증거나 토론을 요구하지 않기 때문이다.

누군가 고통받고 있다고 주장할 때, 그때에야 고통, 특히 심리적 고통은 존재하기 시작한다. 우리가 우리 몸이나 정신과의 관계를 철저히 비밀에 붙이고 싶어한다는 가정 때문에, 우리 고통의 강도를 깊으로 표현할 사람은 우리밖에 없다.

이런 점에서, 고통은 대화나 대담으로 발전하기 어렵다. 게다가 고통받는 사람을 앞에 두고 우리는 선뜻 심판을 내리기 어렵기 때문에 동정과 정의는 양립불가능하다. 고통받는 사람은 고통받는다는 사실과 행위만으로 도덕적 주장을 하는 셈이다. 그러나 우리 도덕적 어휘가 고통의 등급을 나눌 정도로 세분화되어 있지 않기 때문에, 고통으로 표현된 도덕적 주장은 다른 사람이 그 주장에 이견을 제시할 가능성마저 말살해버린다.

게다가 가난한 미혼모의 불행을 딸에게 배신당한 어머니의 불행에 비교하는 것도 도덕적으로 적절하지 못하다. 설령 우리가 딸에게 배신당한 어머니의 모습보다 가난에 찌든 모습을 보고 더 분개하더라도 대부분의 사람은 이 두 고통을 등급화하는 데 선뜻 동의하지 않을 것이다.

오프라는 1994년 12월 1일에 방영된 자신의 토크쇼에서, "내가 가장 좋아하는 성경 구절은 '비판을 받지 아니하려거든 비판하지 말라'입니다. 우리는 앞으로 어떤 삶을 살게 될지 누구도 모르기 때문입니다. 그녀의 고통은 그녀의 고통이기 때문입니다. 우리는 그녀에게 그 고통을 어떤 식으로 처리해야 한다고, 어떻게 느껴야 한다고 말할 권리가 없습니다"고 말했다. 동정은 인간의 고통을 등급화하는 정의의 원칙과는 양립하기 어렵다.

비판 ⑥ – 무너지는 정의의 등급화: 토크쇼에 비친 피해자의 이미지가 우리의 도덕 문화에서 문제시되는 주된 이유 중 하나는 도덕적 관점을 무력화시키는 데 있다. 피해자의 이미지는 우리에게 다른 사람을 심판하는 우월적 지위를 주는 것이 아니라, 각자의 경험을 자기본위로 해석하게 만든다.

오프라 윈프리의 전기작가 중 하나인 조지 메이어는 "토크쇼는 인간의 문제를 하나로 묶어서 똑같게 만든다. 따라서 모든 경험이 평범한 것이 되어버린다"고 말했다. 이런 주장은 현대 미국 문화를 비관적으로 평가한 토드 기틀린(Todd Gitlin)에서도 그대로 발견된다.

기틀린은 오프라를 빗대어서 "진리의 추구가 쇠락한 원인이 학계에만 있는 것이 아니다. 미래주의자들이 신문기사에서부터 낮시간의 토크쇼에 이르기까지 모든 것에서 잘못을 저지르고 있다. 특히 KKK단원과 아프리카 중심주의자, 신경성 무식용증 환자와 성폭행자, 강간범과 강간당한 피해자 등 모두가 발언의 기회를 얻는 토크쇼를 보라!"고 말했다.

그러나 나는 여기에서 다른 접근 방향을 제시해보려 한다. 만약 토크쇼가 동정과 이해를 촉구하면서 정의와 마찬가지로 악까지 등급화하는 우리 생각에 모순되는 듯하더라도 이런 모순은 우리 도덕체계, 심지어 사법체계에서도 볼 수 있는 특징이다.

오프라의 북클럽에서 선정되었던 베른하르트 슐링크의 세계적인 베스트셀러, 《책 읽어주는 남자》의 주인공(변호사)은 "나는 한나의 죄(나치에 협조한 한 여인의 전쟁 범죄)를 이해하고 싶기도 했지만 한편으로는 그 죄를 비난하고도 싶었다. 그러나 그렇게 하기에는 너무나 소름 끼치는 죄였다.

나는 그 죄를 이해하려고 애썼다. 그러자 그 죄를 당연히 비난해야 했지만 비난할 수 없다는 기분에 사로잡혔다. 당연히 단죄해야 할 죄를 비난했을 때에는 이해할 여지가 없었다. 하지만 한나를 이해하려고 했을 때 그녀를 이해하지 못한 것은 그녀를 다시 배신한 꼴이었다. 나는 이런 딜레마를 해결할 수 없다"고 말했다.

이 소설이 외국 소설로 오프라의 북클럽에 최초로 선정된 것은 우연이 아니었다. 이 소설이 동정과 정의 사이의 도덕적이고 문화적인 모순, 즉 오프라 윈프리 토크쇼의 중심축을 이루는 모순을 다루고 있기 때문이다.

오프라 윈프리가 제시하는 문화행위에서 문제가 되는 것은 가공의 동정이 판단력을 무력화시키고, 따라서 도덕의 등급까지 허물어뜨리는 데 있다. 이런 현상은 도덕적 판단을 일관되게 제시하는 우리 능력까지 위협할 수 있다. 그러나 도덕의 등급을 무시하는 현상이 고급문화에도 있다는 사실에서 이런 비판은 재고되어야 마땅하다. 실제로 도덕의 등급이 무시된 현상은 고급문화에서 소설의 형태로 시작되었다.

미하일 바흐친의 표현에 따르면, 소설은 미학적이고 도덕적인 등급의 단순화라는 특징을 갖는다. 바흐친은 "소설은 도덕적 관점을 등급화하지 않기 때문에 비극과 다르다"고 주장했다. 소설의 '다성성(polyphony)'은 소설이 여러 목소리에 똑같은 무게를 준다는 사실에서 비롯된다.

그런데 '다성성'은 초도덕적이기 때문에 혁명적이다. 따라서 '오프라 윈프리 쇼'의 특징이라 할 수 있는 고통의 평등주의도 결국에는 모순되는 여러 목소리와 장르가 상하관계에 있지 않고 동등한 위치에서 이야기를 주고받는 소설의 '다성성' 만큼이나 혁명적이다.

이와 비슷한 맥락에서, 나는 오프라의 토크쇼가 소설의 도덕적 다성성을 흉내 낸 것이라 가정하려 한다.

한 가지를 덧붙인다면, 도덕의 등급을 이렇게 무시한다고 우리 도덕적 판단 능력까지 떨어진다는 뜻은 결코 아니다. 지그문트 바우만(Zygmund Bauman)에 따르면, 포스트모던 시대의 윤리는 도덕적 상황의 개방성을 인정하는 데 그 특징이 있다.

또한 미덕이나 일반적인 규칙을 추구하는 대신에 모순되는 도덕적 요구에 대처하는 방법으로 양가성을 인정하는 것도 포스트모던 시대의 윤리가 갖는 특징이다.

다양한 관점을 받아들이고, 그 관점들에 대해서 어떤 판단을 내리기를 거부하는 능력은 도덕적 마음가짐의 권리라 할 수 있다. 헨리 제임스(Henry James)의 소설에 나타난 도덕적 삶에 대한 연구에서, 로버트 피핀(Robert Pippin)은 도덕적 삶을 이런 관점에서 서술했다.

요컨대 그는 '불확정'과 '우연'이란 두 단어로 도덕적 삶을 정리했다. "도덕에서 핵심 쟁점은 다른 사람을 대하는 방법의 합리적 정당화가 아니라 다른 사람에 대한 적절한 인정과 의존이다. 그것이 없으면 어떤 정당화도 시작될 수 없을 테니까 말이다."

이렇게 다른 사람을 인정하면 '제1원리'로 지배하기를 거부한다는 뜻이며, 다른 사람에 대한 의존성을 인정한다는 것은 서로 모순되는 충돌되며 안정되지 않는 다양한 형태의 충성을 만들어간다는 뜻이다. 대화, 관점의 공유, 고통의 표현은 도덕에 대립하기는커녕 개방된 자세로 진실을 추구하기 위한 전제조건이다.

비판 ⑦ - 사회문제의 심리학적 고찰: 많은 평론가의 주장에 따르면, '오프라 윈프리 쇼'가 사람들을 치유하고 변화를 돕는다고 항변하지만 그것은 피상적으로 문제를 해결하는 것일 뿐이다. 오프라의 토크쇼가 거짓 감정, 거짓 회한, 변명의 문화를 부추기기 때문이란 것이다. 게다가 그녀의 토크쇼가 근거로 삼는 심리학적 담론도 의심스럽다.

이런 점에서, 오프라의 쇼와 그녀가 근거로 삼는 문화적 자원이 경제적이고 사회적 문제로 다루어져야 쟁점을 탈정치화시킨다는 비판도 있다. 개개인에게 자긍심을 구축해가며 각자의 문제를 이해하고 치유하라고 요구함으로써 심리학적 담론이 진정한 사회변화의 가능성을 약화시킨다는 것이다.

그러나 이런 비판은 문화와 정치를 지나치게 협소한 관점에서 본 것이다. 인류학자 제임스 스코트(James Scott)가 분명히 지적했듯이, 정치적 관계의 세계에 앞서 '하부정치(infrapolitics)', 즉 사회적 관계와 폭력적 사회 조건이 역학관계에 직접적으로 대치하지 않고 자아의 존엄성과 고결성을 유지하기 위해서 간접적으로 다루어지는 의미와 표현의 세계가 존재한다.

스코트의 결론에 따르면, 억압받는 집단은 권력구조에 순응하고 개인의 자율성을 진작시키기 위해서 은밀한 방법으로 상징을 사용한다. 여하튼 하부정치 세계는 조직화된 정치와 일치하지 않고 일치할 수도 없으며, 분명한 이데올로기적 기준에 의해서도 판단될 수 없다.

여러 점에서, 오프라 윈프리는 흑인 여성과 가족의 하부정치를 보여주고 있는 듯하다. 첫째, 피에르 부르디외가 말했듯이 "대부분의 급진적 검열이 부재(不在)를 뜻한다면", 오프라는 흑백을 초월해서 여성의 전례 없는 모델로 자신을 제시하고 있다는 점에서 오프라의 페르소나는 큰 의미를 갖는다.

실제로 "침묵과 눈에 띄지 않는 처신이 아프리카계 미국 여성의 전형이다. 시간의 흐름에 따라 그 이미지의 변화를 고려해보면 미국 대중문화에서 흑인 여성에게 합당한 역할은 차례로 유모, 음란한 여자, 사회복지기금 대상자였다."

오프라가 백인 중산층에 팽배한 가치들을 성공의 요인(근면, 자기계발, 인내, 애타정신, 도덕적 자기수양)으로 상징화시키고 있어, 그녀는 흑인 여성의 상투적 이미지의 대안을 제시하고 있기도 하지만 모든 여성에게 힘과 도덕적 권위의 상징이 되었다고 말할 수 있다. 내가 아는 한, 한 흑인 여성이 주류인 백인 여성에게도 모델이 되고 길잡이가 되었다는 사실은 미국 역사에서 없던 일이다.

둘째, 다수의 평론가들이 오프라 윈프리가 사회적 문제를 심리학적으로 접근해서 정치적 의미를 퇴색시킨다고 비난한다. 하지만 이런 비판은 '오프라 윈프리 쇼'가 가족의 하부정치를 제시하고 있다는 사실을 간과한 것이다. 즉, 가족이 여성에게 위험한 곳으로, 하지만 가족의 끈끈한 관계를 유지할 수 있는 유일한 공간으로 제시된다는 점을 간과하고 있다. 윈프리의 하부정치는 가정과 가족이란 공간 내에서 벌어지는 폭력에 관심을 갖는다.

예컨대 그녀의 주된 표현기법 중 하나, 즉 평범한 사람을 엉망으로 만들고 비상식적인 사람을 정상인으로 다루는 기법은 페미니스트의 주된 전술 중 하나와 무척 흡사하다. 페미니스트 법학자, 비키 벨(Vicki Bell)은 근친상간을 페미니스트적 관점에서 접근한 분석에서, "페미니스트를 분석할 때 근친상간은 사회학적 근본주의에서 무질서가 아니라 질서, 더 정확히 말하면 가부장적 가족 질서를 가리킨다. 엄격한 의미와 페미니스트적 의미 모두에서 그렇다. 더구나 페미니스트의 주장에 따르면 근친상간은 전혀 '반사회적(asocial)' 행위로 여겨지지 않는다.

오히려 계속해서 '정상적인 것'으로 생산되고 재생산되는 사회구조와 밀접하게 관련해서 분석된다'고 말했다.

내가 앞에서 주장했듯이 오프라는 섬뜩한 것과 정상적인 것을 교묘하게 결합시켜 해체된 상태의 가족을 보여준다. 이런 수법이 요즘, 특히 페미니즘이 적극적으로 부상한 지 30년이나 이제는 진부하게 보일 수 있지만, 1980년대 초까지만 해도 미국인들은 가족에 대해 장밋빛 환상을 품고 부패한 사회에 물들지 않은 평화로운 안식처로 생각했기 때문에 가족의 이런 모습은 주류 문화에서 좀처럼 눈에 띄지 않았다.

오프라 윈프리는 가족의 성상성과 병리적 현상을 나란히 배치했다는 점에서, 비키 벨이 지적한 페미니스트적 표현기법을 사용했다고 말할 수 있다.

이런 기법은 페미니스트 하부정치와도 일치한다. 마사 너스봄을 비롯해 여러 페미니스트가 지적했듯이 "자유주의의 가정에 따르면 가족은 사랑을 통해서 참여자들의 이해관계를 화합시켜야 했지만 정작 필요할 때도 가족간에 개입하거나 참견하는 데 실패했기" 때문이다.

오프라 윈프리가 가족을 이런 식으로 표현하기 시작했을 때, 레이건 시대부터 시작해서 클린턴 시대에도 계속해서 가난한 여성의 조건은 급격히 악화되어가며 여성을 가정폭력의 피해자로 전락시켰다. 입법자들은 이런 문제를 애써 외면하면서, 여성이 어쩔 수 없이 아버지에게 손을 벌이도록 만드는 정책을 수행했다.

한 마디로, 여성이 이른바 제3의 선택으로 남성폭력을 벗어나고 있다는 현실을 감지하지 못하고 있었다. 법학자들이 나설 수밖에 없었다. "두 주를 제외하고 모든 주가 가정의 다툼에서 가정폭력의 중요성을 인식하는 법안을 통과시켰다."

달리 말하면, 법정에서 유죄로 인정되지 않는 광범위한 강압적 행위,

즉 면책사유가 되는 구타 관계가 있었다는 뜻이다. 한 법학자도 이런 관점에 동의하며, '매맞는 여성 증후군(battered women syndrome)' 이 마지못해 인정되는 상황이라고 지적했다.

이런 맥락에서, 나는 오프라가 사회문제와 범죄 행위, 특히 법정이 가족 이데올로기를 훼손시킬 수 있다는 이유로 유죄로 판결하기를 극히 꺼리는 문제들에 대한 경각심을 높이는 데 크게 기여했다고 주장하고 싶다.

법학자 재니스 드레이(Janice Drye)는 "가정에서 일어나는 구타와 폭력의 원인이 무엇이든 간에, 폭력적인 가정에서 살아가는 아이와 피해자에게 어떤 영향을 미치든 간에, 그 결과로 우리 사법체계를 포함해서 너무도 많은 사람이 다른 길을 모색하기에 이르렀다"며, "법조계의 신중한 판단은 매맞는 여성과 아이의 이익을 보호하지 못했다. 아이에게는 아버지와 어머니 모두가 필요하다는 믿음에서 구타하는 남자의 양육권을 보호하려는 사법계의 의지는 '사회가 다른 조건에서 자행되는 폭행에 비해 가정폭력에 너그럽다' 는 인식을 심어주고 있다"고 주장했다.

드레이가 지적한 대로 대부분의 제도적 기관이 가정폭력을 외면하려고 애쓸 때 오프라는 가족에 대한 인식을 바꿔놓고 가족을 사회적이고 법적인 문제로 승화시키는 데 발벗고 나섰다.

따라서 오프라 윈프리가 미국 문화에 끼친 주된 공헌 중 하나는 개인적 문제와 정치적 문제의 접경에 있는 '정신적 학대(psychological abuse)' 에 대한 국민의 관심을 높인 것이다.

"정신적 학대는 어린아이의 정신 능력과 정신 형성과정에서 창조적인 발달 잠재력을 크게 떨어뜨리거나 피해를 주면서 반복적으로 계속되는 부적절한 행위를 가리킨다. 여기에는 지능, 기억력, 인지력, 지각 능력, 집중력, 언어능력, 도덕성 함양 등이 포함된다."

정신적 학대라는 개념이 지나치게 남용되는 면이 없지 않지만 가족과 같은 제도적 조직들을 비판하는 출발점이 되기에는 충분하다. 물론 비판은 가족이 평온한 안식처이며 심리적 발달을 제공할 수 있는 곳이란 가정에서 출발해야 할 것이다.

그런데 오프라는 조화로운 공간이라는 가족의 기존 이미지를 바꿔놓고, 가족 안에서 공정함과 헌신이란 문제를 주도면밀하게 제기하면서 가족의 하부정치를 파고들었다.

그러나 오프라가 여성에게 급진적 자아, 즉 정체성을 형성하는 데 필요한 기본 공간으로서의 가족까지 거부하라는 사아의 판점에서 그들의 위치를 재검토하라고 요구하는 것은 아니다.

북클럽에 선정된 소설이나 그녀가 사용하는 치유 문학이 증명하듯이, 가족은 여전히 자아의 형성에 필요한 주된 공간이다. 특히 여성에게는 더더욱 필요한 공간이며, 사랑과 사회적 지위와 정체성을 기대할 수 있는 중요한 제도적 공간이다.

요컨대 오프라는 '타협적'인 공식을 제시한다. 가정은 여성의 정체성이 붕괴되는 곳이지만, 여성이 정체성을 회복시킬 수 있는 공간이기도 하다.

오프라의 도덕적 상상력에 대한 비판

위에서 언급한 비판은 우리 삶을 이해하려는 오프라의 의도와 뜻을 정확히 파악하지 못했고, '가치 있는' 문화적 표현과 '덜 가치 있는' 문화적 표현을 구체적으로 구분하지 못했기 때문에 설득력이 떨어진다.

실제로 이런 비판 중 다수가 고급문화에도 적용될 수 있다. 결국 '고급' 문화와 '저급' 문화, 요컨대 우리 문화 전체를 다루어야 한다는 뜻으로 여겨질 수 있다.

하지만 나는 여기에서 오프라 윈프리를 그녀의 발언을 근거로 비판해보려 한다. 즉 그녀가 자신의 문화행위에 부여한 의미를 근거를 가지고 오프라 윈프리를 비판해보려는 것이다.

이런 관점에서, 토크쇼를 가장 설득력 있게 비판한 학자 중 하나는 정치 철학자 마이클 샌들(Michael Sandel)이다. "인간은 이야기를 하는 존재이므로, 우리는 이야기가 없는 세상에 저항하게 마련이다. 그러나 그런 저항이 유익한 형태를 반드시 띤다는 보장은 없다. 이야기를 갈구한 나머지 일부는 토크쇼의 고백, 유명인물의 스캔들, 세상을 떠들썩하는 재판 등과 같이 덧없는 것에서 유혹을 받는다.

그러나 우리 조건을 이해하고 민주적 원칙에 근거해서 시민의 삶을 회복시킬 수 있다는 확신과 자제력을 고취시켜주는 사람에게서 우리 시대의 희망을 찾을 수 있다." 그럼 오프라는 자신의 주장대로 '우리 조건을 이해하는 데' 도움을 주고 있는가?

1장과 3장 그리고 4장에서 말했듯이, 오프라 윈프리는 치유자의 역할을 자임하며, 다양한 형태의 고통이 제기한 의미의 위기를 다루면서, 자기변화를 위한 기법과 자기계발 이야기를 제시해주었다. 오프라가 고통을 대중화시킨다고 비판받으면서도 자기계발을 독려한다는 점에서 칭찬받지만, 내 생각에는 오프라의 자기계발을 위한 문화적 행위가 실제로는 가장 큰 문제인 듯하다. 예를 들어 설명해보자.

오프라: 나는 일단 위기에 빠지지 않으려고 애씁니다. 하지만 불안감이나 좌절감 등 어떤 종류라도 어려움이 내 삶에 닥치면 나는 즉각 모든 것을 멈추고 그

위기와 내 자신에게 이렇게 묻습니다. "내게 뭘 가르치려는 거야?"

신원 미상의 여인 8: 나는 두 아이가 있었습니다. 딸이 두 살이었을 때입니다. 근데 그 어린 것이 암에 걸렸습니다. 우리는 아이를 위해 최선을 다했습니다. 결국 파산신청을 하게 되었고, 파산하고 말았습니다. 아들도 하나 있습니다. 그 녀석에게는 심장에 문제가 있었지요. 세 번이나 심장수술을 받았습니다. 최근에는 그 아이의 뇌에도 문제가 있다는 게 밝혀졌습니다. 요즘 나는 이 문제로 고민하면서 하루를 보냅니다.

닥터 카터 스코트: 눈을 감아보십시오. 숨을 깊게 쉬고, '여기서 나는 무엇을 배워야 하는가?' 라고 생각해보십시오.

여인 8: 그게 바로 내가 알고 싶은 겁니다. 그러니까… 아직은 그 교훈이 뭔지 모르겠어요.

닥터 카터 스코트: 아직 마음의 소리를 듣기가 겁나는 모양이군요. 다시 눈을 감고 숨을 크게 쉬십시오. 아닙니다. 그렇게 숨을 쉬는 게 아닙니다. 숨을 깊게 쉬십시오. 그리고 '내게 지금 닥친 이런 일들에서 나는 무슨 교훈을 얻어야 하는가?' 라고 물어보십시오.

여인 8: 더 강한 사람이 되라는 거군요.

닥터 카터 스코트: 좋습니다. 당신은 이 역경을 하나씩 해결할 때마다 강해질 겁니다. 또 없나요?

여인 8: 나는 정말 모르겠어요.

닥터 카터 스코트: 좋습니다. 이걸로도 됐습니다. 자, 잠시 기다려볼까요. 잠시만, 잠시 기다려보세요. 예, 당신이 약하다면 하느님은 당신에게 이런 시련을 주지도 않았을 겁니다. 당신이 이런 시련을 감당할 수 없는 사람이었다면 이런 교훈을 당신에게 주려고도 하지 않았을 거예요.

이 게스트는 현대판 '욥'이다. 욥, 혹은 오프라 북클럽에 선정된 소설의 주인공처럼 그녀는 도무지 이해할 수 없는 숙명의 피해자이다. 이 여인은 질병과 상실의 횡포를 이해할 수 없었고 받아들이기도 힘들었다. 그녀가 그 고통을 이해하고 그 고통에서 벗어나기 위한 어떤 '위안'의 말도 하지 않기 때문에 그녀의 목소리까지 혼란에 휩싸여 있다.

오프라의 반응은 그 고통받는 사람의 목소리가 혼란에 휩싸여 있도록 내버려두지 않는다. 고통에 대한 오프라의 한결같은 반응, 거의 기계적인 반응 덕분에 우리는 그 반응을 재사용해서 기운을 북돋워주는 경험으로 승화시키게 된다. 하지만 기초 자체가 흔들리는 삶에 적용된다는 점에서 그 경험은 모호할 수밖에 없다.

오프라 쇼의 다른 부분에서 이런 비판은 더 명백해진다. 역시 게스트였지만 베스트셀러 《인생이 게임이라면 규칙이 있다(*If Life Is a Game, Then These Are The Rules*)》의 저자인 닥터 카터 스코트도 고통을 높게 평가하려는 똑같은 열정을 보여준다.

게스트: 우리에게 집이 없다는 걸 나중에야 깨달았습니다. 우리에게 집도 없었고 아이를 셋이나 거느린 이웃도 집이 없었습니다. 대략 10곳~15곳의 가정에 집이 없었습니다. 내 세계가 완전히 와해된 것 같았습니다. 우리는 안정된 기반을 완전히 상실했습니다. 낙오자가 되느냐 생존자가 되느냐 선택을 해야 했습니다. 나는 생존자가 되겠다고 매일 다짐했습니다. 덕분에 나는 더 강해질 수 있었습니다.

오프라: 잘하셨습니다!

닥터 카터 스코트: 정말 잘하셨습니다. 우리 모두가 그런 길에 직면합니다. 낙오자가 되느냐 승리자가 되느냐는 길에 말입니다. 우리는 그 길, 아니 그 다리를 건너야 합니다. 이 토크쇼가 말하려는 것도 바로 그것입니다.

인류학자 쉬플린(E. Schieffin)이 제시한 '실패한 수행(failed performance)'이라는 개념은, 치유자가 설득력을 갖지 못하고 치유자가 다른 문제를 적절히 해결하지 못했다는 뜻이다. 모든 형태의 고통이 '생존', 자기계발, 승리하겠다는 의지라는 희박한 가능성에 녹아들면서 고통받는 사람의 다양한 목소리를 죽이기 때문에 치유는 실패하기 십상이다.

그러나 자기계발을 요구하는 치유가 고통을 긍정적 사건으로 변모시키기 때문에도, 자기계발을 이용해서 모든 고통을 해결하려는 시도는 부적절할 수 있다. 오프라의 웹사이드에서 예를 찾아보자.

2000년 1월 7일 '우울증은 좋은 것일 수도 있다'라는 제목으로 방영된 토크쇼의 요약이 내 비판을 뒷받침해준다.

"사라 밴 브레스나츠는 아주 사소한 것을 계기로 기운을 되찾는다. 그녀가 거둔 가장 큰 성공은 우울증의 결실이었다. 우울증을 인정하고, 심지어 우울증에 감사하면 위안을 얻었다는 사실을 그녀가 실증해 보인다."

여기에서도 고통은 무엇인가가 변해야만 한다는 '신호'이기 때문에 긍정적 가치를 갖는 것으로 묘사되었다. 웹사이트에서 분명히 말하고 있듯이, "우울증은 고통이다. 고통은 무엇인가가 잘못되었다고 몸이나 정신에서 보내는 신호이다. 우울증은 신성한 불만일 수도 있다. 당신은 당신의 삶에서 무언가를 싫어한다. 당신의 영혼이 뭔가가 잘못되었다고 말하려고 당신의 관심"을 끌려는 것이다. 고통이 신호라면 고통은 자기변화를 가리킨다.

그렇다면 고통은 긍정적인 가치를 갖는다. 오프라의 진언(眞言) 중 하나가 바로 그것이다. 그녀의 쇼, 웹사이트, 잡지에서 끊임없이 반복해서 말하는 것도 바로 그것이다.

"잘못되는 것은 없다. 교훈만이 있을 뿐이다."

다른 예도 찾을 수 있다. 1987년 오프라는 성폭행당했다는 과거를 털어놓은 후 "그 사건은 내 삶에서 끔찍한 일만은 아니었습니다. 그 안에는 교훈도 있었습니다"라고 말했다.

고통을 자기변화와 자기학습이란 승리의 이야기로 재순환시키는 데 오프라 윈프리가 도덕적으로 실패했다고 말하는 이유는 무엇일까? 즉 '우리 조건'에 대한 그럴 듯한 설명을 제시하지 못했다고 말하는 이유는 무엇일까?

첫째, 모든 고통이 적절하게 가공되면 긍정적 가치를 갖는다는 그녀의 입장은 고통을 유용한 경험으로 둔갑시키기 때문이다. 이런 식이라면 고통은 우리에게 좋은 경험이다. 행복보다 우리에게 책임감 있고 강한 사람이 되는 방법을 더 빨리 더 효과적으로 가르칠 수 있는 것이다. 고통이 정말로 교훈과 도덕적 지식의 근원이라면 당연히 교육적 지침이 되어야 한다. 하지만 이런 입장은 우리 도덕 세계의 수많은 전제들과 충돌한다.

둘째, 오프라의 입장은 '거짓 의식'을 호의적으로 받아준다. 물론 이때 '거짓 의식'은 마르크스와 엥겔스에서의 의미가 아니라 이언 해킹(Ian Hacking)이 정의한 의미로 "인간이 자신의 성격과 과거에 대해 거짓 믿음을 형성하게 되는 의식"을 가리킨다.

오프라의 자기계발정신은 논리적으로나 감정적으로 분리되어야 할 두 경험, 즉 고통의 경험과 긍정적 학습·변화·개선의 경험을 뒤섞어버린다는 점에서 거짓이다. 모든 형태의 고통을 자기개선의 기회로 탈바꿈시킴으로써 오프라는 고통을 바람직한 경험으로 둔갑시켜버렸다.

따라서 오프라는 도덕적으로나 감정적으로 완전히 상반된 두 경험을 무너뜨리고 결합시킴으로써 그가 여성에게 전하려는 메시지, 즉 "여성은 건강한 관계와 병든 관계를 구분해야 하며, 자신의 자아를 다른 사람에게 과감히 확인시켜주어야 한다"는 메시지마저 훼손시키고 있다.

또한 고통이 자기계발을 촉진하기 때문에 긍정적 가치를 갖는 것처럼 말함으로써, 오프라는 여성 조건의 특징이라 할 수 있는 감정과 도덕의 혼돈을 영속화시키고, 여성에게 고통에서 삶의 이야기를 다시 쓰고 도덕적 강인함과 자율성을 요구할 가능성을 찾으라고 부추긴다. 따라서 이런 형식의 이야기 때문에 고통이 여성의 자전적 이야기에서 주된 줄거리를 이루고 도덕적 가치의 주된 근원인 양 여겨진다.

고통이 이야기를 자기개선의 이야기로 재활용하는 것은 다른 점에서도 문제이다. 즉, 이런 재활용은 고통의 치욕스런 면을 지워버린다. 철학자 임마누엘 레비나스(Emmanuel Levinas)가 말했듯이, "모든 악은 고통을 가리킨다. 따라서 고통은 그 자체의 현상에서 보듯이 본질적으로 불필요하고 부질없는 것"이라 말할 수 있다.

이런 관점은 오프라 윈프리와 어울리지 않는다. 이런 관점을 택하면 오프라가 고통과 볼테르의 관점에 힘을 주는 도덕적 관점을 연결시키기 어렵기 때문이다. 다시 말해 인간에게 닥치는 대부분의 고통은 부당한 것이고 설명할 수 없는 것이며, 그래서 고통은 수치스런 것이란 논리는 우리 시대의 이성과 도덕에 부합되지 않는다.

오프라 윈프리는 볼테르의 풍자소설 《캉디드(Candide)》의 여주인공, 큐네공드를 무척 닮았다. 큐네공드는 강간, 전쟁, 배신으로 요약되는 삶을 살고 끔찍한 잔혹행위들을 목격한다. 그러나 악으로 가득한 세상에서도 모든 것이 잘 풀릴 것이란 믿음을 잃지 않는다. 큐네공드처럼 오프라 윈프리도 최악의 불행을 잘 이용하는 방법을 우리에게 가르쳐준다. 그녀의 세계관에서 자아는 과거의 불행에서 언제나 구원받기 때문이다.

그러나 더 꺼림칙한 문제가 있다. 오프라가 자주 말하듯이 실패한 삶이 실패한 자아를 가리킨다면, 그리고 강한 자아는 의지와 치유의 힘으로 언제나 실패를 이겨낼 수 있다면 우리의 불행에 대해 책임질 사람은 결국 우리 자신뿐이다. 따라서 우리가 불행을 자기변화의 긍정적 이야기로 재활용하지 못한다면 죄의식에 시달리고 불완전한 존재라는 자책감에 휩싸이기 십상이다. 결국 자아가 자신의 불행을 모두 짊어지고, 게다가 그 불행을 극복하기 위한 의미 있는 이야기까지 만들어내야 한다. 그렇게 하지 못하더라도 자아는 자신의 불행을 은밀히 즐기거나 바란다는 의심을 받는다.

6장에서 이미 언급했듯이 오프라 윈프리가 자기계발을 강조하는 이유는 "모든 것에는 목적이 있다"는 아프리카계 미국인의 믿음에서 비롯된다. 또한 흑인 여성이 꾸준히 키워온 자립정신과 시장이 강요하는 자작(自作)정신도 큰 영향을 미쳤다.

흑인이 살아남기 위해서 필요했던 자립정신은 도덕적으로 아무런 문제가 없으며, 흑인이 객관적으로 궁핍한 삶을 살았고 자신밖에 의지할 데가 없었다는 사실에서 정당화되는 듯하다. 또한 자기계발정신은 강압적 상황에서 동원할 수 있는 유일한 자원이었다.

그러나 자기계발정신이 불행을 긍정적으로 생각하라는 심리적 명령, 게다가 일반적이고 기계적인 명령이 될 때 '거짓 의식'으로 발전하고, 오프라의 의도와 달리 도덕적 상상력과 행위를 오히려 약화시키기 십상이다.

도덕적 상상력은 다양한 삶의 조건과 역경을 이해해서 공감하는 능력, 인간 행위의 모순적 속성을 이해하는 능력, 즉 인간의 의무와 가치에 감춰진 모순을 파악하는 능력을 뜻한다. 그러나 자기계발에 대한 오프라 윈프리의 집착은 두 방향에서 그녀의 도덕적 상상력을 약화시키는 듯하다.

첫째, 그런 집착은 오프라가 시청자에게 전하려는 동정심, 즉 도덕적 상상력에서 필수라 할 수 있는 아프리카계 미국인 문화의 진수를 오히려 약화시킨다. 자기계발이란 족쇄 때문에 우리는 감정적 운명을 끝없이 만들어가는 시지포스가 되어야 하기 때문에 실패한 삶을 너그럽게 용서하기 힘들다. 마사 너스봄은 《선의 취약함(The Fragility of Goodness)》에서, 아리스토텔레스의 연민을 중심으로 바로 이 문제를 다루었다.

아리스토텔레스에 반론을 제기하는 학자들은 "한 인간의 성격이 선하다면 그는 어떤 식으로도 해를 입어서는 안 된다"고 주장했다. 그러나 너스봄은 "이런 주장에는 동정이 들어설 여지가 없다"고 적절하게 평가했다.

이와 마찬가지로 우리가 고통에서 무엇인가를 배우고 이익을 얻을 수 있다면 진정한 고통이나 견디지 못할 고통이 없을 것이다. 또한 회복하지 못할 정도로 상처를 입을 사람도 없을 것이고, 그런 행위에 책임질 사람도 없을 것이다. 이 때문에 오프라 윈프리는 고통을 공개적으로 드러내는 도덕적 설득력까지 약화시키고 있다.

두 번째 방향은 '도덕적 상상력의 깊이와 복잡성'과도 관계가 있다. 이 개념도 마사 너스봄의 《사랑의 지식(Love's Knowledge)》에서 빌려온 것이다. 너스봄은 헨리 제임스의 소설을 근거로 '도덕적 지식(moral knowledge)'를 명제의 지적인 이해도 아니고, '사실(fact)'의 지적인 이해'도 아니라고 하면서, "도덕적 지식은 지각(知覺)이다. 상상력과 느낌으로 거기에 있는 것을 받아들이는 것"이라고 정의했다.

자기계발정신이 모든 형태의 도덕적 딜레마와 고통을 동일한 감정적 명령, 즉 고통을 학습과 개선의 기회로 바꾸라는 명령으로 환원시키기 때문에 자기계발정신은 고통을 식상하게 만들고 모든 고통을 똑같이 취급하면서 각각의 이야기에 담긴 개성을 없애버린다. 또한 도덕적 삶을 진실로 매력 있게 만드는 딜레마를 무시하게 만들기도 한다.

결국 고통을 '민주화'시키려는 오프라의 행위는 호소력이 떨어지지만 그 이유는 다른 데 있다. 즉, 오프라의 토크쇼가 관음증을 자극하고 감정적이며 고통을 상품화시키는 데 있는 것이 아니라, 고통의 현상성을 부인하며 힘겨운 불행의 불안한 모습을 정복된 고통으로 기계적으로 뒤바꿔버리려고 하는 데 있다.

따라서 얄궂은 일이지만 고통의 대중화가 갖는 의미를 훼손시키는 근본 요인은 바로 자기계발정신이다.

보통 사람들을 위한
치유의 텔레비전

호메로스 말했듯이, 신들은 인간에게 그들에 대해 말하도록 하려고 재앙을 내리고,
인간이 그들에게 대해 말할 때 언어는 그 무한한 가능성을 발견하는 듯하다.
― 미셸 푸코

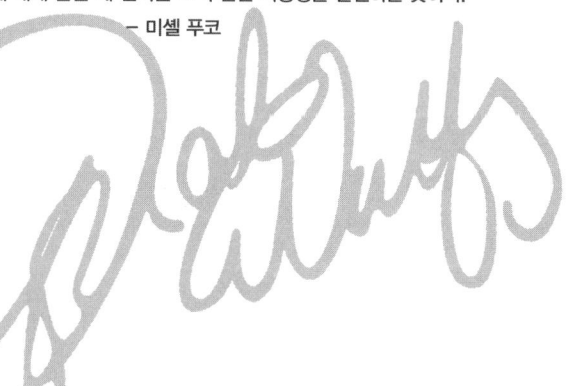

발터 벤야민에 따르면, "번역가가 외국어 냄새를 모국어에 심어넣으려 하지 않고 모국어의 표현만을 고집하려 하는 것"은 번역가로서는 피해야 할 잘못이다. 이와 비슷한 맥락에서, 사회학자가 분석하려는 대상에 영향을 받지 않고 원래의 이론적 언어만을 줄기차게 고집하려 한다면 그것도 잘못일 수 있다.

오프라 윈프리라는 대단한 문화적 대상은 분석의 전통적인 범주들에 의문을 제기하며, 우리에게 그 범주의 구분을 다시 생각하게 만든다.

내가 이 책을 쓰면서 줄곧 바랐듯이, 토크쇼를 장악하는 오프라 윈프리의 역량과 다채로운 재주는 대중문화를 만들어가는 과정에서 매개체의 역할을 다시 생각하게 만든다. 대체로 지금까지 대중문화는 이름이

붙여지지 않은 구조적 문화 패턴으로, 혹은 경제적 제약과 사회적 제약으로 해석되었다.

일반적으로 '매개체'는 미디어 수용자의 특전이라 생각되기 때문에, 프로그램의 제작자들은 흔히 묻혀버린다. 문화적 대상으로서 오프라 윈프리는 이런 선입견을 바꿔놓으며, 우리에게 의도와 창조성, 심지어 텔레비전 텍스트의 저작권까지 다시 생각하게 만들었다.

게다가 전반적으로 대중문화는 지금까지 포스트모던적 생각, 즉 현대 문화는 불협화음적이고 깊이가 없으며 자아에 대한 일관된 이야기가 결여되어 있다는 생각을 뒷받침해온 듯하다.

그런데 오프라 윈프리는 대중문화를 훨씬 미묘하게 정의한다. 문화 상품이 그 상품을 만들어낸 사람과는 단절되어 있기 때문에 포스트모던 문화에는 감정성(emtionality)과 강렬함이 부족하다는 프레드릭 제임슨의 주장과 달리, 오프라 윈프리가 만들어낸 상품의 의미와 감정적 강렬함은 이야기의 주인공과 밀접하게 연결되어 있다.

게다가 오프라가 문어처럼 온갖 곳에 참견하며 보여주는 문화행위는 불협화음을 내면서도 언제나 자아를 자율적인 존재, 즉 의지와 결단의 중심으로 내세웠다. 여하튼 오프라는 고통과 자기계발이란 쌍둥이 문화 코드를 사용해서 현대인의 삶에서 일관성과 조화를 회복시키려는 이야기를 끊임없이 제시하고 있다.

그러나 오프라 윈프리는 문화의 포스트모던한 면도 보여준다. 이런 점에서 오프라의 토크쇼는 1970년대의 텔레비전 프로그램과는 사뭇 다르다. 4장과 5장에서 언급했듯이, 오프라의 토크쇼를 지배하는 자전적 이야기는 포스트모던 문화의 특징인 '초시간적(timelessness)'이다. 요컨대 자전적 이야기가 구체적인 시간이나 공간에서 제시되지 않고, 텔레비전 스튜디오와 정신적 외상의 추상적이고 고정된 시간에 제시된다.

게다가 오프라 윈프리는 포스트모던 문화의 전유물인 '탈분화(de-differentiation)'의 전범(典範)이기도 하다. 탈분화는 두 방향에서 찾아진다.

첫째, 제작자와 청중과 문화상품이 결합되어 하나의 볼거리를 만들어내면서 전통적인 문화생산과 해석의 근간이던 고유한 특징을 없애버렸다. 게다가 내가 이 책 전체에서 분명히 밝혔듯이, 오프라 윈프리는 전통적으로 다른 사회 영역과 문화 영역에 속하던 영역까지 과감히 침범했다.

예를 들면, '고급' 문화를 내빈하는 소설과 내중석인 베스트셀러, 글 읽기와 낮 시간대의 텔레비전, 이익을 추구하는 제국과 거대한 봉사조직, 텔레비전 · 영화 · 출판과 결합된 영적이고 도덕적인 리더십의 정치적 행위 등이다. 결론적으로 오프라 윈프리는 포스트모던적 문화 페르소나로 다양한 영역을 넘나들면서 텔레비전의 힘을 사용해서 그 영역들을 결합시키고 있다.

오프라의 문화형태는 미디어와 사회적 실제(social practice)를 연계시키는 새로운 가능성을 보여준다. 게오르그 짐멜(Georg Simmel)에 따르면, 문화형태가 서로 차별성을 갖는 방법 중 하나는 거리감과 근접성을 어떻게 창조해내느냐에 있다.

짐멜의 최고 권위자 중 하나인 레빈은 "사회, 그리고 같은 사회에 속한 여러 형태들은 서로 여러 면에서 다르지만, 그 중 하나는 객체를 개인에게 얼마나 가까이 혹은 얼마나 멀리 가져가느냐에 있다"고 주장했다. 오프라 윈프리를 비롯해 그녀를 흉내 낸 많은 토크쇼가 텔레비전과 시청자, 독특한 삶을 이야기하는 사람과 익명의 시청자들, 그리고 사적 영역과 공적 영역 사이의 거리감과 근접성을 조율하는 새로운 가능성을 보여주고 있다.

18세기에 문학의 역할이 개인의 삶과 공적 영역을 이어주는 것이었다면, '오프라 윈프리 쇼'의 역할은 후기 자본주의 시대를 맞아 산산조각 난 주체성(subjectivity)을 회복시키는 것이다. 치유의 담론이 자아를 중심에 되돌려놓기 위한 주된 힘이다. 이런 이유에서 치유의 담론은 성의 정체성과 가족 관계라는 와해된 세계와, 경제 생산이라는 치열한 경쟁 세계를 이어주는 중요한 문화상품이다.

오프라가 사용하는 다양한 테크놀로지와 문화형태에서 짐작할 수 있듯이, 텍스트를 가진 자아와 치유를 위한 제도적 장치가 긴밀하게 연결되어 있다. 그러나 이런 결합이 도덕적 매개체인 오프라의 위상을 약화시키지는 않는다. 오히려 오프라 자신이 도덕적 의미를 독점하며 규칙적으로 삶의 이야기들을 규합해서 그 의미를 찾아내기 때문에, 달리 말하면 오프라 자신이 과거를 회상하며 가치와 규범을 분명하게 밝히며 다른 사람들에게 헌신하고 그들과 연대하는 사례를 만들어내기 때문에 오프라의 제국은 굳건히 유지된다.

가령 어떤 행위자가 문화를 구체적이고 실증적으로 어떻게 사용해서 다른 사람들에게 자극을 주는지 이해하려 한다면 그가 제기하는 도덕적 주장을 진지하게 받아들여서 그의 사회적 관계에서 다시 생각해야 한다. 오프라 윈프리는 문화의 도덕성이란 차원에서 훌륭한 예다.

그녀의 삶을 치유적 목적에서 재구성한 전기는 기호학적으로 성장과 향상을 위한 영적인 시도로 인용되어왔다. 게다가 그녀의 토크쇼는 사회적 고통을 털어놓는 발판이란 사명 또한 뭇 사람들에게 새로운 삶을 살도록 도와주는 도덕적 사명을 훌륭하게 떠맡아왔고, 그 목적을 성취하기 위해서 미국 문화의 핵심 코드 중 하나인 개성을 강조했다. 토크쇼 자체는 도덕적문화형태라 할 수 있지만, 그 형식적 구조에서는 윤리적 토론과 자기계발을 중요시한다.

오프라 윈프리의 문화행위를 분석하면서 나는 두 가지 해석 전략을 주로 사용했다. 그러나 의미는 결정할 수 없는 것이고 복수적이라고 주장하는 학자들은 두 전략 모두에 비판적이다. 실제로 문화연구에서는 의미의 절대적인 복수성과 맥락성을 강조하는 학자들이 있다. 하지만 나는 정반대의 입장을 취했다.

나는 오프라의 '의도'를 그녀의 텍스트에 들어가기 위한 열쇠로 삼고 그녀의 토크쇼를 여성의 사회적 실존에 관련된 문제에 접근하는 전략적 자료로 삼아서, 오프라의 방대한 문화조직이 불협화음처럼 뱉어내는 메시지와 이야기에서 일관된 목소리를 찾아내려 애썼다. 그 때문에 일부 해석이 지나치게 과장되었고 다소 무원칙한 분류에 기댔다는 비판도 있겠지만 거꾸로 지나치게 신중한 입장을 취했다는 비판도 있을 것이다.

또한 깊게 들어가지 않고 겉모습만 다루었다는 비판이 있을 수도 있다. 그러나 내가 이런 전략을 택할 수밖에 없었던 이유가 있다. 오프라 윈프리처럼 복잡한 텍스트를 앞에 두었을 때 나는 그 텍스트의 기호학적 구조를 밝히고, 그 구조와 현대 미국 사회의 관계를 밝힐 수 있는 객관적 기준을 찾아낼 수 있을지 의문이었다.

텍스트의 의미에 대한 문화분석가의 해석은 처음 의도대로 완벽할 수는 없다. 그러나 텍스트의 사용자와 창조자가 말하려는 것은 다루어져야 한다. 따라서 의도는 되살려낼 수 있을 때 텍스트의 의미만이 아니라 텍스트가 그 사회적 환경과 맺고 있는 관계까지 탐색할 수 있는 아주 간편한 방법을 제공해준다. 결국 의도는 사회적 제약과 맥락이 실제 삶에서 의미를 만들어가는 개인에게 남긴 흔적이다.

나는 오프라 윈프리가 노예제도, 인종차별, 억압에 대한 반응으로 창조된 아프리카계 미국인 문화를 구성하는 요소들을 인격화시켜 미국인들에게 보여주었다고 생각한다. 아프리카계 미국 여성의 사회적 경험과 그들이 발달시켜온 재주와 자원은 후기 근대사회에서 자아의 조건을 다루는 데 유용한 상징적 도구가 되었기 때문에 미국인의 상상력을 사로잡았다.

오프라 윈프리가 동원한 문화자원, 특히 대화와 자기계발과 연대의식은 개인 영역과 정치 영역의 변화로 이어졌다. 두 영역에서 '인정 (recognition)'이 무엇보다 중요한 역할을 하기 때문이다.

1960년대부터 인정의 정치는 정치투쟁이 벌어진 유럽과 미국 모두에서 중요한 위치를 차지했다. 찰스 테일러(Charles Taylor), 악셀 호네스 (Axel Honneth), 낸시 프레이저(Nancy Fraser)가 주장했듯이, 인정의 정치에 따르면 개인과 집단 모두가 정체성을 타자(예컨대 여당이나 문화 매체)에게 인정받고 확인받기를 바란다.

자본주의가 정체성의 근원이던 전통적인 공동체를 해체하고, 정체성을 형성하는 과정이 이루어지던 가족이란 제도적 틀까지 위협하며, 자아에게 자기개선과 역할 관리를 요구하기 때문에 인정이란 문제까지 자아의 주된 문제가 되었다. 대중문화의 표현을 빌리면, 오프라 윈프리의 문화적 장르는 자아의 내용, 자아의 정체성과 존엄성이 위협받는 인정의 정치학에서 새로운 구심성을 보여주고 있다.

이런 맥락에서 오프라 윈프리는 문화를 치유법의 한 형태, 즉 고통을 이해하고 일관된 자아를 성찰적으로 구축해가는 수단으로 이용한다. 오프라는 문자 그대로 문화를 실행에 옮기며, 문화가 자아를 구축하기 위해서 끌어들여야 할 자원들(전문가, 과학적 지식, 삶의 이야기, 동정, 분노, 치유, 인터넷 등)인 것을 증명해 보인다. 오프라의 문화적 행위에서, 이 자원들은 문화를 치유법의 한 형태로 승화시키고 실패한 삶에 의미를 부여해서 그런 삶을 변화시키기 위해 규합해야 할 문화적 도구가 된다.

문화가 치유법의 한 형태라 해서, 문화에 심리학적 힘을 부여해야 한다는 뜻은 아니다. 문화의 효과를 심리학적 관점에서 이해해야 한다는 뜻도 아니다. 오히려 심리학을 현대 문화에서 차지하는 비중이 점점 커져가는 구조적인 요소로 이해해야만 한다.

심리학은 우리 삶의 상처를 객관적으로 극화하는 학문이기도 하지만 개인과 조직이 일관성을 회복하기 위해서 동원해야 할 문화적 자원까지 되었다. 따라서 오프라 윈프리는 문화가 행위의 배경도 아니고 농밀한 맥락도 아니라는 사실을 보여주는 분명한 증거이다. 문화는 행위자가 삶의 틀을 짜고 삶을 변화시키기 위해서 끊임없이 상상하고 사용하는 자원이다.

문화가 문제를 해결하고 자아를 만들어가는 '도구상자(tool kit)'로 반복해서 사용되는 방법을 보여준다는 점에서 오프라는 현대 문화를 연구하는 학자나 학생에게 흥미로운 예가 아닐 수 없다.

이런 점에서, 문화의 다른 부분과 마찬가지로 대중문화도 우리에게 다음과 같은 어려운 도덕적 문제를 제기하는 윤리적 차원을 갖는 듯하다.

모든 사람이 똑같이 평등하게 잘 살아야 하는 걸까? 삶을 더 낫게 만드는 것은 무엇일까? 타인이 우리에게 가하는 고통에 직면에서 우리는 자아를 어떻게 만들어가야 할까?

대중문화가 사회적 불평등을 합리화시키거나 표현하는 방법들에 대한 연구가 사회학에서 많이 나왔지만, 사회학은 문화 본연의 역할, 그러나 훨씬 심원한 역할에 대해서는 여전히 침묵을 지키고 있을 뿐이다.

즉, 고통에 의미를 부여하고, 죽음과 질병을 설명하며, 우리가 상실감이나 좌절감을 극복하도록 도와주고, 취약하기 이를 데 없는 우리 삶을 인정하게 하는 역할에는 무관심했다. 막스 베버는 문화와 종교 사이의 은밀한 유사성, 즉 고통의 뜻을 이해하는 역량에 대해 지적했다. 고통의 뜻을 해석할 필요성, 베버의 표현을 빌려 다시 말하면 '인간 사이의 행복의 분배'는 종교적 세계관의 출발이었다. 사회적 삶이 합리화될 때, 인간의 숙명과 인간의 가치 사이에서 일관성을 인식할 필요성도 증가한다.

문화사회학자라면 고통을 설명해야 할 필요가 종교적 세계관에서는 중요하다고 인정하겠지만, 대중문화에서는 모순되고 상품화된 세계의 한 귀퉁이를 차지하는 것이라 해석할 것이다. 실제로 대중문화의 끝없는 비판에 따르면, 고통은 우리를 고통에 둔감하게 만들고 고통의 모습을 더없는 오락거리로 둔갑시키며 결국에는 우리를 도덕적으로 무감각하게 만들어버린다.

문화사회학자의 주장에 따르면, 문화산업의 확대와 파급력, 경제력을 고려할 때 문화산업의 의심스런 치유력에 관심을 갖는 것보다 '문화산업이 우리 사회에서 고통을 어떻게 만들어내는가'를 이해하는 것이 더 시급하다.

오프라의 토크쇼에서 소개되는 많은 상처의 '치유'가 실효성이 있는지 없는지는 확실히 단언할 수 없다. 이 연구는 이런 의문을 평가하기 위한 도구로 시도된 것이 아니다.

내가 이 책에서 주장한 것은 오프라 윈프리가 실패한 관계와 자아를 짓누르는 악마가 무엇인지 설명하고 그 악마를 설득시켜 떨쳐낼 수 있는 상징체계에 대한 바람을 관례적 형태로 발전시켰다는 점이다. 문화의 이런 기본적인 면과 자신을 비상하게 관련시킴으로써 오프라는 텔레비전을 일상적 삶의 일부로 만드는 데 크게 기여했고, 자아를 갖는 과제에 관여하는 텔레비전의 몫을 크게 높여놓았다.

오프라 현상으로
윈프리를 읽다

초판 1쇄 발행 2013년 10월 21일

지은이 에바 일루즈
옮긴이 강주헌
펴낸이 이종록
스태프 이지혜, 형유라

펴낸곳 스마트비즈니스
등록 2005년 6월 18일(제313-2005-00129호)
주소 121-250 서울시 마포구 성산동 293-1 201호
전화 02)336-1254
팩스 02)336-1257
이메일 smartbiz@sbpub.net

ISBN 979-11-85021-03-4 03300

* 값은 뒤표지에 있습니다.
* 파손된 책은 구입처에서 바꿔드립니다.